心理與教育測驗

林重新　編著

目　　錄

第一部分

測驗的理論基礎

第一篇

脈語的理論基礎

第一章

緒論

一、測量、評量與測驗之比較

㈠測量的意義

　　所謂測量（measurement）是指依某類量尺，以數字來描述個人的某項特質。在此項定義中有兩個內涵，即依某項「量尺」，與使用「數字」來描述某人的特質，通常我們將數值，依其特性，分為四個層次（即量尺〔scale〕）：名義變項、次序變項、等距及等比變項，在此情形中，量尺是指所衡量單位之性質。此外，此定義又指出，所有的測量皆以數字來表示所欲捕捉的特質，例如，使用智力測驗對某人施測的結果得到其智力商數等於 100，或則使用成就測驗測得某人的國語科成績等於 80，此皆是將某人的智力或學業成績等特質加以「量化」，其優點是簡單明確，缺點是較為窄化偏頗，例如智力應有許多的面向，而一般的智力測驗是很難測量一個人的創造力，人際溝通能力或問題解決能力等。

　　測量經常使用測驗來執行，此外，尚有許多的方式，例如，觀察法（observation）、問卷（questionnaire）、口試（interview）、評定量表法（rating scale）、檢核表（checklist）、投射技術等等，型式非常的多。

㈡評量的意義

　　所謂（evaluation），是指依某項（些）標準，對所測量的結果做價值判斷（value judgment），其英文字義「e-value」有價值判斷之義。例如：若 A 生國語科考 80，B 生國語科考 60 分，依「客觀」的評分標準，A 生可得甲，B 生應得丙，但，假如 A 生過去的平均實力是 90 分，而 B 生過去的平均實力是 40 分，則反而 A 生退步 10 分，而 B 生卻進步了 20 分，如果考量受試過去的表現，您是應該給 A 生甲或乙，給 B 生甲或乙或丙？此例說明一項事實：原始分數不應該孤立於其所

從出的脈絡情境之外，一個人表現的好壞，尚應考慮其本身的能力、動機、努力及其他因素（例如誤差）……等等，這就是評量的意義，所以評量是比測量的範圍更廣，測量是以數字為主，但評量是可以質、量並重的，測量較客觀，但評量較為主觀，換句話說，就是評量包含測量。

㈢測驗的意義

測驗（test）源於行為學派的推展，有許多定義：

1. 狹義上是指測量工具本身：例如智力測驗、性向測驗、成就測驗等。

2. 較廣義是指對受試「行為樣本」（behavior sample）所做的系統化觀察（systematic procedure）。此定義有兩個涵義：

①行為樣本：所謂「行為」是指將抽象的事物（例如IQ）轉化為具體可以衡量的事物，例如 IQ 測驗，此外，「樣本」是指在許多的 IQ 向度裡（例如語文、推理、空間……等）我們無法對他們一一測量，因此只抽樣的選擇某些較具代表性的向度做為衡量的依據，如此，便形成了所謂的行為樣本。

②測驗是採取分類系統或數字量尺以系統的程序，對個人特質所做的描述。郭生玉（民88），將測驗定義為：「採用一套標準的刺激，對個人的特質做客觀測量的有系統程序」。

陳英豪、吳益裕（民 86）則認為此三者的意義有時是可以共通的，例如：我們常將測驗成就（testing achievement）、測量成就（measuring achievement）與評量成就（evaluating achievement）混為一談，有時，我們用鑑定方法（appraisal methods）來區分評量與測量，在此情形下評量被視為質性的描述（qualitative descriptions），而測量則被視為是「量的描述」（quantitative descriptions）。

陳英豪、吳益裕指出三者的具體差異為：

1. 測驗是指測量學生行為樣本之具體工具（instrument）或系統性

方法（systematic procedure）。

2.測量是指個體所具有某種特質之數量的過程，其所要回答的問題是「有多少？」

3.評量是指使用搜集、分析與解釋等方法來協助教師決定學生達成教學目標之程度的系統方法，其所要回答的問題是「學生的表現有多好」？評量通常會對學生所得之結果之可取性（desirability）做價值判斷。

二、測驗／測量的基本特質

㈠個人有具體可測量／觀察的特質

不管所衡量的特質是抽象（智力）或具體（身高），都假設個人有具體可衡量的特質，例如，假設個體都有一個真實分數（true score），因為假設個人具有真實分數，所以我們可以依此計算誤差分數。

㈡心理與教育的測量多數是間接的

我們將研究粗分為自然科學與社會科學兩部分，自然科學研究的對象包含人、動物、植物或物體等，通常較容易控制，而且也可以直接測量，但教育及心理是屬社會科學，以人為研究對象，多數屬抽象的構念（construct），例如，智力、動機、認知、態度、性向、人格等，這些特質都無法直接去觀察，必須以間接的方式予以捕捉，例如用文字測驗來衡量智力，用投射技術來衡量人格等，由於是以間接方式來進行，故其精確程度較不如自然科學。

㈢測驗或測量通常有一組標準化的刺激

此定義有兩層涵義，其一，標準化：標準化包含測驗的內容、實施測驗的過程、測驗實施的情境、記分與解釋等均有一定的程序與標準。例如施測的時間、指導語的說明以及計分的方式等。通常標準化測驗均有一個常模（norms）做為比較計分的參考，而常模的建立則

需選取大樣本施測後方能建立。

另外，所謂的刺激是指測驗的內容而言，此概念來自行為學派，刺激—反應理論（Stimulus-Response Theory, S-R Theory）的概念，刺激的目的，在衡量受試接受一組刺激後之表現，其形式繁多，除了常見的文字方式之外，尚有操作測驗（task performance）、情境測驗、圖形、問題解決、模糊不清的圖案、一組數字、一段故事……等等。

㈣凡測量必有誤差存在

不管是抽象或具體實物，每次測量都會有誤差的存在，以測量體重為例，吃飽時所量的，剛做完運動時所測量的，可能多少有些不同。再比如教學上的 $\sqrt{2}$，至今都無法算出其確定之值。形成誤差的因素很多，有來自個人的因素：動機、能力、心情、注意力、認知架構等，也有來自測驗本身：印刷、文化偏見、測驗的長短、測驗的信、效度、測驗內容取樣、內容取樣的異質性等，亦可能來自施測者，例如是否遵循指導手冊施測，有無提供暗示等，也可能來自情境因素，例如：燈光、溫度、噪音等等。通常將誤差分為兩類：系統誤差（systematic error）與非系統誤差（unsystematic error），前者是指對所有受試者都會產生一致性的影響，例如提早五分鐘收卷，則所有的人都少了五分鐘的應試時間，後者是指個人的隨機誤差，例如考試時的疲勞、不專心等，此兩種分法並非絕對的，有時在不同情境中原屬系統誤差的因素會轉化為非系統誤差，反之亦然，例如若某位受試因準備考試而前一天晚上沒有睡好覺，則第二天測驗時沒有精神，此時之疲勞因素是為非系統誤差，但是若某位研究者連續對一群受試施測長達數小時，讓每位受試都感到疲勞，則此時的疲勞因素又為系統誤差。

在統計及測驗理論上都會對誤差予以詳細的討論與控制，希望將誤差的因素減至最低。例如統計上有衡量測量標準誤的方法（Standard Error of Measurement, SEM），並且利用 SEM 來估計可信區間，試圖以

區間估計來取代點估計，以減少誤差出現的機率。

㈤測量分數的解釋常是相對的

　　筆者有一鄰居，其父親為了鼓勵國小三年級的兒子將數學考好，就跟兒子說，如果他考 90 分以上，就帶他去看電影，果然，期中考兒子考了 93 分，爸爸也遵守承諾帶兒子去看電影，過幾天爸爸送兒子去學校，不期遇見老師，順便問老師這次班上數學科考的如何？老師答道：大家都考的都很好，只有一位小朋友考的最差，他考 93 分。這個故事告訴我們事實上光看數字本身是不準的，某人考某分，我們必須與一些標準來比較，才能讓數字顯示出其意義來，這些標準為：⑴自己與自己比：過去的表現如何，與過去相比是進步還是退步？⑵自己與別人比如何或與班上別人相比，自己表現如何？⑶與常模對照，與一般人相比，自己表現如何？⑷與其他科目相比，這一科表現如何？因為也許一個人在某科表現不佳，但在另外一科卻表現很好，不要因為在某些方面表現不好而被貼標籤，而充滿挫折感，一位學生也許在學科方面不好，但在體育或才藝方面很好。在統計上稱此種與其他人分數比較，以便了解自己分數的意義的方式為相對地位量數（measures of relative location），統計處理的型式很多，基本上有標準分數（Z分數），或對照常模表，得知分數所相對應的百分位數或百分等級。

三、測驗的種類

　　研究所考測驗種類的方式為選擇題，例如，下述何者屬情意測驗：智力測驗？國語科測驗？明尼蘇答多相人格量表？以下將詳細介紹這些測驗的分類方式：

㈠依功能分類

　　以功能來分測驗可分為認知測驗（cognitive test）與情意測驗（affective test）兩種。所謂認知是指對事物的看法、了解與學習，在心理學上認知心理學派有許多著名的人物，例如皮亞傑、奧蘇貝爾、維果次斯基及布魯納等，其中皮亞傑曾提出基模概念，最為有名。屬於認知測驗型式的測驗有：

1. 智力測驗（intelligence test）。傳統的智力測驗與學業性向測驗類似，都是用來衡量個人的普通學習能力，在此所謂的普通學習能力是與特殊學習能力相對，特殊學習能力是指諸如美術性向或音樂性向等能力。近來智力測驗針對傳統的缺失（例如對智力的窄化與量化），學者們逐漸倡導智力多元取向的評量方式（Gardner），以及質性評量（皮亞傑量表）。

2. 性向測驗（aptitude test）。性向測驗在於衡量學習的潛能（potential），以及個人未來發展的可能性。在國小所使用的學業性向測驗與智力測驗類似，是屬於最大表現測驗，但是，亦有專為篩選、偵測學生某個（些）特殊能力的性向測驗，則屬於典型表現測驗。性向測驗又分為普通性向測驗（general aptitude test），用來測量一般事物的學習能力，內容較廣泛、多元，另外一種為特殊性向測驗（spccific aptitude test），例如美術、音樂、機械等特殊能力。性向測驗與智力測驗均著重對未來可能性的測量，其中智力受先天（遺傳）與後天（學習）交互作用的影響，而性向則可由後天加以培養。教育的本質即在因材施教與促進個體潛能的開展，而非對潛能的壓抑與控制，或製造一群有相似模式的個體，因此，對性向的了解、發掘與培養是教師一項重要的任務。

3. 成就測驗（achievement test）。成就測驗是在測量經由教育或訓練所獲致的能力，因此是對過去的衡量。成就測驗可分為三種型式：綜合成就測驗、特殊成就測驗與診斷性測驗，或粗分為標準化成就測驗或教師製測驗兩種。綜合成就測驗在測量一般學科的學習成果，試題涵蓋多數科目，而特殊成就測驗只針對

單科，例如數學成就測驗，因為只針對單科，故衡量結果較為仔細、精確。而診斷測驗的實施則是當教師發現在學習的歷程中，有特殊學習困難的學生，在此所謂的特殊學習困難是指多數學生都已精熟某一概念或技能，唯某生總是不瞭解或學不會，在此情形之下就必須施以診斷性測驗。

另一類測驗為情意測驗（affective test），情意測驗多數用來衡量一個人的態度、動機、價值觀、興趣、人格、自我概念、欣賞能力、情緒……等特質。這些特質可以粗分為兩類，即態度測驗（attitude test）與意見調查（opinion survey），以及專門用來衡量個人人格特質、個性（例如內、外向），有無精神病傾向，生活適應是否良好的人格測驗（personality test），例如，著名的明尼蘇達多相人格量表（Minnesota Mutiphasic Personality Inventory, MMPI）。人格測驗的施測方式很多，例如觀察法（observation）、評定量表法（rating scale）、投射技術（project）、檢核表（checklist）、社會計量法（sociometric method），或則常見的紙筆測驗（自陳量表）。

最後一種是所謂的動作技能測驗，此種分類法是依據布魯姆（Bloom）的教育目標分類而來，動作技能的測驗主要是針對一些肢體動作之反應或協調能力之評量，常使用實作評量（performance test）的方式來進行，在施測時，亦可以同時衡量動作技能與認知、統合能力，例如，在學期末時要求學生依這學期所學之基本舞蹈動作編一首完整的舞蹈，在這樣的測驗中不但衡量了學生的動作技能能力，亦且衡量其統合能力，其評量方式的進行有許多，例如觀察法、檢核表、評定量表等。

㈡依測驗的材料分類

有文字測驗（verbal test）與非文字測驗（nonverbal test）兩種。多數的學業成就測驗屬於文字測驗，其測驗的內容以文字為主，其基本假設是受試已對文字有相當的了解，否則不適合用文字測驗，例如幼

兒對文字不熟悉，新近移民對當地的語言不熟悉，或則文字測驗在某些情形下隱含著種族、性別等意識形態的偏見，在此情形下皆不適用文字測驗。

另外一種是非文字測驗（nonverbal test），其測驗的材料有圖形（片）、方塊、迷津、儀器、拼圖、物件或主試者要求受試表現某些行動或問題解決，甚至一些職業技能檢定（打字、樂器演奏、食物烹煮），或則是模擬機的測驗（例如飛行模擬操作）等，種類繁多，非文字測驗有許多優點：第一，較適合對文字尚未精熟的受試者，例如幼兒、文盲、新近移民或少數民族、外國人等；第二，知行合一，避免紙上談兵，某些技能強調實際表現，例如考駕駛執照，文字測驗筆試一百分，不見得就擁有很好的駕駛技能，駕駛能力的好壞，應該在實際路上駕駛中去評量；第三，一些非文字測驗往往比文字測驗來得活潑、有趣、生動，使受試有較高的應試動機，而有較佳的表現（例如投射測驗、情境測驗）。

但非文字測驗亦有其本身的限制，例如智力測驗就分為文字與圖形兩大類，圖形式智力測驗雖然比較有趣，也較適合用來做跨文化（cross-cultural study）的研究（不同國家、族群的比較），但卻比文字智力測驗來得簡略，換句話說，就是文字智力測驗較精確，人類發展了無窮變化的語言、文字來描述我們週遭的世界，但圖形卻無法做到如此精確的表達，因此，智力測驗的實施還是應當以文字測驗為主，只有在某些情形下才使用圖形式智力測驗，例如：(1)當文字智力測驗的結果與實際觀察不一致時，（例如平常表現優秀，但智力測驗結果不佳）；(2)在從事跨文化研究時。

㈢個別測驗與團體測驗

測驗依參加的人數分為個別測驗（individual test）與團體測驗（group test）兩種，個別測驗在同一個時段內只能有一位受試參加，例如著名的皮亞傑量表。通常個別測驗較為精確、深入，因此，其測

量結果也適合在臨床上或診斷上的使用，此外，施測者與受試者尚可建立親善關係，觀察受試的反應，在必要時給予協助。但個別測驗亦有其限制：第一，較費時費事；第二，通常個別測驗較專業，其施測、計分與解釋都要受過專門的訓練，一般人恐力有未殆；第三，雖然施測者有較多的時間觀察與協助受試，以緩和其應試的焦慮，但有些害羞或容易精神緊張的受試當有他人在場時反而會有心理激起的現象，而表現得緊張不自在因而阻礙了受試的表現。

若一次可以針對一群人施測，是為團體測驗（group test），許多測驗都屬此類，例如，常見的期中考、期末考、郭為潘的自我態度量表等。團體測驗較有效率，其測驗的內容較精簡，因為是針對團體施測，故較無法顧及個別學生的感受，或觀察其表現與應試的一致性。團體測驗亦可在行政上發揮功能，例如可用來做為人員篩選、分類與安置之參考。

㈣依編製過程的標準化分類

依編製過程的標準化程度可以分為三類：(1)標準化測驗（standardized test）；(2)非標準化測驗（non-standardized test）或教師自編測驗（teacher-made test）；以及(3)實驗性測量（experimental measures）等。

所謂標準化測驗是指由測驗專家依一定的測驗程序所編製的測驗。這裡所謂的程序包括試題的分析、取樣與編製、常模的發展、以及指導手冊中詳細的記載測驗的施測步驟、計分的標準、分數的解釋方法以及信度與效度的指標等等。標準化測驗的製作是非常嚴謹的，常需投資許多的人力、物力，因此其測量的結果遠較非標準化測驗精確。常見的智力測驗即為標準化測驗。

非標準化測驗或教師自編測驗又稱為非正式測驗（informal test），是教師依教學目標及需要所製作的測驗，雖然其測驗較不嚴謹，但卻比較具有彈性，可以廣泛運用至各種情境之中，通常教師自編測驗是採用效標參照評量，亦即教師選定重要標準來製作題目，較少考慮到

題目的難度、鑑別度或誘答力。由於教師自編測驗佔評量的重大比率，故為本書討論的重點。

實驗性測量較少見，主要的目的是在蒐集實驗或研究所需的資料而特別編製的，通常會針對特殊用途而設計。

(五)依評分方式分類

依評分方式分類有客觀測驗（objective test）與主觀測驗（subjective test）兩類。客觀測驗又稱為選擇型試題測驗（selection-type items test），例如：選擇題（multiple-choice test）、是非題測驗（true-false test）、配合題測驗（matching test），與填充題測驗（completion test/close test）等，此類問題都有一定的、客觀的評分標準，因此，由不同的人來評分，其結果均應一致，許多標準化測驗使用客觀式問題。客觀式測驗的優點是容易評分，但其缺點是往往只能測量一些底層的知識或瑣碎性知識，一般較為複雜的能力，例如批判思考、創造思考不易使用客觀式問題來衡量，因為這些能力所展現出來的行為或思考方向常常是因人而異而沒有固定答案的。

在教育情境中也常運用主觀式測驗，其評分標準較為主觀，兩位評分者的結果可能不一致，例如：作文或論文測驗（essay test）、簡答題測驗（short-answer test）、限制反應題測驗（restricted-response test）、口試（oral test）、投射測驗（projective test）。主觀式問題較能評量高層次的思考能力，唯其取樣上有限，只能針對重要的概念發問，若能改善其評分的客觀性，不失一種良好的評量方式。

(六)依測驗的時限分類

依時限分為速度測驗（speed test）與難度測驗（power test）兩種。速度測驗在衡量反應速度，例如打字檢定、心算檢定等，試題的安排由易而難，且通常比難度測驗簡單，但是因為題目眾多，因此多數人無法完成所有的題目。而難度測驗之目的在評量問題的解決能力，多數受試者可以完成全部的試題，成就測驗、智力測驗就是屬於難度測

驗。通常一份試題會同時具有速度與難度兩項特質，只不過比例不一樣而已。

(七)最大表現測驗與典型表現測驗

這是依美國學者克朗巴賀（Cronbach）的分法，大學聯考即屬於最大表現測驗（maximum performance test），通常受試者會盡全力做答，希望得分越高越好。但是此種測驗必須假設所有的受試者一定有相同且強烈的受試動機，假如對考試不在乎，那麼也不會盡力去做答。

另外一類測驗的目的在衡量某人在一般（或特定）情境下的典型表現（typical behavior），例如，人格測驗、態度測驗、性向測驗、情緒測驗等。典型表現測驗假定每位受試者都是誠實的做答，因為受試者可能在應試時懷有某種目的（例如申請工作）或企圖想證明自己心智不正常而逃避刑責。有些心理測驗會在題目中加入適度的題目以了解受試的反應心向，以及是否有偽裝或自我防衛過強等現象。

(八)依測量分數的解釋方式

依測量分數的解釋可分為常模參照測驗（norm-referenced test）和標準參照測驗（criterion-referenced test）兩種。所謂常模是測驗的編製者依一定的程序從團體中抽樣，給予樣本實施測驗，計分之後所形成的一個分數對照的表格，例如百分等級常模的使用，是告知受試者原始分數勝過多少人。多數的標準化測驗都有常模，常模裡分數的分配常為常態分配，其目的是用來做區分之用。與此相對的是效標參照測驗，所謂效標，是測驗製訂者依據教學目標（或測驗目的）所認定的一些標準，通常是含有主觀的成份。效標參照測驗的題目所考慮到的是效標的重要性，如果教師認為此題目能衡量重要概念，則不管題目之困難與否，均予以施測。例如，汽車駕駛執照的考試即屬於效標參照測驗，在美國，考官會注意考者在坐進駕駛座時是否有繫安全帶，幾乎每一個人都會做這一動作，在常模參照測驗裡若像這樣每一個人都答對的題目，其難度指數＝1，是沒有區辨力的，因此，也不會

有這類題目出現。一般教師在期中考、期末考所出的題目是屬於效標參照測驗，主要原因之一是常模的製作較為複雜，不是一般教師能力所及的。另外，效標參照測驗較受歡迎的原因是在本質上它非常適用在精熟學習（mastery learning）方式的教學上，此種教學的評量方式是給予一些標準，最後依學生的表現（是否達到標準）評分為通過與不通過兩項之一。其背後所含的意義是積極的，希望所有的人都學習成功，都精熟了教師所期望的標準，這樣的思考模式與常模參照測驗是不同的，常模強迫區分多少百分比的人是 A，多少百分比的人是 B，是 C 或 D，或 F，成功的人總是少數的那幾個，有時會給失敗的人引發挫折感與標籤效果。雖然如此，常模參照測驗由於較嚴謹客觀，因此非常適用於行政決定上。

四、測驗的功能

　　測驗有三項基本功能：即評估（assessment）、預測（prediction）與診斷（diagnosis），詳述如下（余民寧，民 86；陳英豪、吳裕益，民 86；郭生玉，民 87；葉重新，民 81）：

㈠教學上之功能

可以瞭解學生之起始點行為

　　測驗可以了解學生之智力、性向、基本能力或有無某方面的背景知識，這些資料可幫助教師評估學生的起始點行為做為教學決定或因材施教的參考。

發展確實的教學目標

　　由於了解學生的起始點行為，教師就可依此設定較為實際的教學目標以及對學生的期望，同時，在教學過程中也應該實施各類的評量，例如在課堂中的觀察法，在教學段落中的形成性評量，以檢驗學生的學習是否與教學目標相符，或做為修訂教學目標的參考。

作為改進教學與評定學生學習結果的參考

教師可以依據評量的結果來修正自己的教學，以促進學習。在學期即將結束或告一段落時，亦可執行評量以了解學生所學的結果是否達成教學目標，是故，評量可以提供教師回饋，以做為教育成敗檢討的依據。

診斷學生之學習困難

在教學過程中學生若有學習困難的出現，則應該施予診斷性評量，以便偵測出學習困難所在，診斷性評量的題目通常範圍較窄，相對的題目較簡單，可以針對特殊的學習困難而設計，包含對不尋常反應、反應心向、錯誤認知、錯誤概念等之診斷，若能診斷阻礙學習的地方，應再提出補救教學。

評估學生個別差異

個別差異的形式有許多，有來自個人與個人間的差異（inter-individual difference），例如智力、性向、學習能力、認知風格、家庭社經地位等。另一方面也有來自個人內在之差異（intra-individual difference），例如，某人可能比較喜歡理工科而不喜歡文科，這些個別差異都會影響學習結果，教師應體察個別差異，熟悉學生之特質，並且因材施教。

改進命題技巧

教師若能熟悉良好測驗之特徵與理論，例如，難度、鑑別度、誘答力、信度、效度、項目分析等，以及一些評量的理論，例如主觀式問題與客觀式問題的出題原則，雙向細目表等，將有助於教師測驗的編製與選擇。

增進學生自我了解並且激勵其學習的動機

評量亦可以提供學生即時的回饋，使其了解學習的程度。此外，俗語說有競爭才有進步，評量能提供適度的競爭，以促進學習，例如評量亦可以遊戲的方式行之，既有趣又可學到東西。而學習可以既合

作又競爭，例如利用合作學習的評量方式，可採取組內合作而組間相互競爭。

評量可以促使學生過度學習

教育心理學家指出過度學習（over-learning）是減少遺忘的有效方法之一。考前不斷的複習與練習將使記憶更加的深刻，也使所學更加的熟練精進。

編製良好的測驗有助於學生的學習與遷移

有些測驗有助於學生重新思考，並且釐清觀念，而設計良好的測驗也兼重高層能力的評量可以衡量學生問題解決能力、綜合能力，並使其有機會去磨練這些能力。

㈡測驗在行政上之功能

作為學校績效評估的方法之一

學校辦學的好壞可以學生在標準化測驗上的表現為衡量的標準之一，但是應該納入其它因素：例如學校氣氛、城鄉差距、社區背景、教師因素……等等，不可以一味的只以標準化測驗分數來論斷學校的表現。

選擇決定的功能

此所謂的選擇是指篩選而言，例如大學或高中多元入學的評量方式即是對申請者的一種選擇決定，其他例如獎學金的發放、從業人員的甄選，國內有許多資優班或實驗班（例如音樂或美術實驗班）對資優生或有特殊才能者的選拔等，往往以智力測驗或性向測驗或成就測驗等做為篩選的依據。

安置決定的功能

這裡所謂的安置（placement）通常是指分班或分組而言，與選擇決定不同的是，在選擇決定中有些人被選中了，另外一些人則落選，但是在安置決定中並沒有人被拒絕，只不過依學生的特質分派到不同的學習情境中罷了。有時安置決定是與分類決定（classification decision）

相重疊的，例如某生應該是唸理工好呢？還是唸文科好？或則某人應分派到組織內那一個部門、那一個職位等，既屬於分類亦是安置的決定。尤其是在特殊教育裡，更經常需要診斷特殊學生的學習困難，給予分類，並且決定是否要將其安置在特教機構、資源教室、特殊班級，或回歸主流等，這些決定，可能使用到智力測驗、性向測驗、人格測驗或一些較為特殊的測驗，並且要求家長、行政人員、學生、教師，有時甚至包含心理醫生或精神科醫生等的參與。

協助從事課程與教育計畫的決定

在教育改革中許多的課程不斷在推陳出新，例如數學科改為建構教學型式，是否建構教學的學習效果就優於傳統教學呢？還有待各種測量結果來評定。又比如九年一貫國教的施行，課程上漸趨統合，也強調一些具鄉土氣息或國際觀課程的教學，例如英語教學，以及鄉土教學或母語教學等，這些課程的實施成效如何？他們有沒有價值？應該如何實施比較妥當？學生有沒有做到知行合一？這些問題都需要測驗與評量的協助來釐清。

在研究上的功能

研究上更是運用了許多各式各樣的測驗，例如智力、性向、態度、人格、動機……等，企圖對人性做客觀的測量，而這些研究也發展出許多理論（例如挫折引發攻擊假設），而這些理論也能觀察到其在日常運用中的影子，例如心理學在廣告上的運用。

㈢在輔導上的功能

協助學生了解自己

在諮商之前與過程中的個案研究裡往往要收集許多個案的資料以便對學生的行為有完整而通盤深入的了解，其中包含其學業表現、人格特質、智力、自我概念、親子關係，及性向等，也都需要靠測驗的協助才得以完成。這些資料統合起來，一方面有助於教師瞭解學生，以便對症下藥，另一方面也可幫助學生瞭解其本身的優缺點，做為改

進的參考。

測驗可以預防不良行為的發生

　　有些測驗可以偵測出學生是否有反社會行為異常，是否有攻擊傾向、自毀傾向、性別認定異常或精神病傾向等，再配合其他資料較能正確的診斷出學生的心理狀態，提早發現問題以便適時的介入、輔導。

五、古典測驗理論的基本假設

　　本書中所介紹的信度、效度或項目分析等皆屬於古典測驗理論（Classical Test Theory, CTT），是最早發展也是最實用的理論，直到目前為止，許多的測驗仍然是依據古典測驗理論的方法所編製的。古典測驗理論又稱為「古典信度理論」（classical reliaability theory），其建立是以估計測驗的實得分數（observed score）與真實分數（true score）間的關聯性（即信度），故也稱為「真實分數理論」（true score theory），因其理論基礎皆是建立在真實分數模式（true score mode）的數學模式基礎上。（余民寧，民 86）

　　在此所指的真實分數模式是假設此模式建立在線性關係的模式（linear model），而在此關係中所測量到的分數，是由兩部分所組成：(1)為無法具體觀察，但卻是研究者使用間接方式所觀察到的潛在特質（latent trait），此部分是為「真實分數」，即考生真正實力，沒有誤差時的分數；(2)「誤差分數」（error score），誤差分數會影響到對真實分數的解釋，因此是儘量予以避免。受試者所有的潛在特質無法經由一次的觀察就取得，而需經由許多次的觀察，再以觀察的結果計算平均數，而此平均數即為該受試潛在特質的不偏估計數。此處之真實分數代表測量結果不變的部分，而每次測量時，實得分數與真實分數之間可能不一致，此種不一致所產生的差距稱為「隨機誤差分數」（random error score），或直接稱為「誤差」（error）或「機誤」，誤差受許多因素影響，其代表著測量結果中「可變」的部分。以公式來

表示為：

實得分數＝真實分數＋誤差分數，以此為前提共可歸納成七點假設：

1. $x = t + e$（實得分數＝真實分數＋誤差分數）。
2. $E(x) = t$（即實得分數的期望值＝真實分數）。
3. $\rho_{te} = 0$（真實分數與誤差分數為零相關）。
4. $\rho_{e_{t1}e_{t2}} = 0$（不同測驗間之誤差分數之相關為零）。
5. $\rho_{e_{t1}t2} = 0$（不同測驗的誤差分數與真實分數無關）。
6. 所謂的「複本測驗」（parallel tests）是指兩個測驗皆滿足上述 1 至 5 個條件，且若實得分數分別為 x 與 x'，且對每一個考生亦滿足 $t = t'$ 與 $\sigma_e^2 = \sigma_{e'}^2$。
7. 若有兩個測驗，其實得分數分別為 x 與 x'，且滿足了上述 1 至 5 的假設，且對每一位受試而言，亦滿足 $t_1 = t_2 + C_{12}$，其中 C_{12} 為常數，則此兩測驗稱為「本質上 τ 相等之測驗」。

上述這些假設具有下列的意義：

1. 假設人具有潛在特質，且可以測量。
2. 透過多次測量來推估：因為若單獨一次的測量往往含有誤差，但多次測量時這些誤差會產生自我抵消的作用（即正的誤差分數（例如，實力 80，卻考 85 分）與負的誤差分數（例如實力 80，卻只考 75 分），最後總和＝0。
3. 假設潛在特質與誤差分數之間是互相獨立的，此假設是將影響潛在特質解釋的干擾因素全部歸因於測量誤差（measurement error），使問題單純化，比較好解釋，但其缺點是過度的簡化，因為誤差可能不完全來自測量誤差。

古典測驗理論的缺點：

1. 古典測驗所使用的一些指標，像信度、效度、難度、鑑別度等等，都是一種樣本依賴（sample dependent），亦即這些指標會因受試之不同，而有不同的結果，例如，同一份成就測驗，以

台北市某一明星高中測量，其難度可能為 p = .8（80%通過），相反的若以某偏遠高中為樣本，其難度可能為 p = .5（50%通過）。

2. 古典測驗理論以一個共同的測量標準誤（standard error of measurement, SEM）來描述對受試之潛在特質的估計誤差，如此並沒有考慮到受試的個別差異，由於個人的能力、專心程度、應試技巧等多有所不同，因此照理來說其誤差也多少不一樣，尤其對常態分配兩端之受試，以 SEM 來估計更不精確。

3. 古典測驗理論無法對非複本（nonparallel）但功能相同的測驗間的結果提供有意義的比較，其只能對相同測驗之前、後測量以及複本測驗間的結果提供有意義的比較。

4. 古典測驗理論忽略了受試的試題反應組型（item response pattern），兩位受試者也許總分相同，但反應組型卻不一樣，A 生可能答對某些概念，答錯另外一些概念，而 B 生卻可能有相反的反應。但若以 A 生，B 生的總分來計算難度或鑑別度指數，卻可能產生相同的結果。（余民寧，民 86）

針對古典測驗理論的缺失，Lord 等人提出了「試題反應理論」（Item Response Theory, IRT）作為一種新的測驗典範。

六、測驗的發展

測驗的發展與下列因素有關（郭生玉，民 87；葉重新，民 81）：

(一)法國對智能不足兒童的研究

早年歐洲國家對心智不健全者的處置方式不是很人道，但自十九世紀以降，人道主義逐漸盛行，開始探討如何正確區分正常人與心智遲滯者，以及是否某類型的心智遲滯者也可以接受正規教育，當時於 1838 年法國的一位醫生（J. E. D. Esquirol）首先提出以語文材料做為區

分心智遲滯與心智正常的依據，奠定了以語文材料編製智力測驗的基礎。法國的另一位醫生薛貴因（E. Sequin），相信心智遲滯者是可以治療的，他於 1837 年建立了第一所智能不足學校，並且採用感覺辨別與動作控制的方式來訓練智能不足者，而這些方法成為後來非語文智力測驗的先驅。

㈡德國實驗心理學的貢獻

德國的馮德（W. Wundt）於 1879 年在萊比錫（Leipzig）大學成立第一所心理學實驗室，以科學的方法來研究人類的行為，例如視覺、聽覺，或對感覺的反應時間等，他被稱為實驗心理學之父，對早期行為學派以及測驗的發展有很大的貢獻。

㈢英國統計上的貢獻與個別差異的研究

英國生物學家高爾登（Galton）於 1884 年的國際博覽會中設立了第一個人類測量的實驗室用來研究身體特質與感覺功能，他相信感覺辨別可以做為衡量個人智力的指標，他所使用的方法包括了評定量表法、問卷以及自由聯想（free association）技術，並且以統計方法來分析個別差異。高爾登可說是使用評定量表法、問卷及自由聯想技術的先驅，並首先創用以座標圖來表示兩變項間之關聯程度，後來其同事皮爾森（K. Pearson）將其發展為皮爾森積差關係的統計程序，對研究雙變項間的直線相關有極大的貢獻，而一些信度與效度的建立亦依賴皮爾森積差相關係數（在下一章介紹），而高爾登的門徒史皮爾曼（C. F. Spearman）亦創造了另一種相關分析的程序，這些對後代統計與測驗的發展皆有很大的貢獻。

㈣美國學者的貢獻

心理測驗的迅速擴展要歸功於美國，美國心理學家卡泰爾（J. M. Cattell）於 1890 年首先創用「心理測驗」（mental test）這個名詞。此外，受行為學派的影響，桑代克（Thorndike）於 1904 年出版了第一本教育測量的書，是基本測量理論與技術的創始者。行為學派可以說是

推動測驗發展的重要功臣，其理論對測驗的影響甚巨。行為學派的根源可上溯至經驗主義及實證主義。經驗主義者洛克認為知識是經由感官而取得的，所以很重視直覺教學或實務教學，而實證主義也明白的指出真理的驗證必須透過具體的證據，他們都較重視「具體」而企圖將抽象的思考予以轉化為具體可以觀察的方式，以便加以理解。行為學派的理論建基於刺激（stimulus）與反應（response）間的聯結與研究，而美國學者桑代克被舉為影響當代教育最大的心理學家，桑代克的研究不同於巴夫洛夫，巴夫洛夫以狗為實驗的對象，是一種古典制約理論，而其所使用的控制機制，是所謂的刺激取代，而桑代克以餓貓為實驗對象，以貓的幾種反應中，選擇較為恰當的反應加以獎賞，而建立了刺激與反應間的聯結，是為操作制約作用，桑代克認為此種學習方式為「試誤學習」（trial-and-error learning），桑代克提出著名的學習三大定律：練習律（law of exercise）、準備律（l aw of readiness）與效果律（law of effect）。

㈤智力測驗的發展

　　早期對智力測驗的評量皆偏重於以感覺辨別來衡量智力，後來發現，事實上感覺辨別與智力是無關的，一個人的年齡越大，動作反應越差，但不見得智力就較差。智力測驗有突破性的發展始於 1905 年法國比奈（Binet）與西蒙（Simon）兩人合作發展的比西量表（Binet-Simon Scale），他們認為判斷力、推理能力與理解力才是智力的主要成份，因此以此為基礎編寫了第一套智力的標準化測驗，共有 30 題，由易而難排列，內容則包含了感覺、知覺及語文方面，對象也包含了三至十一歲的兒童及成年人，在後續的修訂中增加了一些題目，並且創用了「心理年齡」（mental age）做為解釋的基礎。

　　比西量表被許多國家使用與修訂，其中以 1908 年美國史丹福大學（Stanford University）的特耳曼（L. M. Terman）修訂最有名，他於1916 年發表了史比量表（Standfood Revision of the Binet Scale），並且將

不精確的衡量單位——心理年齡，改為以比率智商為基礎的智力商數（Tntelligence Quotient, IQ），以後的智力測驗皆以比率智商為單位。

　　早期的智力測驗皆屬於個別測驗，比較費時費事，一次大戰期間，美國陸軍基於大量團體施測的需要，於 1917 年編製了團體智力測驗 A，B 種（Army Alpha & Army Beta），其中 A 種屬文字測驗，而 B 種屬於非文字測驗，較適合於英文能力不佳的人使用。此種測驗在經過不斷修訂之後，可適用各種不同年齡及教育程度的對象。

㈥性向測驗的發展

　　當 1920 年代智力測驗被廣泛使用之後，逐漸產生一個問題，即智力測驗只使用一個籠統的總分來指出一個人的智商，並無法區分一個人的內在差異情形，例如一個人可能智商 100，他可能在語文類推及語文歸納方面分數較高，而在數學計算與算術推理方面表現較差，另外一位同學的智商可能也是 100，但卻有相反的結果，為了解決此問題遂發展了性向測驗，早期的性向測驗都是屬於單科的特殊性向測驗，例如史丹桂（Stonquist）在 1923 年所編的機械能力測驗，西梭（Seashore）在 1919 年發表的音樂才能測驗（measures of musical talent）。

　　後來由於統計上因素分析（factor analysis）的應用，可以將許多複雜的因素歸納成幾個共同的因素，提供了測驗編製的理論基礎，將智力測驗的內容加以分析，可以歸納成一些分測驗，例如語文能力、空間關係、數學推理……等等。塞斯通（Thurstone）以因素分析為基礎，於 1941 年發表「主要心理能力測驗」（primary mental abilities test），共由六種心理能力所組成，另外兩種較著名的多元性向測驗是「區分性向測驗」（Differential Aptitude Tests, DAT）與「普通性向測驗組合」（General Aptitude Test Battery, GATB），都在 1945 年以後發展的。

㈦成就測驗的發展

　　在 19 世紀以前多數美國學校成績的評量方式仍以口試為主，但

1845年時美國麻省的教育家曼恩（H. Mann）主張以筆試來取代口試，他認為筆試比較客觀、可靠、經濟，較不會受到臨場情緒的影響，之後筆試就逐漸取代口試。

1864 年英國菲色（Fisher）發展第一個客觀的成就測驗——書法量表（handwriting scale）。美國人萊士（Rice）於 1897 年編寫拼字測驗（spelling test），並將成績評量的方式設定在與他人相對照的基礎之上，成為後來標準化測驗的先驅。

標準化測驗在 19 世紀初陸續在一些美國學校採用，至二十世紀初時有較多的標準化測驗出版。1923 年所出版的史丹福成就測驗（standford achievement test）開始了成就測驗組合（achievement battery，有一組的分測驗）的新紀元，當時有許多教師開始批評舊有的論文考試（essay test）的評分結果不客觀，但對當時的「新法」考試題目也不認為是可靠的，於是逐漸有較多的老師採用標準化測驗。目前標準化成就測驗已非常普及，但是還有一些缺失有待改進，例如一般標準化測驗皆以紙筆測驗為主，且是選擇題型式，較無法衡量應用、分析與綜合能力而淪為記憶等瑣碎知識的衡量，而且所測量的概念脫離了日常的生活脈絡。

㈧人格測驗的發展

最早的人格測驗是柯雷培林（Kraepelin）所發展的，他以自由聯想技術（1892）來研究疲勞、飢餓以及藥物對聯想的影響。而高爾登（F. Galton）、皮爾森（K. Pearson）與卡泰爾（R. B. Cottell）則發展出標準化的問卷與評定量表技術，為以後人格測驗的評量方式之一。

人格測驗的另外一種評量方式是自陳量表（self-report inventory），以吳偉士（Woodworth）最先採用，在第一次世界大戰時，吳偉士以這種量表（受試只依自己的狀況來回答是或否）來衡量軍人的情緒適應以及神經質的情形。

測量人格亦可以情境測驗（performance or situational test）試行之，

此種方式是以模擬或真實的情境來觀察受試的行為表現，據以推斷其人格特質或問題解決能力。據傳說中國古代即有實施情境測驗的紀錄，當時鬼谷子心想要把最後一招教給孫臏或龐涓那一個比較好？於是就把他們請到跟前，說道：你們兩位誰若能把我從房間內請出去，我就把最後一招教給他。龐涓說，我把這房子燒了，當然老師就不得不出去。但孫臏卻對老師說：報告老師，我比較笨，沒辦法把你從這房間請出去，但是我卻有辦法把你從外面請進來。於是老師半信半疑的就從房間走出去了⋯⋯。由這個情境測驗可以知道孫臏的人格較溫和。

在 1930 年代，梅、哈二氏（May & Hartshorne）及其同事們設計了一些情境測驗來評量學生們作弊、說謊、合作以及固執等行為。二次大戰時，美國的戰略勤務處（Office of Strategic Service, OSS），發展了一系列的情境測驗以便對成年人做甄試。

另外一種人格測驗的衡量方式是投射技術（project technique）。包含了聯想技術的使用。投射技術是以一些模糊不清的刺激來觀察受試的反應，並假設受試會將心中的想法或感受投射在這些刺激身上。投射測驗的形式很多，有羅夏墨漬測驗、主題統覺測驗、角色扮演、語句完成，或畫圖等。著名的羅夏墨漬測驗（Rorschach Ink Blot Test）是瑞士精神醫師羅夏克（H. Rorschach）在 1921 年所發展的。美國心理學家墨瑞（H. A. Murray）在 1938 年編製完成主題統覺測驗（Thematic Apperception Test, TAT），每次讓受試者看一張形象清楚的圖片，並要求受試依圖片編一個故事。

七、良好測驗的特徵

怎樣的測驗才算是好的測驗？多數學者認為優良的測驗應具有至少四項特質，即良好的信度、效度、常模以及實用性。筆者以為，測驗的選擇首先要顧及測驗的目的，以及測驗所要衡量的特質，同樣是

要衡量人格，但是明尼蘇答多項人格量表與郭為藩所編的自我態度量表所衡量的向度就有很大的不同，應視情況謹慎的選用。

㈠效度

效度（validity）是這些指標中最重要的，所謂效度是指測量的結果與測量目標或目的的一致性，例如，智力測驗是否真能衡量一個人的智力，如果答案是肯定的，則表示此智力測驗是有效的，反之，則為無效的測驗，效度的衡量方式及形式很多，可以透過因素分析、比較、做實驗或由專家來評定。而一般效度的高、低是由效度係數來表示，效度係數介於 0～1 之間，越接近 1 表示越有效，但絕無百分之百有效或百分之百無效的測驗，因為凡衡量必有誤差的存在。

㈡信度

信度（reliability）是指衡量結果的穩定性或一致性，通常信度的計算多以統計行之，最常被提及的重測信度（test-retest reliability）是指針對一群受試者，以相同的試題重複施測兩次，之後再求兩次間的相關，若兩次間相關越高，越一致，則表示此測驗的信度越高。不同的測驗所要求的信度種類不一樣，前述的重測信度目的是在衡量時間介入所產生的影響，較適用於性向測驗，因為性向測驗的目的是預測個人未來的表現，是與時間因素有關的，但是若像大學聯考的作文有兩位評分者，就必須建立其評分者間的一致性信度。由統計的觀點來看，信度是真實分數在實得分數上所佔的比例，也就是將總變異減去誤差變異量，當真實分數所佔的比例越高，表示誤差所佔的比例越低，則此測驗的信度越高。

㈢常模

常模（norms）是測驗專家依一定程序取樣，施測因而建立的一套比較標準。常見的常模有標準分數常模、百分等級常模、年級常模及年齡常模等。標準化測驗一定有常模。常模的目的在指出個人成績的相對地位，並且亦可使單位或科目不同的成績得以相互的比較，通

常常模內的分數是呈現常態分配的，因此所施測之受試所從出的團體亦應呈常態分配，試題應適中，不要過難或過易而使分數呈現偏態分配的現象。

㈣實用性

在講求效率的今天，良好的測驗更應該是實用的，所謂實用包含了容易施測、容易計分、容易解釋與應用，以及符合經濟效益。例如A份試題與B份試題的效度差不多，但A份試題的題目較多，施測需數小時，而B份試題之施測只需半小時，則B份試題較為實用。

㈤參照性

所謂參照性（referencing）是指測量的結果是參考何類型式的效標（余民寧，民86）。參照性通常分為兩類，即前述的常模參照測驗與效標參照測驗測驗，如果測量的目的在了解學生在團體中的相對位置，或是各科目之間相互比較，則應使用常模參照測驗，如果測量的目的在了解學生是否達到教師所期望的目標，則使用效標參照測驗。

㈥客觀性

包括對測驗的實施、計分與解釋都有一定的程序與標準。例如可使用客觀式問題（選擇題、是非題）等來增加測驗的客觀性（objectivity）。

㈦郭生玉（民88）對優良的測驗提出下述的評量標準

1. 測驗所欲測量的構念是否適切？
2. 測驗的信度類型及信度係數是否適切？
3. 效度的類型及效度係數是否適切？
4. 所使用的標準化樣本是否適切？
5. 指導語的說明是否適切？
6. 是否容易實施？
7. 是否容易計分？
8. 是否提供適當的常模？

9.測驗實施的時間是否適中？

10.是否有說明測驗的編製過程？

11.測驗題目是否適切？

12.是否有複本可供使用？

13.評論者對測驗的評語是否適切？

14.測驗的目的是否與測驗符合？

八、常模參照測驗 vs.標準參照測驗

測驗結果的解釋可以分為兩種類型，第一種是所謂的相對比較（relative comparison），也就是將個別學生的測量結果與一般學生的測量結果或班上其他人的成績做一個比較，這種方式稱為常模參照測驗（norm-referenced tests），常用的統計方法有百分等級（percentile ranks）及標準分數（standard score）等，例如某生數學考 80 分，其百分等級是 90，表示他勝過 90%的人。

另一種解釋學生表現的方法是所謂的「絕對比較」（absolute comparison），教師事先清楚界定學習目標及評量準則，學生的表現則與這些標準（criterion）作對照，如果達到標準則視為通過或精熟，此種評量方式稱為效標（標準）參照測驗（criterion-referenced tests），例如，學生在學期末時會在四則運算的測驗上達到 80%的正確率。標準參照測驗常使用在精熟學習裡（mastery learning），主要目的是希望每一位學生都能精熟教師所教的，而非在區分學生能力的高、低。

陳英豪、吳裕益（民 86）指出兩種測驗的異同：

1.兩種測驗均需要明確的敘述教學的目標或預期的學習結果，作為測驗編製的參考，但：

常模參照測驗可同時採用具體目標或一般目標。

標準參照測驗則必須使用具體的行為目標以便執行精確的評量。

2.兩種測驗的目的都是用來衡量學習的行為樣本，但：

常模參照測驗所衡量的學習結果之範圍較廣，相對的針對每一概念的試題亦較少。

而效標參照測驗所測量的範圍較窄，相對的針對每一類概念的試題也較多，較仔細而深入。

3. 兩種測驗都可採用各種不同型式的題目（主觀與客觀式問題），但：

常模參照測驗較常使用客觀式問題，例如選擇題。

標準參照測驗則可並用選擇、是非、填充、問答、申論等各種型式。

4. 兩種測驗的編寫皆有一些原則，但：

常模參照測驗較重視信度、效度、難度、鑑別度等。

標準參照測驗則強調學生在工作上的具體表現的描述，或使用邏輯的分析方式，例如雙向細目表。

5. 兩種測驗皆重視信度，但：

常模參照測驗的信度，以統計方法行之，例如皮爾森積差相關係數。

而標準參照測驗信度的估算方法較不適用傳統的統計方式，有時，是以無母數分析的方式取得的。

6. 兩者的用途不同：

常模參照測驗的目的是作安置性評量與總結性評量。

標準參照測驗則用來作準備度評量與形成性診斷性評量。

此外，余民寧（民86）亦比較常模參照與效標參照測驗的異同：

比較項目	常模參照測驗	效標參照測驗
對每一個試題的平均答對率	約 50%	約 80%
比較方式	與一般學生比較	與事先設定的精熟標準做比較

測驗內容的廣度	內容涵蓋較廣,並且衡量較多的學習目標	內容取材較窄,衡量的目標較少
測驗內容的完整性	題目較淺,每個目標只能以 1,2 個題目去衡量	測驗的內容較為完整,有較多的題目去衡量每一個目標。
變異性	分數的變異較大,且理論上應呈常態分配	分數的變異較小(可能呈負偏分佈)
試題分析	重視試題分析,刪除難度太高或難度太低的題目,並且保留難度中等以及具誘答力的題目。	只要能滿足事先所設定的標準的題目即予以收集,難度、鑑別度的考量還是其次。
成績報告與解釋	使用百分等級與標準分數	二分變項,例如通過 vs.不通過,精熟vs.不精熟,及格 vs.不及格
誤差的控制	盡力控制誤差,較嚴謹	盡力控制誤差,但不若常模參照測驗嚴謹

　　余民寧(民 86)指出常模參照測驗有三項缺點:(1)無法指示精確、具體的教學目標,較沒有具體可循的方向;(2)常常使所教(what was taught)與所測量之結果(what was tested)之間有所偏離;(3)常常在有意無意間省略了多數學生答對的題目,而無法告知教師所關心的重用訊息。他指出測驗、測量、評定與評量間的關係可圖示如下:

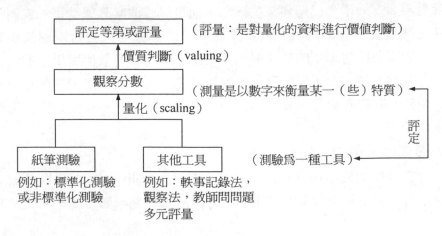

九、教學歷程中的各類測驗

教學歷程中的需要及目的不同，測驗的種類（陳英豪、吳裕益）亦可分為準備度前測、安置性前測、形成性測驗、診斷性測驗與總結性測驗，其中以形成性測驗與總結性測驗最常使用，亦為研究所考試的重點。

㈠預備度（準備度）測驗

在學期開始之前或剛開學的時候，教師若想了解學生是否具備了某科目的先備知識或技能，則應施予預備度（準備度）測驗（readiness pretests），例如學生要修測驗課應具有基本的統計知識，則可以在預備性測驗中給予測驗，因此，預備性前測具有兩項功能：了解學生是否具備了先備知識以及了解學生的起始點行為，以便設定較為具體可行的教學目標。

㈡安置性測驗

有時教師想了解學生是否已具備了教學計畫中所欲教導的能力，會事先給予安置性測驗，安置性測驗（placement tests）的題目類似於總結性評量的測驗，可做為分班、分組或修改教學計畫的依據。若教師發現大部分學生已精熟某些概念，則可以修改其教學計畫，或則加深、加寬其所教的科目。但安置性測驗的實施必須符合兩個先決條件：(1)當教師對學生的知識與能力不甚理解時，若教師對學生的能力已非常的清楚，則不需要實施安置性測驗；(2)對所欲學習的課程非常的明確、具體，而且有某種順序時，才能精確的評量學生是否具備所需的能力。

㈢形成性測驗與診斷性測驗

在教學歷程中所進行的形成性評量（formative tests）可以針對某一學習單元，給予教師及學生立即的回饋。這些測驗常見的有隨堂考

（quizes）、段考或期中考等，其目的在了解學生是否已達到階段性的教學目標，或則學生是否遭遇到學習困難、教師的教學是否有效，作為修正教學或提出補救教學的參考。此種測驗往往以大量的題目來測量特定的學習領域，因此比較深入，較可以診斷出學習的困難所在。形成性測驗與診斷性測驗（diagnostic tests）有若干的重疊之處，形成性測驗是用來了解學生是否已熟悉了教材，而診斷性測驗更深入的探討學生問題類型以及問題產生的原因，以便提出補救教學。因此，診斷性測驗的題目比形成性測驗更簡單，所測量的範圍更窄，而且，相對的，每一類型的題目也更多，而且診斷性測驗除了測量學習困難時所使用的成就（認知）類型測驗之外，如果懷疑學生習困難與其他因素有關，也可以善用其他的評量工具，例如，智力測驗、性向測驗、人格測驗，甚至對特殊學生的學習困難，例如自閉症、過動兒等，亦可邀請心理學家或精神科醫生等共同診斷，在此情形下所進行診斷性評量就非常的專業。

㈣總結性測驗

　　在學期即將結束，或在學習告一段落時可以進行總結性評量，總結性評量是在了解學生是否已達到教學目標，以作為評定學生成績的參考，在教育行政上也利用總結性測驗（summative tests）做為評鑑的工具。教學中各類型測驗的比較如下：

	準備度前測	安置前測	形成性測驗	診斷性測驗	總結性測驗
測量重點	①起始點行為②背景知識③包含生理、心理兩方面	教學計畫所設定的目標	教學單元或段落	①多數人的共同學習困難②特殊學生特殊學習困難	教學告一段落後對整個教學計畫目標的評量

樣本性質	①先備知識樣本 ②教學目標樣本	所有目標的廣泛樣本	某單元的有限樣本	特定錯誤的樣本	所有教學目標的廣泛性樣本
題目難度	難度較低	難度做適當的分佈	依單元內容而定	難度不高	難度分佈較廣
實施時機	課程或某單元開始之前	課程或某單元開始之前	通常定期或不定期實施（在教學過程中）	需要時	課程結束後
工具類型	偏向於標準參照測驗	偏向於常模參照測驗	屬於標準參照測驗（精熟學習）	需要特別設計的工具	常模參照測驗
應用	設定教學目標的參考	①編寫教學計畫的依據 ②分班、分組的依據	給教師及學生回饋	矯正、補救較為長久性的學習困難	評等，了解學生是否已精熟教學目標

歷屆試題

一、研究者自編研究工具，應注意的事項為何，請詳述之。

【屏師 83】

答☞：

(一)研究工具必須符合研究的目的（有效的）：

研究工具是為了蒐集研究所需的資料而設計的，因此，在發展研究工具時，最重要的考量便是該研究工具是否有效？亦即，該研究工具是否能衡量該研究所欲衡量的特質。例如，若某研究的興趣在比較不同族群間智力的差異，則所使用的研究工具是否真能測量智力的代表性樣本。若要評量人格、創造力、態度、性向、動機或其他特質，則所發展出的工具是否真能捕捉這

些特質？這個問題是屬於工具本身的效度問題，依照研究目的，以及測量的內容，欲建立工具的效度有下列幾種方式：

(1)內容效度：是指研究工具所評量的內容是否具有代表性與適切性的問題，例如智力測驗是否涵蓋大部分重要的智力的內涵。而適切性則是指所測量的內容、方法與分析方式是否恰當。例如，使用問卷調查的研究方式與使用個案研究與深度訪談的研究方式時所使用的研究工具可能不同，個案研究可以使用軼事紀錄法為研究工具，深度訪談可以使用低結構性的問題，而問卷調查可以使用具高度結構性的問題比較合適。

(2)建構效度：多數使用在人格與智力之研究上，此種研究首先是有假設或理論的產生，接著發展某些研究工具，蒐集資料，以便證明其理論的正確性，這類型的測量工具很多，例如：羅先維格（Rosenzweig, 1944）為了修正達勒與密勒（Doller, Doob; Miller, Mowrer）所提出的挫折攻擊假設說，而提出的修正理論「挫折—忍受度」（frustration-tolerance）假設（在挫折—攻擊的個別差異中有一個影響因素，即挫折容忍度），他們發展了一種圖畫完成測驗——羅氏圖畫挫折研究（Rosenzweig Picture Frustration Study, P-F Study）來證明其理論的正確性。

(3)效標關聯效度：有些研究工具效度的建立是求工具本身與效標間的相關，而這些效標可以是工作表現、精神病的診斷結果、在學成績、特殊訓練的成績、專家的判斷等。總之，研究工具的設計最基本的要求是必須是有效的。

㈡實用性：是指研究工具本身的經濟效益而言，包括容易

施測、容易計分、容易取得研究工具與節省的。

㈢客觀性：客觀的研究工具比較具有信度，也有利於統計的處理。例如結構化的問題就比非結構化的問題更為客觀，使用標準化的問卷也比使用主觀式問題更為客觀。

但客觀並非從事研究時唯一的考量，使用客觀式問題並不意味其結果一定是客觀的，一個研究之客觀與不客觀應考量許多的因素，例如：

(1)研究的目的與研究取向：量化的研究比較容易控制，客觀，但質性的研究不見得就比較主觀，從事質性研究尚可以增加觀察者，在科學社群發表研究結果、訓練有素的主觀性或其他方式（例如使用多元資料來源）來增加研究本身的客觀性。

(2)有時客觀性問題傾向於只能捕捉表像的東西，使得研究本身缺乏洞見。

㈣若使用標準化的測驗或問卷應作如下之考慮：

(1)建立信度與效度，必須執行預試來建立，另外也可以請專家鑑定。

(2)考慮測量工具與統計分析間配合的問題，太複雜的設計不利於統計分析。

(3)指導語說明清楚明確。

二、何謂標準參照測驗（criterion-referenced tests）　　【中師84】

答☞：

標準參照測驗又稱為效標參照測驗，其評量的方式是依事先設定的標準來比較，而非學生之間的相互比較，其特色有：

㈠事先設定比較（精熟）的標準。

㈡常用在精熟學習模式裡（mastery learning），評量的目的

不在相互比較，而是在促進學習，評量的結果不是呈常態的鐘型分配形狀，而是呈 J 型分配。

㈢比較重視題目的重要性與代表性，而不是難度或鑑別度。

㈣通常測驗的時間間隔較短，因此所衡量的教學目標與內容較窄。

㈤因為其結果的評量是屬於二分變項（通過 vs. 不通過），故不可以使用一般母數分析的統計方式（例如皮爾森積差相關係數）來建立信度，而必須使用百分比一致性或柯恆 K 係數來估算其信度。

㈥效標參照測驗比較不會引發學生之間的相互競爭，只要努力，每個人都有通過效標的可能性。

三、試比較常模參照評量與標準參照評量之異同。　【成大 85】

答☞：

㈠相同的地方：

此兩種評量的理論來源皆建基於行為學派，目的是對教學與學習的一種回饋。

㈡相異的地方請參考內文。

四、試說明安置性評量、形成性評量、診斷性評量及總結性評量之目的何在？　　　　　　　　　　　　　【彰師 85】

答☞：

㈠安置性評量的目的在做為分班、編組的考量，測驗的內容包括該科的廣泛性樣本，有時包括諸如特殊班級（音樂實驗班、美術實驗班）的學生甄選。

㈡形成性評量是在教學告一段落之後所進行的，其目的是提供教師與學生之教學與學習回饋，做為改進教學的依據。

㈢診斷性評量：有兩種涵意：(1)對一般教學而言，診斷性評量的目的在找出某（些）學生的特殊學習困難，做為實施補救教學的依據，除了診斷學生問題所在、概念是否正確之外，亦可以診斷學生的認知歷程；(2)在特殊教育領域裡對特殊學生（資賦優異、多重障礙、學習障礙……等）亦必須實施診斷性的評量，在進行診斷性評量之前，必須邀請父母、師長、行政人員或則專家共同會商，並且發展出適合該生的個別化教育方案，這類型的診斷評量往往牽涉到較多的人員與專業而且內容更遠為複雜。

㈣總結性評量的目的在做比較與評分之用，是在課程快要結束時實施，可以做為評鑑的參考，四者的關係可以圖示如下：

五、試比較標準化成就測驗與教師自編成就測驗之異同，並針對這兩類成就測驗分別列舉三種適用的情況。 【彰師85】

答☞：㈠教師自編測驗通常是屬於認知測驗的形式，包含了許多的小考、期中考、期末考等，通常其測量的範圍比較窄，而有較大的彈性，兩者比較如下：

	教師自編測驗	標準化測驗
1.編者	教師本身	測驗專家
2.內容取樣	依教學目標的較窄內容	依教學目標及測驗目的的較廣內容

3.題數	每一個概念分配的題數較多	每一個概念分配的題數較少
4.常模	無	有
5.試題分析	通常沒有	通常會重視難度、鑑別度、誘答力等問題,且難度做適當的分配
6.題型	比較多元,主觀式與客觀式問題皆可	偏向於客觀式問題,易於統計分析
7.施測方式	較多元,較有彈性	比較固定,標準化
8.測驗內容	偏向認知的評量	包羅萬象,可以評量智力、性向、人格、創造力等

(二)適用情況:

(1)教師自編測驗:適用於隨堂考、期中考、期末考作為教學的回饋與學生的評量。

(2)標準化測驗適用的範圍很廣:(a)評鑑的目的:例如各校成就水準之比較;(b)研究目的:例如性別、種族、社經與智力之比較研究;(c)人事篩選:例如性向測驗、大學聯考;(d)診斷的目的:例如診斷一個人是否有精神異常時,使用明尼蘇答多項人格量表。

六、下列敘述何者有誤?

(A)界定一個心理學構念(construct)的方式通常只有一個。

(B)心理測量乃植基於對行為的取樣。

(C)對行為的取樣導致測量的誤差。

(D)心理測量的單位通常難以適當的界定。

(E)心理測量的結果必須和其他變數有關係才能產生義意。

【政大86】

答☞:

(A)

部分題解如下：

(A)界定一個心理學構念的方法（即所謂的建構效度）不只一種，有下列方式：相關法、對照團體法、實驗研究、內部一致性分析、因素分析、多項特質—多項分析法等方式。

(B)對，這是行為學派的觀點，測量必須將原本抽象的東西（例如智力）轉化為具體可衡量的特質，即所謂的行為取樣。

(C)對，在將抽象特質轉化為行為樣本時一定會失真，可能無法包含此特質的所有重要內涵。

(D)對，此概念非常重要，分數並非孤立的，而是必須在某個脈絡之上才會顯出其意義，例如，某人國語科考 80 分，那 80 分是什麼意思？在狹義上 80 分必須與某些標準相互比較才產生意義，例如與班上的平均數相比，或則與精熟標準相比。在廣義上，測量的結果必須與測驗的目的與心理或社會變項聯結才有意義，例如在衡量智力時，將智力與學業成就作聯結，衡量壓力時，將壓力與工作表現做一個聯結，應注意的是在進行推論時，應該對各變項間複雜的因果關係小心的推論。

七、試述良好測驗的主要特徵。　　　　　　　　　【南師86】

答☞：

　　良好測驗的特徵，多數教科書會歸納為下列幾點：

(一)具有效度：在所有良好特徵裡面，屬效度最重要，是指測驗所測量的特質符合測驗的目的。

(二)具有信度或客觀性。

(三)具有常模以供比較。

㈣實用性：容易施測、計分、省時省錢。

㈤適切性：例如，若目的在篩選各大學中各系的入學學生，性向測驗、智力測驗、大學聯考、高中三年的學業成績中以性向測驗最適切。

但以上這些建議僅是一些原則罷了，教師在選用良好的測驗時應具有彈性（此段為獨立思考，考生加入這段表示對測驗有深入的反省，應可得較高的分數）；

(1)首先考量教育目標、教學目標與教學內容，其次再考量測驗的主觀與客觀性，例如，若評量的目的同時包含知識、理解層次與高層次的思考，例如分析、綜合、評鑑、問題解決，則不妨在試題中適度的使用主觀式問題。

(2)在某些情境中，若主觀式問題較客觀式問題優越，則亦應選用主觀性問題，例如在實作評量、真實評量。

(3)有常模固然可以提昇解釋上的客觀性，不過，筆者發覺臺灣多數測驗的常模都是屬於恐龍時代的產物，距離現在都有數十年光景，在快速變遷的社會中可能不適切，因此，教師在選用測驗時，應仔細思考測驗內容以及常模是否適切。總之，以上原則僅供參考，是不是一個好的測驗應透過獨立思考來判斷。

八、請說明選用一份適當的標準化評量工具應該注意那些原則？
答☞：此題的答案與【南師86】年的答案一樣。

九、老師為了解學生之起始點知識或起點行為，需進行何種評量？ (A)診斷性評量 (B)形成性評量 (C)安置性評量 (D)總結 【嘉師87】
答☞：

(C)

此題選項中只有安置性評量是在課程開始前或剛開始時進行的，那時衡量起始點行為才有意義。

十、下列何者不是優良測驗的特性？　(A)信度高　(B)效度高　(C)獨特性高　(D)可標準化／可參照性（referencing）高。

【中正87】

答☞：

(C)

依余民寧（民86）的看法，優良的測驗具有下列特性：①效度高；②信度高；③可參照性；④客觀性。在此解釋一下可參照性（referencing）是指測驗的分數可以對照何種的效標而言，若屬於常模參照測驗則有常模可供對照，若屬於精熟學習則屬於精熟的標準。至於客觀性則不僅止於評分的客觀，尚包含教師是否公平的對待所有學生，不因其性別、種族、社經地位而有所偏袒。何謂獨特性？事實上每一份測驗都有其獨特性，同樣是人格測驗，明尼蘇答多項人格量表比較適合用來評估受試是否具有精神異常的傾向，而自我態度量表則用來評估正常人的自我概念的高低，因此，每一份測驗都有其獨特的「個性」，也因此，在效度的分析中就將分數分成三種變異：共同因素變異量、獨特因素變異量與誤差因素變異量，其間的關係為：總變異＝共同因素變異量＋獨特因素變異量＋誤差因素變異量。筆者可以由兩方面來解釋為何獨特因素高是不好的：

(1)當一個測驗的獨特性越高，則其適用的範圍越窄。

(2)由效度的觀點來看：

因為 $S_x^2 = S_{co}^2 + S_{sp}^2 + S_e^2$，效度：$\dfrac{S_{co}^2}{S_x^2}$（共同因素變異量在

總變異量中所佔的比例），設S_e^2不變，當S_{sp}^2越大，則S_{co}^2越小，所以$\dfrac{S_{co}^2}{S_x^2}$也越小（效度越小），也就是說當特殊因素變異量增加時，則共同因素變異量減少，跟著效度也減少。

十一、名詞解釋：Norm-referenced measurement v.s. Criterion-referenced measurement。 【中山87】

答☞：

比較常模參照與效標參照的異同，請參考內文，此外，筆者再補充常模參照測驗與效標參照測驗編製方法之比較（徐民寧，民86）。

(一)兩者的相同點：

(1)都必須明確敘述與學習工作相關的成就領域範圍。

(2)兩者都使用各測驗的編製計畫來衡量具有代表性的學習行為樣本。

(3)兩者都可以使用各類的題型。

(4)兩者都必須符合一般試題的編製原則。

(5)兩者都希望能儘量減少或控制誤差的因素。

(6)兩者在解釋時都必須考量相關的因素。

(二)相異之處：

比較項目	常模參照測驗	效標參照測驗
教學目標	可以採用一般的教學目標，也可以採用具體的行為目標	必須以非常具體的行為目標來敘述
試題的代表性	所涵蓋的學習範圍很廣，因此每一範圍的試題比較少	所涵蓋的學習範圍較窄，因此每一範圍內的試題比較多
試題的題型	較常使用客觀式問題（選擇題）	較少完全依賴選擇題

項目分析	強調試題的難度與鑑別度	較強調學生在特定學習上的表現是否符合預期的目標
信度的估計	適合傳統的統計估算方式（母數檢定、較大的樣本）	不適合傳統統計估算
項目分析	強調試題的難度與鑑別度	較強調學生在特定學習上的表現是否符合預期的目標
信度的估計	適合傳統的統計估算方式（母數檢定、較大的樣本）	不適合傳統統計估算
目的	可作為安置性與總結性評量	可做為診斷性與形成性評量

十二、如果一個測驗的結果的分數，是告訴我們贏過多少百分比的人，是和某一個參照團體比較的結果，那麼，這個測驗是一個效標參照測驗（criterion-referenced test）。【政大 88】

答☞：

錯，應該是常模參照測驗，比較的結果是屬於相對地位量數。

十三、名詞解釋：診斷性測驗（dignostic test）。　　【彰師 88】

答☞：

依余民寧（民 86）的解釋：診斷性評量（測驗）的目的「即在針對形成性評量所無法矯正的嚴重障礙者，提出更精密的診斷訊息，以供採行必要治療措施之參考。一般而言，診斷學生的學習是否進步，是屬於一種程度的問題（matter of degree），亦即，形成性評量是屬於急救性的處理，對簡單的困難問題可以立即找出並加以解決，而對嚴重的困難問題則留待診斷性評量的分析和處理。所以，診斷性評量可以針對學生在某一特定學習內容或知能上的障礙，提出更進一步的診斷訊息，以作為實施治療性補救措

施的依據。因此，它是一種更綜合性和更精密性的評量。」

_____

十四、名詞解釋：
　　㈠形成性評量（formative evaluation）。
　　㈡總結性評量（summative evaluation）。
　　㈢常模參照評量（norm-referenced evaluation）。
　　㈣效標參照評量（criterion-referenced evaluation）。

【成大 88】

答☞：請參考內文。

_____

十五、何謂心理測驗？並說明心理測驗的要義。　　【市北師】
答☞：

　　　　最早提出「心理測驗」（mental test）這個名詞的是美國心
　　理學家卡泰爾（James Mckeen Cattell），當時他曾採用一些
　　類似感官知覺的測驗（肌肉力量的測量、動作速率、對痛
　　覺的敏感度、反應時間、記憶能力等）來衡量智力。要定
　　義心理測驗之前，須先定義測驗：周文欽等（民 84）認為
　　測驗是：「在標準化的情境之下，測量個人心理特質的工
　　具或歷程。」在此所謂的心理特質包含了認知（cognition）、
　　情意（affective）以及技能（psychomotor）三個層面。這個
　　定義含有下列的要義：
　　⑴控制的情境：測驗為了客觀必須有所控制，所謂控制是
　　　指系統化的處理一切與測驗有關的因素，包括有測驗的
　　　實施，分散的解釋，情境的控制等。
　　⑵標準化的刺激：測驗是由一群會引起反應的刺激所組
　　　成，刺激的形成極為多元，可以是文字、物件、影像、
　　　圖形，為求精確起見，都將這些刺激及計分方式予以標

準化。

(3)行為樣本：即對所欲衡量的特質加以具體化，並且抽取具代表性的樣本來建構題目。

(4)量化，即以數字來代表衡量的結果，例如智商 100，亦即表示此人的智力中等。

(5)通常有常模以供比較。

十六、下列何者屬最大表現測驗？　(A)人格測驗　(B)興趣測驗　(C)投射測驗　(D)智力測驗　　　　　　　　　　【彰師】

答☞：(D)

十七、下列何種評量常希望測驗分數的變異量愈大愈好？　(A)診斷性評量　(B)常模參照評量　(C)標準參照評量　(D)形成性評量。　　　　　　　　　　　　　　　　　　　【嘉師】

答☞：(B)

十八、就心理測驗之理論方面，說明測驗發展的新趨勢。【中師】

答☞：

(一)質量並重：

傳統的測驗偏向於紙筆測驗，而且為求客觀及解釋上的方便起見，常以數字來表示所衡量的特質，而過度的偏重量化造成許多的缺失，例如過度窄化了所要衡量的特質、只注重結果而忽略了歷程、為考試而教學等，因此，近年來逐漸有人主張測驗（或評量）應該是質、量並重的，而且教育部在日前也公佈往後取消有關學生操行成績量化的評分方式。質性的評分方式是以文字的描述為主，比較精微而深入，其中以皮亞傑量表的編製最負盛名，有別於傳統以量化為主的智力測驗，皮亞傑量

表改採「效標參照」的方式來評估兒童的智力發展，其測驗的結果可以得知兒童智力發展是否合乎一般人的發展程序（感覺動作期、具體運思期、前運思期與形式運思期等），而測量的方式改採以觀察、詢問及實作的方式為主，與傳統的智力測驗有很大的差異。

(二)智力測驗的內容擴大：

以最有名的魏氏智力量表與比西量表為例，其評量的內容包括有：常識、相似、算術、字彙、理解、圖形補充、連環圖畫設計、方塊設計、物形組合等，偏向於學生的學習能力測試，有窄化智力的傾向，例如像智慧中重要的成份：生活適應能力、人際關係、創造力等都沒有衡量。有越來越多的學者加以修正，其中最有名的Gardner所提的「多元智慧論」（the theory of multiple intelligence），他不但認為智慧是多層面的，而且更加的相信智慧是可以學習的，可以教導的。其所提出的多元智慧為：語文智慧、邏輯—數學智慧、視覺—空間智慧、內省智慧、人際智慧、音樂—節奏智慧、自然觀察者智慧、肢體—動覺智慧，教師在教學與評量時，應考慮學生往多重智慧發展。

(三)泛文化測驗的發展：

不管是那一種測驗法都很難避免文化因素的影響，尤其是以語文為主的測驗對來自不同文化或次文化團體的受試者而言，有更大的影響。在美國智力測驗的結果顯示白人的智力高過黑人一個標準差，爭論的焦點在於到底美國黑人是先天遺傳上劣於白人，或則只是後天環境失調所造成的，當然不可能有一致的答案，但是有一項有趣的研究是以黑人所熟悉的語言來編製智力測驗，結果發現黑人的成績卻明顯優於白人，可見後天環境的重要

性。可以儘量避免文化影響的測驗稱為泛文化測驗或免
文化影響測驗或文化公平測驗，這些測驗一般是以操作
測驗（performance test）或圖畫的方式來進行，例如：李
特氏國際作業量表（Leiter International Performance Sca-
le）、文化公平智力測驗（Culture Fair Intelligence Test）、
瑞文氏智力測驗（圖形）、Goouenough-Harris 的畫人測
驗等，但必須加以澄清的是，這些測驗確實可以減少文
化的影響，但卻無法完全避免文化因素的影響。有些研
究發現，某些畫圖式的測驗還是會深受兒童所處的社會
環境的影響，例如居住在都市的兒童與居住在偏遠的兒
童可能對環境有不同的認知，而表現在不同的畫風上。

㈣特殊團體常模的建立：

有些測驗其特殊性很高，必須要建立特殊團體常模，例
如要評鑑臺灣省各國小學童的成就時，應考慮到其比較
的標準是全國一致的，還是分區比較（北部、中部、東
部、南部），因為其中有一個因素介入而影響了學童的
表現：城鄉差距，而此因素包含了硬體設備、資源、交
通、經費以及最重要的師資。若決定建立特殊的地區性
常模，也許會在比較上更為公平。另一個例子是魏氏智
力量表，最早在美國發展，其常模的建立以美國人為
主，現在魏氏智力量表推廣至全世界，而各國也各自發
展該國的常模。其他的特殊團體常模尚有針對原住民、
特殊職業與特殊目的（例如人事甄選）而建立的常模。

㈤電腦適性測驗：

在電子科技發達的今天，測驗與電腦結合是必然的趨
勢，藉由電腦的幫助使測驗更加的完善、方便、有趣。
以電腦來測量有許多型式，例如有趣的「虛擬實境」，
可用來測驗學生在真實狀況中的問題解決能力或則技能

是否熟練，在軍事機構、醫學院或一些專業的訓練機構較常見。

目前正大力發展中的電腦適性測驗有項目反應理論（Item Rresponse Theory, IRT），其主要的內容包括(1)建立各科目的題庫；(2)對試題進行項目分析；(3)依學生的能力挑選適當的題目，因為學生所作的題目難度與其能力相當，故稱為電腦適性測驗。電腦適性測驗與傳統的測驗有很大的不同：(1)在傳統的測驗中每個人所測量的題目相同，但是在電腦適性測驗中每一個人的題目都不一樣；(2)在傳統的測驗中如果是教師自編測驗，則不但教師要花費時間編寫，而且所編寫出來的問題品質良窳不齊，但在電腦適性測驗中，教師只要在資料庫中選擇現有的試題即可，相當方便，而且，試題都是經過專家編製的，可以確保品質。

㈥多元評量的發展：

社會越來越傾向多元化，而且在人文主義與後現代主義的引領之下，測驗也往多元化發展，有別於傳統的評量方式，多元評量依其強調的重點包含了：①實作評量；②檔案評量；③真實評量；④動態評量。這些另類評量的特色有：

(1)強調知、行合一。

(2)同時注重過程與結果。

(3)重視學生的參與，教師與學生的協同合作。

(4)注重知識在真實情境中的運用。

(5)對認知歷程與最大可能表現目的評估表示興趣。多元評量是目前教育發展的趨勢，且會逐漸與傳統的紙筆測驗並駕齊驅，教育部並且規定在九年一貫課程實施之後，評量即走向多元化。

此題是重要的觀念性考題，考生請務必多加仔細體會，其實此題常以另一種形式來考：「試論測驗的缺失與解決之道？」例如：傳統測驗有何缺點？應如何解決？或智力測驗有何缺失？應如何解決？或班上有女生及原住民智力測驗的成績偏低，教師應如何解釋、解決？解決之道即適當的採用上述未來測驗的發展方向，例如可以對原住民及女生使用泛文化測驗、特殊團體常模或多元評量，答題時考生應融會貫通這些概念，才會得高分。

十九、下列因素何者屬於系統的測量誤差　(A)動機　(B)難度　(C)情緒　(D)遺忘。　　　　　　　　　　　　　　【彰師88】

答☞：(B)

二十、何謂標準化測驗？一項測驗要被稱為標準化通常是指那兩方面？其程序為何？請舉例說明。【高師88】

答☞：

標準化測驗通常是用測驗專家所編製，其目的是用來將個人（或團體）所測量的結果與其他相同年齡層或性質的受試者相互比較，以求得其相對地位量數。所謂的標準化包括有施測程序與計分解釋上的標準化，其特色有：

(1)通常標準化測驗的試題多屬客觀式的試題，目的在容易作項目分析與計分比較客觀。

(2)標準化測驗的試題，其難度有適當的分佈，而一般教師自編測驗通常沒有計算難度。

(3)標準化測驗在指導手冊中一定會詳細的敘述測驗的信度與效度、以及常模作為比較之用。

編製標準化測驗的程序：

(1)確定測驗的目的與內容。

(2)編製題目。

(3)預試建立信度、效度、分析難度、鑑別度。

(4)修正題目。

(5)正式施測於大樣本,建立常模。

(6)完成測驗,發展指導手冊,詳細說明測驗的目的、適用
對象、實施程序、計分與解釋的方法等。

二十一、標準參照測驗和常模參照測驗的最大不同點在於:
(A)測驗的型式　(B)測驗分數的解釋
(C)測驗的難度　(D)測驗的內容　　　　　　【南師】

答☞:(B)

二十二、常模參照測驗的定準點具有何特性?　(A)在兩端　(B)在
中間　(C)試前決定的　(D)理想的　　　　　【師大】

答☞:(B)

二十三、目前國小教師自編之期中或期末測驗,應歸類於何種測
驗?
(A)典型表現測驗　(B)標準化測驗
(C)常模參照測驗　(D)標準參照測驗

答☞:(D)

第二章

信度

一、信度的意義

　　研究所的考試中最熱門的考題之一就是信度與效度，對測驗來說，這是一個重要的特質。所謂信度（reliability）是指可靠性（trust worthness）、一致性（consistency）或穩定性（stability）。例如重測信度（test-retest reliability）是指使用同一份試卷，對相同的受試重複施測兩次，若兩次的結果類似，表示測驗是穩定的，信度的類型與功能很多，而重測信度主要的功能是衡量時間經過所造成的影響，通常我們希望一種可靠的測驗能夠重複被使用而沒有太大的變異，以智力測驗為例，若今天某甲測試的結果其 IQ 是 100，隔一段時間再測試一次，若其分數與 100 差不多，則表示此智力測驗是一個穩定性很高的測量工具。相反的，若今天測試是IQ＝100，隔一段時間測試結果是IQ＝120，則表示此測驗的結果是不穩定的，信度很低的測驗。而造成改變的因素很多，測驗結果的不穩定可以來自測量工具缺乏效度，也可能是因為個人的衡量的特質不穩定。在重測信度中偏重於時間變異的衡量。我們通常希望人的某些特質是穩定的，例如性格，因為穩定所以才能預測一個人的行為，也才容易相處。

二、信度的特性（陳英豪、吳裕益，民86；郭生玉，民 87；葉重新，民81）

㈠信度是指測量工具之結果的穩定性，而非指工具本身

　　每一份測驗的信度都有其本身所適用的情境與限制，信度並非是一個普遍的特質（general characteristic），只有在測驗所適用的情境下才算是可靠的，例如明尼蘇答多項人格量表與郭為藩所編的自我態度量表同屬人格測驗，而且兩者的信度也都很高，但是若以自我態度問

卷來衡量受試是否具有精神病傾向，則可能是一種缺乏信度的衡量方式，因為自我態度問卷並沒有衡量是否具精神病傾向的問題，但若以MMPI來衡量，則具有相當高的信度。而且，信度的類型很多，必須有所選擇，如果想要了解兩位作文評分者對作文的評分是否一致，則需使用評分者間一致性係數的信度方式，如果想要了解性向測驗的預測效果好不好，則可選用重測信度。此外，影響信度的因素有很多，例如樣本的特質，信度的估算方式，題目的難易度，間隔的時間、複本的性質等等，這些都說明信度是只有針對特殊的情境而非一般的情境而言。

㈡通常心理與教育測驗的信度要比自然科學為低

　　心理與教育測驗的研究對象以人為主，人的變異性很大，而且有道德倫理上的考量與自由意志，不容易精確的控制，因此信度較低。但自然科學偏重動物及物理世界的探討，較容易控制，可以儘量排除無關因素的干擾，故信度較高。

㈢信度的建構以統計為主，採用邏輯的分析方法較無法提出具體而直接的證據

　　信度的測量有兩種方式，一是以統計方式來測量個別受試之真實分數在實得分數上所佔的比例，此種衡量方式要求針對單一受試重複施測很多次，用多次測驗的結果去衡量其本身的內在變異（實得分數的變異、真實分數的變異、誤差分數的變異），但實際上不太可能對受試重複施測許多次。另一種信度的建構方式是針對一群受試重複施測兩次，再以皮爾森積差相關係數算出兩次成績的相關，通常都是用統計來估算的。

㈣信度越高越好

　　信度的值介於0～1之間，越接近1表示信度越高，亦即測量工具越穩定，但任何測驗都有某一程度的不穩定性，這是自然的現象，也就是說，沒有百分之百可靠的信度，也沒有百分之百不可靠的工具。

三、信度的計算原理

　　凡測量必有誤差存在，某生國語科考 80 分，真正能力可能是 75 分，猜對 5 分，在此所謂的 75 分稱為真實分數（true score），而 5 分是為誤差分數（error score），80 分稱為實得分數（observed score），將其簡化為下列公式：

　　　X ＝ T±E　　式中，X：表實得分數
　　　　　　　　　　　　T：表真實分數
　　　　　　　　　　　　E：表誤差分數

　　若以十位學生皆受某測驗為例，可能形成下列三種變異：真實分數的變異，實得分數的變異與誤差分數的變異：

受試	實得分數	真實分數	誤差分數
1	80	81	− 1
2	85	84	＋ 1
3	70	72	＋ 2
4	60	60	0
5	90	93	3
6	91	88	− 3
7	95	94	1
8	83	84	1
9	80	78	− 2
10	70	71	1
	$S_x^2 = 119.9$	$S_t^2 = 112.15$	$S_e^2 = 3.35$ $S_e = 1.83$

註：$S = \sqrt{\dfrac{\Sigma(X - \overline{X})^2}{N}}$　　　$S^2 = \dfrac{\Sigma\ (X - \overline{X})^2}{N}$

在古典測驗理論中假設 $S_x^2 = S_t^2 + S_e^2$（實得分數的總變異量＝真實分數的總變異量＋誤差分數的總變異量），將此公式兩邊同除以 S_x^2： $\dfrac{S_x^2}{S_x^2} = \dfrac{S_t^2}{S_x^2} + \dfrac{S_e^2}{S_x^2}$ ，式中信度是指 $r = \dfrac{S_t^2}{S_x^2}$ ，真實分數總變異量在實得分數總變異量中所佔的比例；或則 $r = \dfrac{S_x^2}{S_x^2} - \dfrac{S_e^2}{S_x^2}$ （信度＝總變異減去誤差變異量）$= 1 - \dfrac{S_e^2}{S_x^2}$ 。

以上述十位學生為例，其信度係數為 $\dfrac{112.15}{119.9} = 0.93$ ，圖示如下：

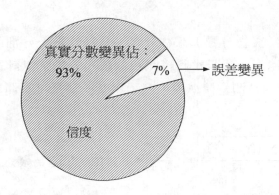

真實分數變異佔：
93%　　　7%　　→ 誤差變異

信度

※陰影部分即為信度

四、誤差的類型

在信度的計算中我們將實得分數的變異分為兩部分即真實分數的變異與誤差分數的變異，在此，我們必須討論誤差的來源與估算方式。

㈠測量標準誤

所謂測量標準誤（Standard Error of Measurement, SEM），簡單的說是指估計誤差之標準差，假設測量值（實得分數）與真實分數間呈直線相關，其關係如下：

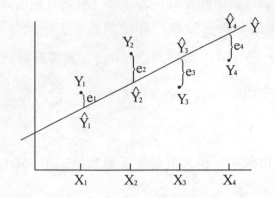

以四個 $\hat{Y}$（實得分數）來估計 Y（真實分數）分別產生了四個誤差分數e_1，e_2，e_3，e_4，若我們將此四個誤差分數加以計算其標準差，則計算的結果即為測量標準誤，表示用某一測量工具測試時的標準誤差，其公式：

$$S_{Y.X} = \sqrt{\frac{\Sigma (Y - \hat{Y})^2}{N}} = \sqrt{\frac{SS_{res}}{N}}$$ 式中，SS_{res}為殘差平方和

以前述十位學生為例，其標準差＝ 1.83（誤差分數的標準差）亦即該次測量結果的測量標準誤＝ 1.83。

測量標準誤的另外一種算法，是由測驗本身的信度來求，例如，某測驗之信度為 0.8，SD ＝ 15，則其測量標準誤是多少？

公式 SEM ＝ SD×$\sqrt{1-r}$，式中 SD 為測驗之標準差，r 為測驗之信度代入公式 SEM ＝ 15×$\sqrt{1-0.8}$ ＝ 6.7。

㈡測量標準誤的使用

⑴誤差的性質

誤差分數為隨機產生的，如果所取的樣本夠大（n≧30），則誤差分數的分配將成為常態分配。在統計上，這些常態分配的誤差彼此之間會產生一種自我抵消的作用，即正的誤差和與負的誤差和剛好一樣，故相加之和＝ 0，既然正誤差與負的誤差相加之和為 0，故其平

均數亦為 0，此外，這個常態分配的標準差稱為測量標準誤。測量標準誤的常態分配可以圖示如下：

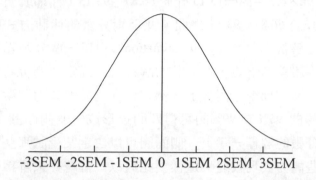

若以上述測驗之測量誤差 = 6.7，則其分配情形如下：

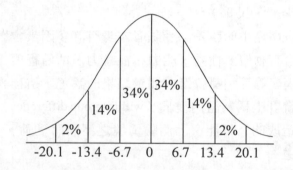

　　此常態分配的誤差表示有 **68%**的誤差介於− 6.7～6.7 之間，而有 **96%**的誤差介於− 13.4～13.4 之間，另有大約接近 **99%**的誤差介於− 20.1～20.1 之間。我們可以原始分數±誤差分數來計算出原始分數落入某一區間的機率是多少，其公式：

(2)可信區間：X±1.96×SEM 為 95%可信區間

　　X為原始分數，而真實分數落入此可信區間（confidence interval）的機率為 95%，換句話說，誤差機率小於 5%。

　　X±2.58×SEM⇒99%可信區間

若以前述某人的分數為 80 分,而測量標準誤為 6.7,則其真實分數之 95%可信區間為:

80±1.96×6.7 = 80±13.13 介於 66.87～93.13,亦即真實分數有 95% 的機率是介於 66.87～93.13 之間。此種對分數的估計方式稱為區間估計,目的是解決點估計(point estimation)只以一個分數點來表示成績所容易產生誤差的現象。在測驗的解釋上,通常我們會將此概念運用在具有分測驗的標準化測驗上,例如性向測驗與智力測驗,然後再計算各分測驗的 95%或 99%的可信區間以形成一個側面圖(profile,請參考測驗分數的解釋一章),側面圖可以決定某受試那些能力表現較佳,而那些能力表現較弱,這樣要比只以一個總分來解釋受試的表現要來得精確。

誤差的來源有:(1)考試者;(2)測驗本身;(3)測驗情境與施測;與(4)計分(陳李綢,民 86)。

受試本身所產生的誤差:受試者本身有許多因素會影響其表現,這些因素包含有動機、性向、能力、注意力、準備程度、作答心向、情緒及其他因素等等,都會造成測量結果的誤差,這種誤差是為受試者內誤差,統計上稱為組內變異(within-group difference)。通常這些誤差是隨機造成的,可能會因測驗情境之不同而變動。

(3)測驗內誤差

測驗內誤差指來自測驗本身所產生的誤差,種類繁多,例如:

1. 題目缺乏效度:所欲測量的目標與測量的題目之間有一段差距,例如,以大學聯考作為篩選大學生的方式其效度可能不如以性向測驗配合其他的評量方式作為篩選的工具來的有效。
2. 題意不清、或試題要求的閱讀水平較高。
3. 題目的難度:題目太難或太容易都較缺乏鑑別度,使試題無法正確的區分學生能力的高低。
4. 試題的印刷是否清楚,試題的型態(論文式或客觀式)等,也

會影響誤差的大小。

    5.試題是否受偏見（例如文化偏見、性別偏見）或一些意識形態的影響亦會造成誤差。

㈢測驗施測所產生的誤差

通常將施測的過程視為測驗的情境因素，每次施測的情境不可能完全相同，是為誤差的來源。例如：

    1.物理因素：施測時的溫度、光線、噪音、座位的安排型式等等。

    2.施測者的因素：包含施測者是否有遵循指導手冊所敘述的指導語進行，施測者是否有提供暗示或不當的引導，甚至施測者的態度、表情等都可能對測驗情境造成影響。

㈣計分或解釋上的誤差

計分上的誤差型式有多種，例如月暈效應是指在評量時受到其他因素的干擾，例如性別、容貌、印象或則之前的答案。教師期望有時也會影響測量的結果，教師可能在有意或無意中對受試者收集符合自己期望的資訊，而忽略了不符合自己期望的資訊。有時我們必須對統計有基本的了解，才能對數字（評量結果）的特性做正確的掌握，例如，通常各科目的難度與測驗的內容不一致，因此，各科目的分數不可以直接互相比較，也不可以將各科目的分數直接加以平均，來比較學生間表現的高低，正確的做法是將這些原始分數換算成標準分數，才可以再進行進一步的分析、比較。

五、積差相關

信度的估算方式多由傳統統計方式，尤其是積差相關係數來估算的，在正式進入各種類別信度的介紹之前，應先了解積差相關的性質與計算公式。

積差相關係數是由英國統計學家卡爾・皮爾森（Karl Pearson）所

發展的，適用於等距或等比變項，且為雙變項及直線相關。所謂的雙變項是指只有兩個變數，例如求社經地位與學業成就的相關，即為雙變項的相關，此外，此兩變項之關係必須是線性的，若為曲線相關則不適用。

㈠計算公式

皮爾森積差相關係數（correlation coefficient）是用來描述兩變項間之關係緊密度的指標，代號是 r，r 值介於 $-1 \leqq r \leqq 1$ 之間，$+1$ 為完全正相關，-1 為完全負相關，但信度皆為正值，相關係數的公式為：

由 Z 分數求

$$r = \frac{\Sigma Z_X Z_Y}{N} \quad \text{式中，r：積差相關係數}$$

$$Z_X：X \text{ 變數之 Z 分數} = \frac{X - \overline{X}}{S_X}$$

$$Z_Y：Y \text{ 變數之 Z 分數} = \frac{Y - \overline{Y}}{S_Y}$$

$$N：\text{總人數}$$

由共變數求

$$r = \frac{\Sigma Z_X Z_Y}{N} = \frac{\Sigma \frac{(X - \overline{X})}{S_X} \frac{(Y - \overline{Y})}{S_Y}}{N} = \frac{\Sigma (X - \overline{X})(Y - \overline{Y})}{N S_x S_y} = \frac{\Sigma_{xy}}{N}$$

式中，$\dfrac{\Sigma_{xy}}{N} = \dfrac{\Sigma (X - \overline{X})(Y - \overline{Y})}{N}$ 稱為共變數（covariance），

因此，相關係數亦可以說是以 X 與 Y 之共變數除以 X 之標準差與 Y 之標準差之乘積。這裡所謂的共變數是指X與Y所共有的影響因素，是讓兩者產生相關的原因，例如，研究指出家庭背景會影響學童的學業成就，在這種情形之下，不同學童間之學業成就的共變數即是家庭背景。

由原始分數求

相關係數的另一種求法是直接由原始分數來求，其公式為：

$$r = \frac{\Sigma XY \frac{\Sigma X \Sigma Y}{N}}{\sqrt{\Sigma X^2 - \frac{(\Sigma X)^2}{N}} \sqrt{\Sigma Y^2 - \frac{(\Sigma Y)^2}{N}}} \quad \text{或}$$

$$r = \frac{N\Sigma XY - \Sigma X \Sigma Y}{\sqrt{N\Sigma X^2 - (\Sigma X)^2} \sqrt{N\Sigma Y^2 - (\Sigma Y)^2}}$$

通常信度的高低，是將測量結果代入積差相關係數，所求出之 r 值即為信度係數，我們必須了解相關係數的特性，以便了解信度係數的特性。

㈡相關係數的特性

相關係數之 r 值

相關係數 r 值是一種指標，並不具有等距或等比變項的性質，不可以說相關係數 r = 0.8 是 r = 0.4 相關程度的兩倍，以此類推，信度 0.8 也不是信度 0.4 兩倍的可靠。

另外，相關程度高低其一般的判斷標準如下：

|r| = .80 以上　非常高相關
|r| = 0.6～0.79　高相關
|r| = 0.4～0.59　中相關
|r| = 0.2～0.39　低相關
|r| = .2 以上　非常低或無相關

一般測驗可以接受的信度是在 0.8 以上，但還是必須考慮測量的性質，如果是成就測驗，因為所測量的比較具體，故信度應高一些，但是，若所測量的是態度、人格、動機、情緒等抽象的特質，則信度

無法達到非常高的水準。

決定係數

若兩複本測驗間的相關達 0.8，可以說其（複本）信度為 0.8，但是這並不表示 A 測驗可以解釋 B 測驗 80%的變異量，那麼 A 測驗可以解釋 B 測驗究竟多少的變異量呢？答案是以 r^2 決定係數來算，即 $(0.8)^2$ ＝ 64%，也就是說 A 與 B 共同的部分只有 64%或 A 測驗可以解釋 B 測驗 64%的變異量。

相關係數與 N 值大小

相關係數的檢定與參與的人數（N 值）多寡有關，相關係數 r 值 ＝ 0.92，並不能保證就是真正的高相關，我們還需決定 r ＝ 0.92 是真相關或假相關，決定的方法是經由 N 的大小，算出自由度（df ＝ N － 1），查出關鍵值，若計算出的 r 值＞關鍵值則為真相關，反之，若計算出的 r 值＜關鍵值，則儘管 r 值再高，也不具有任何的意義，此時應考慮擴大樣本，重新施測以求信度。

相關係數與變異

除了人數多寡會影響相關係數之大小之外，另一個重要因素就是變異大小，通常兩組數值的變異越大，則相關係數的值越高，前述已提到古典測驗理論為一種樣本相依理論即表示在建立信度時，樣本的特質（能力、人數多寡、變異情形）等都會影響計算的結果，也因此，我們說測驗的適用情境是特殊的而非一般的，只針對類似樣本所具有的相同的特質的群體才算是有信度的。

六、常模參照測驗信度的類型與建構方法

基本上測驗分為兩大類：常模參照與標準參照測驗，前者是所謂的標準化測驗，而後者多為教師自編測驗，標準化測驗的試題較客觀，通常使用皮爾森積差相關係數來衡量兩組變數間之關係（即信度），而教師製測驗則不適用這類分析方式，應改為無母數分析法。

常模參照測驗依其估計方式及誤差來源的不同有三種類型的信度：

(一)再測法

　　所謂再測信度（test-retest reliability）是指以相同的測驗，針對相同受試，重複施測兩次，再求兩次成績間之相關，若兩次施測的相關很高，表示該測驗的信度高，反之，相關低，則該測驗的信度低。再測信度的目的在衡量測驗本身的穩定性，一個穩定性高的測驗應該在不同時間下所測量的結果不會差異太大，因為再測信度是針對工具的穩定性而言，因此，較適合用來評量穩定性佳的特質，例如人格，一般來說，人格是極其穩定的，如果一個人平常表現內向，忽而舉止外向，則我們比較無法預測他的行為，也比較無法相處。但成長快速中的小朋友其認知能力也不斷的增進，在使用重測信度時也應該更加的小心。

　　重測信度又稱為穩定係數（coefficient of stability），是衡量時間因素介入對試題反應的影響。因此，重測信度的主要誤差來源是時間誤差，在估計重測信度時，首先產生的問題是，到底要間隔多少時間才好，有下列幾項考慮的因素：

1. 兩次測驗的時間間隔太長，則會受到成熟因素影響，致使第二次測驗的分數高於第一次測驗的分數。

2. 兩次測驗的時間間隔太短，則容易受到記憶與練習因素的影響，記憶是指對前次測驗內容的了解與熟識，而練習因素是指若第一次測驗對某題不熟悉，且為推理性的問題，若當時理解了，則第二次施測時該題就不再是推理性問題，而可能是純粹的記憶或應用性問題。

3. 大人改變速度不若小孩快速，故針對年紀較小的受試，其間隔時間應縮短，約為2-3週，年紀較長的受試，則間隔時間可拉長，約在2-3個月。

4. 特質較穩定的可以間隔較長，例如人格與態度、感覺辨別的評

量，特質變動較大的則需有較短的重測時間，例如認知測驗（成就測驗）、智力測驗與成就測驗。

通常時間間隔越長，越容易接受無關因素的干擾，致使信度下降，而間隔越近，則信度越高，一般心理與教育測驗的間隔時間是設定在 2-4 週左右。

除了受時間因素的影響之外，重測信度尚有另外一個無法克服的缺點——兩次測驗的情境不可能完全相同，此處的測驗情境包括有前述所提及的一些誤差因素：動機、照明、焦慮、噪音、燈光、天氣、溫度、主試者的態度以及測驗的實施程序等多少會有些不同，而使信度的估計產生了誤差。

㈡複本方法

複本方法（alternate form test）中所謂的複本（parallel or equivalent forms），是指兩份性質類似的測驗，包括試題內容、長度、難度、取樣範圍、施測過程以及計分方式等都儘量的相等。複本測驗的優點之一是可以減少前述使用相同測驗連續施測兩次所引發的較容易產生記憶的效果至某一個程度（但無法完全避免記憶效果）。複本測驗的信度估算方式有兩種：第一種是複本測驗立即施測，例如某測驗需時一個小時，可以在早上 9：00 針對某群樣本進行施測，休息一下再由 11：00 進行施測（針對相同受試）再求兩次之間的相關，此種方式所得到的信度又稱為等值係數（coefficient of equivalence）。其誤差來源只有兩份複本內容上的差異，稱為內容取樣上的誤差，因為兩份複本不可能完全相同。另一種方式類似重測信度，第一次施測時用複本 A，間隔一段時間之後再施測複本 B，求兩次測驗間之相關，依此種方式所估算的信度又稱為穩定或等值係數（coefficient of stability and equivalence），其誤差的來源有兩種，即時間誤差與內容誤差，與重測信度及複本測驗同時施測相比，此種方式所獲得的信度較低（因為同時有兩個誤差），但是也因為其能同時衡量時間與內容變異，是衡

量信度的最佳方式，研究所有時會考衡量信度的最佳方式為何種？答案就是複本信度間隔施測。複本信度也有幾項限制：(1)兩份複本不可能完全相同，是為誤差的來源之一；(2)同樣受到練習與記憶因素的影響，而使信度降低；(3)時間因素的介入（複本信度，間隔施測）使受試的表現受到成熟因素的影響。

㈢內部一致性法

前述重測信度與複本信度都必須施測兩次，比較麻煩，而內部一致性法則只需施測一次就可取得。其目的在衡量受試對試題反應的一致性。求內部一致性係數（coefficient of internal consistency）的方法有：

折半法

所謂折半法（split-half method）是求兩半試題間的相關，首先要將試題分成內容相近的兩半，其分法有三種方式：(1)奇、偶法，例如第一題考 1＋1＝？第二題考 2＋2＝？，第二題可用來驗證第一題，若第一題答對，那麼第二題也應該答對，若第一題答對而第二題答錯，表示受試的反應不一致，其內部一致性係數會降低；(2)前半 vs. 後半方法：奇數在偶數題後立即出現，容易使受試偵測到，因此，可以將題目分成前半與後半，例如一份 60 題的試題，第 1 題與第 31 題類似，第 2 題與第 32 題類似，雖然距離遠了較不容易被偵測到，但是，若題目太長，通常後半的試題會有疲勞因素介入，或則時間不夠受試無法完成全部試題亦會影響信度的估計；(3)隨機方式：亦可將兩半類似的題目隨機方式排列，較為理想。

在前述皮爾森積差相關係數的介紹中提及 N 值大小（人數）會影響到相關係數的解釋，若原來的測驗是 30 題，為了計算折半信度，新增加了 30 題類似的題目，是長度增加一倍（60 題），則因為觀察的次數增加了，而使得觀察結果的可信度也增加了，俗語說：路遙知馬力，日久見人心，就是這個道理，因此，若試題的長度增加（或減少），則有必要對原測驗的信度進行校正，校正的公式有數種，若兩

部測驗的變異相差不大，則可使用史布公式校正（Spearman-Brown formula），其公式如下：

$$r_{新} = \frac{nr_{舊}}{1 + (n-1)\,r}$$ 式中，$r_{新}$ ＝校正後的信度

$r_{舊}$ ＝未校正前的信度

n ＝測驗增加或減少的倍數

例如，若原來 30 題測驗的信度＝ 0.8，增加 30 題後（總題數 60題）求折半信度，則校正後之信度為：

$$r = \frac{2\,(0.8)}{1 + (2-1)\,0.8} = \frac{1.6}{1.8} = 0.88$$

一般要求折半信度時，總是會將試題增加至兩倍，故上述公式可以減化為：

$$r_{新} = \frac{2r_{舊}}{1 + r_{舊}}$$

當折半信度越高，表示兩份測驗的內容取樣越一致，或則受試對兩半試題的反應越一致。但內部一致性係數因為沒有重複施測故無法偵測時間變異所產生的影響。

史布校正公式只適用於當兩半測驗的變異相等，但有時兩半測驗的變異差距太大，則必須改用福樂蘭根（Flanagan）所提出的公式來進行校正，換句話說，福氏公式不需滿足兩半測驗之變異數相等的假設，其公式：

$$r_{新} = 2\,(1 - \frac{S_0^2 + S_e^2}{S_x^2})$$

式中，$r_{新}$ ＝校正後之信度

S_0^2 ＝奇數題（或前半測驗）的變異

S_e^2 ＝偶數題（或後半測驗）的變異

$$S_x^2 = 總測驗之變異$$

或則亦可使用盧農公式（Rulon formula）來進行校正，其公式為：

$$r_新 = 1 - \frac{S_d^2}{S_x^2} \quad 式中，r_新 = 校正後之信度$$

$$S_d^2 = 兩半測驗分數之差的變異量$$

$$S_x^2 = 測驗總分的變異量$$

研究所比較不會考公式的運算，但是會考當題數增加或減少時，應使用何種公式來進行校正。

庫李方法

使用庫李方法來估計內部一致性係數，不需要將試題分成兩半，其分析的方法是依受試者對所有試題的反應來估計其題間的一致性（interitem consistency），了解受試的題間一致性，就可以了解測驗題目是否在衡量相同的特質，此種估計方法受到兩種變異（誤差）所影響：(1)內容取樣（content sampling）；(2)內容取樣的異質性（heterogeneity of the content），若取樣內容的同質性越高，則其題間的一致性也會越高。這裡所謂的內容取樣的同質性或異質性，是指一份測驗所欲測量的概念越多，則越異質，而測量的結果就越不穩定，例如大學聯考的異質性就高於高中期中高，因為大學聯考所欲測量的概念較多。

若答題的方式是二分變項（例如是非題），則可使用庫李 20 號公式（Kuder-Richardson formula 20），其公式為：

$$r_{KR20} = \left(\frac{n}{n-1}\right) \left(\frac{SD_t^2 - \Sigma Pq}{SD_X^2}\right) = \left(\frac{n}{n-1}\right) \left(1 - \frac{\Sigma Pq}{SD_X^2}\right)$$

$r_{KR20} = 測驗的信度係數$

$n = 測驗的題數$

$SD_X = 測驗分數的標準差$

$SD_X^2 = 測驗分數的變異數$

P ＝答對某題的百分比

q ＝答錯某題的百分比（q ＝ 1 － P）

ΣPq ＝所有題目中答對與答錯之百分比之乘積和

　　庫李 20 號公式的使用時機除了是二分變項外，還有兩項限制：
(1)並非速度測驗；(2)題目的同質性高。庫李 20 號公式因為必須分別
估算每一個題目的 Pq 值，若當試題眾多時比較不方便，可以使用庫
李 21 號公式：

$$r_{KR21} = \frac{n}{n-1} \left[1 - \frac{\overline{X}(n - \overline{X})}{nS_X^2} \right]$$

式中，r_{KR21} ＝測驗之信度

　　　　n ＝測驗題數

　　　　S_X^2 ＝測驗之總變異

　　　　$\overline{X}$ ＝測驗分數的平均數

例

學生	測驗題目					總分	平均數（$\overline{X}$）
	1	2	3	4	5		
A	1	1	0	1	1	4	$\overline{X} = 2.6$
B	1	1	1	0	0	3	
C	1	0	1	0	1	3	
D	0	1	1	1	0	3	
E	0	0	0	0	0	0	
P	$\frac{3}{5}$	$\frac{3}{5}$	$\frac{3}{5}$	$\frac{2}{5}$	$\frac{2}{5}$	$\Sigma Pq = (\frac{3}{5} \times \frac{2}{5}) + (\frac{3}{5} \times \frac{2}{5}) +$	
q	$\frac{2}{5}$	$\frac{2}{5}$	$\frac{2}{5}$	$\frac{3}{5}$	$\frac{3}{5}$	$(\frac{3}{5} \times \frac{2}{5}) + (\frac{3}{5} \times \frac{2}{5}) + (\frac{3}{5} \times \frac{2}{5})$	

$n = 5$

$$SD_x^2 = \frac{(4 - 2.6)^2 + (3 - 2.6)^2 + (3 - 2.6)^2 + (3 - 2.6)^2 + (0 - 2.6)^2}{5}$$

$$= 1.51$$

$$r_{KR_{20}} = \frac{5}{4}\left(1 - \frac{\Sigma Pq}{S_X^2}\right) = \frac{5}{4}\left(1 - \frac{1.2}{(1.51)^2}\right) = 0.57$$

$$r_{KR_{21}} = \frac{5}{5-1}\left[1 - \frac{2.6(5-2.6)}{5(1.51)^2}\right]$$
$$= \frac{5}{4}\left[1 - \frac{6.24}{11.4}\right] = 0.55$$

庫李20號公式計算出來的值要稍微比庫李21號公式計算出來的值高，庫李21號公式假定測驗題目的難度平均值為0.5，若某一個測驗各題的難度參差不齊，則其信度係數會下降。

庫李信度的計算方式僅適用於2分變項，但有些題目是屬於多重記分的方式，例如賴克特式量表的五點量表：非常贊成（5分）、贊成（4分）、無意見（3分）、不贊成（2分）、非常不贊成（1分），在此情形下就必須改用克朗巴賀（Cronbach）的α係數，其公式：

$$\alpha = \frac{n}{n-1}\left[1 - \frac{S_i^2}{S_X^2}\right]$$

式中，α＝估計的信度值

n＝題數

S_i^2＝每一題目分數的變異量

S_X^2＝測驗總分的變異量

例

學生	測驗題目					總分
	1	2	3	4	5	X
A	4	4	3	2	5	18
B	3	2	4	1	3	13
C	5	4	2	2	5	18
D	4	3	1	1	4	13
E	5	2	1	2	3	13
F	4	5	2	3	4	18

平均數（$\overline{X}_i$）	4.16	3.33	2.16	1.83	4.0	$\overline{X} = 15.5$
標準差（S_i）	0.75	1.21	1.16	0.75	0.89	$S_X = 2.73$

$$\Sigma S_i^2 = (0.75)^2 + (1.21)^2 + (1.16)^2 + (0.75)^2 + (0.89)^2$$
$$= 0.56 + 1.46 + 1.34 + 0.56 + 0.79 = 4.41$$

$$X = \frac{n}{n-1}\left(1 - \frac{\Sigma S_i^2}{S_X^2}\right) = \frac{5}{5-1}\left(1 - \frac{4.41}{(2.73)^2}\right) = \frac{5}{4}(0.41)$$
$$= 0.49$$

庫李信度與克龍巴賀α信度的應用有先決條件：(1)不可以用來估計速度測驗（例如打字），因為會有高估的現象，但是對於非速度測驗卻有低估的現象；(2)因為只施測一次，故無法衡量時間介入所造成的影響。

七、評分者方法

有些主觀性測驗，例如作文、申論題、動作、技能的評定、創造思考測驗等的評分方式是要求評分者來計分，例如聯考作文的評分方式是由兩位評方者共同評分後求其平均數，由兩位或兩位以上的評分者共同評分的優點是可以增加計分的客觀性，但是其先決條件是這兩位評分者間的看法要一致，而且所評的結果不會有太大的差距。通常的做法，是先要求兩位（或兩位以上）評分者評一些樣本，再估計評分者間的信度（scorer reliability），若評分者間的信度高，則可以應用這兩位評分者做正式的閱卷工作。

二名評分者

假設是以等第方式來評分（例如，甲、乙、丙、丁），因為是次序變項，故只能使用無母數分析法，若只有兩名評分者時，使用史皮爾曼等級相關（Spearman rank correlation），其公式：

$$r_S = 1 - \frac{6\Sigma d^2}{N\,(N^2 - 1)}$$

式中，r_S＝史皮爾曼等級相關係數

　　　　d＝被評作品之分數等第之差

　　　　N＝被評之作品數目

例

兩位評分者評五件作品

作品	甲評分者（等第）	乙評分者（等第）	d	d^2
A	5	4	1	1
B	3	5	− 2	4
C	1	2	− 1	1
D	2	3	+ 1	1
E	4	1	3	9
N = 7				$\Sigma d^2 = 16$

　　代入公式：

$$r_S = 1 - \frac{6 \times 16}{7\,(7^2 - 1)} = 1 - \frac{96}{336} = 0.72$$

　　此兩名評分者間的一致性係數為 0.72 稍微低了一些，通常希望至少達 0.8 以上，應加強兩名評分者的訓練，或更換另外兩名評分者。

多名評分者

　　有時有兩位以上的評分者，例如奧運比賽的跳水項目，此時即應該改為肯德爾和諧係數（Kendall coefficient of concordance）。

　　其公式：

$$W = \frac{12S}{K^2\,(N^3 - N)}$$

式中，W＝肯德爾和諧係數

K＝評分者之人數

N＝被評的人數或作品總數

S＝所有被評作品或人的等第總和與等第平均數的離
均差平方和

例

評分者	學生作品（N＝5）				
（K＝4）	A	B	C	D	E
甲	3	2	4	1	5
乙	2	2	4	2	5
丙	3	2	3	1	5
丁	4	3	5	1	4
R_i	12	9	16	5	19

$\Sigma R_i = 12 + 9 + 16 + 5 + 19 = 61$

$\Sigma R_i^2 = (12)^2 + (9)^2 + (16)^2 + (5)^2 + (19)^2$

$\quad = 144 + 81 + 256 + 25 + 361 = 867$

$S = 867 - \dfrac{(61)^2}{5} = 122.6$

$W = \dfrac{12 \times 122.6}{4^2 \ (5^3 - 5)} = \dfrac{1473.6}{16 \times 120} = \dfrac{1473.6}{1920} = 0.76$

　　為了增加彼此間評分者的一致性，可以事先擬定一套較為客觀的評分標準與評分程序，並且讓評分者互相討論，形成共識並且適度的練習。

八、各類型信度誤差的來源

　　從統計的觀點而言，信度是指真實分數佔總變異的比例，如果一個測驗的信度是 0.8，表示這個測驗可以解釋受試真正表現的 80%，

這種概念正如同決定係數（coefficient of determinatio, r^2）。以下總整理各類信度所含的誤差型式（郭生玉，民87）：

信度種類	主要解答的問題	誤差來源
重測信度	1.兩次測驗情境的差異性如何？ 2.兩次測量結果分數是否一致？	時間取樣
複本信度，間隔施測	1.兩份測驗的內容一致性程度如何？ 2.不同時間所測量的結果之穩定性如何？	時間取樣與內容取樣
複本信度，立即施測	兩份複本測驗內容的一致性如何？	內容取樣
折半信度	兩半測驗內容的一致性如何？	內容取樣
庫李信度	1.測驗內容取樣的同質性與異質性如何？ 2.受試對題目的反應是否一致？	內容取樣與內容取樣的異質性
庫李信度	測驗分數是否受不同內容取樣的影響？	內容取樣與內容取樣的異質性
α係數	測驗分數是否受不同之內容取樣的影響？	內容取樣與內容取樣的異質性
評分者信度	1.測驗的客觀程度如何？ 2.不同評者間的差異性如何？	評分者誤差

九、速度測驗與難度測驗之信度估算

所謂速度測驗（speed test）其目的在衡量受試完成某試題的速度，例如常見的打字測驗，常被歸類在作業測驗上（performance test），一般來講，速度測驗的題目比難度測驗的題目簡單。此所謂的難度測驗

（power test）旨則在衡量受試解決問題的能力，題目由易至難排列，通常在難度測驗裡都會讓受試有足夠的時間去回答問題，但是由於題目困難，多數受試無法達到滿分，而速度測驗則有時間上的限制，多數受試無法完成規定的題目。

速度測驗較不適折半或庫李信度的估算方式，因為用這些方式來估計會有高估的現象原因是，假設一份速度測驗有 60 題，分成奇、偶兩半，若一受試細心作答完成了 30 題，假使奇數的 15 題完成了，也通過偶數的 15 題，則其折半信度會高達 1（因為題目簡單，答對率高），這樣的估計方式並非以全份試題的答對與答錯的分佈比例來估算，而只以所完成的 30 題來估算，故會造成了錯誤的高估。

速度測驗比較合適使用複本信度與再測信度的詁算方式，此外，有時間限制的測驗並不一定就是速度測驗，若多數受試可以在規定的時限內完成作業，則所測的分數並不受時間因素的影響，測驗的速度指標與難度類似，可以受試答對或答錯的百分比做為簡單的估計。

十、標準參照測驗的信度

若教師不使用常模參照的評量方式而使用精熟學習（mastery learning）的學習方式所製作的測驗稱為標準參照測驗，其評量的方式多為二分變項：通過 vs.不通過，精熟 vs.不精熟，由於是屬於類別變項，故無法使用前述所介紹的估算方式，而應改為無母數分析法，此種方法的統計檢定力較低，約當母數統計檢定力之 80%。其估算方法有：

㈠再測法（或百分比一致性檢定）

百分比一致性（Percent Agreement, P_A）的目的在決定分類結果的一致程度，例如，給予兩種複本測驗 A，B，且以 90%為精熟的水準，測量的結果如下：

精熟　　　非精熟

		精熟	非精熟
測驗 B	精熟	40 　　a	3 　　b
	非精熟	2 　　c	15 　　d
		42	18

T = 60

式中，a：表測驗 A 精熟，同時測驗 B 也精熟，共 40 人（一致）

　　　　b：表測驗 A 非精熟，但測驗 B 精熟，共 3 人（不一致）

　　　　c：表測驗 A 精熟，但測驗 B 非精熟，共 2 人（不一致）

　　　　d：表測驗 A 非精熟，且測驗 B 也非精熟，共 15 人（一致）

$$P_A = \frac{a}{N} + \frac{d}{N} = \frac{a+d}{N} = \frac{55}{60} = 0.91$$

a 與 d 皆是兩次歸類一致的，其比率為 0.91。

(二)柯恆 K 係數

柯恆 K 係數（Cohen's Kappa coefficient, K）比前述百分比一致性多了校正P_A的機會誤差的程序，必須要由P_A中減去機遇因素的影響（以P_C表示），其公式為：

$$K = \frac{P_A - P_C}{1 - P_C}$$

式中，$P_C = (\frac{a+b}{N} \times \frac{a+c}{N}) + (\frac{c+d}{N} \times \frac{b+d}{N})$

代入前述例子：

$$P_C = (\frac{43}{60} \times \frac{42}{60}) + (\frac{17}{60} \times \frac{18}{60})$$
$$= (0.71 \times 0.7) + (0.28 \times 0.3) = 0.58$$

代入公式，$K = \dfrac{0.91 - 0.58}{1 - 0.58} = \dfrac{0.33}{0.42} = 0.78$

在減去機遇因素的影響力之後，兩次測驗間之一致性係數為 0.78。K 值介於 $-1 \sim +1$ 之間，$+1$ 表示前後分類全部一致，若 K 值為負表示分類間極不一致，由於 K 值尚需考慮到誤差因素，故通常 K 值要小於P_A，亦即機遇因素 $= P_A - K$。

有許多因素會影響P_A或 K 值的大小，例如，受試的性質，試題的長度，精熟的標準與試題的內容等，在解釋P_A與 K 時應同時參考這些因素。

十一、影響信度的因素

㈠測驗的長度

通常若增加觀察的次數，亦即增加測驗的長度，則信度會增加；也就是題目越多，信度越高，相反的，題目越少，則信度越低。題目多則可以取樣的範圍也多，較能增加試題的代表性。但所增加的試題必須與原來的試題一樣具有類似的性質，而且其難度也必須做適當的分析，此外，題目太多受試會感到疲勞，亦應考慮在內。

㈡團體分數的變異量

從統計的角度來看，信度是實得分數變異量佔總變異量的比率（$\dfrac{S_t^2}{S_X^2}$），若分母不變，則分子（實得分數）的變異越大，則信度越高。例如常態分班的變異要大於能力分班，若其他條件不變，則以常態編班為樣本所估計的信度將會高於以能力分班之樣本所估計的信度，此外，若取樣的範圍有某種限制，例如只針對特殊群體（資優生、特殊職業團體等），則其信度也會下降，統計上稱為全距的限制（restriction of range）。

㈢測驗的難度

測驗太難或太易都會使信度下降，太難的題目會使得答對的人數相對減少，因此變異縮小，而太易的題目會使答對的人數增加，也使變異縮小，前述，當變異變小時，信度也下降。中等難度的題目，有些人答對，有些人答錯，其變異就會擴大，而試題的鑑別度亦增加，故信度增加。

㈣**題目的客觀性**

題目越客觀則信度越高，客觀性的題目有一定的評分標準，所以評分的結果比較穩定，這類客觀性題目有選擇題、是非題或配合題等。

㈤**信度的估計方式**

不同的信度估計方式亦會影響信度的高低。例如，若以重測法，複本信度立即施測與複本信度間隔施測做比較，若重測法間隔的時間很短，則其信度應該是最高的，但若間隔時間拉長，則信度會下降，複本信度立即施測的信度係數應高於複本信度間隔施測，因為複本信度間隔施測的誤差來源除了內容取樣的誤差外，還來自間隔時間的長短。

㈥**測驗的效度**

信度是效度的必要條件，一份有效度的測驗一定有信度，而且效度高，信度一定高，因此儘量讓測驗題目有效，是提高信度的最佳方法之一。

十二、測量標準誤的應用

前述測量標準誤的目的有二：(1)形成區間估計；與(2)形成測面圖。在此再介紹第三種功能：差異標準誤（standard error of the difference，SEdiff.），其目的是用來比較不同（分）測驗間之差異是否顯著，其公式為：

$$SE_{diff.} = \sqrt{(SEM_1)^2 + (SEM_2)^2},$$

因為，$SEM = SD \times \sqrt{1 - r}$ 代入公式後，可以將上述公式簡化為：

$$SE_{diff.} = SD \times \sqrt{2 - r_{11} - r_{22}}$$

式中，r_{11} = 是第一個測驗的信度係數

r_{22} = 是第二個測驗的信度係數

例 某生在智力測驗之字彙分測驗得分58，在語文類推上得分52，若該智力測驗之 SD = 15，而字彙分測驗之信度是 0.85，語文類推分測驗之信度為 0.8，是否可以說字彙分測驗的分數明顯高於語文類推的分數？

$$SE_{diff.} = 15\sqrt{2 - 0.85 - 0.8} = 0.59$$

若以 95%可信度，至少兩分測驗的差距要越過 $1.96 \times SE_{diff.}$ 才有明顯的差異，此題為 $1.96 \times 0.59 = 8.87$，而兩分測驗之差為 6 分，尚未超過8.87，表示雖然有差異，但，尚未達到顯著水準。

歷屆試題

一、影響測驗信度的主要因素有那些？試說明之。　　　【政大】
答☞：

此題是信度的重要觀念考題，類似此題的問題有：如何提高測驗的信度？測驗的誤差有那些？應如何控制等，影響測驗信度的因素如下（考試時應先簡短解釋信度）：

㈠測驗的長度：一般來講當測驗的長度越長，則信度越高，不過必須符合兩個先決條件：⑴所增加的題目必須與原來的題目具同質性，增加太難的題目會降低信度，增加太容易的題目則沒有效果；⑵題目不宜增加太多，

因為疲勞因素會介入。

㈡增加觀察的次數則信度增加：增加觀察的次數包含有時間的增長，觀察情境（地點）的增加與觀察方法的多元（問卷、訪談、測驗）。

㈢重測信度之高低受兩次測量間隔時間長短的影響，間隔短則信度高，測量的內容也影響，人格測驗比較穩定，認知測驗改變較大，測驗對象也會影響，小朋友成長快速，大人比較穩定。

㈣團體的性質：古典測驗理論是樣本相依的，其信度的高、低是會受到團體性質而左右，當團體的變異越大，則信度越高，相反的同質性越高，則信度越低，當團體的能力普遍很高時（例如資優班）則會使試題的難度下降，鑑別度下降以及變異變小，而使得信度下降，團體的性質不但會影響到信度與效度同時也會影響到常模的代表性問題。

㈤測驗的難度：通則是當難度適中時，信度最高，因為難度適中時，鑑別度最大，而團體分數的變異也越大，但這只是從統計的觀點來考量，題目的難易必須還要考量到測驗的目的與內容，例如，若測驗的目的在篩選人事，且被選上的機率很小，則必須提高試題的難度，但若測驗的目的在診斷學習困難則必須使用較簡單的題目，切莫因為要提昇信度而違背了測驗的目的。

㈥題目的型態：通常使用客觀式測驗可以提升測驗的信度（例如選擇題），但客觀式測驗常被批評為偏重零碎知識的衡量，而主觀式測驗（例如申論題）雖然會降低信度，卻適合用來評量高層次的認知思考，因此在測驗時應該要適當的依教學目標使用客觀或主觀式問題。

（七）信度的估算方式：各種不同信度的估算方式由於誤差不同，而影響到信度的高低，例如重測信度一般比複本信度、間隔施測還要高，因為重測信度只有一個誤差：時間誤差，而複本信度間隔施測卻有兩個誤差：時間誤差與內容取樣的誤差。此外，評分者信度的變異較大，因為有較多的人為因素介入的結果。

（八）測驗的情境：測驗情境包括：硬體設備、溫度、濕度、聲光、受試動機、主試者態度、測驗的時間（早上、下午）等都可能影響到信度。

（九）測驗的效度：效度可說是測驗最重要的因素，效度高，信度一定高，要提昇信度的首要條件，就是確保測驗的有效。

二、採多重記分方式的態度測驗，採用下列何種信度較為宜？

　　(A)庫李信度　　(B)評分者信度　　(C)再測信度　　(D)α係數。

【彰師】

答☞：

　　(D)

　　庫李信度與寇龍巴賀α係數皆是屬於內部一致性係數的估算方式，目的在估計內容取樣以及內容取樣異質性的影響，不過庫李信度適用於答對得 1 分，答錯得 0 分的標準化測驗裡（二分變項），而寇龍巴賀α係數適用於類似賴克特量表（Likert scale）的多重記分方式：「非常贊成」5 分，「贊成」4 分，「無意見」3 分，「不贊成」2 分，「非常不贊成」1 分。

三、我們在推論和解釋測驗分數時，應該注意該測驗的信度（reliability）和效度（validity）。一般來說，測驗的信度可分為

那幾種？請說明之。　　　　　　　　　　　【成大88】

答☞：

㈠測驗的信度可分為四大類，其功能與估算方式為：

信度類別	功能	估算方式	誤差
再測信度	測量穩定性、一致性以及測驗的預測效果	同一份測驗重複施測兩次，求兩次相關	時間誤差
複本信度，間隔施測	1.衡量兩份測驗內容的一致程度 2.衡量受試的穩定性	複本A、B間隔一段時間施測，再求兩次的相關	時間取樣與內容取樣
複本信度，同時施測	衡量兩份測驗內容的一致性	複本A，B幾乎沒有間隔太多時間，先、後施測，再求兩次的相關	內容取樣
內部一致性係數	在測量內容的異質性以及受試反應的一致性	測驗只施測一次，再使用史布公式校正，庫李公式或寇龍巴賀α係數	內容取樣與內容取樣異質性
評分者信度	求兩名或多名評分者間一致的程度	若為兩名評分者，使用史皮爾曼等級相關，多名評分者則使用肯德	評分者間的誤差

以上所列舉者皆屬於標準化測驗的估算方式，至於標準參照測驗（或精熟學習）的估算方式則必須使用「百分比一致性」（Percent Agreement, PA）方法或柯恆統計公式（Cohen's Kappa Statistic, K）。速度測驗的估算方式亦不相同。

㈡效度部分請參考下一章。

㈢解釋分數時應注意那些影響信度與效度之因素：

不同的測驗目的與測驗內容對信度與效度的要求亦不相同。

(1)主觀式問題，若有兩位或兩位以上的評分者，則需要注意評分者間一致性評分者（信度）。

(2)若測驗的目的在衡量一致性、穩定度（例如人格測驗），與對未來預測的準確度，則應注意重測信度與預測效度。

(3)人格測驗、智力測驗、某些性向測驗重視建構效度。

(4)教師自編測驗、認知測驗重視內容效度。

並沒有一種最佳的信度與效度的估算方式，視測量目的、內容、情境而定。

四、下列何種信度又稱為穩定信度：　(A)複本信度　(B)再測信度　(C)折半信度　(D)庫李信度　　　　　【市北師】

答☞：(B)

五、試說明考驗信度的方法。　　　　　　　　　　【南師】

答☞：

有下列方法，請參考內文：

(1)重測法、內部一致性方法、複本法適合標準化客觀測驗。

(2)評分者法適用於主觀測驗。

(3)百分比一致性檢定或柯恆 K 係數適用於精熟學習。

六、庫李信度的誤差來源有：　(A)時間取樣與內容取樣　(B)時間取樣與內容變異性　(C)內容取樣與內容異質性　(D)樣本取樣與內容取樣〔彰師86〕

答☞：(C)

七、試說明有那些因素會影響信度係數大小高低？ 【彰師86】

答☞：

此題與政大考題：影響測驗信度的因素有那些？意思一樣。歸納為下列幾點：

㈠受試團體的變異。

㈡試題的客觀性。

㈢試題的難度。

㈣試題的長短。

㈤信度的估計方式。

㈥測驗的效度。

八、下列那一種估計測驗信度的方法可以測得該測驗的測量穩定性？ (A)庫李法 (B)霍意特變異數分析法 (C)複本法同時施測 (D)複本法不同時施測 【高師大85】

答☞：

(D)

穩定度是指時間經過所造成的影響，在選項中只有複本法不同時間施測才有時間間隔的影響評估。

九、某一研究者編製了一份測驗，欲驗證這份測驗的信度，他用奇數題的總分和偶數題的總分求相關，結果發現相關只有 0.437，他覺得測驗的信度並不高，因此不打算使用這份測驗。請舉出有那些可能的原因，使這份測驗的信度不高。

【嘉師84】

答☞：

此題與〔彰師86〕：「說明有那些因素會影響信度係數大小高低？」有關。使用奇偶法來求信度是屬於內部一致性係數裡的折半信度（split-half reliability），可能的影響信

度的因素有：

㈠將試題分成奇數與偶數兩半之後，其長度減半，故信度下降。

㈡奇數題與偶數題的題目（內容取樣）不盡相同，故有誤差使信度下降。

㈢受試團體若：(1)同質性太高；(2)能力太強、太弱，信度也會下降。

㈣試題難度若太高、太低，信度也會下降。

十、名詞解釋：內部一致性信度（internal consistency）。【政大84】

答☞：

內部一致性係數的目的是用來衡量測驗的內容取樣、內容取樣異質性與受試反應的影響，方法是施測一次，再求內部分數的相關，共有三種求法：(1)折半法；(2)庫李法；與(3)克龍巴賀 α 係數，請參照內文。

十一、名詞解釋：Reliability。　　　　　　　　　　【市北師84】

答☞：

信度，是指測量結果的穩定性、一致性與可預測性。信度亦可以由統計的觀點來解釋。已知：實得分數（X）＝真實分數（T）＋誤差分數（E），即 $S_X^2 = S_t^2 + S_e^2$，則信度＝$\dfrac{S_t^2}{S_X^2}$（真實分數變異量在實得分數變異量中所佔的比率），

信度的特性為：

(1)心理與教育測驗的信度通常要比自然科學為低，因為是屬於間接的衡量。

(2)信度並非全有或全無的，亦即沒有百分之百可靠的測驗，也沒有百分之百不可靠的測驗。

(3)信度的估計一般以統計方法來計算。

十二、某人格測驗的題數為 20 題，信度為 0.60。若在其他條件相等的情況下，修訂者將題數增加至 40 題，則修訂測驗的信度為多少？　　　　　　　　　　　　　　【南師 83】

答☞：0.75。史布公式，n ＝ 2 時，$r = \dfrac{2r}{1+r} = \dfrac{2 \times 0.6}{1+0.6} = 0.75$

十三、一個測驗的信度為 0.8，平均數為 100，標準差為 15，請問此測驗的測量標準誤是多少？某生在此測驗的成績是 90，請問成績 95% 的信賴區間是多少？　　　　【南師 82】
（註：$\sqrt{0.2} = 0.447$，$\sqrt{0.36} = 0.6$）

答☞：

已知測量標準誤（SEM）＝ $SD\sqrt{1-r} = 15\sqrt{1-0.8} = 15 \times 0.447$
　　　　　　　　　　　　＝ 6.705

而 95% 可信區間＝ X±1.96×SEM ＝ 90±1.96×6.705
　　　　　　　　　　＝ 90±13.14 ＝ 76.86～103.14

十四、下列敘述中何者是錯誤的？　(A)效度是指測驗的一致性與穩定性　(B)信度是指一個測驗在使用目的上的有效性　(C)信度是效度的必要條件　(D)克郎巴赫（L. J. Cronbach）所創的α係數是一種信度資料。　　　　　　【市北師 82】

答☞：A，B。（A 是信度，B 是效度）

十五、在量的研究中常常使用到測驗做為學習評量的工具，測驗的信度愈高測驗誤差就會減低。請舉出兩種計算信度係數的類型並分別說明該類型的使用程序。　　　　【竹師 88】

答☞：

(一)重測信度：使用一份測驗針對相同受試者重複施測兩
　　次，再求兩次間的相關，相關越高，表示信度越高，一
　　般用來求被測量特質的穩定性，故又稱為穩定性係數，
　　適用於人格測驗。

(二)內部一致性係數：只要施測一次，就可以受試的表現來
　　求內部間的一致性，適用於估計內容取樣與內容取樣的
　　異質性，常用在成就測驗裡。

十六、名詞解釋：等值係數（coefficient of equivalence）。

【彰師 88】

答☞：

兩份複本同時施測，求其間的相關是為複本信度，又稱為
等值係數，其誤差的來源主要來自兩份複本間內容的差
異，差異越小，等值係數越高。

十七、在其他條件不變下，信度愈高，其測量標準誤如何？
　　　(A)愈小　(B)愈大　(C)不一定　(D)不變　　　【南師】

答☞：(A)

十八、信度與測量標準誤的關係是：　(A)成正比　(B)成反比
　　　(C)共變關係　(D)兩者無關　　　　　　　　【彰師】

答☞：(B)

十九、一種成就測驗原有五十題，若再加入十題新編的且與原測
　　　驗品質相同的題目，則新測驗信度有何變化？　(A)降低
　　　(B)不變　(C)提高　(D)資料不足無從判斷　　　【嘉師】

答☞：(C)

二十、受試者在兩次測驗時之動機不同所造成之誤差稱為：
(A)系統的誤差　(B)常誤　(C)偏誤　(D)機誤　　　【屏師】

答☞：(D)，屬個人的隨機誤差。

二十一、下列何者係屬於內部一致性信度的估計方法？　(A)霍意
特變異數分析法　(B)等級相關法　(C)積差相關法　(D)以
上皆非　　　　　　　　　　　　　　　　　　　　【中師】

答☞：(A)

二十二、何謂測量標準誤？其與信度之關係為何？　　　【彰師】

答☞：

(一)測量標準誤：實得分數是由兩部分的分數所組成：真實
分數與誤差分數，若樣本夠大，我們可以計算這些誤差
分數之標準差，稱為測量標準誤，作為一個測驗平均誤
差的指標，亦可以之形成區間估計。

(二)測量標準誤與信度的關係：
信度越高，則測量的誤差越小（標準誤越小），兩者呈
反比關係。

二十三、名詞解釋α係數。　　　　　　　　　　　　　【政大】

答☞：

寇龍巴架α係數的目的在求內部一致性係數，係用於客觀
式測驗且是多重計分的標準，其公式為：

$$\alpha = \frac{n}{n-1}\left(1 - \frac{\Sigma SD_i^2}{SD_t^2}\right)$$

式中，n：測驗的題數

SD_i^2：每一題分數的變異量

SD_t^2：測驗總分的變異量

寇龍巴賀α係數的缺點是無法估計時間變異的影響，而且也不適合用來估計速度測驗。

二十四、名詞解釋：系統誤差。　　　　　　　　【政大、東師】

答☞：

測驗的結果會對所有的受試者產生共同影響者，例如考試中途停電、未按照施測程序執行等。

二十五、名詞解釋：差異標準誤。　　　　　　　　　【彰師】

答☞：

目的是用來比較不同測驗間或不同分測驗間，其原始分數的差異是否達到顯著性，其公式為$SE_{diff.} = \sqrt{(SEM_1)^2 + (SEM_2)^2}$或$SE_{diff.} = SD\sqrt{2 - r_1 - r_2}$，式中，SEM 為測量標準誤，而 r 為（分）測驗之信度，SD 為測驗之標準差，若兩原始分數之差超過$SE_{diff.}$則視為有明顯的差異。

第三章
測驗的效度

一、效度的意義

　　效度（validity）是指測量結果的正確性，或則測量的目標與測量結果的一致程度，以常見的智力測驗為例，效度是問，智力測驗是否真能衡量一個人的智力？若某人智力測驗的成績越高，是否也代表著他的智力也越高？很遺憾的，實證結果，並未支持這樣的論點。因為智力的組成因素至今尚無定論，有些特質，例如創造力、社會適應能力、人際互動能力等都無法在傳統的智力測驗裡施測，所以，傳統的智力測驗常有「窄化」智力的傾向，也因此從人類智力多元及複雜的面向來看，傳統的智力測驗可以說是較不具有效度的。另一方面，許多的智力測驗是以受試的學業成就為效標，故可以用來做為預測學生表現的標準之一，若以智力測驗作為預測學業成就的方法，則其效度較高。

　　因此，更精確的說，效度是指達到測驗目的的程度，假如性向測驗是為了預測未來發展的可能性，則我們可以求未來某方面發展的結果與當初性向測驗的結果求相關，若相關很高，則表示認性向測驗具有良好的預測效度。

二、效度的特性

　　效度的特性（郭生玉、民 87；陳英豪、吳裕益，民 86）如下：

1. 效度是無法直接測量的，必須用其他的資料來間接的推論。效度與信度都是抽象的概念，必須用間接的方式來估算，不同的效度使用目的有異，採不同的效標與估算方式，尤應注意效標選擇的適切性。

2. 效度的判斷是依測量工具的目的，以及測量的結果，而非指測量工具本身。每一份測驗都有其特殊的目的，以及適用的情境

與對象，只有在符合指導手冊所規定的情形下才算是有效的，例如人格測驗的目的在衡量受試的人格特質或心理傾向，即使其效度再高，若以人格測驗來預測學業表現，則可以說是完成沒有效度的。因此，當我們檢查該測驗效度之高、低時，還應考慮到該測驗的功能或目的，因為效度不是一個普遍性的特質。

3. 效度只是程度上之差別，沒有100%有效的測驗，也沒有100%無效的測驗。凡測量必有誤差，在有誤差的情境下效度勢必受到影響。在選擇工具時，必須考慮效度的高、低水準，以及所需效度的類型。

三、效度理論

統計的觀點來解釋效度時，將測驗的總變異量分為三部分：共同因素的變異量（common factor variance）、獨特因素的變異量（specific variance）與誤差的變異量（error variance），其間的關係：

$$S_X^2 = S_{CO}^2 + S_{sp}^2 + S_e^2$$

式中，S_X^2 ＝總變異量

S_{CO}^2 ＝共同因素變異量

S_{sp}^2 ＝獨特因素變異量

S_e^2 ＝誤差變異量

兩邊同除以S_X^2：

$$\frac{S_X^2}{S_X^2} = \frac{S_{CO}^2}{S_X^2} + \frac{S_{sp}^2}{S_X^2} + \frac{S_e^2}{S_X^2}$$，其中$\frac{S_{CO}^2}{S_X^2}$是為效度部分。

在此必須再仔細說明此公式的意義，在信度中我們說$S_X^2 = S_t^2 + S_e^2$ 實得分數的變異量＝真實分數變異量＋誤差分數變異量，我們可將真實分數變異量再分為兩種變異量：有效或相關的變異量（valid or relevant variance）與無關變異量（irrelevant variance），因此，$S_t^2 = S_r^2 + S_{ir}^2$（S_r^2：有關變異量；S_{ir}^2無關變異量），S_r^2是該測驗所真正要測的部分，是所有受試者共同被測量的部分，故稱為共同因素變異量，而S_{ir}^2是來自測驗技術上的困難，而且是無法排除的部分，亦稱為特殊因素變異量以S_{sp}^2表示，所謂的效度是指有效因素（或共同因素）佔總變異量的比值。

四、效度的類型與估算方式

　　吳毓瑩（民 89）認為效度有兩項意義：(1)效度的目的在檢驗測驗達成目標的程度，但目標是相當具體而可以觀察的，例如，入學考試能否預測入學之後的表現，或學校的測驗能否真實反映教學的內容；(2)不同的型態的效度可以互相獨立，以配合不同情境的要求，基本上有四種效度：內容、預測、同時及建構效度。例如大學聯考與日後大學成績的相關可用來說明預測效度，而教學內容與學習評量結果的一致性可以用來說明內容效度。

　　以下針對各類型的效度加以討論。

㈠內容效度

　　內容效度（content validity）的目的是在了解教師所出的測驗卷是否反應了教學目標與教學內容。如果測量的題目符合教學目標，而且又具有教學內容取樣的代表性，則說此測驗具有內容效度。內容效度的分析方式是屬於邏輯的分析，因此，又稱之為「邏輯效度」（logical validity），或則「取樣效度」（sampling validity），因其估計的題目是從所教的內容中取樣而來。

　　內容效度有時又稱為專家效度，就是教師或專家依教學的內容及專業判斷來從試題的母群中，找出代表性樣本之後再予以出題，如果教學的內容廣泛，所評量的概念較多，可以使用「雙向細目表」作為規劃、建構內容效度的工具。

所謂雙向細目表是依試題的目標與教材內容兩個向度來規劃的，如果測量的範圍夠多，概念夠廣，可以依照布隆姆的教育目標分類，將認知層次的學習目標分成知識、理解、應用分析、綜合與評鑑六個層次，如下表所示。

例

某成就測驗雙向細目表／教學目標

課程（概念）	知識	理解	應用	分析	綜合	評鑑	合計
第一課	3	2	2	2	3	1	13
第二課	4	3	2	3	3	2	17
第三課	2	1	1	3	3	2	12
第四課	2	4	2	1	1	1	11
第五課	5	4	3	2	1	2	17
第六課	4	5	3	2	4	1	19
第七課	1	2	3	1	2	2	11
合計	21	21	16	14	17	11	100

在此雙向細目表中可以看出幾個特色：(1)各課均有出題，不致於偏重某課（題目太多）或忽略某課（題目太少）；(2)兼顧認知領域六個層次的出題，不會偏重在瑣碎性知識的記憶。要建構這樣一個雙向細目表，可以遵循下述的流程（吳毓瑩，民89）：

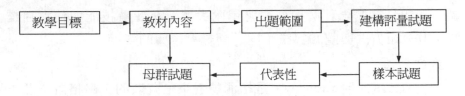

歐滄和（民84）進一步指出內容效度的驗證程序：

1. 確定所要測驗的內容與範圍，並且針對教學目標、教材或作業等進行分析。

2. 對學科內容及學習過程作詳細的分析，並且將範圍內的內容予以分類成一些不同的主題或單元、概念，並決定各主題、單元、概念的重要性，以及在整份試題中所應佔的比例，據以建立雙向細目表。

3. 與學科專家討論此雙向細目表的適切性，有必要時加以修正。

4. 依雙向細目表開始進行試題的編製工作，但首先必須確立試題母群（universe of possible items），之後再進行試題取樣的工作。通常先決定測驗所需時間、測驗的題數，再依各單元比重來分配題數。

5. 在母群中取適當比例的試題，亦應同時考慮到試題的難度，出題的型式，與取樣的代表性。

6. 在初步完成試題後，可以請專家檢視試題，如有必要，再度修正至滿意為止。

在此必須提醒讀者的是，在教學目標的向度裡並不一定就按照布隆姆之分類分成六個層次，因依科目的性質、進度以及受試的程度來分，例如剛開始接觸某一科目，或則，受試的年紀較小，此時較不適合評量高層次的能力（分析、綜合、評鑑），其比例可以適度的減少，此外，依同時學習原則，一個科目的教導，應同時包含認知、情意與技能三部分，故應在教學目標中一併將情意與技能目標置入，以促進全人教育，此外，當所測量的概念不多時，亦可將教學目標縮減，例如分為概念理解與概念應用兩大類，在評量技能與情意目標時，其分類方式與認知目標不同，請參考後續的章節。

㈡表面效度

表面效度（face validity）是指測驗看來是有效的，嚴格說來並不算是一種效度。通常我們會修改試題以提升表面效度，例如針對幼小的受試在試題旁加注音符號，將文字修正為兒童閱讀能力所及的範圍，或則，將圖片、故事背景、物品等修正為兒童平常生活中所熟悉

的。這樣做的目的是在提昇受試的應試動機。但需注意：有表面效度不一定就有內容效度，但有內容效度就一定有表面效度。

(三)如何提升內容效度（內容效度客觀化）

我們可以利用一些方法來提升內容效度（歐滄和，民84）：

1. 量表評定法由數位專家分別獨立對設計出來的雙向細目表進行評鑑，再以統計方式（例如百分比一致性檢定）來檢查專家們觀點一致的程度。

2. 平行本相關法針對相同的出題範圍，由兩組不同的測驗人員來編製兩個類似的雙向細目表及試題，再以這兩份試題施測於相同的受試者，求各單元總分的相關，若相關很高，則表示測驗內容具有代表性。

3. 內部一致性法（不同層次）可以使用相關法來分析不同層次間的相關，雙向細目表內同一細格內的試題其相關應最高，在同一單元內但不同的行為目標應具有次高相關，至於不同單元間的試題應相關最低，假如求出的相關值符合這些條件，則所選出的試題具有代表性。

4. 前、後測的實驗設計研究者在尚未教學前，先針對一組受試施行前測，在教學完成之後，再施予同驗問題的後測，如果教學成功，則後測成績應該明顯優於前測成績，也表示測驗是有信度（效度）的。

五、效標關聯效度

效標關聯效度（riterion-related validity）是求測驗結果與效標間之關聯程度，這裡所謂的效標（criterion）是指測驗所要衡量或預測的某些特質，而且可以獨立且具體的加以衡量，例如小學的學術性測驗常以學業成就為外在效標。效標關聯效度通常都是建立在實證的資料

上，故又稱為實證效度（empirical validity），依效標取得的時間，又分為「同時效度」（concurrent validity）與預測效度（predictive validity）兩種類型。

同時效度

所謂同時效度是指效標成績與測驗成績同時取得，再求兩者間的相關，若相關很高，則表示此測驗具有同時效度。

例如，成就測驗可以學生去年學業之總平均為效標，同時效度比預測效度較常被使用，應為其效度的取得較容易，使用同時效度有三點理由：

1. 一個新測驗以舊的、具知名度的測驗為效標，同時對一群受試施測，若兩組分數間的相關很高，則表示新測驗也具有高的效度。

2. 建立試題本身的效度，若一份試題的目的是衡量受試的學業表現，那麼應與其過去的成績呈高相關。

但是在建立效標關聯效度的同時，亦需考慮到效標本身的取得應該是具有效度的，也就是必須事先建立效標本身的效度，否則計算出來的效標關聯效度便不具有任何的意義。

預測效度

是指效標的取得是在測驗實施後一段時間，常見的有性向測驗，性向測驗的目的是用來預測未來發展的可能性，因此，往往需以外來的表現為效標，例如，職業性向測驗就需以受試實際工作後的表現為效標。另外，我們也可以研究到底性向測驗與大學聯考的成績，何者對預測高中生入學後的表現有較佳的成效，亦應使用性向測驗。通常智力測驗、成就測驗與性向測驗有時在行政上扮演著篩選、分類的功能，應該比較強調其預測的功能。

(一)效標的適切性

除了效標本身應該具有效度之外，良好的效標應該具有下列特性：

1. 適切性：效標應與測驗所欲衡量的特質貼近，例如學業成就也

許是智力測驗較佳的效標之一，但並不一定是人格測驗的良好效標，因為人格特質與學業表現無關，再如以美術性向測驗為例，以美術科的成績比以學業總成績更為有適切性（relevance）的效標。

2. 避免效標的混淆（containmination）：所謂效標的混淆是指在評量某學生時，受到其他無關因素的干擾，例如若某生的學業成就高，也給予較高的操行分數，這些干擾的因素很多，例如，偏見、性別意識形態、種族、教師自我應驗預言等，可能會污染到效標分數的評定。

3. 可信賴性：效標本身應該是很穩定的、可靠的，比較不容易受情境因素影響而變動。

4. 實用性：效標的取得應考慮其效率與經費，與行政上的配合度等。

5. 效標的型態：效標不一定都是一組紙筆測驗的成績，必須考慮到測驗的目的，例如工作性向測驗的效標是實際工作表現，有時效標是一種實作評量的結果，實證資料指出實作評量與紙筆測驗間的相關為 0.5（Shavelson, 1995），表示實作評量作為一種效標可以獨立與紙筆評量（兩者所評量的特質不同），在強調多元評量的今天，應考慮以多元方式取得效標。

在教育社會學裡常談到一個經典的研究：英國早期的曼徹斯特調查，原先以為學校的教育品質是影響學生學業成就的主因，後來進一步的調查發現，家庭因素的影響力更遠甚於學校因素，若以效標的適切性觀點來看，預測學生之成就表現，家庭因素要比學校因素更適切。

六、常用的效標

常用的效標必須具備了週延性、精確性、穩定、客觀、實用等特色，有下列類型：

學業成就

學業成就常做為認知型式測驗的效標，例如學業性向測驗、智力測驗或成就測驗。學業成就不只限於學業平均數，尚有出席率，記功、記過記錄，教師的評比等。學業成就在初等教育可算是一個良好的效標，可以作為安置、分類的依據之一，但對於年齡較長的學生而言，其穩定性下降，因為影響一位大學生學業表現的因素眾多，包括興趣與動機。

特殊訓練上的表現

不同的測驗是用來衡量不同的能力特質，打字測驗是針對打字訓練的結果，美術性向測驗可以其在作品上的表現為效標，這些都屬於特殊訓練的表現。

實際工作表現

對特殊性向測驗或職業性向測驗而言，很適合以實際工作表現為效標，例如某性向測驗預測某人適合當教師，於是某人果真從事教職，我們可以訪問或觀察其任教的表現，來建立起這個性向測驗的效度，若此人表現良好，則表示性向測驗是有效的。

先前可用的測驗

某些舊的測驗已建立了信、效度，但是可能具有某些的限制，例如文化的偏見，或試題太長，沒有效率，若我們想編製一個類似但較有效率，且符合國情的測驗，則可以舊有的著名的測驗為效標。

心理治療上之診斷結果

有些可以在臨床上使用的心理或人格測驗能分析受試是否具有憂鬱症傾向，或是攻擊傾向等，某某人在人格測驗上顯示具有攻擊傾向，而精神科門診也診斷其具有攻擊傾向，則可以顯示這份人格測驗是有效的。

對照組法

若某測驗可以篩選出具有某特質的學生（例如具攻擊傾向 vs.不具攻擊傾向；內向 vs.外向；適應良好 vs.適應不良）則我們可以形成

兩個比較組，並且觀察這兩組的成員在所要比較的特質上是否有明顯的差異，若有，則表示此測驗是有效的。

七、建構效度

所謂建構效度（construct-related validity）是指一個測驗可以衡量建構的程度。建構（construct）是一種假設性的構念，如果未經證實則是一種假設，若有許多資料證實，則變成一種理論，例如史皮爾曼的智力雙因素論，將智力分為兩種因素：S 因素（Specific factor 特殊智力）與G因素（general factor，一般因素）就是一種建構，再比如容格將人格分成內向性與外向性，也是一種建構。建構主義近年來是考試的焦點，研究所喜歡考建構教學的特色、優、缺點與評量的方式，新數學即使用建構教學，強調問題解決的能力之培養，以分組討論的方式行之，並且採辯證法的評量方式。建構效度通常使用在人格測驗裡面，因為有關人格研究比較複雜，有許多不同的理論（例如特質論、潛意識理論、互動論等），有時研究所會考選擇題的型式，例如問：人格測驗較適用那一種效度？內容效度、效標關聯效度或建構效度。建構效度的估算方式有：

㈠發展的改變性

某些發展心理學家都曾提出理論說明人類發展的階段與每一階段的特性。例如皮亞傑認為兒童的認知發展分為四期：感覺動作期、運思前期、具體運思期與形式運思期，並且他以觀察法及實驗法的方式來證明他的理論是對的，也就是他所提出的建構是有效的，後來學者依皮亞傑的理論發展出皮亞傑量表以觀察兒童的表現，如果兒童的認知發展符合皮亞傑的理論，就可以間接證明皮亞傑學說的正確性。其他的發展學說，例如：柯伯格的道德認知發展理論、佛洛依德的性心理發展理論都可以使用類似的方法來證明理論本身的有效性。

㈡與其他測驗間之相關

　　如前述可以新測驗與舊的有名的測驗進行相關，以建立效度，而且，有相同特質的測驗應具有高相關，例如學術性向測驗應與成就測驗呈高相關，而不同特質間的測驗應呈現低相關或無相關，例如人格測驗與成就測驗應該沒有什麼關聯性。

㈢因素分析

　　因素分析（factor analysis）的功能是將一些看似複雜的因素或特質，歸納成幾個共同的因素（common factor），是建立建構效度的一種常用方法，卡泰爾就建議使用因素分析方法作為研究的重要工具，其過程是先施測蒐集資訊，之後將各種變項形成一個相關的矩陣（correlation matrix），再使用因素分析計算出共有的因素以及各別因素在此共有因素的負荷量，最後再將所偵測出的共同因素加以命名，例如：字典裡形容人的特質的形容詞至少有 2,000～3,000 個以上，但是 Noller，Law 與 Comrey（1987）使用因素分析可以將人格特質歸納成五個因素：內向 vs. 外向、友善的 vs. 敵意的、良心、神經質傾向與開放的經驗。由於電腦的普及使因素分析方法得以被大量的運用，但，因素分析本身亦有其限制，我們發現不同的資料會歸納出不同的特質，也就是說，資料的性質會影響我們研究的結果，所以我們必須強調資料本身是有效的，否則，無效的資料也僅能歸納出無效的結果，正如「垃圾進，垃圾出」這句話所形容的一樣。

㈣多項特質多項分析法

　　多項特質多項分析法（multitrait-multimethod approach）是研究所的常考題，最早是測驗學者 Campbel 與 Fiske（1959）首先提出這樣概念，他們認為可以以兩種或兩種以上的不同測驗來測量不同的特質，但是先決條件是此兩種測驗必須有明顯的不同，其程序是：

　　1.以相同方法測量相同特質其結果應高相關，例如以魏氏智力量
　　　表與比西量表來測量智力，兩組分數應高相關。

2. 以不同方法測量相同特質，其結果應中高相關，例如，以紙筆測驗及實作測驗來衡量智力，其結果應中、高相關。

3. 以相同方法測量不同特質，其結果應低相關，例如以紙筆智力測驗去測量智力及以紙筆性向測驗去測量性向，其結果應是低相關。

4. 以不同方法測量不同特質，其結果應是很低相關或無相關，例如以紙筆測驗測量成就，及以繪圖方式測量創造力，兩者的結果應無關。

第 1.與第 2.又稱為輻合效度（convergent validity），而第 3.與第 4.稱為區辨效度，有些測驗例如智力、人格或性向測驗包含了一些分測驗，分測驗與分測驗之間的相關應該不高，才能正確的區辨各分測驗的功能，才不致於產生功能重疊的現象，但是分測驗的分數應與總分之間呈高相關，才表示各分測驗在某種程度上是一致的。

多項特質多項分析法是衡量建構效度的理想方式，但其限制是針對同一特質發展兩種不同型式的測量方式極不容易，例如，通常我們已經習慣用紙筆測驗的測量方式來衡量智力，比較不習慣以其他方式來衡量（情境、繪圖、觀察法）。

㈤內部一致性

通常使用內部一致性（internal consistency）方法，多數屬於人格測驗，其目的在估計題目間的同質性，若同質性越高，則內部一致性也越高，相對的其建構效度也越高。同質性可以解釋測驗內容取樣的性質與範圍，在執行內部一致性分析時，有兩種方式：第一種是使用對照組法，例如：依測驗的結果分成高分組（約占最前面的 1/4）與低分組（約佔低部的 1/4），若高分組在各測驗上答對的比率高於低分組，則是一個有效的測驗；另外一種方式則類似區辨效度與輻合效度的運算方式，以各分測驗與總分間求相關，分測驗與總分應有高相關，表示內部一致性很高，並且刪除那些分測驗與總分相關不高的題

目，以提高內部一致性。

郭生玉（民87）提出五個建立建構效度的步驟：

1. 依構念的有關理論加以分析，預測可能產生的行為，並依此設計一套測驗題。
2. 發展可以考驗構念與其他變項之關係的假設與方法，例如挫折引發攻擊行為，表示此兩變項間是相關的。
3. 採用各種方法來驗證上述假設，例如做實驗、因素分析、對照團體等。
4. 淘汰與理論的構念不符合的題目，並重複步驟(2)與(3)，若假設正確，則構念便獲得支持。

八、影響效度的因素

一個測驗的效度會因為施測之情境與對象不同而有所變動，應了解那些因素會影響到效度，並且控制這些干擾因素至最小。影響效度之因素有：

㈠測驗的內容

測驗本身的因素也會影響到測驗的效度，這些因素包括有：印刷的清楚與否、指導語是不是說明清楚、是不是需要相當高的語文能力方可應試、題目的長度與難度、題目是否有暗示，或則題目是否隱含了某些的政治、性別或種族意識形態等。

㈡測驗的實施與施測的情境

例如測驗的實施是否符合指導手冊上的規範，施測者的態度（例如是否有與受試者建立親善關係），主試者是否對受試者產生干擾（例如巡視時所發出的高跟鞋聲音），敵意（將受試的無心行為解釋成對老師的不尊重）。此外，考試場地的物理特性亦會影響到效度，例如燈光、溫度、濕度、雜音、桌、椅的品質，甚至測驗情境週遭是否有過多的刺激（例如裝飾品、壁報等）。

(三)受試者本身的因素

　　受試者本身的因素也會對測驗的效度產生巨大的影響，例如受試團體的同質性與異質性，通常異質性越高則效度越高，尤其重要的是受試的應試動機，例如，最大表現測驗是假設受試會盡力做答，以爭取好成績，但若受試不在乎成績的高低，則再有效的測驗也無法測出其真正的實力，此外，受試的情緒、疲勞因素、測驗時的焦慮程度、先前的經驗（例如：練習效果），都會影響測驗的結果。

　　受試的認知型式以及反應心向（response set）也是一些需要考慮的因素，所謂反應心向，例如，某些人偏好選擇「無意見」或「中等」，「尚可」等中庸的選項（集中傾向），或有人偏好選擇較前面的選項，或「是」的選項等。有些人格測驗會問到平常人的一般表現，也許受試者在某題的行為表現上與眾不同，但在從眾壓力下而選擇了一般性的答案，尤其在回答敏感性問題時，這種傾向更為顯著，例如對同性戀態度的調查（符合社會期許性）。

(四)效標的品質

　　前述效標的選擇必須顧及到效標的適切性、實用性與信度等，若性向測驗的目的是在衡量未來發展的可能性，則以過去的學業表現作為效標則不適切，所建立的效度也不會高，但若以未來的工作表現為效標則符合了效標的適切性。有效的效標不一定容易找到，例如：人格特質、情緒、動機、創造力這些測驗的效標就很難具體呈現，故應妥善而謹慎的選擇效標。

(五)樣本的性質

　　前述古典測驗理論是樣本相依的，也就是其信度與效度的建立，是會受到樣本性質的影響，其中包括了樣本人數的多寡、樣本本身變異的程度、受試的能力等等。例如某測驗為了建立信度與效度的資料，在台北市、桃園市、台中市與高雄市分別抽樣數千樣本，以建立常模及信、效度資料，但是這些樣本多來自城市地區，其代表性受到限制，所測量的結果，只針對都會地區的學生有效。

九、效度與信度的關係

效度與信度的關係為研究所的常考題，相關的試題有：(1)信度與效度的關係，以充分條件及必要條件來敘述；(2)信度與效度那一個比較重要；(3)通常信度的係數較低或效度的係數較低？以變異來看，信度的公式：

$r = \dfrac{S_t^2}{S_x^2}$（真實分數佔總變異的比例）

而效度為：

$\dfrac{S_{co}^2}{S_x^2} = \dfrac{S_x^2}{S_x^2} - \dfrac{S_e^2}{S_x^2} - \dfrac{S_{sp}^2}{S_x^2}$（總變異減去特殊因素變異量與誤差變異量）

由信度的公式可知，真實分數變異量是由兩個變異量所組成：$S_{co}^2 + S_{sp}^2$（共同因素變異量＋特殊因素變異量），信度＝效度＋獨特性，亦即信度包含了效度，也就是說信度所涵蓋的範圍（變異）要大於效度所涵蓋的範圍（變異），在其他條件恆定下，信度係數通常會高於效度係數，也就是說效度係數不會大於信度係數的平方根：$r_{效度} \leq \sqrt{r_{信度}}$，例如，一個性向測驗的信度是.85，則效度絕對不會大於 $\sqrt{.85} = 0.92$。

信度是效度的必要條件而非充分條件，一個測驗若要具備效度，則必須先具備信度。或則可以如此推論：信度低，效度一定低，但信度高，效度不一定高；效度高，信度一定高，但效度低，信度不一定低。也就是說，效度同時要求測量分數的正確性與一致性，但信度只要求測量分數的一致性（但不一定正確），因此效度要比信度還重要。

十、如何提升效度

前述影響效度的因素很多（測驗本身、受試者、情境因素等），當測驗的效度不高時，應找出影響因素加以更正。余民寧提出兩種補救措施（余民寧，民86）：

㈠放棄不用或重新編製題目

若不適合的題目佔少數則可以考慮放棄這些題目，但刪除一些不良的題目使長度減短，其信度也會跟著下降，另一種方式是針對一些不良的題目進行修正，修正完之後再重新請專家評鑑與再度估算信、效度。此外，在進行效標關聯效度的分析時，若發現效度偏低，應檢查效標的品質，決定效標的適切性與信、效度，接著再檢查理論的建構是否週全，是否需要再加以修正。

㈡相關係數萎縮的校正

信度也會影響到效度，當效標本身的信度很高時，此時所計算出的效度值較精確，即時經過校正，也無法提昇太多的效度係數，但是當外在效標的信度低時，經過相關係數萎縮校正的程序，可以提升相當程度的效度，有時多元評量的方式，例如觀察法、實作評量的信度較低，可考慮予以校正。

十一、效度概念的總整理（葉重新，民81）

測驗的類型	說明問題	效度的類型
小學國語科測驗	小華過去學了多少？	內容關聯效度
性向測驗	小華未來可以學些什麼？	效標關聯效度：預測效度
診斷測驗	小華目前學習困難的地方及型式如何？	效標關聯效度：及時效度
人格測驗	小華的個性如何？	建構效度

歷屆試題

一、一個測驗的總變異量，可以分割成那一部分？各變異量和效度的關係為何？試用公式、符號、文字加以說明。

【彰師88】

答☞：

一個測驗的總變異量可以分割成三個部分：共同因素變異量（S_{co}^2）、誤差變異量（S_e^2）與特殊因素變異量（S_{sp}^2），共同因素變異量是指該測驗與其他測驗共有的特質、特殊因素是指該測驗所獨有的特質，而誤差是指系統誤差與非系統誤差。可以用公式表示如下：$S_x^2 = S_{co}^2 + S_{sp}^2 + S_e^2$，可以圖示如下：

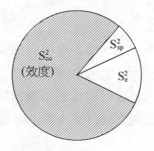

將等號的兩邊同時除以S_x^2，則：

$\dfrac{S_x^2}{S_x^2} = \dfrac{S_{co}^2}{S_x^2} + \dfrac{S_{sp}^2}{S_x^2} + \dfrac{S_e^2}{S_x^2}$，而效度是指$\dfrac{S_{co}^2}{S_x^2}$，亦即共同因素變異量佔總變異量的比例。

二、名詞解釋：邏輯效度（logical validity）　　　　【彰師88】

答☞：

邏輯效度即是指內容效度（content validity而言），亦稱為取樣效度（sampling validity），其建構的方法是依照教學

目標與教學的內容來設計雙向細目表（two-way specification），教師再依據雙向細目表來判斷是否符合邏輯。

三、名詞解釋：建構效度（construct validity）。　　【國北師88】

答☞：

所謂建構（construct）是指一種假設或理論，常用在人格、智力、性向等領域，例如佛洛依德有關人格的理論：人格動力說、潛意識動機 等理論即是一種建構。要證明其理論的正確性必須發展某種研究方式，可以使用實驗法、觀察法、對照組法、團體對照分析、因素分析或多項特質多項分析法等方式。

四、請說明驗證構念效度的方法。　　　　　　【彰師87】

答☞：

所謂構念是指一個測驗可以測量理論的建構或特質的程度，例如智力是一種構念，若某種智力測驗確實可以衡量智力，則稱此種智力測驗具有建構效度。建構效度的衡量方式有（葉重新，民81）

㈠發展的改變

人類的某些特質有固定的變遷模式，許多發展心理學家都提出他們的理論來加以解釋，例如皮亞傑的認知發展模式（感覺動作期、具體運思期、前運思期與形式運思期），佛洛依德的性心理發展模式：口腔期、肛門期、性器期、潛伏期、兩性期等，他們都使用觀察法、訪問法來蒐集資料，以證明人們的發展是符合他們的理論架構的。

㈡與其他測驗的相關

可以從兩個層面來說，一個新發展的測驗應該與舊的，

有名的，性質相同的測驗呈高相關（例如人格測驗應與人格測驗呈高相關），但與不同的測驗間呈低相關，例如人格測驗應與智力測驗呈低相關。

(三)因素分析

許多人格或智力的測驗其建構效度是以因素分析的方式來進行，例如阿波特與歐得伯曾經發現字典內有超過三千個以上的形容詞來描述人格特質，若能將這些複雜的字詞統合成幾個向度，例如榮格將人格分類成內向與外向，則有助於人格測驗的編製與解釋。

(四)實驗研究

有許多心理與教育上的理論是由實驗研究來建立其效度的，例如著名的社會學習論者班都拉，為了證明攻擊是會模仿的假設，曾設計一個實驗：實驗者帶著一群小孩進入實驗室，之後，大人攻擊實驗室內的橡皮人，當大人離開後，研究者透過單面鏡觀察小孩有沒有攻擊模仿的現象。

(五)其他尚有內部一致性分析、多項特質—多項分析法，請參照內文。

五、請說明測驗的信度與效度間的關係。　　　　　【嘉師87】

答☞：

(一)效度是信度的充分條件，而信度是效度的必要條件。

(二)信度低，效度一定低。

(三)信度高，效度不一定高。

(四)效度高，信度一定高。

(五)效度低，信度不一定低。

(六)通常效度係數 ≦ 信度係數。

六、請說明為何效標（標準）參照測驗不能使用常模參照測驗
　　之試題分析方法來分析。　　　　　　　　　【彰師87】

答☞：常模參照測驗一般屬於母數分析法的估算方式，而效標參
　　　照測驗則是屬於無母數的估算方式，理由如下：

常模參照	效標參照
分數呈常態分佈，符合母數分析的基本假設	分數呈J型分佈，不符合母數分析的基本假定
分數為連續變項	分數為二分變項（精熟 vs.不精熟）
可以使用統計方式來估算難度、鑑別度，以及用母數分析方式來計算信度與效度	不注重試題的難度，但較注重試題的重要性，使用無母數分析方式（例如百分比一致性的檢定）來估算信度
樣本較大，且可以採用隨機方式來抽取樣本，有利於從事統計分析	樣本小且通常沒有隨機（以教師自編測驗為例）
題型偏重客觀式問題，易於統計處理	題型較多元，不利統計分析

七、比較：聚斂效度（convergent validity）vs.區別效度（discriminant
　　validity）。　　　　　　　　　　　　　　　【政大87】

答☞：

　　　聚斂效度與區辨效度是建構效度的估算方式之一，屬於多
　　項特質多項分析法的估算方式，其原則是：
　　㈠聚斂效度：
　　　⑴以相同方法衡量相同特質，其結果應該是很高相關。
　　　　（例如同樣使用紙筆人格測驗〔兩種〕來衡量人格）
　　　⑵以不同方法來衡量相同特質，其結果應高相關。（例
　　　　如使用觀察法與紙筆測驗來評量人格，其結果應高相
　　　　關）

㈡區辨效度：

　　(1)以相同方法衡量不同特質，其結果應無關。（例如使用紙筆測驗來衡量智力與人格）

　　(2)以不同方法來衡量不同特質，應無關。（例如使用紙筆測驗衡量人格，以觀察法衡量性向）

聚斂效度與區辨效度可使用相關矩陣（correlational matrix）的方式來建構。

八、名詞解釋：效度（validity）。　　　　　　　　　　【政大 87】

答☞：

　　效度是指測驗結果的正確性，亦即測驗結果符合測驗目的的程度，例如，智力測驗的結果是否真的代表了智力的本質。

九、智力測驗手冊上說明它的「效度」指：　(A)它的分數可預測未來學業的成績　(B)它的分數隨年級的增加而增加　(C)不同時間測的結果不同　(D)不同時間測的成績相差在100±1SD之內。　　　　　　　　　　　　　　　　　　　　【中正 86】

答☞：

　　(A)。是指預測效度，常使用在性向測驗裡。

　　(B)是錯的，因為有些測驗的分數不一定隨年級的增加而增加，例如一般科目在國小時較簡單，國中最難，高中更難，其測驗分數有可能遞減。

　　(C)與(D)是指重測信度而言（非效度），不同的時間測量結果應越接近越好。

十、簡答題：

　　一、何謂內容效度（content validity）？

二、它尚有其他何種稱呼？

三、它適用於下列那些測驗？

　　(A)態度測驗　(B)人格測驗　(C)性向測驗　(D)成就測驗。

四、它不適用於上列那些測驗？　　　　　　　　【彰師 86】

答☞：

　　(1)內容效度是指測驗內容是否具有代表性與適切性。代表
　　　　性是指所出的題目是否能代表教學內容，而適切性是指
　　　　評量方法與評量的內容是否恰當而言。

　　(2)因為內容效度的評估須事先設計雙向細目表，再由教師
　　　　或專家以邏輯來判斷，故又稱為邏輯效度，（logical val-
　　　　idity），再者，它也關心所出的題目是否具有代表性，
　　　　故又稱為取樣效度（sampling validity）。

　　(3)適用於 (D)成就測驗，屬認知領域。

　　(4)不適用於態度測驗(A)、人格測驗(B)，與成人所用的（職
　　　　業）性向測驗，這些測驗比較需要建構效度。

十一、在考驗效標關聯效度（criterion related validity）時，有那些
　　　　效標可以採用？　　　　　　　　　　　　【彰師 85】

答☞：

　　(1)學業成就（成就測驗）。

　　(2)實際工作表現（性向測驗）。

　　(3)先前的著名有效測驗。

　　(4)對照團體法（人格測驗、態度測驗）。

　　(5)精神病學診斷（人格測驗）。

　　(6)專家的評定成績。

　　(7)自我報告。

十二、名詞解釋：預測效度（predictive validity） 【南師 85】
答☞：

是屬於效標關聯效度的一種，若效標分數取得的時間較測驗分數晚，則為預測效度，其目的是用來做為預測之用，例如，職業性向測驗就需要較高的預測效度，必須了解的是性向測驗是預測受試者不合適從事那些職業比較準確，而不是預測合適從事那些職業。

十三、下列何者是檢驗構念效度最好的方法？ (A)相關研究 (B)實驗研究 (C)因素分析 (D)多項特質—多項分析法。

【高師大 85】

答☞：(D)

十四、名詞解釋：效標關聯效度。 【中正 85】
答☞：

是以效標與測驗分數之間的相關來建構測驗的效度。依測驗的目的不同，效標亦有很多的種類，例如學業成績、工作表現、特殊訓練的成績等。又依標標分數取得的方式，分為同時效度與預測效度，前者測驗分數與校標分數同時取得，而後者效標分數與測驗分數則間隔一段時間才取得。

十五、編製一份國小教師性向量表作為國小師資篩選之工具，最需重視何種效度？ (A)表面效度 (B)同時效度 (C)內容效度 (D)預測效度 【嘉師 85】

答☞：(D)

十六、何謂「信度」」（reliability）？常用的信度有那幾種？何謂「效度」（validity）？如何了解測驗的效度？

答☞：

    (1)信度是指測量結果的一致性、穩定性與客觀性，常見的信度有重測信度、複本信度、內部一致性係數，與評分者信度。

    (2)效度是指測量結果的有效性或正確性，亦即測量結果符合教學目標的程度。了解測驗效度的方法可以經由幾種方式：內容效度、效標關聯效度與建構效度，其方法請參閱內文。

十七、名詞解釋：測驗的構念效度（construct validity）。【政大 84】

答☞：

    此題請參考彰師 87 年考題之解答請說明驗證構念效度的方法。

十八、某甲從理論上該為社會智力與語文智力並不相同，是兩個獨特的能力，但是兩者互相影響。他自編了一份社會智力測驗，並以傳統語文智力測驗為效標，進行效度考驗。下列那些（個）結果能做為他的自編測驗的良好效度證據？ (A)社會智力測驗分數與語文智力測驗分數有顯著的高相關（$r > 0.90$，$p < .01$） (B)兩個測驗分數之間有顯著的中度相關（$r > 0.08$，$p < 0.05$） (C)兩個測驗分數之間無關（$r > 0.08$，$p < 0.05$） (D)兩個測驗的信度都很高（係數高於 0.09） (E)男女在社會智力測驗分數上面有顯著的差異（$t = 12.73$，$p < .01$） 【政大 83】

答☞：

    此題考的是多項特質——多項分析法中的區辨效度，以相同方法衡量不同特質，其結果應該是很低的相關，或無相

關（r＞0.08），但兩者又相互的影響，故（p＜.005　達顯著水準）所以答案是 (C)。

十九、一份好的測驗必需具備有良好的信度與效度。請回答下列有關信度與效度的問題：

一、解釋信度、效度及兩者的關係。

二、試舉不同類型的信度與效度各兩項。　【屏師84】

答☞：請參考內文。

二十、在測量情境中，試舉一個有信度而無效度的例子（可為一個測量工具或方法）並簡要說明為什麼。　【政大83】

答☞：

(一)以射箭為例：

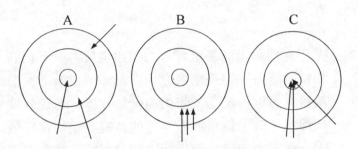

A 圖是既沒有信度又沒有效度，B 圖是有信度而無效度，C 圖是既有信度又有效度。

(二)量不準的體重計：

例如每次測量體重時，總是比真正體重少1公斤。

(三)有文化偏見的試題：

每次次文化學童測驗的結果都比一般人低。

二十一、名詞解釋：同時效度與預測效度。　　　　【彰師86】

答☞：

　　兩者皆為效標關聯效度的一種，若測驗成績與效標成績同時取得，並求兩者間的相關，為同時效度的建立方式，常用在成就測驗上；若測驗成績與效標成績間隔一段時間才取得則是預測效度，常用在性向測驗上。

二十二、名詞解釋：表面效度（face validity）。　　　【南師84】

答☞：

　　表面效度是外表看起來有效（looks valid），但內容不一定有效。例如某些測驗所隱含的性別意識形態或種族意識形態的偏見。有表面效度不一定有內容效度，但有內容效度卻一定有表面效度。

二十三、如果我們編了一個心理測驗，打算測量創造思考中的「流暢性」（fluency），卻發現該測驗的結果與受測者的工作動機有高度的正相關，這將使該測驗的效度（而非信度）受到質疑。　　　　【政大87】

答☞：

　　(○)，若個人對某事物的流暢性是因為該受試者之動機高而高，動機低而低，則動機變成了中介變項，會影響我們對測驗結果的解釋。

二十四、所謂效度是指_____因素在總變異量中所佔的比率。

　　　　　　　　　　　　　　　　　　　　　　　　　　【彰師88】

答☞：共同因素（$\frac{S_{co}^2}{S_x^2}$）。

二十五、欲證明一個測驗具備了構念效度，最正確的統計方法是
　　　　什麼？_____。　　　　　　　　　　　　【彰師 88】
答☞：多項特質─多項分析法。

二十六、編製測驗或問卷時，邀請專家評斷題目是否合適，是為
　　　　了增加何種效度？　(A)表面效度　(B)內容效度　(C)效標
　　　　關聯效度　(D)建構效度　　　　　　　　　　【政大】
答☞：(B)

二十七、根據 Campell & Fiske（1959）的觀點，欲建立區別性效
　　　　度和輻合性效度，可使用下列何種方法？　(A)多重特
　　　　質─多重方法分析　(B)探索式因素分析　(C)群聚分析
　　　　(D)區別分析　　　　　　　　　　　　　　　【嘉師】
答☞：(A)

二十八、如果我們購買坊間現成的測驗卷作為學習評量工具，最
　　　　值得考查的是：　(A)內容效度　(B)表面效度　(C)建構效
　　　　度　(D)效標關聯效度　　　　　　　　　　　【嘉師】
答☞：(A)

二十九、一種測驗能被用來判斷樣本知識領域的適用程度，乃具
　　　　有：　(A)同時效度　(B)內容效度　(C)預測效度　(D)輻合
　　　　效度　　　　　　　　　　　　　　　　　　【竹師】
答☞：(B)

三十、一個良好的測量工具應具有多項特徵，下列何者最重要？
　　　　(A)效度　(B)信度　(C)評分客觀　(D)常模　　　【屏師】
答☞：(A)

三十一、何謂效標？效標之特性為何？　　　　　　【竹師】

答 ☞：

所謂效標（critirion）是一種比較的標準，在測驗理論上可以效標來建構效標關聯效度，或預測效度，效標亦可運用在迴歸分析中，用來建立迴歸方程式。適當的效標具有四項特徵：適切性（relevance）、可靠性（reliability）、客觀性（freedom from bias）、可用性（availability），而效標的種類很多，包括有：學業成就、特殊化的訓練成績、實際工作成績、對照團體、精神病學的診斷或評定成績等。

第四章

測驗分數的解釋——
基本統計知識

要解釋原始分數必須對基本統計有所了解，以下針對解釋測驗所需的知識加以介紹。

一、測量尺度

我們依數字的性質與精密程度來區分測量尺度（scale of measurement），這是對測驗分數的基本了解，測量尺度由低而高分為四種類型：

㈠名義變項

名義變項（nominal variable）又被稱為類別變項（categorical variable），功能在於分類，例如性別、投票時的贊成vs.反對、座號、顏色、身分證字號、種族別等。類別變項只是一種標記（label），不適合用來做加、減、乘除四則運算，當然也無法比較大小。

㈡次序變項

次序變項（ordinal variable）除了可以分類外，尚有比較大小、優劣的功能，例如比賽時的第1名，第2名等名次。在教育上常用次序變項，例如：評分制中的等第制即屬於次序變項，例如：甲、乙、丙、丁。等第制與百分制比較，等第制比較能減少競爭行為，因為各等第所涵蓋的分數範圍較廣，比較不會為少許分數的差異而斤斤計較，但等第制的分法較粗略，例如：若設定80—89為乙，90—100為甲，則某生考89分為乙，另外同學考90卻為甲，雖然兩者的原始分數只差1分，但在評等上卻有相當的差距。此外，次序變項的主要缺點是沒有相等的單位，以百公尺賽跑為例，第一名減第二名的秒數不一定等於第二名減第三名的秒數，既沒有相等的單位，也無法從事四則運算或計算平均數等。

㈢等距變項

教育測驗分數通常是屬於等距變項（interval variable），例如國語

科成績或數學科成績，等距變項較為精密，並且具有兩點特性：⑴有相等的單位與範圍，例如，國語科測驗分數分佈的範圍是1—100分，而 $80 - 79 = 79 - 78$，因為有相等單位，故可以從事四則運算；⑵理論上單位內的數值可以無限被切割，例如1秒，可以估計至1.05秒，或 1.057 秒，視計時器的精確度而定。值得一提的是，智商在本質上為次序變項，因為 $IQ130 - IQ115 \neq IQ115 - IQ100$ 所差的人數比例，但一般為了運算方便起見，通常將智力視為等距變項。

㈣比率變項

比率變項（ratio variable）與其他三種變項最大的不同點是具有絕對零點（absolute zero），所以可以直接形成一個比率，例如身高（公尺、公分），體重（公斤、公克）等都是屬於比率變項，所謂絕對零點的意思其單位一定是由「0」開始計算，因此身高 180 公分的人，是身高 90 公分的人的兩倍高，而體重 80 公斤的人也是體重 40 公斤的人的兩倍重。但是我們無法說攝氏 36℃ 是攝氏 18℃ 的兩倍熱，因為溫度不具有絕對零點的性質，雖然我們有0℃，但還是有溫度。教師在作科目之間的相互比較，即使兩科間所用的單位相同（百分制），也仍然無法直接將不同科目間的原始分數相互比較，例如，我們不能說大一某生英文考50分，是國一某生英文考100分的一半強，因為英文成績不具有絕對零點的性質，兩者的起始點行為不相等，試題的難度、內容也不一樣，因此無法直接比較。

二、集中量數

想要了解原始分數的性質，至少必須了解三種統計概念：集中量數、變異量數與相對地位量數，許多標準化測驗的結果，都依賴這些統計概念。集中量數（measures of central tendency）是衡量一組分數的集中情形，例如這次月考，班上國語科成績平均多少？即是在問集中

量數，集中量數又稱為中央位置量數（measures of central location）。
教師較常用到的有三種：算術平均數（arithmetic mean）、中數（median）
與眾數（mode）。

㈠算術平均數

算數平均數簡稱為平均數（mean，M），是這三種數值中最精確
也最被廣泛使用者，若以一組數值X_i來計算，則其平均數為$\overline{X}$，以一
組數值Y_i來計算，則其均數是$\overline{Y}$（讀Y bar），利用原始分數來估算平
均數，只要將總和除以總數即可：$\overline{X} = \frac{\Sigma X}{N}$，另有一種加權平均數
（weighted mean）的算法，若教師認為期中考與期末考的重要性不同，
可以依其重要性予以加權，再求平均數，例如期中考佔40%，期末考
佔60%，若某生期中考80，期末考90，則其加權平均數為：

$$\overline{X} = \frac{（80 \times 40）+（90 \times 60）}{100} = 86$$

我們可以將加權平均數的公式寫成：

$$\overline{X} = \frac{\Sigma WX}{\Sigma W}$$

算術平均數具有下述性質：

1. $\Sigma (X - \overline{X}) = 0$，團體中所有分數與平均數之差的總和為0，
   因為平均數剛好介於中間，左、右兩邊的負值與正值相抵消。
2. 因為平均數的計算考慮到團體中每一個數值，也會受每一個數
   值所牽引，當沒有極端值出現時，平均數要比中數及眾數要來
   得精確，但若有極端值出現時，平均數極容易受其影響，而喪
   失了代表性。例如班上四位學生成績的分佈是 80，85，90，
   91，則其平均數為：$\frac{80 + 85 + 90 + 91}{4} = 86.5$，此時的86.5甚
   具有代表性，但若另四位同學的成績為80，85，90與30，則平
   均數下降許多：$\frac{80 + 85 + 90 + 30}{4} = 71.2$，71.2 的代表性就欠

佳，此時應考慮使用中數來做為集中量數的代表。

3. 團體中每一原始分數都增加一常數 C，則平均數為 $\overline{X} + C$，若教師給每一個學生都加上某一個固定的常數C，則平均數也要 + C。

4. 平均數較適用於等距或等比變項，可以作運算，等第制無法計算其平均數。

5. 不同科目間的原始分數不可以直接計算其平均數：

不同科目間由於性質、難度，有時選修的人數也不同，故不可以直接將各科的分數加總，再求平均數，以決定學生的名次，例如小明國語考80，社會考70，自然考90，數學考100，若直接加總其平均數為 $\dfrac{80 + 70 + 90 + 100}{4} = 85$，以 85 分來代表小明的平均表現是不對的，因該將原始分數轉化為Z分數，再求Z 分數的平均數。

㈡中數

所謂中數（median）是指一組數值中，最中間的數值，其代號為 M_e，M_d或M_{ed}，比中數高的分數佔50%，而比中數低的分數亦佔50%，前述平均數當各組的分數是呈常態分佈時，平均數、中數、眾數都會在同一條直線上，故平均數左、右兩邊的分數亦會各佔50%，但是當原始分數呈偏態時（例如左偏，右偏），則平均數左邊與右邊的次數便不會相等，當高分的人較多時，分數的分佈呈右偏（負偏），平均數右邊的分數較多，但中數左、右兩邊的人數在任何情況下都是相等的。

中數的算法首先是將分數由低而高排序，若總數為奇數則最中間的數值即為中數，例一組數值 75，76，80，86，90，總數為奇數，故中數為 80，但若總數為偶數，則中數為中間兩個數值的平均，例，75，76，80，86，90，91，之中數為 $\dfrac{80 + 86}{2} = 83$，中數具有下列性質：

1. 中數為某一組數值之中點，在該點上、下各佔50%的次數分配。

2.中數只考慮最中間的數值，在估算上較粗略，例如，同樣的十個數值分佈在兩組，A 組：70，75，76，80，85，86，90，91，92，93 之中數為$\frac{85 + 86}{2} =$ 85.5，B 組：20，30，40，50，85，86，88，90，98，100 之中數亦為$\frac{85 + 86}{2} =$ 85.5，但B組的變異較大，中數較不具代表性，但中數不受極端值影響，當有極端值出現時，應改用中數而非平均數來估計一組數值的集中傾向。

3.中數適用於次序變數、等距變項或比率變數，但常用於次序變數。

㈢眾數

眾數（Mode，M_o）是一組數值中出現最多的數值，例如一組數值：1，2，3，4，5，5，5，6，7，9，其中 5 出現最多，故 5 為眾數。有時一組數值具有雙眾數，例如 1，2，3，3，3，4，5，5，5，6，7，9，類別變項（例如男vs.女）較具有雙眾數或多眾數的性質。眾數具有下列性質：

1.眾數較為簡單、粗略，可以立即了解一組數值大致上的分佈情形。

2.有時次數分配呈不規則，或則沒有明顯的眾數，則此時便無法由眾數獲得任何的意義。

3.眾數適用於類別變項、次序變項、等距變項及等比變項，但以類別變項最常被使用。

三、變異量數

變異量數（measures of variability）在衡量一組數值的分佈情形，即一般所謂同質性與異質性的問題，若其他條件恆定，A生在A班考80 分，其標準差為 2，B 生在 B 班考 80 分，其標準差為 6，A 班同質性較高，A生所勝過的人數可能就與B生所勝過的人數不同，同樣一

小段的分數差距（例如85—80），A班在此段分數差距內的人數可能會高於B班。此外，在前述信度與效度的敘述中，我們都說明了信、效度的係數高低會受到 N 值大小（人數多少）以及樣本變異情形的影響，若樣本的變異越大，其他條件恆定，則信、效度的係數會上升。常用的變異量數有五種：全距、四分差、平均差、標準差與變異數，對標準化測驗分數的解釋極為重要。

㈠全距

全距（range）是指一組數值中最大值至最小值的距離，其計算方式直接將最大值減去最小值再加 1，例如：某組數值之分佈為：50，60，70，90，100，則其全距為（100 − 50）+ 1 = 51，全距的代號為 R，通常 R 越大，表示變異越大，但其缺點是不精確，例如上述五個數值與下述五個數值 50，90，91，92，100，同樣是全距為 51，但後面這組數值的變異較小。

㈡四分差（Q）

若將團體的分數由低而高排列，再分成四個等分，則最低的第 25%的分數稱為第一四分位數（Q_1，first quartile），而中位數或排列剛好在 50%的分數稱為第二四分位數（Q_2），而優於 50%的第 75%的分數是為第三四分位數（Q_3），可以圖示如下：

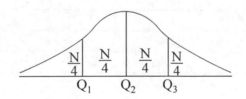

而四分差的公式 $Q = \dfrac{Q_3 - Q_1}{2}$ 即介於中間 75%～25%之一半的距離。四分差的特性有：

　1.四分差不考慮兩端的分數，只考慮中間 50%的分數，較粗略，
　　但不受極端值的影響。

2.四分差比全距穩定，因為全距較容易受極端值的影響。

四分差的概念將會再度在試題分析裡提到，在計算難度及鑑別度時，我們亦以最高分的 25% 的人數為高分組，而以最低分的 25% 人數為低分組，但四分差為一個數值。

㈢標準差與變異數

標準差（standard deviation ／ SD，S）與變異數（variance，S^2）是最常被使用的變異量數，因為其精確度最佳。標準差的公式：

$$S = \sqrt{\frac{\Sigma \, (X - \overline{X})^2}{N}}$$

式中，$\dfrac{\Sigma \, (X - \overline{X})}{N}$ 稱為離均差，原始的公式是：$\dfrac{\Sigma \, | \, X - \overline{X} \, |}{N}$，因為 $\Sigma (X - \overline{X}) = 0$。所謂離均差是指各原始分數至平均數之距離的總平均，例如，有一組數值，1，2，3，4，5，其離均差為 $AD = \dfrac{\Sigma \, | \, X - \overline{X} \, |}{N} = 1.2$。

例

X	$X - \overline{X}$	$\| \, X - \overline{X} \, \|$	$(X - \overline{X})^2$
1	−2	2	4
2	−1	1	1
3	0	0	0
4	1	1	1
5	2	2	4
		$\Sigma \, \| \, X - \overline{X} \, \| = 6$	$\Sigma \, (X - \overline{X})^2 = 10$

$$AD = \frac{6}{5} = 1.2$$

$$SD = \sqrt{\frac{\Sigma (X - \overline{X})^2}{N}} = \sqrt{\frac{10}{5}} = 1.414$$

$$S^2 = \frac{\Sigma(X - \overline{X})^2}{N} = 2$$

變異數的公式為 $\frac{\Sigma(X - \overline{X})^2}{N}$，也就是標準差的平方。標準差與變異數皆用來表示各原始分數與平均數的平均差異，若其值越大，則表示分數之間越異質。標準差是以線段來表示平均的差異，而變異數則是以空間（面積）來表示平均的差異，其間的關係可以圖示如下：

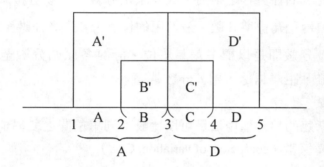

標準差是五條線：A，B，C，D 與 O 的平均長度，而變異數約略等於五個面積 A'，B'，C'，D'，0，的平均面積。

標準差與變異係數的特質

標準差與變異係數具有下述特質：

1. 團體中每一原始分數加一常數 C，則標準差與變異數不變，（分數分佈的位置改變，但形狀不變）。

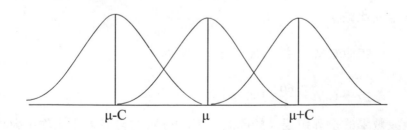

2. 團體中各分數同乘一個常數C，則變異數變為C^2倍，而標準差 ×C倍，證明：

$$S_{CX}^2 = \frac{\Sigma \, (CX - C\overline{X})^2}{N} = \frac{C^2 \Sigma \, (X - \overline{X})^2}{N} = C^2 S_X^2$$

標準差除了可以用來衡量分數間的變異情形之外，也常使用在標準分數的概念裡，前述不同科目間由於難度、試題內容、與受試的性質等之不同，故其原始分數不可以直接拿來比較，必須轉化為標準分數，最常用的標準分數為Z分數，$Z = \dfrac{X - \overline{X}}{S}$，Z 分數即是以標準差為單位，計算各原始分數至平均數的距離，距離越遠，則Z分數越高。

變異係數

標準差的另一種用法是可以比較不同單位間之變異情形，其公式稱為變異係數（coefficient of variation, C.V.）：

$$C.V. = \frac{S}{\overline{X}} \times 100 \quad （標準差與平均數的比值×100）$$

其中，C.V.越大，則表示其單位或各數值間的變異越大。

例 某班學生 30 人，其國語科平均數是 90，標準差為 5，數學科平均數是 60，標準差為 4，問這兩科的變異情形何者為大？

一般人常犯的錯誤（研究所常考）是直接比較兩科目的標準差來決定那一科的變異較大，如果直接比較標準差之大小，則國語科的變異要大於數學，但這樣的比較是錯誤的，我們必須將其換算為C.V.才可以相互比較：

$$國語 \; C.V. = \frac{5}{90} \times 100 = 5.5$$

$$數學 \; C.V. = \frac{60}{4} \times 100 = 6.6$$

故數學的變異還要大於國語，考試分數的變異大小，除了與班上

受試的程度、特質有關係外，尚會被試題的難易程度所影響，試題太容易，多數人得高分，變異自然縮小，試題太困難，多數人得低分，變異也會縮小，只有在中等難度時，變異才會擴大。

各種變異量數的適用時機（朱經明，民79）

1. 當分數不多時可以使用全距，但是，當分數多時，使用全距較為不可靠，全距是對數值的粗略估計，適合再作進一步的處理，例如將全距再分為組距，決定組數，並且製作次數分配圖表（次數多邊圖、累積次數多邊圖等）。

2. 當有極端值出現時，較適合使用四分差來表示變異的傾向，因為四分差只考慮到中間50%分數的分佈情形，不受極端分數的影響。

3. 在所有變異量數的估計中標準差與變異數最為精確，最廣泛使用，也可以做數學的運算，在情況許可的情形下，應儘量使用標準差與變異數。

四、相對地位量數

所謂的相對地位量數（measures of relative position）是在決定個人在團體中的相對位置，是和別人比較之後的結果，原始分數本身並不具有意義，需要與一些標準比較之後才會產生意義。前述章節中提到比較的標準（分數解釋的方式）有兩種：常模參照與效標參照。此處的相對地位量數是屬於常模參照的解釋方式，當然在一般教師所出的試題中，多數沒有常模，但也可以使用相對地位量數的解釋方式。

㈠百分位數與百分等級

百分位數（percentiles）是指一個點，若我們將考試的分數劃分為100個單位並且由低而高加以排列，則第10個百分位數（P_{10}）之下有10%的分數，第20個百分位數之下有20%的分數，因此，第25個百

分位數就是Q_1（第一四分位數），其下的分數佔 25%，第 50 個百分位數（P_{50}就是Q_2或是中數（M_d），而第 75 個百分位數（P_{75}）就是Q_3，此處P_{75}或P_{10}，P_{25}，P_{50}皆是指百分等級（Percentile Rank, P, PR），而此百分等級所對應的點（原始分數）是為百分位數，例如$P_{75}=$ 80，表示某人考 80 分（百分位數）時，勝過班上 75%的人。百分等級的概念經常使用在各種常模裡，只要將原始分數對照百分等級常模，即可了解某生的相對位置。

百分位數的計算方法

百分位數通常以P_p表示（percentile point），其計算公式：

$$P_p = L + \left(\frac{\frac{P}{100}N - F}{f} \right) i$$

式中，P_p：第 P 個百分位數

L：第 P 個百分位數所在組的真正下限

$\frac{P}{100}$：將 P 除以 100，例如第 50 個百分位數就是$\frac{50}{100}$

F：L 以下之累積次數

N：總觀察次數

f：P_p所在組的次數

i：組距

例

分數（組距）	次數（f）	累積次數	累積百分比（Cf%）
95～100	2	39	100
90～94	4	37	94.8
85～89	6	33	84.6
80～84	7	27	69.2

75～79	10	20	51.2
70～74	5	10	25.6
65～69	3	5	12.8
60～64	2	2	5.1

N = 39

通常我們在畫次數分佈圖時會將原始資料精簡成一些範圍，距離，在此稱為組距，然後再計算各組距內原始分數所出現的數值，通常我們將組距設定為 5 或 10，在本例中之組距為 5，依上表計算各百分位數。

$$P_{25} = 69.5 + (\frac{\frac{25}{100} \times 39 - 5}{5}) \times 5 = 69.5 + 4.75 = 74.25$$

（由累計百分比看來，P_{25} 應位於 70～74 這組（Cf% = 25.6），這裡的真正組下限是 70 － 0.5 = 69.5，故第一四分位數為 74.25 分，也就是考 74.25 的人勝過 25% 的人。

$$P_{50} = 74.5 + (\frac{\frac{50}{100} \times 39 - 10}{10}) \times 5 = 79.25$$

$$P_{75} = 84.5 + (\frac{\frac{75}{100} \times 39 - 27}{6}) \times 5 = 86.37$$

$$Q（四分差）= \frac{Q_3 - Q_1}{2} = \frac{86.37 - 74.25}{2} = 6.06$$

百分等級的計算方法

百分等級的公式：$PR = (\frac{\frac{(X - L) f}{i} + F}{N}) \times 100$

式中，X ＝原始分數

L = X 所在組的真正下限

f = X 所在組的次數

i = 組距

F = L 以下所累積之次數

N = 總人數

以上述的分佈為例，若某生考 80 分，則其 PR 是多少？

$$PR = \left(\frac{\frac{(80-79.5)\,7}{5} + 20}{39} \right) \times 100 = 53$$

考 80 分的人其百分等級為 53，亦即勝過 53% 的人。

百分等級的優點是簡單，易於了解與使用，但其缺點是百分等級是屬於次序變項，並沒有相等的單位，故 $P_{80} - P_{70}$ 所差的人數不一定等於 $P_{70} - P_{60}$ 所差的人數，解決之道是使用標準分數。

㈡百分等級常模

常用的成就測驗或能力測驗都有百分等級常模（percentile norm），受試只要對照指導手冊中的常模表，即可知道受試的原始分數勝過多少人，在百分等級常模表中百分等級的計算公式為：

$$PR = \frac{100}{N}\left(cf - \frac{f}{2}\right)$$

式中，N ＝ 總數

　　　f ＝ 該分數之次數

　　　cf ＝ 累積次數

例一

100 位學生之學業成就測驗次數分配及百分等級之計算

原始分數 （X）	次數（f）	cf	$cf - \frac{f}{2}$	$\frac{cf - \frac{f}{2}}{N}$	PR
95	4	100	98	0.98	98

90	4	96	94	0.94	94
80	3	92	90.5	0.90	90.5
75	7	89	85.5	0.85	85.5
71	30	82	67	0.67	67
60	21	52	41.5	0.415	41.5
55	20	31	11	0.11	11
50	5	11	8.5	0.085	8.5
40	3	6	4.5	0.045	4.5
30	2	3	2	0.02	2
22	1	1	0.5	0.005	0.5

例二

國民小學高年級數學科成就測驗百分等級常模

原始分數	國小五年級		國小六年級		原始分數
	百分等級	T分數	百分等級	T分數	
58			99	70.4	58
57			99	69.5	57
56			98	68.6	56
55			97	67.8	55
54			96	67	54
53	99	70.8	95	66.1	53
52	99	70	94	65.3	52
51	98	69.1	92	64.4	51
50	97	68.3	90	63.6	50
49	96	67.5	88	62.7	49
48	94	66.6	85	61.9	48
47	93	65.8	83	61	47
46	91	65	81	60.2	46
45	90	64.1	79	59.3	45
44	88	63.3	77	58.5	44

45	90	64.1	79	59.3	45
44	88	63.3	77	58.5	44
43	86	62.5	74	57.6	43
42	84	61.6	72	56.8	42
41	83	60.8	69	55.9	41
40	81	60	67	55.1	40
39	80	59.1	64	54.2	39
38	78	58.3	62	53.4	38
37	75	57.5	59	52.5	37
36	73	56.6	57	51.7	36
35	71	55.8	54	50.8	35
34	68	54.9	50	49.9	34
33	65	54.1	47	49.1	33
32	62	53.3	44	48.2	32
31	59	52.4	41	47.4	31

資料來源：陳東陞（民 83）。《國民小學高年級數學科成就測驗指導手冊》。台北：中國行為科學社。

五、標準分數

　　前述百分等級的缺點是沒有標準的單位，比較簡略，為了解決這樣的缺點，我們可以使用標準分數，標準分數的使用非常廣泛，最常見的是Z分數，Z分數的計算是將原始分數（X）減去平均數（$\overline{X}$）再除以標準差，也就是說，Z分數是以標準差為單位來計算原始分數至平均數距離的長短。相同的差距對應不同的標準差會有不同的結果。Z分數之公式：

$$Z = \frac{X - \overline{X}}{S}$$

式中，X＝原始分數

$\overline{X}$＝原始分數之平均數

S＝原始分數之標準差

　　若某生之國語、社會、自然分別考 70，80，90，請問那一種科目的成績較高，有些人會直覺的選擇自然（90 分），但這樣的選擇不一定正確，因為我們不知道：(1)各科目間的難度是多少；(2)各科受試的人數是多少，例如國語科有 10 位受試，而平均數＝60，則考 70 分是勝過 9 人，若數學科只有兩位受試，而平均數＝80，則考 90 分只勝過 1 人；(3)受試的能力與同質性。由於我們並不知道這些因素，故從統計的觀點而言，是無法直接將這些分數拿來互相比較的，而且，差異除了來自個別間之外（個人與比人比較），也來自個別內在差異（對不同科目的喜愛與能力在程度上之不同）亦應列入比較上的參考。那麼我們如何解決不同科目間相互比較的問題？答案是使用 Z 分數，Z 分數具有相等的單位，可以做不同科目間的比較。

例 某生國語、社會、自然三科的原始分數，平均數與標準差如下：

國語	社會	自然
X＝70	X＝80	X＝90
$\overline{X}$＝50	$\overline{X}$＝80	$\overline{X}$＝95
S＝4	S＝3	S＝2.5

計算各科的 Z 分數：

國語　$Z = \dfrac{70-50}{4} = 2$

社會　$Z = \dfrac{80-80}{3} = 0$

自然　$Z = \dfrac{90-95}{2.5} = -2$

Z 值越大表示該科所勝過的人數越多，因此國語科是考最高分，

我們可以由分數分佈的情形得知，事實上是國語科的題目最難（平均數最低），故雖然其分數為 70 分，比較起來反而最高。

有些人會直接計算各科目的總平均來決定學生的表現，但這樣的算法是錯誤的，例如以前大學聯考時英文或數學的平均數有時很低，而三民主義的平均數很高，同樣是超過平均數 10 分，所代表的意義是不一樣的，對數學而言，超過平均數 10 分更顯得難能可貴，因為試題很難。

例兩位學生在數學、國文及三民主義上的原始分數、平均數與標準差：

學生	數學	國文	三民主義	原始分數平均	Z 分數平均
A	X = 40	X = 50	X = 70	53.3	A 生 = 0.36
B	X = 20	X = 50	X = 95	55	B 生 = 0.13

$\overline{X} = 30$ $\overline{X} = 50$ $\overline{X} = 80$

SD = 4   SD = 6   SD = 7

A 生 Z 值 = 2.5   A 生 Z 值 = 0   A 生 Z 值 = − 1.4

B 生 Z 值 = − 2.5   B 生 Z 值 = 0   B 生 Z 值 = 2.1

由原始分數的平均數來看，B 生優於 A 生，但若由 Z 分數的總平均來看 A 生確優於 B 生，因為 A 生在較難考的數學科目上勝過較多的人。這個例子在說明在計算學生各科目的總平均時應該先轉換為 Z 分數再計算 Z 分數的平均數，之後才可以做不同科目間相互的比較。

Z 分數具有下述的特性：

1. Z 分數之平均數為 0，標準差＝1，變異數也等於 1 。
2. 若原始分數為比平均數大，則轉換之後的 Z 分數為正值，但若原如分數比平均數小，轉換後之 Z 分數為負值。
3. Z 分配為一個常態分配，可以查常態分配表，以對照各數值出現的機率。

六、常態分配

常態分配（normal distribution）是一種機率分配，當二項分配 $(P + q)^n$ 的 n 接近無限大時，此時 $P = q = 0.5$，其所形成的圖形是類似左、右對稱的鐘形，自然界或人類的許多特質都呈常態分配的現象，例如人們的收入、身高、體重、智力等，若考試分數呈常態分配，則我們便可以對照常態分配的表，求出各數值出現的機率，例如某生國語科考 80（呈常態分配），而該科的平均數是 75，標準差為 5，則勝過多少人？我們將該原始分數轉化為 Z 分數：$\frac{80 - 75}{5} = 1$，查表，可以看出其機率為.3413，我們必須再加上左邊機率的 50%，故為 50% + 34% 約勝過 84% 的人。

常態分配面積的機率在解釋常模參照測驗上經常被使用，常用的機率如下：

1. 以 Z = 0 為中心，介於上、下一個標準差（$-1 \leq Z \leq 1$）間的機率為 68.26%。

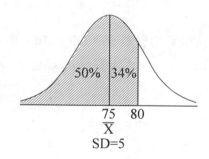

2. 以 Z = 0 為中心，介於上、下 1.96 個標準差的機率為 95%。
3. 以 Z = 0 為中心，介於上、下二個標準差的機率為 95.44%。
4. 以 Z = 0 為中心，介於上、下 2.58 個標準差的機率為 99%。
5. 以 Z = 0 為中心，介於上、下三個標準差的機率為 99.74%。

Z值的機率可以圖示如下：

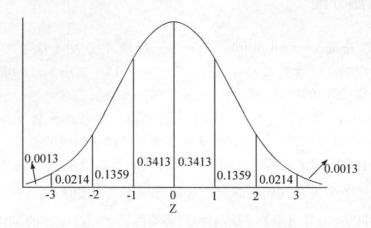

Z機率的使用必須先確定班上學生考試出來的成績是呈現常態分配方可使用，一般考試出來的成績未必就呈現常態分配的現象，若教師所出的試題太難、太易會使分數呈現偏態，則不適用於常態分配表，但多數標準化測驗的結果是呈現常態分佈的，例如智力測驗。此外，因為常態分配表上沒有負值，在計算負值的Z分數是勝過多少人時有些不同。

例 小華數學考 80，該科平均數為 90，SD ＝ 10，則小華勝過多少人？

　　數學Z分數 $\dfrac{80 - 90}{10} = -1$　　　小華勝過 50% － 34%約 16%的人

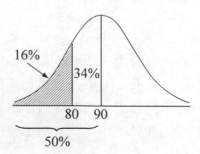

常態分配的特性如下：

1. 平均數＝中數＝眾數，三條線同一個數值。

2. 常態分配對稱為 X ＝μ的縱軸，並且有兩個反曲點，分別在μ
   －σ與μ＋σ之處（σ讀為/sigma/表示母體的標準差）。

七、其他標準分數

㈠ Z 分數

　　Z分數是屬於標準分數，但其缺點是有小數點，而且有負數，為
了改正這樣的限制，而有許多的標準分數，其他標準分數多數是由Z
分數直線轉換而得的，公式：

　　其他標準分數＝ aZ ＋ b，轉換後之標準分數之標準差為 a，平均
數為 b，原 Z 分數之平均數為 0，標準差為 1。常用的標準分數有：

㈡ T 分數

　　T分數（T score）是最常用的直線化標準分數，公式為：

　　T ＝ 50 ＋ 10Z（平均數＝ 50，標準差＝ 10）

	Z 分數	T 分數
甲	＋ 2	T ＝ 10×(2) ＋ 50 ＝ 70
乙	＋ 1	T ＝ 10×1 ＋ 50 ＝ 60
丙	0	T ＝ 10×0 ＋ 50 ＝ 50

　　T分數比 Z 分數的優點是 T 值均為正值，且沒有小數點，在使用
上較為方便。

㈢ AGCT 分數

　　美國陸軍普通分類測驗（Army General Classification Test, AGCT），
公式：AGCT ＝ 20Z ＋ 100。

㈣ CEEB 公式

美國大學入學考試委員會（College Entrance Examination Board, CEEB）公式：CEEB = 100Z + 500，托福與 GRE 都使用這個公式。

八、常態化標準分數

Z 分數、T 分數、CEEB、AGCT 分數都是原始分數的直線轉換，當原始分數是呈現常態分配時，則轉換後的分數仍然呈現常態分配，在此情形下使用常態分配表來決定機率是正確的，但，有些情形下原始分數的分佈並非呈現常態分配。例如在常態分配中，當 Z ＝ ＋ 1 時，是勝過 84%的人，但在負偏分配中 Z ＝ ＋ 1 可能只勝過 50%的人。我們為了使不同型態分配的分數可以相互比較，必須將非常態分配的原始分數轉化為常態分配，轉化後的分數稱為常態化標準分數。

常態化標準分數有：(1)T量表分數；(2)標準九；(3)C量表分數等三種。

㈠ T 量表分數

T 量表分數（T-scaled score）為麥柯爾（McCall）於 1922 年所創用，其程序是首先將原始分數轉換為百分等級，之後再將轉化後之百分等級對照常態分配表求出最接近各百分等級的機率，例如若原始分數 80 分的百分等級是（PR ＝ 70），則相對應之 Z 值 ＝ 0.52，最後再代入 T ＝ 50 ＋ 10Z 的公式，故其 T 量表分數為 T ＝ 50 ＋ 10×0.52 ＝ 55.2。

㈡ 標準九

標準九（stanine）是美國空軍在二次大戰中所發明的，其方法是將原始分數分為九個等級，其理論次數為：

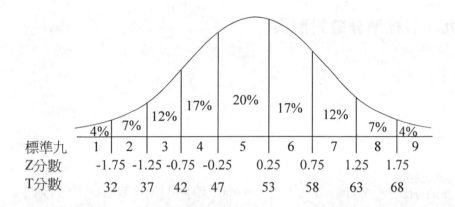

標準九	1	2	3	4	5	6	7	8	9
Z分數	-1.75	-1.25	-0.75	-0.25	0.25	0.75	1.25	1.75	
T分數	32	37	42	47	53	58	63	68	

　　標準九的優點類似於等第法的優點：簡單明瞭，但其缺點也與等第法類似：考 30 分可能被分配到標準九內的 1，而 31 分卻有可能被配配到 2。

㈢ C 量表分數

　　C量表分數（C-scaled score）是由吉爾福特（Guilford）所發展的，與標準九類似，但在兩端各再加上一個單位，形成 11 個單位（0～10）。

　　其分配機率如下：

	最低		中央						最高		
百分比	1%	3%	7%	12%	17%	20%	17%	12%	7%	3%	1%
C量表分數	0	1	2	3	4	5	6	7	8	9	10
累計百分比	1	4	11	23	40	60	77	89	96	99	100

九、各標準分數對照表

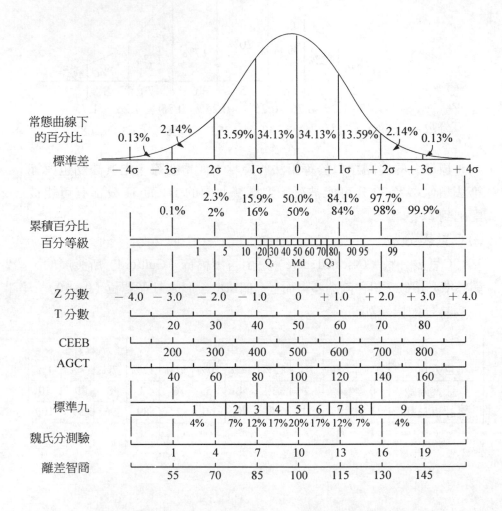

十、偏態與峰度

　　有時由於某些因素介入（例如：試題的難易度、樣本的多寡、取樣的方法）而使得測驗分數的分佈呈現偏態，在此我們只需對偏態與峰度（skewness and kurtosis）有大致的了解即可。

㈠偏態的類型

　　偏態分為兩類：正偏（positive skewness）與負偏（negative skewness）：

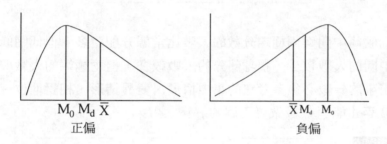

正偏　　　　　　　　　　　　　負偏

　　在正偏分配中多數人考低分，故此分配之平均數左邊的人數較多，$\overline{X}$右邊的人數較少，平均數由於較容易受極端值的影響，故被「吸」去最右邊，造成正偏的可能原因是試題太難，或受試的程度稍低。一般社會上公司薪水的分配亦呈現正偏，多數人領個 3、5 萬，越往右邊越高薪的人越少。

　　在負偏分配中多數人考高分，由於平均數容易受極端分數的影響，所以被「吸」去左邊，因為尾巴在左邊，故又稱為左偏。造成負偏的原因通常是試是太容易，或受試程度好，通常國小的低、中年級小朋友考試（教師自編測驗）出來的成績為負偏，故不適合換算成Z分數，因為Z分數的基本假定是分數呈現常態分配。

㈡峰度

　　峰度分為兩種：高狹峰分配（leptokurtic）與低闊峰分配（platykur-tic）如下圖所示：

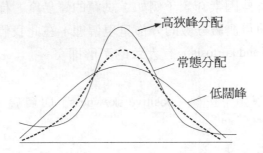

　　高峽峰中間與兩極端分數的人數比常態分配還多，但低闊峰分配中，中間的人數較少，腰身部分的人數較多，但兩極端的人數較少，考試出來的分數必須參考它的集中情形、變異情形、相對地位、偏態與峰度等才能對分數做更正確的解釋。

歷屆試題

一、如果你所任教班級恰巧有一位智能不足學生，那麼應採取下列那一個集中量數來描述這個班級的特質較為適切？
(A)眾數　(B)中數　(C)平均數　(D)平均差。　　　【南師82】

答☞：

(B)
班上有一位特殊學生表示有極端值的出現，不可以採用平均數，因為平均數容易受極端值的影響。

二、統計中最常用之集中量數的什麼？　(A)眾數　(B)中位數
(C)幾何平均數　(D)算術平均數。　　　　　【嘉師85】

答☞：(D)

三、採用次序量表作為測量工具時，用來代表「平均」這個統計概念的最正確方法是計算： (A)平均數 (B)中數 (C)眾數 (D)指數。 【彰師大 87】

答☞：(B)

次序變項沒有平均數。

四、測量量尺有那幾類？分別用那些統計方法才正確？【南師 83】

答☞：

量尺的種類	統計方法
1.名義變項	無母數分析：例如卡方檢定、中數檢定
2.次序變項	無母數分析，例如卡方檢定
3.等距變項	母數分析，例如 t 檢定，F 檢定，ANOVA
4.等比變項	母數分析，例如 t 檢定，F 檢定，ANOVA

五、「喜歡念教育研究所的人，多半是性情中人」的測量最高層次是什麼？ (A)等距量尺 (B)等比量尺 (C)名義量尺 (D)次序量尺

答☞：

(A)

如果以一般的人格測驗來測量是否為性情中人，則一般的人格測驗最高可達到等距變項，此處所謂的性情中人，可以定義為感性。

六、下列各個數據何者是一種次序變項？ (A)溫度 (B)身高 (C)標準九 (D)百分等級 【高師大 85】

答☞：(D)

七、明德國小國語科測驗結果，算出六年甲班的標準差為 5，三年乙班的標準差為 8，可知：　(A)六年甲班的學生素質較不整齊　(B)三年乙班學生素質較不整齊　(C)兩班學生素質一樣整齊　(D)整齊度無法比較

答☞：

(D)

因為不知道：(1)兩班是否使用相同的國語科測驗；(2)兩班人數是否相等。

八、如果一組資料中，突然加入一個分數，這個新分數恰巧等於原有平均數，那麼新資料的標準差會有什麼變化？　(A)變大(B)變小　(C)不變　(D)無從判斷。　　　【南師 82】

答☞：

(B)

加入一個平均數之後變異不變但分母

$(\sqrt{\dfrac{\Sigma\,(X-\bar{X})^{2}}{N}})$ 的 N 值增加，故其標準差會變小。

九、某教授以 Likert 式四點量表調查 50 名大學生對教育統計課程的滿意程度，計分採「非常滿意」得 4 分，「滿意」得 3 分，「不滿意」得 2 分，「非常不滿意」得 1 分的方式，教授視 Likert 式四點量表為等距量尺，得平均數為 2.5，標準差 1.2。若教授更改變分方式，將「非常滿意」得 8 分、「滿意」得 6 分、「不滿意」得 4 分、「非常不滿意」得 2 分，則新的變異為多少？　　　【南師】

答☞：

5.76，因為所有的原始分數皆乘兩倍，故 S^2 必須乘 $(2)^2 = 4$ 倍，原標準差為 1.2，變異後為 $(1.2)^1 = 1.44 \Rightarrow 1.44 \times 4 = 5.76$

十、如果集中量數的最佳代表值是平均數，則最佳離中量數應是： (A)標準差 (B)平均差 (C)四分差 (D)離均差。

【彰師大 87】

答☞：(A)

十一、某一數學競試共有 100 人參加，已知百分等級為 25 與 75 的得分分別是 60 與 90，請問本競試分數之四分差是多少？

(A) 30　(B) 7.5　(C) 15　(D) 50　　　　【嘉師 85】

答☞：(C)

$$\frac{60 - 90}{2} = 15$$

十二、如果要比較「成年人的身高與初生嬰兒的身高分配，那一個分散程度較大」，應該用那一種變異量數來表示？

【南師 85】

答☞：變異係數（$CV = \dfrac{SD \times 100}{\bar{X}}$）。

十三、陳老師決定要將該班第二次段考的國語成績，每人均加 6 分，則他原來為全班計算的下列各項統計量數，將有何變化？

(1)全距：_____。(2)平均數：_____。(3)標準差：_____。

(4)中數：_____。(5)眾數：_____。(6)變異數：_____。

【市北師 82】

答☞：(1)不變；(2)＋6；(3)不變；(4)＋6；(5)＋6；(6)不變。

十四、某次測驗，包括國語和數學兩科，請問在該次測驗中，＿＿＿＿＿＿得到最好的分數，＿＿＿＿＿＿得到最差的分數，＿＿＿＿＿得到最差的平均數。

	平均數	標準差	甲生·	乙生	丙生
國語測驗	90	30	60	85	100
數學測驗	20	4	25	19	22

【市北師 81】

答☞：

本題因為是不同科目間之相互比較，故應該將原始分數轉化為標準分數：

Z 值 ·	甲	乙	丙
國語	− 1	− 0.167	0.33
數學	1.25	− 0.25	0.5
總分	0.25	− 0.417	0.833

丙生兩科之和最高，乙生兩科之和最低，平均數最低為乙生，$\dfrac{-0.47}{2} = -0.235$。本題兩科的平均數不宜由原始分數來計算，因為兩科的難度與單位可能不同，故應該轉換為 Z 分數之後，再計算 Z 分數之平均數。

十五、假設屏東師院學生之數學科成就測驗分數成常態分配，於民國 82 年時，初等教育學系學生接受此測驗，其平均數為 65 分，標準差為 8 分。下面為此測驗分數之常態分配圖，曲線下之面積代表分數次數之百分比，請回答下列問題：

一、分數介於 55 分及 70 分之間的學生占學生人數的百分
之幾？

二、若某一學生得分為 75 分，有百分之幾的學生得分比
他還差？ 【屏師 83】

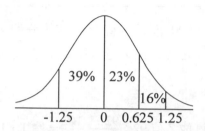

答☞：

將各原始分數轉換為Z分數：55分 $Z = \dfrac{55-65}{8} = -1.25$，

70分之Z分數：$\dfrac{70-65}{8} = 0.625$，故介於 -1.25 至 0.625 之

間的機率為 39% + 23% = 62%。75 分之 Z 值 $= \dfrac{75-65}{8} =$

1.25，故 75 分勝過 50% + 23% + 16% = 89% 的人。

十六、某生接受智力測驗得 T 分數為 60 分，若轉換成魏氏離差
智商為： (A) 105 (B) 110 (C) 115 (D) 120 【彰師 87】

答☞：

(C)。當 T 分數為 60 分時，其 Z 值 = 1，轉換成離差智商
100 + 15 = 115。

十七、$P_{80} = 72$ 之意義是指在團體中： (A)有 80% 的人分數低於
72 分 (B)有 80% 的人分數高於 72 分 (C)有 72% 的人分數
低於 80 分 (D)有 72% 的人分數高於 80 分 【嘉師 86】

答☞： (A)

十八、下列何者是常態化（normalized）標準分數？　(A)T分數
(B)T-scaled分數　(C)Z分數　(D)離差分數。　　　【嘉師84】

答☞：(B)（T量表分數）

十九、某校 3,000 位學生智商為常態分配，平均數 102，標準差
10，試問智商在92至112之間者大約有多少人？請列算式
說明。　　　　　　　　　　　　　　　　　　【屏師85】

答☞：

先換算成Z值 92：$\dfrac{92-102}{10}=-1$，112：$\dfrac{112-102}{10}=1$。Z
介於－1與1之間的機率為68%，人數為3000×68%＝2047.8
約2048人。

二十、甲、乙兩班人數均為 45 人，某次數學科考試兩班學生得
分情形如下表所示。已知甲班學生得分呈正偏態分布，乙
班學生的分數，則呈負偏態分布，則學生成績 60 分及格
人數，較多的班級是何班？

	平均數	標準差
甲班	62.5	5.2
乙班	62.8	5.1

【高師大86】

答☞：

乙班。大致上呈負偏能分佈者高分比較多，即原始分數高
於平均數（62.8）者較多，此題列出平均數的用意是在判
斷原始分數中較多者是高於那一個分數。

二十一、某國小五年甲班數學科第一次定期考查的算術平均數是 80 分，中位數是 74 分，眾數是 70 分，全班共 40 人。後來又發現得分最高的張生，其成績應該是 96 分，但在登錄成績時，誤登錄為 80 分，請問那一個集中量數應更正？ 【南師 84】

答☞：平均數。

二十二、某性向測驗有三個分量表，分別為語文推理、空間關係和機械推理。語文推理的標準差為 15，空間關係為 20，機械推理為 24。該測驗的信度為 0.84。現有甲、乙兩個考生得分如下：

	甲	乙
語文推理	82	75
空間關係	68	79
機械推理	55	65

(1)在 95.44% 機率下，請問甲生空間關係的真實分數可能落在那一個範圍？

(2)請比較甲、乙兩人在機械推理上的能力表現。

【彰師 87】

答☞：

(一) $SEM = SD \times \sqrt{1-r} = 20 \times \sqrt{1-0.84} = 8$

在 95% 機率下，甲生空間關係的真實分數介於 $60 \pm 1.96 \times 8 =$ 約 52.4～83.6

(二) $SE_{diff} = SD\sqrt{2-r_1-r_2} = 24\sqrt{2-0.84-0.84} = 13.57$

（註：此題並未提供兩分測驗之信度資料）兩生在機械推理上之差異為 65 － 55 ＝ 10，尚未超過 13.57，故未達明顯差異。

二十三、名詞解釋：測量尺度／量尺（measurement scale）

【彰師 88】

答☞：

測量尺度分為四類型：名義變項、次序變項、等距變項與等比變項。

二十四、名詞解釋：標準分數（standard score）。　　【彰師 88】

答☞：

即 Z 分數或由 Z 分數所衍生的其他標準分數（例如 T 分數），用來做不同單位間相互比較之用，Z 分數之公式為：$Z = \dfrac{X - \overline{X}}{SD}$，式中$\overline{X}$為平均數，X 為原始分數，而 SD 為標準差。

二十五、何謂 T 分數？何謂 T 量表分數？試比較說明之。

【成大、嘉師】

答☞：

T 分數為原始分數之直線轉換，其公式為：T ＝ 50 ＋ 10Z，若原始分數非常態分佈，則轉換後之 T 分數亦非常態分佈。T 量表分數為二次轉換，其分數之分佈一定是常態分佈，其程序是先將原始分數轉換為百分等級，再將轉換後之百分等級對照常態分配表，求出機率，再代入 T ＝ 50 ＋ 10Z 的公式，T 量表的運算多了一道手續──對照常態分配表，以求得 Z 值（機率）。

二十六、期中考後，學生建議老師將成績進行線性轉換以減少不及格人數，轉換後下列那一項是不變的？　(A)平均數

(B)標準差　(C)名次　(D)眾數　　　　　　　【南師87】

答☞：(C)

二十七、常見的百分等級與標準分數各有何優、缺點？【成大87】

答☞：

（一）百分等級為次序量尺，其優點是簡單、容易計算與解釋，其缺點是沒有相等的單位，因此，$P_{80} - P_{70}$不一定會等於$P_{70} - P_{60}$所差的人數。

（二）標準分數與百分等級的功能一樣，都是在求相對地位量數，但標準分數具有相等的單位，可以從事四則運算，要比百分等級來得精確。

二十八、下表是四個班級的學術性向測驗分數之次數分佈。請根據表中所提供的資料，回答一～四題。

表　四個班級學術性向測驗分數之次數分佈

分數	甲班	乙班	丙班	丁班
28	1	5	0	1
27	3	10	0	2
26	5	5	7	3
25	7	3	11	4
24	5	1	7	8
23	3	1	0	4
22	1	0	0	5

（一）哪一班在學術性向分數的表現最佳？

（二）哪一班的表現最同質？

（三）哪一班的次數分布最像常態分佈？

㈣哪一班的偏態係數是負值？

答☞：

㈠乙班（負偏）

㈡丙班（標準差最小）

㈢甲班（左、右對稱）

㈣乙班（負偏）

二十九、下列何種峰態係數可以描述高狹峰之特質？　(A)$g_2 > 0$
(B)$g_2 = 0$　(C)$g_2 < 0$　(D)以上皆非　　　　【嘉師84】

答☞：(A)

三十、在某家企業裡面，勞資雙方正在談判，勞方希望提高薪
資，也就是想說服資方說：「本企業的薪水偏低。」資方
希望不調薪，想說服勞方說：「我們的薪水不低。」統計
資料顯示，企業的薪水略呈正偏態分配（N＝1萬人）。
試問假如你是勞方代表，你會在眾數、中數和平均數中選
擇那一個做為集中趨勢的代表數？為什麼？假如你是資方
代表呢？為什麼？　　　　　　　　　　　　　【政大82】

答☞：

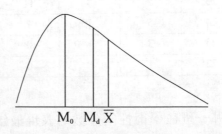

$$M_0 \quad M_d \quad \overline{X}$$

在正偏分偏中，$\overline{X}$的薪資最高，M_0的薪水最低，因此勞方
應選擇眾數來說明自己的薪水偏低，而資方應選擇平均數

來說明勞方的薪水不低。

三十一、四分差所最重要的是一個團體中那一部分人的得分？

(A)前25%　(B)後25%　(C)前50%　(D)中50%【市北師82】

答☞：(D)

三十二、某研究者欲探討兒童的閱讀能力與父母對於閱讀所持態度的關係。因此，編製兩份研究工具，一份是閱讀能力，共60題，其題型為四選一的選擇題；另一份是父母對閱讀的態度量表，共計30題，其題型為五等量表，請問：

㈠對於閱讀態度量表，較適當的試題分析方法為何？

㈡對於閱讀能力測驗，較適當的效度建立方法為何？

㈢對於閱讀態度量表，較適當的信度分析方法為何？

【彰師85】

答☞：

㈠對於閱讀態度量表是為人格測驗且為典型表現測驗，主要的關心不在題目的難易問題，而在題目的效度，亦即所建構的題目是否真能衡量一個人對閱讀所持的態度；因此，應較為注重建構效度的分析。

㈡對於閱讀能力效度的分析，因為是屬於認知測驗以及最大表現測驗的形式，故應注重內容效度，可以使用雙向細目表及專家來判斷。

㈢閱讀態度量表信度的估算方式可以使用重測信度，即將該測驗重複施測兩次，再求兩次間的相關，或則亦可使用內部一致性分析。一般我們希望個人的態度是穩定，故使用重測信度為佳（可以衡量穩定程度）。

第五章

常模

常模（norms）是標準化測驗的必要元素之一，常模的製作過程極為繁複，首先當完成一份測驗之後，針對測量的目標，抽選合適的樣本，再針對樣本施測取得結果，最後再以測量的結果來製作常模，其目的在提供比較的標準，依比較的標準不同，常模分成下列型式：

一、發展性常模

人的許多特質會隨著年齡的變化而變化，不同年齡間在某特質上質與量的差異，可以做為對照的標準，其中包含：

㈠年齡常模

早期的智力測驗結果是以心理年齡（mental age）來解釋智力測驗的結果，其方法是在測驗裡安排各年齡組的題目，例如多數 8 歲小朋友可以通過的題目就放置在 8 歲年齡組中，9 歲兒童能通過的題目就放置在 9 歲組的試題中。若某生實足年齡是 8 歲但能答對 9 歲或 10 歲的題目，表示其比一般人聰明，反之若僅能答對 6 歲或 7 歲的題目，則表示發展的遲滯。

後來進一步將此心理年齡轉化為比率智商（ratio intelligence quotient），計算方式是將心理年齡除以實足年齡再乘 100。其公式是 $IQ = \frac{MA}{CA} \times 100$，若一 8 歲兒童可以答對 10 歲的題目，其比率智商 $= \frac{10}{8} \times 100 = 125$，此種測驗的評量方式缺點是，若一個人的心理年齡不變，但生理年齡會不斷的增進，而使得分母越來越大，到時候，相對的 IQ 的值就越來越小。其改善的方式是改用為離差智商，在智力測驗裡會詳細的介紹。

年齡常模的建立通常是依各年齡層樣本，以年及月份來表示，例如某人的心理年齡是 8 歲 10 個月，則以 8-10 表示。年齡常模比較適用於具有穩定生長的特質，例如智力、認知能力、身高、體重，但有些人格特質比較穩定沒有明顯的發展現象則較不適用於年齡常模，例

如：人格特質、態度等。此外，年齡常模的單位缺乏一致性，小學生改變的幅度大，所以每一單位的範圍較廣，成年人改變幅度小，年齡常模較不具有意義。

最後，年齡常模只表示該測驗所衡量的特質達到何種年齡的層次，並不包含除了認測驗所要衡量特質之外的其他特質，例如一個6歲的兒童在智力測驗上的心理年齡達到8歲，並不表示他的心理成熟度也達到8歲。

㈡年級常模或年級等值

年級常模（grade equivalents）是以各年級的標準化樣本來計算的，例如某研究者抽樣國小三年級樣本對某標準化測驗的結果是70分，則此70分為三年級兒童的年級常模。年級常模適用於隨年級而增加的特質，常用在認知測驗裡（例如國語、數學）。由於學科的性質不同，以及生長在某些時期的速率不一致，因此，各年級間的單位是不相等的，例如，某生數學科的年級常模是國小三年級，但不見得其國語科的常模也是國小三年級，年級常模較容易被家長了解，但比較簡略，應配合其他型式的資料一併作為評量的參考。

㈢順序量表

順序量表中所謂的順序是指發展心理學的研究，認為兒童的認知發展是一種有階段性的演變，而且是一種質變而非量變，並且這種發展的階段性是一種普遍的傾向，我們可以衡量受試是否符合一般人的發展順序來決定其認知的發展。其中最有名的是皮亞傑量表。皮亞傑將兒童的認知發展分為感覺動作期、具體運思期、運思期及形式運思期等四個時期，每一階段都是互相獨立的而且有其本身的思考模式，例如，抽象思考能力是屬於形式運思期的特色，約當青少年及成年期，若某生具有抽象思考能力，則表示其認知水準等同於青少年或成年人，此種衡量的方式是屬於次序量尺，常配合觀察法及問答的方式行之。

二、團體內常模

團體內常模是指受試的分數與標準化團體的分數對照,而對照的形式分為百分等級(百分位數)、標準分數(standard scores)或常態化標準分數(normalized standard scores),此三種已在前述統計中敘述過,另有一種亦屬於團體內常模:

離差智商

離差智商(deviation IQ)是針對早期比率智商衡量的缺失而設計的,前述比率智商的缺點是分母(生理年齡)不斷的增加,會使得比率智商的比值不斷的減少。解決的方式是使用具有相等單位的離差智商,在魏氏智力量表(Wechsler Intelligence Scales)的平均數為100,標準差為15,而比西量表之平均數亦為100,但標準差為16。研究所考試有時會考選擇題問何者屬團體內常模,何者屬發展性常模。

三、定準常模

若測驗專家欲發展新的,更有效或更適合國情的測驗,其新測驗常模建立的方式可以舊的知名測驗作為定準測驗(anchor test),但先決條件是此兩測驗的功能與性質必須極端的相似,其實施的程序是以這兩種測驗針對相同受試施測後再進行校正,例如受試在 A 測驗上的成績是80,在 B 測驗上的成績是90,則可以說在 A 測驗上得分80者相當於 B 測驗上得分90。

四、特殊性常模

常模只適用於類似樣本群體性質的受試,對一些特殊群體不一定適合,例如,若一份測驗的常模樣本主要來自都會地區漢民族學生,則所建構的常模不見得就適用於偏遠地區原住民學生,有時我們由於

特別的需要必須建立特殊性常模（specific norms），而特殊的需要則包含有年齡、特殊職業、族群、區域等，皆為考量建立特殊性常模的分類標準。以下即為平均數常模，我們可以將受試者之原始分數依常模表中的平均數與標準差轉換為 Z 分數，以了解相對地位。

兒童自我態度量表之平均數常模

年級	性別	自我觀念 平均數 標準差		Ph	A	P	E	B	T
年級	四年級	男生 (23)	平均數	8.83	6.95	8.43	9.39	9.91	43.13
			標準差	2.85	2.77	2.57	2.73	2.44	9.48
		女生 (21)	平均數	8.95	7.43	8.90	9.62	10.71	45.62
			標準差	2.65	3.93	3.34	3.10	1.95	11.88
		男＋女 (44)	平均數	8.88	7.18	8.66	9.50	10.29	44.32
			標準差	2.73	3.34	2.94	2.88	2.23	10.64
	五年級	男生 (25)	平均數	9.60	6.40	8.60	11.00	12.12	48.80
			標準差	2.59	2.90	2.69	3.09	1.98	8.47
		女生 (23)	平均數	9.91	6.26	9.52	11.52	13.13	49.48
			標準差	1.81	2.75	1.95	2.64	1.89	7.12
		男＋女 (48)	平均數	9.75	6.33	8.56	11.25	12.60	49.12
			標準差	2.24	2.80	2.34	2.87	1.98	7.78
	六年級	男生 (24)	平均數	11.75	8.87	10.21	12.37	12.25	55.96
			標準差	2.17	3.58	3.59	2.71	2.34	10.68
		女生 (23)	平均數	10.17	7.91	9.69	12.48	12.13	52.83
			標準差	2.14	3.82	2.70	2.66	1.54	9.04
		男＋女 (47)	平均數	10.98	8.40	9.95	12.43	12.19	54.42
			標準差	2.28	3.69	3.17	2.66	1.97	9.93
男生全部 (72)			平均數	10.07	7.40	9.08	10.94	11.46	49.38
			標準差	2.81	3.24	3.06	3.07	2.47	10.79
女生全部 (67)			平均數	9.70	7.19	9.04	11.25	12.03	49.42
			標準差	2.24	3.54	2.71	3.00	2.02	9.77

合計	平均數	9.89	7.30	9.06	11.09	11.73	49.40
(139)	標準差	2.55	3.38	2.88	3.03	2.28	10.28

資料來源：郭為藩（民 67）。《兒童自我態度問卷指導手冊》。台北：中國行為科學社。

歷屆試題

一、下列何者是減少隨機誤差（非系統誤差）的方法？　(A)提高測驗工具的信度　(B)採用合適的抽樣方法　(C)增大樣本個數(D)加強研究者之研究素養。　　　　　　　　　【東師 88】

答☞：

(A)或(B)，使用合適的抽樣方法應該可以減少抽樣誤差，例如使用隨機抽樣要比使用集叢抽樣更具有代表性。但，若樣本大時，誤差之間可能產生自我抵消的效果（self-canceling），而使誤差減少，但其先決條件是所取的樣本必須是具有代表性的，若所取的樣本不具有代表性（例如使用志願者，或則有抽樣誤差）即使其誤差很小，但研究的成果卻喪失其代表性。

二、名詞解釋：常模（norm）。　　　　　　　　　【高師大 87】

答☞：

常模是一種比較的標準，使用在標準化測驗裡，用來求相對地位量數，常見的常模有年齡常模、百分等級常模、年級常模以及標準分數常模等。常模的建構首先依測驗的目的選取合適的樣本，施測再計算測驗的結果之分佈情形。

三、一個心理測驗有常模表示：　(A)它的分數可以定義及格的標準　(B)它的分數是依人口比例分配的　(C)它的成績可以由原始分數轉為標準分數　(D)受試可以與接受同一測驗的

人作比較。　　　　　　　　　　　　　　　　【中正86】

答☞：

(D)

常模只提供一種比較的標準，不一定可以轉化為標準分數，例如百分等級常模就不能轉化為標準分數。

四、解釋名詞：真實分數。　　　　　　　　　　　【彰師86】

答☞：

一般我們的實得分數是由兩部分所構成：真實分數與誤差分數：$X = T + E$，凡測量必有誤差存在，反過來說，所謂的真實分數是在實得分數中減去誤差的分數，是個人真正實力的表現。

五、若我們以 T 代表個人在測驗中所測得的真實分數，X 代表其實得分數，E 代表誤差分數，則此三種分數的關係為：　(A) $T = X + E$　(B) $T = X - E$　(C) $X = T - E$　(D) $E = T - X$

【高師大】

答☞：(B)

六、何謂標準誤（standard error）？應用於鑑定測驗之特性的標準誤通常有那兩種？試分別就其原理、求法與如何解釋，舉例說明之。　　　　　　　　　　　　　　　　【成大85】

答☞：

㈠真實分數是由實得分數與誤差分數兩部分所構成，若樣本夠大，則由誤差所形成的分配會趨近常態分配，我們可以對此誤差所形成之常態分配加以計算其標準差，稱為測量標準誤（standard error of measurement），可以做為該測驗測量時的標準誤差值的指標。

（二）標準誤之種類與求法

　　(1)測量標準誤：可以由誤差的原始分數，計算其標準差而求得，或則由信度的公式加以估算：SEM ＝ SD×$\sqrt{1-r}$（SD：測驗之標準差，r為測驗之信度），SEM可用來做為區間估計與形成側面圖之用，形成區間估計的目的在減少測量誤差的機率，其公式為：X±1.96SEM（95%可信區間），若用來形成側面圖，則可以解釋個別的內在差異（intra-individual difference），分析各人在各種科目上能力的高低。

　　(2)差異標準誤，其公式為$SD_{diff} = SD\sqrt{2-r_1-r_2}$，式中$r_1$為第一個分測驗之信度係數，而$r_2$為第二個分測驗之信度係數。$SD_{diff}$的目的在比較兩個分測驗之間，分數的差異是否顯著，若兩分測驗之差大於SD_{diff}則表示此種差異達顯著性。測量標準誤的目的是試圖從統計的觀點來控制誤差，使誤差能儘量減少，事實上誤差的來源很多，我們應該多管齊下予以控制。

七、某一性向測驗標準差為 10，其信度係數在機械性向測驗為0.94，在文書性向測驗為 0.90，受試者在這兩種分測驗的得分相差須達幾分始能認定在0.05的顯著水準有差異？

【彰師84】

答☞：

　　40分，$SE_{diff} = SD \times \sqrt{2-r_1-r_2} = 10\sqrt{2-0.94-0.90}$
　　$= 40$。

八、名詞解釋：側面圖（profile）。　　　　　　　　【彰師84】

答☞：

　　側面圖使用在某些具有分測驗之標準化測驗裡，例如：智

力測驗或綜合性向測驗，其目的在分析各人在該測驗中各分測驗成績的高低。側面圖的畫法一般可以由各原始分數的百分等級，或 95% 或 99% 可信區間來畫。

九、在選用測驗時，應依那些標準來判斷測驗編製者所提供的常模是否適當？　　　　　　　　　　　　　　【彰師88】

答☞：

（一）常模的代表性：常模代表性的衡量有幾項標準；常模樣本取得的方式是隨機抽樣或集叢抽樣？有沒有反映不同性別、區域、年齡、社經地位、職業的分佈？樣本的性質是否符合測量的目的？

（二）常模的新近性：常模是否每隔一段時間都有加以修正？

（三）常模的適切性：如果要針對特殊團體施測（次文化、特殊行業、移民）則這些常模適不適用。

十、成就測驗不宜採用下列何種常模？　(A)百分位數常模　(B)標準分數常模　(C)年級常模　(D)年齡常模　　　　【竹師】

答☞：(D)

學業成就與年齡，甚至年級無關。

十一、(甲)標準分數常模(乙)年級常模(丙)年齡常模(丁)百分位數常模，上述常模中，那兩種屬於團體內常模？　(A)(乙)(丙)　(B)(甲)(丁)　(C)(乙)(丁)　(D)(丙)(丁)。【嘉師】

答☞：(B)

十二、下列何者是常態化（Normalized）標準分數？　(A) T 分數　(B) T-scaled 分數　(C) Z 分數　(D)離差分數　　　【嘉師】

答☞：(B)

十三、名詞解釋：標準九分數。　　　　　【中師、屏師、師大】

答☞：請參考內文。

十四、名詞解釋：C量表分數。　　　　　【師大、政大、彰師】

十五、原始分數化成衍生分數之目的為何？試說明之。【竹師】

答☞：

原始分數不具有任何的意義，例如某生國語科考 80 分，那麼 80 分是高分呢？還是低分？我們不知道，因為題目的難度不知道，分數評分的範圍也不知道。為了比較上的方便，我們可以將這些原始分數轉換為標準分數（衍生分數）。最好的例子就是 Z 分數，轉化成 Z 分數之後，不但可以求得個別成績的相對地位量數，同時，可以使不同科目間得以相互比較。

十六、何謂常模樣本？選定常模樣本應考慮之因素為何？【南師】

答☞：

在標準化測驗的編製過程中都會建立常模，其建立的程序是首先必須考慮到測驗的對象與目的，其次選取符合測驗目的的樣本預測，樣本的選取，必須考慮到區域、族群、性別、社經地位等之代表性。例如，若施測的對象涵蓋小學生及少數民族，則其常模樣本的選取應該包含小學生、偏遠地區、少數族群。

第六章
項目分析

一個測驗的好壞除了考慮到其信度、效度或是否具備了常模的因素之外，還必須進行項目分析（item analysis），而項目分析又分為質的分析（qualitative analysis）與量的分析（quantitative analysis）兩種，郭生玉（民87）認為試題分析的功能為：

1. 了解題目的功能是否與所陳述的目標或預期相符。例如，常模參照測驗所出的題目是否能夠正確的區分高能力或低能力的受試；或則，標準參照測驗的題目是否真的能評量教學的內容？
2. 題目的難度、鑑別指數以及誘答力如何？是否符合測驗的目的。
3. 題目是否有效？題目是否需要修正？

郭生玉及葉重新認為項目分析可以幫助教師：

1. 提供回饋給學生，例如對正確與錯誤答案的解釋，凸顯教學目標，激勵學生往後考試的表現。
2. 提供回饋給教師，例如教師可藉由試題分析了解學生錯誤的型式，也可以利用質的分析方法（例如內容分析法（content analysis））了解學生的認知以及意識形態，作為改進教學的依據。
3. 提供改進課程的依據。
4. 增進教師的命題技巧，教師應了解的教學目標，教師內容，評量方法與題目之難度、鑑別度的關係，假如評量的目的在區分學生能力的高低，則難度應適中，但若評量的目的在促進學生之精熟，則試題的重要性才是主要考量的重點。

一、常模參照測驗的分析方法

　　一般項目分析多是針對常模參照測驗而言，分為三種分析：(1)難度；(2)鑑別度；與(3)誘答力。

(一)難度分析

　　難度分析的目的在決定一份測驗試題的難度，而試題的難度是以

難度指數（item difficulty index）來表示，有幾種方式：

以通過的百分比來分析

此為較簡單的分析方式，其公式：

$$P = \frac{R}{N} \times 100\%$$

式中，P＝難度指數

R＝該題答對的人數

N＝總人數

例如有份測驗共有 50 位受試，其中有 30 位答對第一題，則該題的難度指數 $P = \frac{30}{50} \times 100\% = 60$ 或 0.6。

以高、低能力分組來計算

另外一種計算方式是將全體受試之分數由低至高加以排列（類似四分差的算法），再取高分部分大約 25%～27% 的人為高分組，而低分部分 25%～27% 的人為低分組，再依高、低分組答對的比例來計算其難度，公式：

$$P = \frac{P_H + P_L}{2}$$ 式中，P＝難度指數

P_H＝高分組答對某題的百分比

P_L＝低分組答對某題的百分比

例若某一測驗高分組答對某題的比例是 0.9 而低分組答對某題的比例是 0.3，則該題的難度為何？

$$P = \frac{0.9 + 0.3}{2} = 0.6$$

不論是以通過的百分比來計算，或則是以高、低分組來計算所得的難度指數 P 值，若其值越大，表示通過的人越多，亦即題目越簡單，這樣的估計方式很簡便，其缺點是屬於次序量尺（單位不相等），

$P_{80} - P_{70}$不一定等於$P_{70} - P_{60}$。

使用等距量尺來估計

　　如果測驗的分數是呈現常態分配，則我們可以根據常態分配的特性來計算試題的難度，此種估計的方式是屬於等距量尺。美國教育測驗服務社（Educational Testing Service）提出難度的計算方式：

$$\Delta = 13 + 14Z \qquad \Delta（delta）為難度指標$$

　　Δ值介於1～25之間，平均值是13，Δ值越高表示題目越困難（與P值相反），Δ值可以從常態分配表或范氏項目分析表來查到。

　　試題一：$P = .84$，Δ值之$Z = -1$，$\Delta = 13 + 4（-1）= 9$
　　試題二：$P = .16$，Δ值之$Z = +1$，$\Delta = 13 + 4（1）= 17$
　　試題三：$P = .5$，Δ值之$Z = 0$，$\Delta = 13 + 4（0）= 13$

㈡難度，測驗分數的分佈與測驗的信度

　　非常困難或非常容易的題目將使得測驗分數的分佈較集中，較同質而成為偏態的現象。

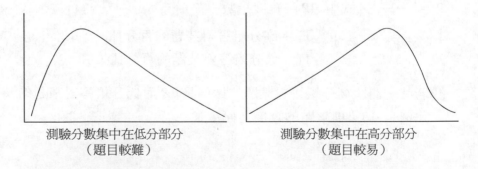

測驗分數集中在低分部分　　　　　測驗分數集中在高分部分
　（題目較難）　　　　　　　　　　（題目較易）

　　測驗分數的集中，同質性的升高，將造成兩點影響：

鑑別度下降

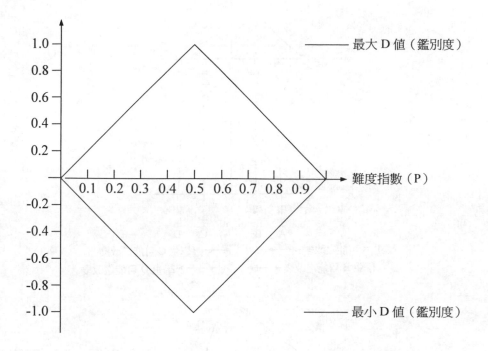

當難度適中時（P ＝ 0.5），鑑別指數的值最大，介於－1～1之間，當難度變大或縮小時，相對的鑑別指數也會變小，難度的大小與測驗的目的有關，如果測驗的目的是用來篩選何者具有領取獎學金的資格，因為名額少，困難度要高，一般的標準化測驗難度約在0.3～0.7之間，難度作適當的分配，由較容易至較難。而在精熟學習裡或在診斷性測驗裡難度可以降低。

信度下降

盧欽銘、范德鑫（民 81）從學生兩次測驗間可能改變的範圍大小來說明為何同質性越高，則信度越低：

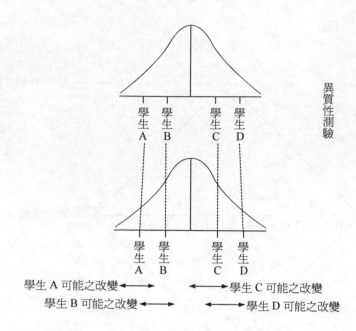

異質性測驗

學生 A 可能之改變 ←——→　　　←——→ 學生 C 可能之改變

學生 B 可能之改變 ←——→　　　←——→ 學生 D 可能之改變

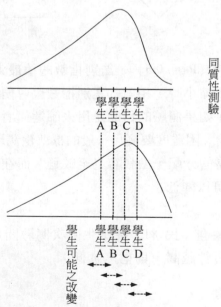

同質性測驗

在異質性測驗裡因為學生間分數分佈的範圍較廣，分數較不一致，故同樣的改變，其等級分數變化較小，但在同質性高的題目中，因為每一個人的分數都很接近，故一點改變，就可能產生極大的影響。例如，若以等第制的評分標準來看，異質性測驗裡之學生C可能只影響到學生D，但在同質性測驗裡之學生C可能會影響到學生B與D。

另外影響的因素是猜測因素，在很困難的題目中，學生容易猜測，因此降低了信度，當然也可以從統計的角度來看，同質性高的題目，其變異量小，故相關係數縮小，因此，信度也降低。

(三)試題難度的取捨原則（陳本綱）

試題難度的分析依測驗的目的而有不同的重要性

在精熟學習裡，評量的目的是在了解學生是否精熟了預定的教學目標，亦即，對預先設定的知識與技能的熟練程度。這類評量比較重視預先設定之知識與技能的重要性與代表性，較不重視題目的難度分析，而且，在預測性評量（例如性向測驗或安置性測驗），較重視測驗結果與未來效標間的關係，因此也較不注重難度分析。但是成就測驗尤其是標準化成就測驗，或則目的在區分學生能力的評量裡，則較重視難度分析。

試題的難度因評量的目的而有差異

在成就測驗或學科考試中，測驗的目的在評量多數學生是否達成教學的目標，此時的試題難度宜適中（P＝0.5），但必須加入少數稍難或稍易的題目做適當的分佈（由易、中等至較難），在精熟學習中，以多數學生之熟練度為原則，其熟練度或難度，P 值可以定在.70～.80 之間，在預測性測驗、智力測驗或競試試題其目的在評量受試能力的高低，此類試題的難度應予以較廣泛的分佈，試題可以由易至難作適當的分配。

㈣鑑別度分析

鑑別度分析的目的是在了解試題是否具有正確區辨的能力，亦即是否能正確的區分高能力組與低能力組。其分析方式基本上分為兩類：⑴內部一致性分析；⑵外在效度分析。內部一致性分析目的在決定個別試題的功能是否與整個測驗的功能相符，又稱為諧度分析，通常以區分受試為高分組與低分組的型式，再求兩組間對試題反應的情形來估計，或則以受試在某一試題反應的對錯與總分間求相關，而以相關係數來表示鑑別指數，但因為資料是屬於二分變項，故所使用的相關公式是二系列相關或點二系列相關。

而外在效度分析的目的是在檢定試題是否具備所陳述的，區分某種特質的功能，例如，MMPI是否能正確區分有抑鬱與無抑鬱傾向？外在效度的分析方式大致與內部一致性的分析方式類似，只不過是以外在交標為根據，再將受試區分為高分組與低分組，例如在編製生活適應量表時，可以依學生在校有無犯規的記錄，分為有犯規組與無犯規組，再比較兩組之間的得分是否有明顯差異，若兩組間得分有明顯差異，則表示此試題具有鑑別度。所以，試題的鑑別度分析應依測量的目的來建立內部一致性係數或則外在效度係數。

㈤內部一致性分析

鑑別力指數（item discrimination index）以D表示，其值介於 $-1\sim1$ 之間，指數越高，表示鑑別力越好，越能正確的區分高能力組與低能力組，其計算方法：

$$D = P_H - P_L$$ 式中，D：鑑別指數

P_H：高分組答對某題的百分比

P_L：低分組答對某題的百分比

例 某測驗高分組答對第一題的百分比是.9，而低分組答對第一題的百分比是.3，則第一題的鑑別指數是多少？

$$D = .9 - .3 = .6$$

當鑑別指數為 0 時，表示題目不具有鑑別力，可能的原因是題目太難、太容易或題意不清，若鑑別指數為負，表示題目具反向作用，低分組答對的比例反而高於高分組。此兩種情形（鑑別值為零或負數）皆應重新思考題目的有效性。那麼，鑑別指數要多少才算是好的呢？美國測驗學者伊博（Ebel，1979）指出參考的標準：

鑑別指數	試題評鑑
.40 以上	非常優良
.30～.39	優良，但可能再修正
.20～.29	尚可，但通常需要修改
.19 以下	劣，必須予以淘汰或修改

㈥題目的有效性分析

題目的有效性分析有許多方式，但應首先顧及測驗的目的與測驗的內容，本節由統計的觀點來檢查題目的有效性，在做項目分析時之先決條件是各題（難度、鑑別度）的選項都有人選答，而且我們將受試依其成績之優劣分成高分組與低分組，例如：

組別		第一題					
	選項	1	2	3*	4	5	
高分組		1	1	7	0	1	$D = 0.7 - 0.2 = 0.5$
低分組		2	3	2	0	5	$P = \dfrac{0.7 + 0.2}{2} = 0.45$

此題有五個選項，但其中有一個選項都沒有人選擇，表示這個選項太明顯，是錯誤的答案，必須將其修正成為比較具有誘答力。其中第 3 選項之右上角有一個「＊」號，表示此為正確答案。通常研究所

的考試會給予數個題目的出題狀況，然後詢問受試者哪一題的難度最高，哪一題的鑑別度最高等此類問題。

有四個題目，高、低分組的測驗結果如下：

例

選項

題目	組別	1	2	3	4	5
1	高分組	0	0	1	19*	0
	低分組	0	0	3	15	2
2	高分組	1	10*	8	0	1
	低分組	2	16	1	1	1
3	高分組	1	2	3	12*	2
	低分組	2	4	1	11	2
4	高分組	12*	2	5	1	2
	低分組	0	4	8	5	3

＊為正確答案

第一題

第一題的 $P = \dfrac{19 + 15}{40} = 0.85$，$D = 0.95 - 0.75 = 0.25$。

第一題較簡單，受試的通過比率極高（85%），因此鑑別度較低（0.25），此外，選項 1 及選項 2 沒有人選答，表示此兩個選項是多餘的，應設法修改，使增加其誘答力。

第二題

第二題的 $P = \dfrac{10 + 16}{40} = 0.9$，也是屬於容易的題目。正確的選項是 2，但是低分組答對的比例反而高於高分組，故 D 為負值：$D = 0.5 - 0.8 = -0.3$ 此題應予以刪除。

第三題

第三題的 $P = \dfrac{12 + 11}{40} = 0.57$，題目的難度適中，但 $D = 0.6 - 0.55$，鑑別值小，表示無法正確的區分高分組與低分組，但此題的誘答力尚可，每一個選項都有人選答。

第四題

第四題的 $P = 0.3$，$D = 0.6 - 0 = 0.6$，鑑別度很好，高分組全部答對，而低分組全部答錯，而且誘答力也不錯。

(七)點二系列相關與ϕ相關

前述內部一致性分析尚可以外在效標作為計算的標準，亦即求項目與效標間之相關通常有兩種計算方式：(1)ϕ相關（讀作/fi/），它是以高分組與低分組答對與答錯某題的人數之比率來計算，其值介於$-1\sim+1$之間，適用於項目反應的作答為二分變項（通過vs.不通過，精熟vs.不精熟），同時效標也是二分名義變項（高成就vs.低分數；高分組vs.低分組等），ϕ係數的顯著水準考驗必須轉化為Z值，其關鍵值為：

$$\phi_{.05} = \frac{1.96}{\sqrt{N}}, \quad \phi_{.01} = \frac{2.58}{\sqrt{N}}, \quad 若人數為50，則\phi_{.05}之關鍵值 = \frac{1.96}{\sqrt{50}} = 0.27$$

所求得之ϕ值必須大於 0.27 才能拒絕虛無假設（$\rho = 0$），表示此相關為真相關。

點二系列相關（point-biserial correlation，r_{Pb}，適用於一個變項為二分變項（通過 vs.不通過），另一變項為等距或比率變項（例如國語科成績 = 80），其公式：

$$r_{Pb} = \frac{\overline{X}_P - \overline{X}_q}{S_t}\sqrt{Pq}$$

式中，$\overline{X}_P$代表（通過）或 1 的平均成績

$\overline{X}_q$代表（不通過）或 0 的平均成績

S_t＝全體分數的標準差

P＝1 的比率

q＝0 的比率

可以假設$\overline{X}_P$為高分組的平均成績，而$\overline{X}_q$為低分組的平均成績，P 為高分組的比率＝$\dfrac{50}{100}$，q 為低分組的比率：$\dfrac{50}{100}$。r_{Pb}的顯著性檢定公式：$t = \dfrac{r_{Pb}}{\sqrt{(1 - r_{Pb}^2)/(n-2)}}$，$df = n - 2$，必須對照 t 值表，查 $df = n - 2$ 的關鍵值，若轉換後的 t 值大於關鍵值，則表示r_{Pb}達顯著性。

二、試題分析的解釋與運用（陳李綱，郭生玉）

㈠試題分析資料只是一種假設性的，並非一成不變的

古典測驗理論的限制之一是其本身是樣本相依的，故在建構試題分析的難度或鑑別度時，會受到樣本人數多寡、性質、能力、同質 vs.異質、動機或測驗情境等因素的影響，因此，試題的難度或鑑別度並非是固定不變的，所以，在決定試題本身的優劣時，固然要考慮到項目分析，但應更加的留意測驗本身的目的，了解所出的題目是否涵蓋了重要的教學目標，或測驗的難度是否符合評量的目的。

㈡鑑別指數不等於題目的效度

若使用高分組與低分組來計算題目的難度與鑑別度，基本上是一種內部一致性分析，亦即代表每一個別試題的反應與測驗總分間的一致性，反應具有一致性，並不等於題目就是有效的，題目是否有效，還必須經過效度的分析。

㈢鑑別指數低，未必表示測驗是有缺失的

鑑別度低的原因有二：(1)題目太難或太易，但有些時候測量的目的不同，我們需要有相當的難度的題目，例如在篩選獎學金，或則難

度測驗。而且，題目簡單也未必不是好的題目，有時，我們需要較簡單的題目，例如在診斷測驗或精熟學習裡；(2)個別題目與總測驗題目的同質性越高，則鑑別度越高，例如有三十題的測驗，前 20 題皆在衡量底層知識（知識、理解、應用），而後 5 題在衡量高層能力（分析、綜合、評鑑），若其它條件相等，則前 25 題的鑑別指數會高於最後的五題，但最後五題的鑑別指數低並不代表它們是不好的題目，反而在一個測驗中，題目必須有適當的異質性，以衡量不同層次的能力。

㈣編選試題時應儘量避免只以量化分析的結果做為決定的依據

通常在教師自編測驗中所做的量化分析，只以班級為單位，比較缺少代表性，而且有時受試的成績亦會受到猜測、誤答、反應心向或其他因素的影響而有誤差。因此，在選擇試題時，應儘量考慮周詳，包含雙向細目表、效度複核、多元評量、教學目標以及同時學習原則等。

三、標準參照測驗的試題分析方法

標準參照測驗的目的是希望絕大多數的學生都能精熟教師所設定的目標，而不是在區分學生能力的高低，在一般正常的情形下，多數學生均會達成教學目標，如果以高低分組的方式來計算，則會顯示多數學生都會通過而使 P 值接近 1，因此，標準參照測驗的試題分析方式必須與常模參照測驗的試題分析方式有所區隔。

㈠鑑別度分析

標準參照測驗的鑑別度分析的目的是在了解評量的題目是否與教學目標一致，有三種估算方式：(1)比較受試在教學前與教學後的差異；(2)比較有接受教學與未接受教學兩組的測驗結果；(3)比較達到精熟水準與未達成精熟水準的兩組人數。

教學前與教學後之比較

教學前與教學後之比較有五種測驗情形：

教學前	教學後	試題品質
1.多數學生答錯	多數學生答對	測驗品質優良
2.多數學生答對	多數學生答對	測驗或該題目太簡單，多數學生已了解，無法有效測量學習的結果
3.多數學生不會	多數學生不會	可能原因： 1.題目太難，或題意不清。 2.教學無效，教師無法促進學生的理解
4.多數學生會	多數學生不會	此種現象很少出現，可能是教師誤導學生的觀念，致使原來應該懂而且已經懂的題目，反而因教學的結果而變得不懂，應屬不當的教學
5.多數不會，少數會	多數會，少數不會	此題（測驗）為有效的題目，在教學後學生理解的人數增多，故答對比率增加

此題可以圖示如下（郭生玉）：

學生＼題目	1 前	1 後	2 前	2 後	3 前	3 後	4 前	4 後	5 前	5 後
A										
B	−	+	+	+	−	+	−	+	−	+
C	−	+	+	+	−	−	−	+	−	+
D	−	+	+	+	−	+	−	+	+	+
E	−	+	+	+	−	+	−	+	−	+
F	−	+	+	+	−	+	−	+	−	−

這五題的試題鑑別度可以計算如下：

公式：$D = P_{post} - P_{pretest}$

式中，$D =$ 鑑別指數

$P_{post} =$ 教學後答對的比率

$P_{pretest} =$ 教學前答對的比率

例如，題1（測驗1）：$D = \dfrac{5}{5} - \dfrac{0}{5} = 1$

題2：$D = \dfrac{5}{5} - \dfrac{5}{5} = 0$

題3：$D = \dfrac{0}{5} - \dfrac{0}{5} = 0$

題4：$D = \dfrac{0}{5} - \dfrac{5}{5} = -1$

題5：$D = \dfrac{4}{5} - \dfrac{1}{5} = \dfrac{3}{5} = 0.6$

利用前、後測來估計必須注意到，(1)若鑑別度不佳，不一定是題目出的不好，有可能是教學沒有成功；(2)因為必須將測驗實施兩次，故可能有練習效果的介入，同時，亦有可能有其他內在效度的威脅，例如，成熟、測驗情境或前測與成熟的交互作用效果等。

比較接受教學與未接受教學的差異

此種比較方式在研究上稱為對照組法，有接受教學組的答對率應該明顯優於無接受教學組。其公式：

$D = P_i - P_u$

式中，$D =$ 鑑別力指數

$P_i =$ 有接受教學組的答對比率

$P_u =$ 無接受教學組的答對比率

例 有接受數學科建構教學的學生共 30 人，在教學一段時間之後給予數學科建構教學測驗，在某題的答對比率是 0.8，未接受建構教學的學生是 35 人，在該題的答對率是 0.4，則該題的鑑別指數＝ 0.8 － 0.4 ＝ 0.4。採用對照組來估計的好處是只須施測一次，不會受到練習或兩次不同測驗情境的干擾，但也有其先決條件：兩組必須在性質上非常的類似，包含起始點行為，學生的素質、智力、社經地位，甚至兩班的任課教師也會對測驗的結果有巨大的影響，最好用隨機抽樣的方式來控制，以確保兩組之間是一個公平的比較。

比較精熟組與未精熟組通過的比率

　　另一種估算的方式是依事先已設定好的效標測量後該測驗精熟的人數與未精熟的人數（分為兩組），再分別計算這兩組通過某題的比率。例如若在 40 名學生中，有 30 名通過效標為精熟組，另 10 名未通過為非精熟組，在精熟組中有 20 名答對第 1 題，而未精熟組中只有 3 名答對該題，則該題的鑑別指數為何？

　　公式：$D = P_p - P_i$

　　式中，D ＝鑑別指數
　　　　　P_p ＝精熟組答對某題的比例
　　　　　P_i ＝非精熟組答對某題的比例

　　在比例中 $D = \dfrac{20}{30} - \dfrac{3}{10} = 0.66 - 0.3 = 0.33$

　　通常在常模參照測驗中為了將鑑別度擴大，因此，希望能將難度建立在 0.5，但是在標準參照測驗中，通常將精熟標準設定在 0.8～0.9，也就是通過標準的人數比率在 80%～90% 之間，因此，題目也相對的簡單，因將 P 值也設定在 0.8～0.9，因為 P 值較高，所以其鑑別度會下降，標準參照測驗比較注重題目與教學目標的一致性，此重要性要大於項目分析。

四、試題的品質分析（陳李綢）

　　試題優良與否除了考慮到鑑別度、難度之外，尚需考慮到其他重要的因素，我們將討論另外兩種重要的因素：試題內容效度的分析以及命題方式的分析。

㈠試題內容效度的分析

　　試題的內容效度主要是在了解試題是否達成教學的目標，與包含了重要的教學內容，也就是說，測驗是否具有代表性與適切性。內容效度分析是屬於邏輯的分析方式，而前述的項目分析則屬於統計的分析方式，通常內容分析是在施測前對題目所作的分析，而項目分析則是施測後，取得原始分數所從事的分析，兩者的目的與實施程序不一樣。

　　通常試題內容分析，是對照教學目標、教學內容（單元、主題），而以雙向細目表的方式來分析，其程序：

1. 寫出教學目標、教學之單元或主題。
2. 決定每一單元、主題或概念的重要性與學習的次序。
3. 依教學目標及教學內容發展雙向細目表。
4. 依雙向細目表編寫題目。
5. 應符合同時學習原則，在雙向細目表裡的評量目標，應同時涵蓋了認知、情意與技能三大類。一般教師比較容易注重在認知領域的評量，而忽略了情意與技能領域的教學與評量，在此所謂的同時學習原則是指多數科目的教學應該同時教導認知、情意與技能。

　　例如在鄉土教學裡，我們教導學生認識當地的風俗民情或生態環境，是屬於認知部分。教導學生如何對鄉土實施觀察或調查、訪談、紀錄，則是屬於技能部分，但更重要的是，鄉土教

學是要能激起學生愛鄉護土的情感並且化為行動，則是屬於情意部分。

6. 要同時注重底層知識與高層知識：在敘述教學目標時，必須以操作性的語氣（operational definition）來加以描述，通常越重要的教學目標越具抽象性，因此越不容易具體化，也越不容易評量，因此，容易淪為偏重瑣碎知識的危險，例如，可能比較偏重認知的低層能力（知識、理解、應用），而忽略了高層能力（分析、綜合、評鑑）。

7. 多元評量原則，評量應多元化，可使用不同的方式加以配合，例如，觀察、實驗、角色扮演、表演、戶外參觀、訪問、實作、作品等有非常多的形式。

㈡命題方式的鑑別

不同型式的題目有不同的命題原則應予以遵守，教師了解了教學目標、試題與命題方式間的相關性，將有助於試題品質的提升，而命題方式的分析亦分為兩個層面：(1)命題過程的分析；(2)命題技巧的分析。

命題過程的分析

通常教師在編製測驗時，應符合下述的程序：

1. 決定測驗的目的與範圍。

2. 發展雙向細目表。

3. 依測驗的目的選擇出題的型式（主觀性測驗vs.客觀性測驗）。

編製題目

在命題過程的分析中即是在了解教師符合上述命題程序的程度，仔細的說，其分析的內容有：

1. 在命題前測驗目的的確認：一般教師自編測驗具有四項功能（目的）：(1)安置性測驗或預備性測驗，其目的在了解學生的起始點行為或學生的基本能力或學生是否擁有學習某科目

所需的先備知識。測驗的目的不同,所選擇的評量方式與內容亦不一致,例如,在準備性評量中為了了解學生是否具有先備知識,其評量的內容很廣,可能除了教師即將教導的科目之外,尚包含教師可能不會教導的先備知識部分,而由於試題的內容廣泛,因此,比較不適用問答題、申論題的方式行之;(2)形成性評量:形成性評量的目的在了解教師的教學是否有效,能夠即時提供教師與學生回饋,做為改進教學的參考;(3)診斷性評量:其目的是在診斷學生的特殊學習困難,在教學歷程中行之,試題取材範圍最窄,針對特殊的主題以較多的題目來診斷;(4)總結性評量:目的在了解學生是否精熟了教學內容,試題取材較廣泛,難度做適當的分佈。

2. 命題是否有按照教學目標、教學內容,及雙向細目表作適當的分佈,所謂適當的分佈尚需考慮到科目的性質、學生的性質、課程的進度、學生的背景知識,與科目的教學目的。例如,剛學習某一科目時,可以增加底層知識能力所佔的評量比例,等到學生學習一段時間後,有適度的背景知識,再逐漸增加高層能力的評量。此外,對幼小的學生底層能力的評量可以佔較大的比例。有些科目若比較偏重某方面的教學,例如,體育科若較偏重技能層面,則可以適當的增加技能方面的評量比重。

3. 題目是否符合命題的目的與命題技巧?測驗的試題型式種類很多,客觀式測驗的試題型式有選擇題、是非題、填充題與配合題等,其中只有選擇題比較適合用來衡量所認知的六個層次,而是非題、填充題、配合題比較偏重記憶型式的衡量,而主觀式問題包含有申論題、簡答題或作文,比較適合高層能力的評量,因此,若科目的目的在培養學生批判性思考,問題解決能力或價值澄清能力,則應適度的使用主觀式問題,以及除了紙筆以外的評量方式,例如討論。

4.測驗的題目是否有依照評量的目的及需要而作合邏輯的安排？試題的安排要考慮到教科書以及教學的安排順序，以及學生的能力，此外，試題的難度亦應由易而難逐步排列。

命題技巧的分析

前述不同的試題型式有不同的命題技巧，而這些通則應該要儘量的遵守，包括：

1.試題的內容取樣是否具有代表性？各不同概念間試題的分佈是否均等？

2.用字遣詞是否清楚明確，而且符合受試的語文能力？對於幼小的小朋友，不宜使用太艱深的文句，如有必要可以在旁邊以注音符號予以標示，避免語意不清，模稜兩可，或者有偏見的題目。

3.試題的答案是否具有正確性及客觀性？

有些問題從不同的角度來看，可能產生不同的答案，與標準答案不同，不見得就是不正確的答案。例如：某教師在過年前夕出了一題—你拿到壓歲錢時，應如何處理？（對象為小二學生）①還給媽媽 ②買糖吃 ③存起來。筆者的小姪女平常媽媽很少給零用錢，當有零用錢時，第一個念頭就是去買糖吃。不過，此題教師給的正確答案是存起來。教師的目的是培養小朋友節儉的美德，但也稍微武斷了一些，並且也應考慮到，小朋友可以處理自己錢財的權利。

4.試題是否以概念為中心：良好的試題不直接照抄課文，而是以重點概念為主，重新組織概念與文句，以便考量學生的思考能力，並且避免在試題中提供暗示性的文句或線索。更重要的是，應只偏重重要概念的測試，而非零碎知識的記憶。

一、某成就測驗包括8個選擇題，下表是某班10個學生在這8個
　　題目的得分，1代表答對，0代表答錯。請回答下列問題：

題　目

學生	1	2	3	4	5	6	7	8	總分
A	0	1	1	1	1	1	1	1	7
B	1	0	1	1	1	1	1	1	7
C	1	1	1	1	1	1	0	0	6
D	1	1	1	1	1	0	0	0	5
E	1	1	1	1	0	0	0	0	4
F	1	1	1	0	0	0	0	0	3
G	1	1	0	0	0	0	0	0	3
H	1	1	0	0	0	0	0	0	2
I	0	1	0	0	0	0	0	0	1
J	0	1	0	0	0	0	0	0	1

一、那個題目最容易

二、那個題目的鑑別力最低？

三、該班 10 個學生得分的平均數（M）、中數（Md_n）、
　　離均差平方和（SS）、變異數（S^2）及標準差（SD）
　　分別為多少？

四、該班得分為6者，其百分等級（PR）是多少？

五、該班得分為6者，其直線轉換的 Z 分數（$\mu = 0$，$\sigma = 1$）是多少？

六、Z分數（$\mu = 0$，$\sigma = 1$）為 -2 者，其T分數（$\mu = 50$，$\sigma = 10$）為多少？　　　　　　　【高師大87】

答☞：

　㈠第二題最簡單。

㈡第二題鑑別力最低（難度低所以鑑別力下降）。

㈢ M = 3.9，Md = 3.5，SS = 46.9，S^2 = 4.69，SD = 2.16。

㈣ PR = 83，$\dfrac{6 - 3.9}{2.16}$ = 0.97，查表機率約等於33%，故勝過

33% + 50% = 88%的人。

㈤ 0.97。

㈥ T = 50 + 10（− 2）= 30。

二、試題項目分析的主要作用在於：　(A)分析試題所包含的向度 (B)檢驗試題的性質　(C)了解學生的學習程度　(D)檢驗試題內容的範圍。　　　　　　　　　　　　　　　　　　　【嘉師】

答☞：(B)

三、在試題分析時，通常以答對某一試題人數之百分比作為該試題的：　(A)信度　(B)效度　(C)難度　(D)鑑別度。【彰師】

答☞：(C)

四、試說明難度與鑑別度之關係。　　　　　　　　　　　【嘉師】

答☞：

當難度適中時鑑別度最大，題目太難或太易時，都會使鑑別度下降。

五、名詞解釋：難度指數（item difficulty index）。　　【彰師88】

答☞：

難度指數在表示問題的難易程度，其估算的方式有：

(1)以百分比來計算：P = $\dfrac{R}{N}$（R：通過人數，N：總人數）

(2)以高分組與低分組來計算：

$$D = \frac{P_H + P_L}{2} \quad (P_H : \text{高分組通過之比率,} P_L : \text{低分組通過}$$
之比率)

(3)以 Δ 值來表示:為美國教育服務社(Educational Testing Service,ETS)所發展的:$\Delta = 13 + 4Z$。Δ 值為等距變項,比較精確,而 P 值為次序變項,比較粗略。

六、一個試題的難度指數,以接近多少為最適宜? (A) 0.30 (B) 0.50 (C) 0.70 (D) 0.90。 【市北師 87】

答☞:(B)

七、試題分析時,高低分組的選擇最低可從 25% 起,最高到_____為限。 【彰師 88】

答☞:33%

八、作試題的鑑別力分析可採用內部一致性以及_____分析。 【彰師 88】

答☞:

可使用外在效標、項目反應理論、百分比(高、低分組)與相關。

九、試題選擇其難度指數在 0.40～0.80 之間為標準的是指那一類型的題目?_____。 【彰師 88】

答☞:標準化測驗的客觀型式測驗題目。

十、測驗中的題目難度越大,鑑別力越高;難度越小,鑑別力越低。 【中正 87】

答☞:(×)。難度中等鑑別力最高。

十一、某試題高分組答對者占84%，低分組答對者佔16%，則該題的鑑別度為多少？　(A) 0.68　(B) 0.50　(C) 1.00　(D) 0.34

【屏師】

答☞：(A)

十二、某位教師編了包含50題的測驗，其中有10題所有學生全部答對，另有10題所有學生全部答錯，則此測驗有多少題目可以鑑別學生程度的高低？　(A) 50題　(B) 40題　(C) 30題　(D) 20題

【嘉師】

答☞：(C)

十三、某一試題的難度等於多少時，其鑑別指數可達到最大極限？　(A) 0　(B) 1　(C) − 1　(D) 0.50

【南師】

答☞：(D)

十四、何謂試題之質的分析？試說明之。

【師大】

答☞：

試題之質的分析以文字為主，分析的內容比較精微，包含有意識形態的分析，例如所建構的試題是否含有性別、種族、政治或對次文化不利的偏見？可以採取內容分析法（content analysis）的方式來進行，例如歷史問題：誰發現新大陸。這題可以從歐洲白人觀點來看是哥倫布，或者從美洲原住民觀點來看卻是印第安人，在作試題質的分析時，會對這類的意識形態深入的探討，目的在避免迷思（myth）概念的形成，並且培養學生獨立思考。

第二部分
古典評量理論

第七章
教學目標

一、教學目標的意義

依葛拉舍（Glasser）之教學一般模式，將教學分為四個流程

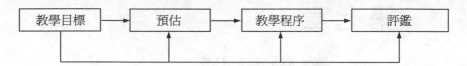

在此模式中點出了教學目標的重要性，在教學之前，教師應先決定教學目標，之後方能依所設定的目標評估學生的背景知識、能力以及選用適當的教學方法與評量。此外，此教學模式指出評量是隨時隨地進行的，以更取得回饋作為修定教學目標或教學程序的依據。

教學目標的分類方式很多，但通常所謂的教學目標是指行為目標（behavior objectives）而言，其理論的根基是來自行為學派。行為目標主要是強調教學目標的設定應該是具體可以衡量的，而且有其適用的特殊情境，其目的是講求效率。早期的一些教育理念都要求教育目標之明確、具體。例如：能力本位教學、編序教學（programed instruction）、電腦輔助教學（computer-assisted instruction）、精熟學習計畫（mastery-learning projects）、能力本位師範教育（performance-based teacher education）、或者效標參照測驗等。此外，在美國為特殊學生所設計的個別化教育方案（individualized educational program, IEP）亦要求教師對特殊學生的教學需求作具體的陳述。

郭生玉（民 87）引述 Nitko，指出使用具體教學目標的理由：

1. 具體教學目標有利於教師或課程設計者，較清楚的了解自己的教育目標。
2. 可以以具體的教學目標與學生、家長、教師及學校行政人員等溝通教學的目的。
3. 教學目標可以做為教材分析及教學設計的依據。
4. 具體的教學目標比較容易評量。

5.具體的教學目標可作為與學生家長溝通之管道或澄清教育目標的參考。

6.作為與學生溝通使其瞭解預期的學習表現。

7.可以促進個別化教學。

8.具體的教學目標可以協助教師評鑑或修正教學過程與目的。

郭生玉認為具體的教學目標對教師自編測驗有下列的價值：

1.了解所欲觀察、評量的具體行為，可以促進測驗計畫的發展與試題的編寫。

2.具體行為足以規範測驗的選擇、設計、題型的種類或者題目的難度與鑑別度等。

3.具體的教學目標有助於對測驗的品質堤供評鑑。

4.可以依測驗的內容決定所需具體評量目標的行為層次。

二、一般教育目標與教學目標

一般的教育目標通常比較籠統抽象。例如：培養二十一世紀的公民，或者提昇教育品質。其一般教育目標的設定往往受歷史文化、哲學思潮、政治、經濟與社會等因素的影響。但一般教育目標在形式上屬於理想性質，如欲實踐此目標，則必須將其轉化為課堂上教師實際可以操作的課程，此種目標即所謂的行為目標。這裡所謂的行為，是指人們能夠經由感覺器官而加以認知的行動或動作，包含有看到、聽到、感覺到、會用手去執行一個技能，這裡所強調的是一個具體證據的特性，並非一定要具有行動的特質。例如，智力是一個非常抽象的能力，我們無法直接加以觀察，但是我們卻可以間接的以智力測驗的形式，依靠受試對測驗的反應（行為）來推估受試的智力，同樣的我們無法觀察一個人心理上的問題解決歷程，但卻可以藉由他解答某問題的過程與結果來推測個人的問題解決能力。

除了具體可觀察的特性之外，教學目標尚具有另一個特性：「行為表現」（performance），行為表現是教學與學習的結果（product），

是教師希望學生最終可以達成的目標，有時，我們稱這些行為表現為效標（criteria），而教學是否成功，端視學生是否表現出預期的行為，行為目標具有五項要素：

(1)誰（who）為行為的主題，通常是學生。

(2)證實達成目標的實際行為（actual behavior），例如圖示、說出、舉例等，又稱為行為動詞。

(3)行為的結果（result），作為評量達成目標的程度，例如會做四則運算、會游泳、學會中文文書處理等。

(4)完成行為的相關條件（relevant conditions），例如，在一小時的期中考中，觀察數種動、植物標本，使用一般電腦。

(5)用來對照比較行為表現的標準（standard），例如答對 80%，或者能在 20 秒內跑完 100 公尺等。

例

學期末時，學生能在一小時的四則運算考試中，答對至少 50%。
　　　　　　(1)　　　　　　　(4)　　　　　　　(2)　　　　(5)

會做四則運算為(3)，行為的結果，以下針對這五項要素再加以詳述：

行為動詞

　　行為動詞是行為目標的主軸，不同的行為動詞，可以衡量不同層次的能力，研究所喜歡考行為動詞的選擇題，問考生該動詞是在那一個認知層次的衡量，此類考題原則上屬記憶性問題，但讀者應可從其中歸納出這些動詞大概是屬於那一個層次。

　　我們將一些常用的動詞加以界說：

(a)指出或確認（identifying），例如學生可以指出一組植物標本中，各標本的名字，此外，也可以依物件的形狀、特徵、性質、大小、顏色等特徵，要求受試加以辨認，例如，找出白色條形的物體。一般將指出或確認歸類於知識層次。

(b)區別，或區分（distinguishing），例如：可以區分資本主義與社會主義之異同，或者將一堆大小不同的物件加以分類，區分或分類屬於理解層次。

(c)應用規則（applying a rule），例如：教師要求學生選擇某一種偏差行為的理論，來研究臺灣的社會問題，屬於應用層次，另外，教師亦可要求我們示範，角色扮演所教導的概念或技能，而聯結題把有共同元素的概念聯絡在一起，以便對事物有更入的了解。

(d)設計（design）是屬於組合、綜合層次，例如：教師要求學生設計一個都市計畫，在這樣的活動裡，學生需要綜合各方面的知識，例如，人文地理、建築、公共安全、生活娛樂等各式各樣的因素做週詳的研判。

(e)批評（critique），例如：教師要求學生評論不同的能源政策（例如火力發電、核能），並且詢問學生的態度是支持何種型式的發電，或者有較佳的替代方法等。在這樣的活動中，學生有其本身價值觀的介入，是屬於評鑑的層次。

三、教學目標的分類

教學目標的分類是依據布隆姆（Bloom）的教學目標分類（taxonomy of educational objectives），共分為三大類：(1)認知方面（cognitive domain）；(2)動作技能方面（psychomotor domain）；與(3)情意方面（affective domain）。在此所謂的認知，是對事務的理解、記憶、學習、思考的歷程，布隆姆將認知方面的能力又再細分為六個層次。

㈠認知方面的教學目標（黃光雄，民76）

知識

知識（knowledge）是認知層次中最低的一層，與記憶的能力相

關，包括對個別事實和共通事物的記憶，以及方法與過程的記憶，或者型式、結構或背景的記憶等，而其中最注重記憶的歷程。為了測驗學生的記憶，教師可以提供與知識相關的情境資訊，但應重組資料。具體而言，知識層次的記憶包含：個別或特定事物的知識（knowledge of specifics）、術語的知識（knowledge of terminology）及認識特定符號所指稱的事物，個別事實的知識（knowledge of specific facts）。例如：認識特別的事件、人物、地點、日期等包含年代（例如：對日戰爭發生在那一年），整理個別事物的途徑與手段的知識（knowledge of ways and means of dealing with specifics），例如：對組織、研究、判斷以及評論等方法的了解；慣例的知識（knowledge of conventions），例如：論文寫作格式（慣例）的了解，某些職業都有其本身專用的慣例知識以做為溝通的媒介。趨勢和順序的知識（knowledge of trends and sequences），是指了解與時間有關的歷程、方向或運動現象等，例如：對我國教育未來發展方向之了解。分類的知識（knowledge of classification and categories），例如：對不同哲學學派的認識。規準的知識（knowledge of criteria）包括了解各種規準、原理，而且可以依所了解的規準來做判斷，例如：了解客觀式問題的出題原則。方法的知識（knowledge of methodology），對特殊學科了解的基礎知識，例如：對從事教育研究時對行動研究法或實驗法等方法學的了解。某一領域之普遍和抽象的知識（knowledge of the universals and abstractions in a field），此種知識在層次上最為抽象複雜，是某種現象或觀念的主要型式，常用來作為研究問題的主要結構或理論。原理與通則的知識（knowledge of principles and generalizations），對一些重要原則的了解，而這些原則可以幫助我們類推自然界或人為社會的現象。理論與結構的知識（knowledge of theories and structures），了解各種原理、原則及其相互間之關係，例如：了解人類演化的不同理論。心智的能力與技巧（intellectual abilities and skills）是指對材料和問題之處理的有組織操作方式和一般的技術，但問題解決所需的材料與技術並不特殊，而是一般人的共同知識的一

部分。能力與技巧的目標特別強調對材料的重組能力以達某種目的的歷程。

理解

　　理解（comprehension）是指學生能把握住所學過的知識或概念，個人能了解教材內容且對教材的內涵充分的了解。理解包含：轉譯（translation），以精確或仔細的方式，用另一種方式來溝通，或者將某種語言的溝通方式轉換至另一種語言的溝通方式，例如 1 將文言文譯成白話文，或者利用隱喻、象徵性方式、反諷等方法來傳達某些意涵。解釋（interpretation）：解釋是對教學內容的重新整理，或以自己的方式來陳述，例如：對統計表格解釋的能力。推論（extrapolation），例如：依某些陳述做直接推論的能力。

應用

　　應用（application）是指應用抽象的事物於特殊的情境中，在此所謂的抽象事物可以是一般的觀念、程序或法則，也可以是一些專門化的理論。例如：以偏差行為理論來解釋目前臺灣青少年犯罪的問題。學習的目的，即是希望所學能在日常中驗證與運用，例如：教師在教導英文課程時，也應該鼓勵學生在日常生活中使用英語與人交談。在評量應用的能力時應考慮到所學知識是否考慮到未來特殊生活情境的需要，可以配合使用生態評量或觀察法等方式行之。

分析

　　分析（analysis）的目的在使得觀念與觀念之間的關係更加的清楚，也使得概念間的階層得以釐清。分析包括要素的分析（analysis of elements）。例如：分析後現代主義具有那些的特質。關係的分析（analysis of relationships），例如分析部分與部分間的關係，或者部分與整體間的關係，例如分析影響學業成就的各種因素以及因素間之交互作用。組織原理的分析（analysis of organizational principles），例如有能力理解繪畫作品的不同風格與流派。

綜合

綜合（synthesis）係指組合各種能力以形成一個整體，以構成一個完整的模型或架構的能力，包括：提供一種獨特的訊息溝通（production of a unique communication），例如寫信給某人，傳達某項訊息。提供一個計畫或一個實施的建議（production of a plan, or proposed set of operations），例如設計一個教學計畫。發展一套抽象關係的衍生（derivation of a set of abstract relations），例如有能力發現科學的特質，並且歸納出一套科學研究的法則。

評鑑

評鑑（evaluation）是用些標準對事務從事價值判斷。某些教學法很重視學生分析與評鑑的能力，例如批判思考教學、價值澄清教學法、道德兩難教學法等，評鑑能力可以促進學生的獨立思考。評鑑又細分為兩類：依內部的規準而判斷（judgement in terms of internal evidence），例如在學校評鑑中，校方自訂的一些標準。依外在標準下的判斷（judgement in terms of external criteria），例如在學校評鑑中，由上級的行政人員、專家、學者所組成的評鑑小組至校方所做的評鑑。

㈡情意領域

情意領域（affective domain）的目標包含價值觀、態度、品格與行動等，是教育目標中非常重要的一環，民國初年，蔡元培先生所提倡的美育亦即偏重於情意領域的目標。但因過去聯考的弊病，國人一般在教學上較偏重認知層面，而忽略了情意層面，蔡元培所提倡的美育的教育目的是希望我們在日常生活中保持著審美的態度，行事有美感而不粗糙，環境整潔而不亂，交通順暢而事故少。在學校中，更應培養學生做人做事的基本態度，例如上課時保持安靜，不遲到，有禮貌等，這些都是教育的重要目標，情意的目標又分為（依krathwohl的分類）：

接受或注意

此一層次最低，是對外在刺激的覺知或是注意（receiving or attending），也是以後幾個層次的基礎，因為要有注意才有認知、思考或行動，其中又包含下述層次：

覺知　覺知（awareness）與注意不同，覺知僅指單純的感覺到，但不刻意去認識客觀的外在事務，與認知領域最低層的知識不一樣，知識包含對事物性質的辨識與了解，但覺知並不刻意去注意或考慮事物的性質。例如：我們在上班的途中覺知有許許多多事物的存在：廣告招牌、人潮、車輛、喇叭聲、人聲等，但絕大多數我們都不會去注意而將其忽略，如果以認知心理學的術語來比喻，覺知相當於感官記憶的階段。

願意接受　指願意接受（willingness to receive）特定的刺激而不逃避，但是卻仍對刺激採取價值中立或客觀的態度，同時，教師也不注意學生是否對環境中不同的刺激有選擇式注意的現象，例如，學生仔細傾聽教師上課，或則在多元文化教育中學生能夠對不同的族群與文化採取欣賞的角度。

如果學生願意接受外界的刺激，那麼外來的刺激就可以源源不絕的輸入學生的腦海裡。

控制或選擇性的注意　控制或選擇性的注意（controlled or selected attention）是指在綜合外在事務的過程中，選擇某些觀察的焦點，例如，依刺激的特性以及個人的經驗來區分物體與其背景，而達到對此物體的認知，例如，當我們看到天空的雲朵時，有些人可能說雲朵像隻狗，另有些人可能說這雲朵像隻貓。此外，在我們周遭的生活環境中，無時無刻都有各種不同的刺激交相來襲，最常見的例子就是廣告，或者當我們進入一家商場時有上萬件的物品擺在眼前，我們不會對所有的刺激都加以注意，只會針對某些與我們切身相關的訊息或者比較特別的訊息加以注意，這就是所謂的選擇性注意。心理學上認為會引起我們注意的因素有三種：(1)熟悉度，例如路上遇見老朋友；(2)特殊性，例如宴會中有一位客人身高特別高；(3)需要，如果我們到商場的目的是購買餅乾，那麼我們會比較注意擺餅乾的架子。

反應

是指對刺激的反應（responding），但此種反應並未經過深思熟慮，比較單純的反應，例如母親看到幼兒吃飽後的滿足感，臉上發出會心的一笑，即是一種反應，又包含下列的層次：

勉強反應 勉強的反應（acquiescence in responding）很類似順從或服從，多半經由社會化的歷程而習得，例如，媽媽要孩子關掉電視去做功課，孩子勉強的關掉電視，或者在學校中，教師規定成績的評量方式，通常學生並沒有參與決定的能力，勉強反應是被動的。

願意反應 願意反應（willingness to respond）比勉強反應珍貴的地方是它是出於自願的，並非出於外在因素（例如害怕受處罰，或同儕壓力，教師指定），願意反應多來自內在動機，因此行事比較熱忱而能持久，例如自願擔任醫院的義工去幫助病人，或者願意為自己所做所為負完全的責任。

樂意反應 在樂意反應（satisfaction in response）這個層次裡加入了學習的一個非常重要的因素：情緒，而且是一種積極的情緒，例如，解決某件事情的滿足感，學會一項技能的快樂等，這項積極的情緒特質是我們將價值觀內化（internalization）的重要因素。教師應儘量促進學生對學習的自願與樂意反應，以符合學習上的自動學習原則。筆者觀察時下的高中生有不少人對學習的反應是勉強反應，覺得讀那麼多的教科書還有那麼多的考試，實在是一件苦差事。如果學習可以像閱讀金庸的武俠小說一樣就好了。

價值的評定

價值的評定（valuing）在這裡所謂的價值是指社會上共同的一套理想的價值，這種價值觀的形成，是我們從小到大社會化的結果，如果我們經過思考之後，認同這些價值觀，就會逐漸將這套價值觀內化。

一種價值的接受 這裡所謂的價值接受（acceptance of a value）類似對事務的信念（belief）或看法，而這種信念會使我們的思考及行為模式保持相當的穩定性，但是這種信念不一定是真的、善的，有時我

們所相信的信念是沒有經過科學檢證的迷思，例如，中國人的風水觀，或者有許多老師認為考試是評量學生的必要方法，如果不考試，則學生將會喪失學習的動機。我們生活的周遭充斥了許多這類似是而非的看法，例如宗教中的靈魂觀、地獄觀，政治上的多數決定觀點，軍事訓練或武器購買等，這些都必須依賴獨立思考去重新的解構。

　　一種價值的偏愛　是指個人對某種價值觀或信仰的追尋與堅持，例如非洲行醫記的史懷德或者自然主義者盧梭，他們偏愛博愛與自然不做作的價值觀，此種對價值的偏愛（preference for a value）在日常生活中屢見不鮮，因為個人的成長歷程與經驗不一，因此對事物也就有不同的看法，此為後現代主義的看法，例如，有人認為經濟的發展要優於環保，但另有些人則認為環保比經濟發展更為重要。

　　堅信　堅信（commitment）類似信仰（faith），而信仰並非都是經過理性的檢證。例如人類對宗教的信仰有許多人表現的非常的堅定，但並不一定理性。韋伯在其大著「基督教新教倫理與資本主義精神」裡就研究過為何西方的資本主義無法在東方的中國與印度蓬勃發展，畢竟這兩個國家都有眾多的人力與物力，而且小型的商業活動很早就開始，韋伯認為西方的新教（protestent）鼓勵商業活動，重視世俗的責任，而東方的道教與印度教則刻意壓抑人們的慾望，鼓勵人們在世時努力清修苦練，做為來生進入天堂的基礎，這些都是因為人們信仰不同所引發的不同的社會現象，至於死後是否有天堂，對於信仰堅定的人來說，是千真萬確的。對教師而言，應先鼓勵學生對各種價值觀進行檢查，並且教導學生客觀評鑑的標準，當確信價值基本上是客觀的，不具偏見的，符合科學精神的之後，才鼓勵學生對價值觀付出承諾。

價值組織

　　價值組織（organization）是依個人的認知、經驗與偏好，將一些價值觀組成一套屬於自己的價值體系，訂定各種價值的位階（優先次序）以及價值與價值間的關係，包含有：

建立一種價值概念　價值概念（conceptualization of a value）比價值更具抽象性，某些價值觀可能以一個價值概念為中心，例如，自由是一個價值概念，可能包含某些價值觀，例如對工作與休閒孰輕孰重的看法，對外在自由與心靈自由的看法，對人有無抉擇的絕對自由的看法，或者對權利與義務的看法等等。

價值體系的組織（organization of a value system）　有時價值觀與價值觀之間會產生衝突。例如：既想賺錢又想有較多的空閒時間，這種價值觀的衝突是一種常見的現象，心理學上可以將兩種價值觀的衝突分為三種型式：雙趨衝突、雙避衝突及趨避衝突。在多數時候我們會儘量將各種價值組織起來，依其重要性加以排序，以保持一種動態的平衡。

形成品格

依一種（些）價值或價值體系以形成品格（characterization by a value or value system），這是指將價值或價值體系內化，融入自己的人格結構之中，形成日常生活中的穩定的態度，並且在行為上表現與性格一致的行為，可以說是個人的生活哲學，包括：

一般態度的建立　一般態度的建立（generalized set）係指價值體系與態度的一致性。例如：某人認為抽煙有害健康，因此在態度與行為上也不抽煙，此為情意教學領域的最高層次，不但具有價值系統的內化特質，而且還能表現在態度與行動上的一致性，具有知行合一的特色。前述蔡元培的美育教育即是希望國人能在生活中實踐美育，而我們一般所教導的課程，例如：交通安全教育、環保教育、英語教育、鄉土教育、衛生教育等，都是希望能在生活中實踐。

品格的形成（characterization）　希望個人能將價值觀、信念、態度與行為融合，內化成品格的一部分，其內化層次最深、最廣。例如：良好公民的養成，發展一種人生觀或道德觀等。

郭生玉（民87）引述楊榮祥情意目標分類之簡表如下：

行為表現	接受	反應	欣賞	評價	運用
類別及階層					價值的性格化
				價值之組織	價值之組織
			價值判斷	價值判斷	價值判斷
		反應	反應	反應	反應
	接受	接受	接受	接受	接受
內容	表示願意參加學習活動。本部門中最起碼的學習行為。	積極參加學習活動。積極自動反應。表示較高的興趣。	對於所接觸之標的、現象或行為等做價值判斷,或接受價值。對於所接受的事負責。	將不同的價值判斷組織,或將其中矛盾指出。如規劃活動以滿足其社會服務的熱誠。	具備其價值判斷,建立人生觀、社會觀、個性。情趣之調整行為之表現。
一般目標（範例）	靜聽講解,表示學習意識,參加班上活動,認真做實驗。表示對於科學問題的關切。	完成家庭作業,遵守實驗室規則,參加討論活動,完成實驗工作,樂意幫別人學習。	欣賞科學對於人生的想法、鑑賞優美的作品,欣賞美妙的大自然。	對於自己的行為負責,並接受自己的優缺點。根據自己的能力、興趣、個性規劃自己的工作。	表現獨立工作的重心。在團體中,表現合作精神,客觀解決問題,保持良好的習慣。
行為目標用語	發問……	選擇……	認識……	回答……	講解……
	使用……	實驗……	回答……	幫助……	聽從……
	討論……	表現……	提出……	實施……	描寫……
	判別……	區別……	評價……	解釋……	研究……
	追蹤……	堅持……	指出……	修改……	統合……
	安排……	規劃……	解釋……	表現……	展示……
	影響……	解決……	辨別……	鑑賞……	展示……

㈢技能的領域

技能領域的分類是依動作表現的複雜程度與精確度而分的，共有：

知覺

知覺（perception）是以感覺器官接受外界刺激，是一切活動的基礎，相當於情意目標的接受或注意，可再細分為：

1. 感官刺激（sensory stimulation）：包含有聽覺（auditory）、視覺（visual）、觸覺（tactile）、味覺（taste）與嗅覺（smell）。

2. 肌肉運動知覺（kinesthetic）：例如：肌肉感覺，或者敏感度的訓練。

3. 提示的選擇（cue selection）：要求學生對某些提示加以反應，例如：要小朋友學習看到紅燈時止步，綠燈時可以通行。

4. 轉換（translation）：轉換是行為學派所謂的連結（connection），是一種將刺激轉換成行動，或是將刺激與行為連結的歷程，例如，當學生一聽到上課鈴時就知道必須保持安靜，天氣冷了，個人會自動多穿點衣服等。

準備狀況（set）

準備狀況（rediness）是對外在刺激所引發的心理與情緒及身體上的準備度（rediness）或激發狀態（arousal），包括有：

1. 心理的準備狀況（mental set）：已經有心理準備，或在心中已有一個心向或認知地圖去從事某事。例如：個人花了很長的時間準備考試，對考試的來臨也有心理的預備。

2. 身體的準備狀況（physical set）：例如經過訓練之後學生能以正確的姿勢來打網球，或從事其他技能活動。

3. 情緒的準備狀況（emotional set）：在從事某項反應時，表現出強烈動機、快樂或自我要求。

在指導之下的練習反應（guided response）

通常我們在學習新的技能時，都會按照一些指示來加以練習，直到我們精熟為止，包含有：

1. 模倣（imitaion）：即班都拉（Bandura）所謂的直接模倣，例如教師先示範，學生跟著做。人類的學習有部分是來自模仿的，例如幼兒學習父、母講話，青少年模仿心目中偶像的舉止，模仿是有樣學樣，並沒有經過評鑑的歷程。

2. 嘗試錯誤（trial and error）：學習的另一種方式是嘗試錯誤，在錯誤中學習，逐漸改進，例如我們在學習游泳時，就必須嘗試與逐漸體會以習得正確的姿勢。

機械（mechanism）

在此層次中，個體已對所需表現的反應達到某種成熟度，故可以在必要時不假思索，機械性的表現出來，例如常見的中文打字，看到某個中文字時，立刻在心中轉化為英文代碼，並且手指去按鍵盤。

複雜的明顯反應（complex overt response）

個人可以因需要，表現出複雜的動作技能，包含兩個附層次：

1. 解決模糊的順序（resolution of uncertainty）：例如個人知道操作某項儀器的先後次序，或者急救的正確程序，或者按照設計圖組合一項產品。

2. 自動的行為表現（automatic performance）：個人能以自然、輕鬆、協調及精熟的方式來表現，例如何以彈奏一首樂曲，當小嬰兒尿濕時，可以順暢的換尿布，即使在睡眼惺忪時亦然，停電時，仍能知道如何在家中活動而不撞到物品。

適應（adaptation）

可以依需要改變動作技能以適合情境的需求，例如走路時前有石頭我們會適度的抬高以跨過石頭。

另外，郭生玉（民87）引述楊榮祥動作技能目標分類如下：

行為表現	觀察	準備	模倣	表現	熟練	創造
類別及階層						創作
					複雜反應	熟練
				機械	操作	操作
		模倣	模倣	模倣	模倣	模倣
		準備狀況	接觸	接觸	接觸	接觸
	知覺	領悟	領悟	領悟	領悟	領悟
內容	通過感覺器觀察，獲得技術上的領悟	對於學習標的在情趣上，生理上及心理上的接觸。	模倣技術，「嘗試錯誤」	正確操作儀器，表現正確的步驟及過程。	熟練操作，熟練技術。	超越前面一切技能，表現其技術性的創作性。
一般目標（範例）	口述儀器各部名稱及機能。複誦儀器操作方法	正確裝卸儀器之零件。	描畫所觀察之標本，表現解剖刀正確的使用法	正確快速裝置儀器。表現正確的切片標本製作	完成精確解剖。迅速排除儀器之故障	改良實驗裝置。創造新的實驗方法。
用語範例 行為目標	描述…… 建立…… 校準……	使用…… 連接…… 組合……	抄寫…… 繫結…… 修繕……	裝置…… 變換…… 製造……	秤量…… 操作…… 改正……	拆除…… 裝卸…… 創造……

資料來源：郭生玉（民87）。《心理教育測驗》。台北：精華。

創作

　　創作（organization）包含了能力、技能、悟性與創造力，例如幼兒的繪畫、發展一種電腦程式或遊戲、編一首歌等都是創作。

四、情意目標的評量技術

在日常生活中我們發現,例如:興趣(interests)、願望(desire)、欣賞(appreciation)、態度(attitudes)與價值觀(values)、責任心或意志力等,都是屬於情意領域的學習目標。而這些能力與我們生活的品質息息相關,有時研究所會考情意領域的評量技術,應多注意,部分的原因也是因為雖然情意目標是很重要的,但一般人往往更重視認知目標,有些家長認為孩子只要書讀得好就好了,其他都不重要,而其他包含了孩子與別人互動、孩子的生活禮儀等等,另一方面,情意目標也不容易評量,傳統上,我們以操行成績來代表學生在情意方面的表現,但往往流於形式,許多的教官、教師對學生的人際態度、居家生活或品德的好壞不甚了解,而粗淺的給予學生下判斷,這樣的評量方式基本上是一種嚴重的錯誤。

㈠評量情意的方法

評量情意的方法有很多,除了紙筆測驗之外,尚有觀察法、問卷調查、訪談等方式,應視實際需要而選定。

觀察法

觀察法(observation)是一種很直接而簡便的方式,教師可以透過觀察了解個別學生在課堂中以及下課後的表現,例如,是否熱心參與討論,上課是否心不在焉,在學校裡該生與其他人的互動情形如何?甚至該生的表現是否異常等,但觀察法也有若干的限制:(1)月暈效應(halo effect),即教師的觀察受到不相干的學生的特質的困擾。例如:學生的性別、容貌、穿著、種族、社經地位等;(2)選擇性觀察,觀察應盡量客觀、系統化,但往往在從事觀察時,對外在的刺激的詮釋,感覺卻是因人而異,因為每個人的經驗不同。例如:我們通常比較會去注意異常的事務,班上有那些學生比較搗蛋,往往獲得教

師比較多的「關懷」;(3)自我應驗的預言,有時教師會對某些學生預設立場,於是在觀察的過程中便有意無意的蒐集這些符合教師期待的線索,而忽略了那些不符合教師期待的證據。

雖然觀察法有其限制,但有經驗的教師,以及當教師與學生相處日久,則觀察的可靠性也會增加許多。

無干擾性技術

所謂無干擾性技術(unobtrusive technique)是指被觀察者沒有察覺到自己被觀察,如果不曉得自己被觀察、評量,因此比較不會造成心理上的緊張,或者刻意表現出討好教師的行為,因為教師所要觀察的是學生的典型表現(typical behavior)而非刻意表現出來的行為。在研究上常用的無干擾性技術包含單面鏡,研究者可以透過單面鏡觀察受試的表現,但受試卻無法看出單面鏡的外面有人正在觀察他們。在學校中常用於無干擾性觀察的資料來源包含有:(1)學校記錄:點名冊、記功記過的記錄、圖書館的借書記錄、學生或諮商中心對學生智力、性向等之測驗記錄;(2)學生的作業:包含報告、作品、筆記等;(3)其他:包含教室座椅的安排方式,學生座位與教師的距離(學生喜歡坐前排或後排)等等。

訪談

訪談(interview)的地點可以在學校或者作家庭訪視。訪談的對象可以針對個別學生或者與學生相關的人員。例如:家長、兄弟姊妹、同學、行政人員,而訪談的方式亦可分為結構化訪談(structured interview)與非結構化訪談(unstructured interview)。結構化訪談是使用事先設計好的問卷一五一十的依照問卷上的格式來訪問,而非結構化訪談則通常只有一些中心的開放性問題,教師可以依情境需求而問適當的問題。

訪談也有一些限制:(1)不管是教師或學生兩者都受限於本身人格的特質與訪談的經驗。例如:當教師與學生平常並未建立親善關係,

或者處於緊張對立的狀態，訪談對雙方來講可能是一種苦差事，教師一時之間不容易突破學生的心理防衛，取得學生的信任感，捕捉學生內在真正的情感；(2)教師與學生的經驗、背景與立場不同，可能對問題及問題的對話作不同的詮釋，此為現象學觀點，很難避免，因此，教師應對訪談的學生有深入而多元的了解，並且培養同理心，能夠設身處地，從學生的立場去觀察事務；(3)教師與學生的對話，可能有權力關係的運作，如果學生表現欠佳，又經常挨罵，則學生可能視教師的訪談為一種調查，另一方面，若教師在言談舉止中表現權威型性格，則又會加大彼此間的距離（邱淵，民78）。

其他方法

包含有問卷（questionnaire）、量表（scales）、軼事記錄法，語意分析技術或紙筆測驗等，將在後續的章節中予以討論。

㈡情意領域中評量的限制（邱淵，民78）

態度、情意的評量不若認知或動作技能的評量來得確實，原因是其比較抽象，不容易具體化，以下指出至少三點情意評量的限制：

可信性差距

可信性差距（credibility gap）是指被評量者的表現與其本身內在的真實感受不一致。例如：在使用紙筆測量技術來評量學生的情意時，常使用自陳量表（self-report inventory），由受試本身依其自身的真實情況來作答，但所面臨的問題是受試者本身的誠信問題，有時受試會故意扭曲自己的答案以符合一般人的看法或討好老師，一般稱這種現象為社會期許性，若學生表現社會期許性行為而非其本身真正的行為，則產生了可信性差距。一般解決此問題的方式很多。例如：教師可以讓學生採不記名方式來回答，或者事先與學生溝通，評量的結果絕不會用來批評學生，這兩種處理方式，都在解除學生所感受到的威脅感，因為在多數的情形下，教師與學生的權力關係是不平等的，而且是處於對立的情形。另一種解決方式是配合其他的評量方式，以

增加資料的可靠性，例如使用觀察法、訪談法等，多方資料蒐集來源。第三種方法是使用系統性而長期的觀察，當我們觀察的次數增加之後，所觀察的結果就越接近真實。

態度的表面化

有時即使學生誠實做答，但也許那只不過是言語上的或一時情緒上的表現（例如剛看完一部電影），沒有理由相信態度與行動是一致的，也就是受試不一定真能知行合一。

年幼兒童的態度不具穩定性

這裡所謂的年幼兒童大約是指 4～7 歲的幼兒，正處於快速成長的時候，變化速度極快，雖然他們的回答比較誠實但是相對的比較缺乏對問題的理解與對其本身行為的洞察力。

五、教學目標的分析

教學目標的分析方式有兩種：首先是工作分析學派，以工作分析（task analysis）來分析課程、教學單元與教學目標間之關係，並且使用流程圖將各種元素加以聯結。工作分析起源於二次大戰時的美國軍方，例如軍方希望發展最有效率的方式來拆解步槍。其原理很類似大部分解，在課程分成許多的單元，再將單元分成許多的教學目標。最後依照元素間的邏輯順序以流程圖加以連結，這樣的方式又稱為鉅觀分析。

另外一種教學目標的分析是屬於泰勒方法（the Tyler approach），是屬於微觀分析，其程序是先設訂教學目標，再將教學目標分為若干的行為目標，最後再以類似雙向細目表的方式來檢定內容與各層次的目標之間是否有適當的分佈。泰勒認為教學目標是在教學活動前即已設定，但是在教學歷程中逐步的修正。而教學目標、教學手段與教學評量會在教學前與教學中產生交互作用，相輔相成，三者並非孤立的。

六、良好教學目標的特性（郭生玉）

行為目標應以學生為導向而非以教師為導向

行為目標應考慮到學生的能力與個別差異，注重學生可以達到什麼地步，而非教師希望學生達到何種地步。

例培養學生批判思考能力。（教師導向）

給予一篇文章，學生能指出文章中不客觀的立論。（學生導向）

行為目標應描述學習的結果而非學習活動本身

行為目標不應錯誤的描述章節名稱，或學習的歷程，而應明確的指出具體的行為結果。

例知道青蛙的生長過程。（學習活動）

學生能說出青蛙的各種生長階段。（學習結果）

行為目標應該是具體可觀察的

有些行為動詞不夠精確具體，應該少用，例如，欣賞、體會、理解、知道、相信、喜愛等。但是這只是一個原則而已，教師可以做適當的斟酌，學者發現教學的程度越高，則教學目標越模糊而越不好測量，而較低層次的目標與技能就比較好評量，同時，目標越精確，越不好寫，將需要更多的時間與精力來設計，因此，教師應考慮到不同的學習內容、目標、階段的差異來設定教學目標的具體程度。

敘寫一個行為目標時，僅能有一個學習結果。

例能定義萬有引力（一個目標）

能說出萬有引力、月球與海洋潮汐的關係。（數個學習結果）

七、撰寫行為目標的程序（郭先玉）

一般撰寫行為目標的程序有三個步驟：

設定一般教學目標

↓

列出具體的行為結果

↓

選擇適當評量技術

↓

設計教學評量計畫表

一般教學目標（general instructional objective）又稱為單元目標，而行為目標是指教師所欲達到的終點行為（terminal behavior），其程序詳述如下：

1. 決定一般教學目標，使其為預期學習結果的依據。

2. 在一般教學目標之下，細列出相對的具體學習結果。

3. 在細列具體的學習結果的過程中，如果情況要求，可以適當的修正原先所設定的教學目標。

4. 不可以忽略較高層次或複雜的學習結果，例如批判思考、問題解決、欣賞等。

5. 參考相關資料，以便對複雜目標或情意目標有更適合的設計。

6. 在每個教學目標下的行為目標應具有足夠的代表性（數量要夠多），但不需一一列出所有的行為目標。

7. 編寫評量計畫表：評量計畫表包含三個要素：教學目標、行為目標，與評量方式，為了讓評量更具信度、效度與生動，評量方式應儘量的多元化。例（教學計畫表）：

教學目標	評量方式
1. 了解評量的基本概念	
1.1 理解信度、效度的定義、用法	1.1 客觀測驗
1.2 了解主觀與客觀式問題的內含	1.2 客觀測驗
1.3 知道難度、鑑別度的估算方式	1.3 簡答題
2. 表現批判思考態力	
2.1 能指出古典測驗理論的優點與限制	2.1 主觀式問題（申論題）
2.2 能指出傳統評量理論的優點與限制	2.2 主觀式問題（申論題）
3. 表現問題解決能力	
3.1 能設計一個多元智慧評量以評量學生的多元智慧	3.1 研究報告
3.2 能發展對學生近側發展的評量方法	3.2 研究報告

八、對行為目標的批評（黃光雄，民 76）

　　行為目標的概念受心理學上行為學派的影響很大，行為學派常被人詬病的地方是對人性機械論的觀點，並且認為學習或人性是可以由外在的環境或教師所操控的，忽視了人的主動性。以下討論反對行為目標的一些理由，研究所喜歡考行為目標的優點與限制。

行為目標偏重瑣碎的學習結果而忽略了重要的教育目標

　　大學聯考就是一個很好的例證，行之多年的大學聯考要求客觀公正，但也抹殺了個人的獨立思考與創造力，原本應該培育情意能力的三民主義，卻被轉化為獨重認知，失去了原味。其實對於瑣碎性知識的認知，除了用記憶的方式之外，也可以教學生如何（How）查資料以取得資訊，亦即我們不是在教學生學些什麼（What），而是教學生如何學（How to learn）。當然某些基礎知識還是需要記憶，但是過度瑣碎的知識則不應強迫學生記憶，特別在資訊發達的今天，學生更可利用許多科技來取得訊息。

預先設定的具體目標可能妨害教師利用教室內偶發事件的學習機會

這可能是事實，但有經驗的教師也會懂得暫時將事先設定好的行為目標擺在一邊，處理突發狀況，或者利用偶發事件來給學生作機會教育。在教育上認為此類非正式學習的效果往往大於正式學習。通常這類偶發事件較能吸引教師及學生的注意力，也比較生動、活潑而具體，會給學生留下深刻的印象，因此，教師應該適當的利用偶發事件。

教育除了要改變學生行為之外，尚須改變家長、相關人員或社會人士的價值觀與態度

理想上教育的對象應不只限於學生，也不僅止於行為的改變。廣義的教育當然包括學校教育與社會教育，而且教育的最終理想在於陶冶學生的品德，促進其獨立思考與自我實現，因此在設定教學目標時，也應顧全到學生的主動性與高層次思考能力的養成。

客觀而機械性的測量可能降低人性

如果我們都以一成不變的紙筆測量方式，且偏重死記的方式來評量學生，則這句話是對的，但我們亦可以多元評量的方式來增加評量的人性與趣味，例如使用動態評量、觀察法、軼事記錄法、訪談法，甚至可以戶外參觀、實作、成品或遊戲的方式來進行，可使教學、評量與生活結合，使評量展現其意義與趣味。

在某些領域使用行為目標較困難

有關藝術、人文等科目確實不易具體化，有時我們對事物美、醜的評斷是非常的主觀的。但仍然可以以一部分的行為目標（例如認知部分），配合一部分的多元評量方式來進行。

測量有時會因善而害真

行為目標因為具體所以很適合作績效的評鑑。例如：對學校或教師的評鑑，就是根據事先設定的標準或行為目標來評量。有可能為了完成這些事先設定的標準而忽略了其他重要的標準。例如：學校為求升學績效而忽視後段班學生的利益，如果所設定的標準是強調認知的學習，而某位教師卻強調啟發學生的思考，在此情形下，這位教師是

不符合標準的，但就不是一位好教師嗎？這個問題涉及：(1)標準是如何決定的？(2)要設定那些標準？(3)標準是絕對的嗎？它是不可更改或推翻嗎？如果行為目標過份要求具體、明確、客觀，有時會忽略了這些精微的事件，例如學生的動機、認知、思考歷程、模式等，也是我們必須注意的地方。

歷屆試題

一、下列那一種方法不適於評量情意方面的學習結果？ (A)社會計量法 (B)紙筆測驗 (C)自陳量表法 (D)觀察法【中師】
答☞：(B)

二、進行教學評量時，要依據： (A)教學方法 (B)教材內容 (C)教學設備 (D)教學目標 【竹師】
答☞：(D)

三、請為某一中度智能障礙學生就「讓學生了解 1/2，1/3，1/4 的概念」之數學科學習目標，擬出「行為目標」以供教學。

【彰師 88】

答☞：

此題必須注意的是智能障礙學生的學習目標有別於一般學生之認知學習目標而以處理日常生活中之應用為主。

例：1/2：學生能夠將四個橘子分為兩堆

1/3：學生能將三個正三角形積木堆成一個四邊形

1/4：學生可以理解「一刻鐘」的概念

四、某一教師訂定教學目標為：「學生在閱讀完教學目標之後，能圖示認知領域六個層次的關係。」請問此一目標已達布魯姆（B. Bloom）認知領域教學目標的那一層次？ (A)知識

(B)理解　(C)應用　(D)分析　(E)綜合　(F)評鑑　　【東師86】

答☞：(D)

五、一、何謂行為目標？如何書寫行為目標？舉例說明之。

二、行為目標在教育上有何利弊？　　　　　　【屏師83】

答☞：詳見內文。

第八章

精熟學習

教學目標的功能之一就是應用教學目標在精熟學習裡（mastery learning），最早提出精熟學習的概念是卡洛（Carroll, 1963），之後受到學者們加以推展：布魯納（Bruner, 1966）、葛拉舍（Glaser）、莫里森（Morrison）、斯金納（Skinner）與薩佩斯（Suppess, 1966）等。精熟學習的概念在學校中常用，只不過給分的標準並非如精熟學習所強調的通過或不通過，而且形式也多少有些不同。

通常我們認為一個人的考試分數高低是和其學業性向或智力、能力等呈正相關，也就是說能力越強的學生，傾向於考較高的分數，因此，當我們的能力是呈常態分佈的現象時，考試出來的分數自然也應呈現常態分佈。但卡絡的觀點正好與此相反，他認為性向或成就是學習者達到精熟某項工作（task）的時間函數，而非能力函數，他指出，我們都有個別的差異，因此對不同科目的學習時間每個人多少有些不同，而教師能針對學生的個別差異，提出有效的輔導方式，並且給予充裕的學習時間，絕大多數的學生都能精熟某科目。這裡所謂的絕大多數時間到底是多少比例呢，估計約為 95%——其中包含 5%的資優生，與 90%普通能力的學生。若有 95%的學生都能通過某科目，則分數的分佈將呈負偏而非常態分佈。在此，指出精熟學習的目的，是要促使班上大多數學生都能精熟某科目。

一、布隆姆（Bloom）的精熟學習（張春興，民 89）

卡絡所提出的觀念：學習是時間的函數，可以下列公式表現：

$$學習程度 = f \left(\frac{學習使用時間}{學習所需時間} \right) \quad f：表示函數（function）$$

後由行為學派的學者布隆姆加以發揚光大，布隆姆提出有效教學策略（teaching-learning strategy），首先對傳統的教學提出批判：(1)傳統的大單元教學，總是在教師教完相當的內容告一段落之後才舉行測

試（例如期中考）。但是，因為測驗的範圍較廣，如果學生成績不甚理想，卻不太了解問題是出在那裡；(2)在大單元考試之後，通常會繼續上下去，若後面的課程與前面的課程有邏輯關係，則因為前面某些單元尚未精熟，可能會影響後續單元的學習，如此則形成「強者越強，弱者越弱」。因此，多數學生處於長期失敗的挫折感之中。布隆姆提出五項有效教學策略。研究所的心理學試題常考這題：「何謂有效教學，試申論之」。

1. 將教材區分成許多細小的單元，並且在每教完一個細小單元之後，立即進行評量，取得回饋，通常時間間隔為 1～2 週。

2. 題目不應太難，針對教學目標的題目其精熟或通過的比例，應設定在 80%～90%之間（有 80%～90%的人通過預先設定的標準）。

3. 在每一次的評量之後，立即讓學生核對成績與試卷，了解學生錯誤的形式，針對一些未達精熟標準的學生，給予額外的補救教學，而補救教學可以個人或團體的方式行之。在補救教學之後再進行測試，直到所有的學生都精熟為止，再進行下一個單元的教學。

4. 若學生的能力較高者，可以在其等待的時間給予充實學習，可以將課程加寬、加深。或給予額外的獨立研究，以擴充該生的學習範圍與深度。

5. 在期末結束時的總結性評量，其試題應涵蓋所有已教過的小單元，其精熟的標準是設定在約 80%的學生可以拿到甲等。

經實證研究的結果發現，精熟學習的短期實施結果要優於長期實施，因為很難長期照顧不同學生的不同學習時間，一直給學生進行額外的補救教學。此外，精熟學習採積極的態度，設法幫學生克服學習困難，較能增加學生的成就感與自信心，轉向為積極求學的態度。

二、傳統學習制度與精熟學習制度的差異（黃光雄，民76，邱淵，民78）

傳統學習與精熟學習在教學與評量上的差異如下：

1. 傳統的學習制度假定學生在剛開始學習的時候大致上具有相等的起始點行為。而在精熟學習制度裡則假設在剛開始學習時，每一位學生的能力都不盡相同，而這些個別差異可以表現在許多方面，例如：(1)每位學生所需的教學形式可能不同，有些聰明的學生僅需獨立學習就可以學得很好，但也有另外一些學生需要高度結構化的學習情境才能有效學習；(2)不同學生花在學習上的持久力（perseverance）亦不相同，卡洛把持久力定義為學習者願意花在學習上的時間，另外所謂的積極學習（active learning）是指學生專心致志的學習，若積極學習的時間少於願意花在學習上的持續力，可能造成學習的不精熟，而持續力和個人對科目的興趣、能力與態度有關。個人有內在差異，我們可能對某些科目較感興趣而有較久的持續力，另外某些科目不感興趣，而持續力較短。

2. 過去傳統的學習制度會將學生做能力編班，以便從事適性教育及增加教學的效率，不過近來不論傳統的教學或精熟學習都已傾向於常態編班，但在教學前預先評估個人的內在差異及起始點行為。

3. 傳統的學習，其課程設計傾向於教材所涵蓋的材料，而精熟學習裡課程的設計朝向所欲達成的終點行為。

4. 在傳統的教學制度中教師的角色偏重在資料的分配者或資料的提供者，在精熟學習制度中教師是一位學習的管理者，例如教師應依據個別學生的差異，選擇與設計適合個別學生而能達成

教學目標的教學設計。

5. 在傳統的教學中是針對常態分配中間的大部分學生選擇與提供較有效率的教學，可能會忽視常態分配兩端學生的需求。但在精熟學習裡卻為個別學生量身訂作個別的有效教學策略。

6. 在傳統的教學中，學生的成就呈常態分配的現象，並且表現在學生的行為表現，在精熟學習中學生多數達到預先指定的標準，但可能亦有少數學生未達到標準。而比較的標準在傳統學習中是學生和班上其他同學比，或者和常模比，但在精熟學習中，是與先前預述的效標相比，前者稱為相對標準，而後者稱為絕對標準。

7. 在傳統的學習中傾向於定期評估學生的表現（例如期中考，單元測驗，期末考等），其目的在決定學生目前的成就水準，而且，通常在測量之後，較少回頭校正學生的錯誤並且給予補救教學。但在精熟學習裡，很重視在教學歷程中持續不斷的診斷性評量，若診斷學生有學習困難時即時施予補救教學，以滿足學生的不同需求，補救教學可以個別進行或團體實施，其途徑極為多元，包含有：(1)小組研究（group study），小組研究可以消除個別競爭的威脅，小組成員在合作的氣氛中互相幫助而學習；(2)個別指導（tutorial help），針對能力較差的學生，但會增加老師較多的負擔；(3)教科書（textbooks）或其他參考資料，教師亦可使用多元資料來輔助學習，例如錄影帶，電腦輔助教學；(4)使用練習手冊或編序教學單元（workbooks and pro-gramed instruction units）；(5)或使用遊戲方式來進行，亦相當有趣。

8. 在傳統的學習制度中，定期的評鑑及總結性評量目的是在給學生評等，區分個人表現的優劣，但在精熟學習中，總結性的評量是在決定學生是否通過了精熟的標準，至於學生是否必須從頭再重新學習一次，在傳統的學習制度中，是直到課程或學年

度結束時再做決定，但在精熟學習裡只要在測驗中未達精熟標準，就必須從頭學習，亦即在傳統的學習中，學生要等到教學單元告一段落或期末時，才達到廣泛的學習目標，而在精熟學習中，多數學生在學習一個新單元時，都已精熟上一個單元的重要標準。

三、精熟學習的要素

1. 成就的效標（標準）：成就的效標必須符合教學目標，且通常以行為目標的方式敘述，可以雙向細目表作為藍圖，且強調絕對標準而非相對標準。
2. 以學生為中心：教師應向學生說明精熟學習與傳統學習不同的地方與實施程序，建立學生的信心，並鼓勵學生利用額外的時間來學習，並強調課程的目標是希望每位學生都能達到精熟的水準。
3. 精熟學習的策略：精熟學習的策略是先以團體教學，再以經常與立即的回饋實施個別化的補救教學。通常立即回饋是採用簡單而簡短的測驗方式來進行的，視教學內容而定，其形成性評量通常介於兩週，也就是在教學 8 至 10 小時之內，而一次的形成性評量大約花費 20 至 30 分鐘。
4. 校正過程：教師針對班上約至少 2/3 或更多的學生所未能達成目標的概念進行補救教學，給予學生學習，並且在第一次實施形成性評量之後 2 至 3 天，再實施另一次的平行性測驗。

四、精熟學習的修正

精熟學習的主要兩個限制是：第一是不太可能給每一位同學足夠的學習時間，然後等到每一位同學都精熟了再進入下一個教學單元，

第二是與通過不通過的評分制與一般學校慣用的五等第制有所差距，因此有修正制度的提出：

1. 對時間予以限制：教師不再提供每位學生「無限」的時間，以養成學生積極的態度，以提昇效率。通常會要求學生在特定的時間內達成精熟學習的目標。例如：在一個學期，一個學年或兩、三個月以內，時間的多寡必須考量到科目的性質、學習的次序、學生的能力、教材的結構化程度，以及教師及學生可以從事額外學習與教導的時間。

2. 採用多重測驗形式：針對每一個單元，教師應儘量提供各種測驗，以促進學生之精熟，而測驗的形式也可以互補。例如：以診斷測驗、段考、小考、形成性評量、總結性評量等方式交互的運用。

3. 評分制度的修正：可以適度的配合五等第制的評分方式。例如：當學生表現高度的精熟時，即給予甲等，中下程度的精熟時，應視情形給予乙、丙、丁等，不精熟時給予戊等。但這樣的評分方式有一個先決條件，那就是假設所有的教學目標重要性都是一致的，因為，若有些目標的重要性不一致，而學生對較重要的目標卻無法精熟，如此將違反了精熟學習的原則。

五、能力本位師範教育（許智偉，民 67）

行為目標的另一個使用的領域是能力本位師範教育（performance or competency-based teacher education），研究所喜歡考能力本位師範教育的解釋名詞，在 1970 年時，美國的師範教育認定委員會（The National Council for Accreditation of Teacher Education, NCATE）建議採用能力本位作為師範生認可並取得證照的標準，使能力本位教育的概念受到廣泛的重視。

能力本位師範教育的理念是視一些師範教育的教學活動是一些可

以測量的學習結果所組成的，在此所謂的能力（competencies）泛指師範生欲從事教職所應具備的特定能力（specific competencies）是指做事的能力（ability to do）而非指一般的學習能力（或學業性向）。例如：教師應具有寫板書、演講、對教育行政及教學法的一般性了解的能力。學者們（Robert L. Arends; John, A. Masla; Wilford, A. Weber）認為這些能力是可以測量的，而且可以設立某些標準來度量其結果，這些標準有：知識（knowledge）、表演（performance）、成果（product），以用來評量師範生在認知的了解（cognitive understanding）、教學行為（teaching behavior）與教學的效率（teaching effectiveness）上的表現。

　　能力本位的教學設計裡，首先先將教材與教學內容分解成許多更小的教學單元（instructional modules），然後再將每一個教學單元裡再細分為一般教學目標、特定教學目標（specific objectives）與行為目標，而在行為目標中必須詳細而具體的陳述終點行為，並且配合布隆姆的教育目標分類與雙向細目標來設計。

例 行為目標

　　師範生能在國小的某一科目中，依據三種哲學學派的觀點：進步主義、人文主義與後現代主義分別編寫三個教案，而在教案中並且指名所需的教材、教具、教學活動、準備活動、發展活動與評量活動，以及各種活動之流程與時間。

　　很明顯的，在美國以往所推行的能力本位教育偏重於行為學派的理論，以設訂行為目標的方式來增進教學的效率與評鑑的準確度。

第九章
成就測驗
（教師自編測驗）

一、成就測驗的意義（張景媛，民81）

成就在英文裡有許多的不同含義，包含：

1. 能力測驗（ability test）：目的在評量個人在認知、知覺動作或生理等之目前與未來的表現，因此，能力測驗包含了成就測驗（目前表現）與性向測驗（未來可能表現）。
2. 成就測驗（achievement test）：通常目的在衡量學生經過一段的學習後，究竟學到多少，故成就測驗是衡量學生從過去到目前為止的表現。
3. 能力測驗或資格測驗（competency test）：目的是在評量受試是否達到預先設定的要求或標準，例如各類為取得證照制度的資格考試（法官、醫生、教師），也具有成就測驗的性質。
4. 教育測驗（educational test）：是為特定教育目標而設計的，型式與種類繁多，常包含許多的成就測驗，四者的關係，可以圖示如下：

二、教師自編測驗與標準化成就測驗

成就測驗依其標準化的程度，亦分為標準化成就測驗（standardized achievement test）與教師自編測驗（teacher-made test）兩種，通常標準化成就測驗具有常模，目的用來做評鑑之用，而教師自編測驗就是教師應教學目的所製作的測驗，範圍較窄，同時也較常使用。張景媛認

為教師自編測驗具有下列的特色：(1)通常屬於單純成就測驗，是教師針對其任教的科目所設計的；(2)比較切合教學內容，通常教師自編測驗的內容較窄，只針對教師所教過的單元出題，取樣較具有代表性，同時亦可以依照評量目的而調整施測的策略，例如可以偏重知識、理解、應用的教學目標，或者偏重分析、綜合、評鑑的教學目標，亦或是搭配其他形式的評量方式（遊戲、合作學習、角色扮演……等），比標準化測驗更具彈性，同時也符合教學目標，唯其缺點是比較不嚴謹，試題的信度與效度偏低。

三、（標準化）成就測驗的編製程序（陳英豪、吳裕益，民86；張景媛，民81）

㈠決定評量的目的

測驗的目的必須考量到：(1)中央、學校及地方的要求；(2)課程的性質與次序；(3)學生的能力；(4)測驗的資源（時間、人力，是否有先前測驗可供使用，題庫等）。另外，在準備度測驗、形成性測驗、診斷性測驗與總結性測驗等不同性質的評量目的亦有不同的規範。以學科性質為例，數學科建構教學法的評量方式，就和傳統數學的評量方式不一樣。而準備度測驗的目的在評量學生的背景知識與起始點行為，其目的就與形成性評量的目的不一樣——校正、反饋。

㈡決定測驗的範圍

通常精熟學習因為經常舉辦隨堂考試，所以測驗的範圍相當窄，形成性評量是當教學告一段落之後所執行的，可能涵蓋一個至數個教學單元，而總結性評量所涵蓋的範圍最廣。教師在設定範圍時尚需考慮到題目的型式與所欲衡量的層次，如果所欲測量的範圍很廣，則較不適用申論題型式的題型，因為其作答的時間較長，相對的，試題取樣的範圍有限而應該使用客觀式問題，以使能涵蓋較大的測驗範圍，

如果教師欲衡量較高層次的能力（分析、綜合、評鑑），則必須考慮到使用申論題，試題取樣範圍有限，縮短測驗範圍，或僅評量重要概念間之相互關係。

四、敘述一般的學習結果

一般的學習結果比較抽象，作為行為目標的指引，例如本單元結束時，學生能表現下述行為：(1)了解成就測驗的意義；(2)了解成就測驗編製的步驟；(3)了解雙向細目表的功能；(4)了解成就測驗的編製原則。

五、確定終點行為

終點行為必須依前述布隆姆等人所著之「教育目標分類」（Taxonomy of educational objectives），以及行為目標的方式來陳述。例如：布隆姆將知識層次細分為知識、理解、應用、分析、綜合、評鑑等六個層次。而吉爾福德（Guilford，1958）將技能領域分成七種類別：氣力（strength）、衝動力（impulsion）、速度（speed）、靜止的精確能力（stable precision）、活動的精確能力（mobil precision）、協調的能力（co-ordination）、以及彈性（flexibility），教師考量學科性質、評量範圍、目標、題型及學生能力來決定學生的終點行為。陳英豪、吳裕益（民86）認為學習結果的決定，考量五大因素：(1)課程的性質；(2)先前課程所設定的目標；(3)學校及社會的教育思潮（例如人文主義、後現代主義）；(4)學生的個別差異與特別需要；(5)其他與教學相關的地方因素，例如鄉土教學時是否引進社區資源，或是否讓家長來參與評量。

六、準備教材大綱

　　教材大綱比教學目標更抽象，是對測驗範圍內之教材所做的簡單描述，以效度這章的考試為例，其教材大綱可以是：

　　1.效度的意義：
　　　①由測驗的觀點來解釋。
　　　②由統計的觀點來解釋。
　　　③信度與效度的關係。
　　2.效度的類型與建構方式：
　　　①內容效度。
　　　②建構效度。
　　　③效標關聯效度。
　　　④皮爾森積差相關係數、因素分析。
　　　⑤效標的種類與良好效標的特性。
　　3.影響效度的因素：
　　　①試題的客觀性。
　　　②試題的難度。
　　　③受試的變異。
　　　④試題的長度。
　　　⑤效標的混淆。
　　　⑥實施測驗的情境因素等。

七、編製（雙向）細目表

　　雙向細目表的目的在預示教材與知識、情意或技能等各方面的關係，雙向細目表正如測驗編製的藍圖，作為出題比重與層次及出題範圍的參考。

八、決定試題的型式

　　成就測驗的試題型式種類很多，依評分的標準分為主觀測驗與客觀測驗，主觀測驗以申論題為代表，適合衡量較複雜的知識，但因測驗時間的要求較多，故取樣範圍有限，客觀式測驗以選擇題為代表，取樣範圍廣泛，但偏重於知識層次的衡量。

　　另外，教師應依照科目的性質、教學目的、學生能力來選擇適當的題型，並且在情況許可下儘量搭配多元評量的實施。

九、依命題原則來編製試題

　　不同型式的試題都有應遵守的命題原則，下列是一些通則：(1)試題應具有取樣之代表性；(2)題目用字遣詞應儘量簡單扼要，且說明要清楚明確；(3)試題不要直接自課本抄襲，文句應予以適當的變化；(4)題目的每一個選項應各自獨立；(5)每題的答案應該明確而不模稜兩可；(6)避免在試題中有暗示性的線索；(7)宜考慮到高層次思考題目的兼顧。

十、編輯試題

　　應考慮到題目的型式，難易度的排列問題，測驗的時間，題目的評分標準，題目的長度，題目的型式等。

十一、試題的項目分析

　　如果是常模參照測驗，尚需做試題的難度、鑑別度與誘答力的項目分析。但如果是精熟學習，則較注重題目的重要性與代表性。

第十章

客觀測驗的編製原則

客觀式問題通常是指具有一定答案或一定評分標準的問題，不同的評分者使用一定的評分標準，其結果是一樣的。客觀式題目包含是非題、選擇題與配合題等具有固定答案的題目，此外，若簡答題的答案明確，亦屬於客觀式問題。對題目分類的另一種方式，是依據是否提供答案來畫分，若在題目中提供答案，讓學生選擇，則是屬於心理學上所謂的再認法（recognition），教師在教導新字新詞的時候，有時使用閃示牌，要求學生訊速的讀出閃示牌上的字、句，亦屬於再認法的使用，由於再認法有具體的刺激呈現，其回憶量要比回憶法（recall method）還高。回憶法是用在供應式的問題裏面，所謂供應式的問題是指教師問問題，需學生提供答案，即通常是主觀性測驗，例如申論題、作文、簡答題等。此類型題目一方面由於所提供的線索較少，另一方面由於要求學生在不同的概念間分析，比較聯結，批評，故較不容易作答，需且評分標準也常因人而異，本章先就客觀式問題的出題原則予以討論。

　　客觀式問題具有三項優點：⑴試題較具有代表性，因為客觀式問題的作答時間較短，因此可以在有限的應試時間內，增加一些試題，使試題的取樣更具代表性以促進信度與效度；⑵較能同時評量知識各層次的學習結果，一般認為客觀式問題（例如選擇題）較合適作知識、理解等偏重記憶方面的評量，但設計良好的選擇題，亦能評量類似評鑑、分析等高層的能力；⑶評分訊速且客觀，若客觀式測驗的答案是明確的，則可以利用電腦等分方式來增加評分的效率；⑷易於作試題分析：一方面由於本身的客觀性，另一方面由於客觀式驗較容易量化，因此，可以傳統的統計方式來做估計題目的難度、鑑別度，或是試題的信度與效度，這個優勢是主觀性測驗比較難以達到地步，因為主觀式測驗的答案以文字為主，較合適從事質的分析。

一、選擇題的編製型式

選擇題是由兩個部分所組成的;題幹(stem)與選項(alternatives),題幹是指問題的敘述,而選項是指可能的答案,在選項裏可能只有一個正確選項,其餘卻是錯誤的,某些錯誤選項的目的在引誘觀念不清的受試去選選它,故又稱為誘答(distracters),誘答的另一種功能是使猜對的機率變小,例如在是非題中猜中的機率是 1/2,但是在一個具有五個選項的選擇題中,其猜對的機率則只有1/5。最後,設計良好的選擇題尚可以幫助學生釐清觀念,或則進行概念與概念間之比較分析。

㈠問題敘述的型式

問題的敘述有兩種型式:直接問句型式與不完全敘述句型式,通常以不完全敘述句的方式較為簡單、直接,故教師在編製選擇題時應儘量使用不完全敘述句的方式。

例直接問句的形式

問題:下列哪一種信度可以同時衡量時間誤差,以及內容取樣的誤差?

(A)重測信度

(B)複本信度,立即施測

(C)複本信度,間隔施測

(D)內部一致性係數

答:(D)

例不完全敘述句

問題:可以同時衡量時間誤差以及內容取樣誤差的是:

(1)重測信度

(2)複本信度,立即施測

(3)複本信度，間隔施測

(4)內部一致性係數

㈡唯一答案與最佳答案型式

選擇題的選項有兩種呈現方式，常見的是唯一答案式，例如在四個選項中，只有一個是正確答案，其餘三個都是錯誤的答案，例如上述選擇題，即為最佳答案式。另一種最佳答案式則可能四個選項都是正確的，但是其中只有一個是最好的選項。最佳答案式的選擇題比唯一答案式的選擇題更能衡量學生對概念的了解程度，測試學生是否有觀念的混淆不清現象。

例最佳答案式的選擇題

下列哪一種最適合當作職業性向測驗的效標？

(A)在學成績

(B)其他類似的性向測驗

(C)未來的工作表現

(D)教師的評定

在以上四個選項中只有一個最佳的選項(C)，其餘三個也是（部分）正確的選項，只不過不是最好的選擇罷了：

A選項是可以作為職業性向測驗的效標，但不是很準，因為在學成績的高低受到許多其他因素的影響（動機、智力、努力、機運等），其中與未來職業相關的因素可能並不高，亦即在校成績好的人未必在社會上表現就會自然的好，因為職業表現要求人際關係、問題解決、協調、溝通、家世背景、機遇等，多是學校所未教的。

B選項當然也可以做為建立職業性向測驗的效標，但有幾個先決條件：(1)兩種職業性向測驗的性質極為類似（但多數測驗即使在測驗目的上相同，但是其內容上卻有甚大的差異）；(2)必須針對同一群受試者施測兩次，且儘量控制兩次的測驗情境使其接近，之後再求兩次

測驗間之相關；(3)要做為效標的測驗應該是已有名望的測驗。

　　選項C是最佳的選項，因為職業性向測驗的目的在預測，如果未來的工作表現與當初預測的結果呈現高相關，自然證明說職業性向測驗是有效的，而且是準確的，實用的。

　　選項 D 由教師來評定學生未來從事某種行業成功的可能性，除非教師對所評定的學生有相當的了解，否則其誤差可能相當的大，此題可以圖示如下：

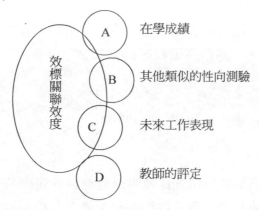

　　此題將選項的代號改為A，B，C，D形式（英文字母），要比使用阿拉伯數字的型式來得好，因為有時若文句中有數字的話，可能會與選項的阿拉伯數字混淆，但是國小低年級生未學過英文字母，可改為甲、乙、丙、丁的型式。

二、選擇題的優點與限制（王文中，民88；陳英豪、吳裕益，民86）

1. 比申論題或配合題更加的經濟與客觀：配合題的製作必須找到一系列具同質性的材料比較費時費事。而且材料與概念間必須要有某種程度的關聯性。而申論題的製作雖然比較容易，但在

評分上卻相當費時，且受主觀因素的影響，而選擇題一次只衡量單一觀念，比較簡單的製作，而且在評分上也比較方便。

2. 選擇題可以適用於知識的所有六個層次的評量。研究所曾考過何種型式的試題可以同時評量認知的六個層次，答案是選擇題。

3. 選擇題可以避免申論題或簡答題之題意不清或可能答題範圍太廣的問題。

例 我國的首都是＿＿＿＿＿

在此題中用於對我國的定義不是很明確，有可能填答為南京，可改為，下列何者是我國的首都？

(A)台北

(B)台中

(C)高雄

(D)花蓮

4. 選擇題有最佳答案式比較可以避免是非題的一些限制，是非題的困難處在於不容易找到完全對或完全錯的答案，因為我們在真實世界裏觀點常是相對的，在黑與白之間，存在著許多的灰色地帶，此種限制，尤其在情意目標的評量上尤甚。

例如，是非題：（　　）助人為快樂之本。這題的答案在二十年前是正確的，但目前由於社會的情境不同，治安的隱憂一直是家長與學校最大的憂慮之一。有些家長及教師乾脆教導學生不要回答或幫助陌生人。類似這種無絕對是、非標準的問題很多，因而使是非題的製作不如想像中的容易。而選擇題的最佳答案式即可避免類似的缺點。

5. 選擇題比是非題較少受猜答因素的影響，故信度較是非題為佳。

6. 選擇題比是非題較容易避免反應心向，有些學生在遇到困難的是非題時傾向於選錯的答案，或則傾向於打「○」的答案，但選擇題較不會傾向於全選 A 或全選 B 的答案。

7.試題的難度可以籍調整選項的同質性而加以限制。

8.可以提供教師有價值的診斷資料，了解學生錯誤的類型。

㈠選擇題的限制

1.選擇題比較適合評量語文的學習結果，而多數語文學習的結果
是指假設的情境，但無法證明當學生在真實情境中運用所學的
能力，例如教師可以以紙筆測驗來評量學生對評量理論的認
知，但是無法了解學生是否會運用他所學的評量理論至未來的
教學情境中，同樣的，教師可以選擇題測驗學生環保的概念，
但不見得學生會在日常生活中實踐這些環保的概念。解決之道
是輔以其他評量方式，例如使用觀察法或實作評量來了解學生
知、行合一的程度。

2.選擇題是針對某一個問題要求學生選擇合理的答案，較不適合
作教學與科學問題的測量，也不適合組織能力與對概念提出能
力的測量，這些能力屬較複雜的高層次思考，可能需要其他的
評量方式，例如對科學問題的評量，也許較適合用實驗法、觀
察法。

㈡多重答案型

正確的答案不止一個，學生必須選出所有與問題相關的正確答案
才算答對題目，其優點是可以減少猜測因素的介入，但題目較難會增
加學生焦慮程度。

例與信度類似的概念有那些？

(A)一致性

(B)隱定性

(C)可靠性

(D)確定性

答：(A)，(B)，(C)

(三)**類推類型**

要求學生以前兩項的關係，來類推後兩項的關係，但省略最後的第四項，要學生選出來：

例時間誤差之於重測信度，正如內容誤差之於：
(A)重測信度
(B)複本信度
(C)評分者信度
答：(B)

(四)**組合反應類型**

此種題目具有多重選擇的優點，但確屬單一選擇題的型式，目的在減少應試的焦慮：

例(1)重測信度　(2)複本信度　(3)折半信度　(4)評分者信度，上述信度中具有內容誤差的是那兩種？
(A)(1)(2)
(B)(2)(3)
(C)(3)(4)
(D)(3)(4)
答：(B)

(五)**否定題類型**

1.其使用時機通常是應為要設計三～四個誘答選項比較困難，不如設計一個否定類型的選項，再配合其他三個正確的選項但必須提醒受試，此題是選擇不正確的答案。

例以下何者不具有內容取樣的誤差？
(A)複本信度
(B)折半信度

(C)庫李信度

(D)重測信度

答：(D)

2.亦可以演繹法或歸納法、辨正法等方式來進行評量，而若衡量教學的計算能力可以使用簡答題，要求學生列出計算的過程，而要求學生數學解決問題的能力（建構教學），則必須以思辨的方式來評量學生問題解決的品質。

3.選擇題必須提供數個似真性的誘答選項，以增加題目的鑑別度，但似真性的誘答選項不容易製作，會提高選擇題編製的成本。

4.若命題的技巧不夠成熟，較容易導致衡量瑣碎性知識。

5.無法測量表達（語言表達）能力或組織能力，語言表達能力的評量需使用評定量表法（rating scale）或觀察法。

6.選擇題與申論題做比較，較不容易評量高層次的能力（問題解決、創造力、建構能力）。

7.相對於建構類型問題，選擇題無法完全避免猜測因素，所謂的建構問題是教師給予一個開放性問題，並要求學生予以解答，例如在數學課中教師要求學生分組討論解決測量學校面積的方法，此類問題解決方案的提出，可能沒有所謂的標準答案的存在，故也無法出選擇題。

三、選擇題的編製原則（陳英豪、吳裕益，民86；郭生玉，民87；王文中等，民88）

(1)每個題目應只測量重要的概念。

多數記憶性的知識，如果在生活中不常用到，則容易遺忘。例如：誰是中國在位最久的皇帝，馬關條約的內容，黃河發源於

那一省，相信多數曾讀過的朋友，多年之後已不復記憶。這些零碎性知識固然可以幫助我們對這個世界有較深入的理解，但在記憶的歷程會感到枯燥乏味。此外，有些知識會隨著時空的變動而變動，當年的標準答案，可能現在已不是標準答案，例如月球是否有水（答案是肯定的），西安事變的確實真像如何？認知心理學家希望我們教導的是上位學習，即所謂原理、原則的學習，是教導學生如何學（How to learn）。例如：如何獲得資訊，如何培養讀書的樂趣等。因此，教師應該儘量避免瑣碎性知識的評量，以及填鴨式教學。

⑵**每次只問一個問題（或考一個概念）。**

　　題意要簡單、清楚、明確，使考生在閱讀完問題的陳述之後，不用看選項就知道問題的目的。

例效度：（不佳）
　(A)目的在衡量時間介入所產生的影響
　(B)信度比效度更為重要
　(C)目的在決定測量結果與教學目標的一致程度
　(D)效度高，信度不一定高
答：(C)

例較佳：在測量上，效度與信度的關係是：
　(A)效度是信度的必要條件
　(B)效度高，信度一定高
　(C)信度高，效度一定高
　(D)效度低，信度不一定低
答：(B)

例不佳，效度不佳或信度不高的可能原因是？（一次考兩個概念）
　(A)試題不客觀

(B)試題難度中等

(C)受試的異質性高

(D)使用不正確的估計方式

答：(A)

　　此題應改為效度不佳的原因？以及（或）信度不佳的原因？分兩題予以測量。

例不佳：評量可以促進教學，教師應將教學與評量融為一體，相輔相成，以下何者是評量的功能？此題加了許多不必要的言詞，增加了學生閱讀的時間，問題不符合簡單、直接的原則，應將題目改為：評量的主要功能是？

(3)應該將選項中共同的用字放置在題幹之中。

例不佳：衡量建構效度的證據有那些？
　　　　(A)多項特質－多項分析方法
　　　　(B)項目分析方法
　　　　(C)重測法
　　　　(D)評分者方法

答：(A)

例佳：建構效度的估計方法有（何者為非）
　　　　(A)因素分析
　　　　(B)對照組
　　　　(C)實驗
　　　　(D)折半法

答：(D)

(4)題目儘可能以正面方式陳述。

　　例如：「以下何者是較佳的方式」，或則是「最可行策略」，

比較符合教育上積極向上的心態；反之，否定敘述，例如：「最不好的方法」、「最不佳的策略」的教育效果欠佳。

例較佳：評量的主要目的是：

(A)區分學生能力之高、低

(B)促進學習

(C)給予學生打分數

(D)作為編班、分組的依據

答：(B)

但有時也有例外，有時負面題有一種警示的功能，提醒教師不要犯了某類型的錯誤：

例選擇題的主要缺點是：

(A)教師若不熟練，可能淪為零碎知識的評量

(B)誘答選項不易製作，需發費較多的時間

(C)比較不容易記分

(D)同質性的選項不容易建構

答：(A)

例不佳：下列何者不屬於情意領域的教學目標？

(A)接受或注意

(B)反應

(C)分析

(D)價值體系的組織

(E)品格的形成

答：(C)

此題可改為改良式的是非題（modified true-false form）以便對情意目標作更完整的測量：

例下列何者是情意領域的教學目標，如果是是的話，請在「T」
上畫圈，如果不是的話，請在「F」上畫圈：

       Ⓣ   F   (1)接受或注意

       Ⓣ   F   (2)反應

       T   Ⓕ   (3)分析

       Ⓣ   F   (4)欣賞

       Ⓣ   F   (5)評價

       T   Ⓕ   (6)綜合

       Ⓣ   F   (7)品德形成

　　此種改良式的是非題同樣具有選擇題的功能，受試者必須一
一對選項內的概念判斷真、偽。再予以作答，好處是可以避免因
為缺乏足夠的誘答選項，而迫使使用否定性的陳述。另外，有一
點必須要注意的事：通常問題的陳述多屬於肯定句，如果在考試
的過程中學生太緊張或則粗心，往往會忽略了文句中的否定敘
述，例如「不」字，因此可以使用不同的字體（粗體字，斜體
字，劃底線）以提醒考生。

例以下何者<u>不</u>是增加信度的方法？

(A)增加測驗的效度

(B)使用客觀式問題

(C)使用主觀式問題

(D)增加試題的長度

答：(C)

(5)試題的答案一定是唯一的（單選題）或是最佳的（單選題）：

例不佳：測量的目的是：

     (A)安置、分組

(B)診斷

(C)評等

(D)促進學習

答：(A)、(B)、(C)、(D)（評量皆具有此功能）

例較佳：在教學上測量的主要功能是：

(A)安置、分組

(B)診斷

(C)評等

(D)促進學習

答：(D)（本題指定在教學上）

評量的目的固然也可以用來做為分班（行政上功能），或給學生打成績，但有不少人往往以評量為手段，當做控制學生的一種工具，例如，如果考不好，就會被當掉，學生處於背動，受威脅的情境，往往喪失了學習的樂趣，而此種評量的方式，也往往激化學生間的競爭，使能力弱的學生生活在挫折感中，但我們亦可以活潑有趣與生活化的方式來評量學生，給予學生回饋、激勵學生以促進學生的學習。

⑹各選項的文法應與題目一致（例如：英文題目）。

例 We store information in：

(1) sensory memory

(2) work memory

(3) short-term memory

(4) long-term memory

答：(4)，但選項(2)的文法不對應為 working memory。

例 When teaching, a teacher may want to provide outlines of the learning material for students to help them.

(1) focus on desire manageable amount of information

(2) transfer learned material to long-term memory

(3) become swamped

(4) process more information 　　　　　　　　　　　　【南師 87】

答：(1)。但應將選項中之 desire 改為 desired。

(7)避免提供選擇正確答案的線索。

例以下何種屬於量化的實驗研究法？

(A)倒返實驗設計

(B)個案研究

(C)人種誌研究法

(D)相關研究法

答：(A)（提供「實驗」的線索）

(8)避免提供刪除不正確答案的線索。

例下列分數（4，7，7，8，10，12，12，12，18）的平數、中數、
眾數、依序為：

(1) 8，12，10

(2) 8，10，12

(3) 10，10，12

(4) 12，12，12 　　　　　　　　　　　　　　　　　【彰師 88】

此題答案為(3)

12 出現最多數，故 12 為眾數，10 剛好兩邊各有四個數字，故
10 為中數，此題選項(4) 12，12，12，不是一個具誘答力的選
項，因為只有在常態分配的情況下三條線才會在一起，而此題
很明顯並非是常態分配。

(9)避免某些修飾詞。

　　在選項中有通常、或許、有時等修飾詞，常為正確的選項，因為比較好防衛。相反的，如果在選項中含有總是、從未、所有、唯一等傾向絕對性的字眼，往往是錯誤的選項，因為比較不好防衛，只要有一個例外，就可以予以推翻。

例不佳：評量可以促進學習，因為它：
　　　　(A)是唯一最佳促進學習方式
　　　　(B)可以提供所有人正確的回饋
　　　　(C)總是可以激發學生思考
　　　　(D)可以與教學相輔相成
　答：(D)

(10)在單一選擇題中應避免同時有兩個意義相同的選項，因為較容易被覺察為錯誤的答案。

例下述何者是效度的最佳定義？
　(A)一致性
　(B)隱定性
　(C)可靠性
　(D)適切性
　答：D。但一致性，隱定性與可靠性的概念相近，較容易被敏感的考生察覺到，而被排除為正確答案之可能性。

(11)有關誘答選項。

　　誘答必須具有似真性（似是而非），以誘使觀念不清的考生予以選擇。

　　然而應如何增加誘答力呢？陳英豪，吳裕益指出：
　　1.使用多數學生共同之錯誤觀念或錯誤的行為來作為誘答。

2. 使用學生常用的口語來編製選項。

3. 在正確選項以及誘答選項中同時使用例如像重要的，精確的，等看似真確的形容詞字眼。

4. 誘答題的長度，同質性與敘述的方式應與正確答案儘量一致。

例 美國的首都是？
　(A)東京
　(B)華盛頓
　(C)北京
　(D)巴黎

不管東京、北京或巴黎，都不在美國本土上，這樣的選項不具有同質，應加以修正。

⑿ **變化各題選項的長度，以刪除長度的線索。**

有時題目內之選項較長，比較傾向於正確的選項，因為需要較多的文詞來防衛選項的正當性，往往會提供考生不當的暗示。

例 下例對人格測驗的描述何者為真？
　(A)因有理論構念，所以通常效度較高
　(B)人格測驗的信度通常較智力測驗為高
　(C)人格測驗中受試者的答案是相當可信的
　(D)人格測驗較其他能力測驗遭遇更多的編製及測量的問題

【彰師86】

答：(D)

此題正確答案是(D)，但此選項的字數比其他選項還多，較容易引起考生注意。(A)不是正確的選項，構念為假設性質，都以間接衡量的方式來進行，故準確度效低；(B)也不是正確的答案，因為人格測驗較一般的智力測驗精確度較低，效度也比較低，故其信度不如智力測驗。人格測驗的準確度是假設

受試是誠實的，但卻不一定，因為人格測驗的進行受到許多
因素的干擾，例如，社會期許性，受試者的動機、情緒等，
都會影響到人格測驗的可靠性。教師應儘量變化各選項的長
度。

⒀**避免使用以上皆是或以上皆非的選項。**

使用以上皆是的缺點有：⑴受試只要確定選項中有兩個是正
確的選項，就可以選擇以上皆是；⑵同樣的，受試只要發現選項
中有一個是錯誤的，就可以排除以上皆是的選項。

另一方面若使用以上皆非的選項，則僅能測量考生辨認不正
確答案的能力，並不一定了解那些是正確的答案。

⒁**正確答案的選項應以隨機的方式排列。**

以隨機方式排列正確的答案，可以避免受試有反應組型的出
現，例如偏好選擇選項⑴，或避免受試依某類型而猜測的機會，
例如前一題正確選項為⑴，則此題正確選項可能不是⑴，或前面
曾經出現過⑴，⑵，⑶的選項，則這一次應該是選項⑷。

⒂**以變化題幹或改變選項的同質性來增加問題的難度。**

例 不佳：下列那一種人格測驗使用投射技術？
　　　　⑷明尼蘇答多項人格量表
　　　　⒝主題統覺測驗
　　　　⒞魏氏智力測驗
　　　　⒟社會計量法

此題選項魏氏智力測驗與社會計量法之性質與明尼蘇答多項人
格量表及主題統覺測驗不同，一個是屬於智力及社交的衡量另
一個才屬於人格測驗，在此情形下，考生只要了解到MMPI與
社會計量法並非人格測驗，而且通常只有人格測驗才使用投射
技術，就不會選擇這兩個選項。

例較佳：下列何者不是投射測驗？

　　　(A)語句完成技術

　　　(B)羅夏墨漬測驗

　　　(C)語意區分量表

　　　(D)明尼蘇答多項人格量表

答：(D)（此四個選項皆為同質性的人格測驗）

(16)**以最經濟有效的方式來排列試題。**

　　題目與選項應有所區隔，在不同列，以便閱讀。選項若為中文，可以英文字來標示各選項的號碼，以免與數字混淆，但對國小低年級生，若未學過英文，則可以中文甲、乙、丙、丁、戊來標示，若題幹與選項是英文，而題幹是一個問句，則每一個選項的開頭的字母均應大寫，而在選項最後再加上句號或其他符號來代表句子的結束，目的在求選項與題幹文法的一致性，但若採用克漏字（close test）測驗，而所要填入的單字或詞位於句中，則必須符合文法慣例，且予以小寫。另外，若答案是數字，則應避免使用逗號、頓號或句號以免與數字或小數點混淆。

(17)不可以依照教科書的內容順予，或完全從課本照抄，這樣比較容易給予受試回憶的線索，應適當的修改或重組文句，避免直接抄襲課文。

(18)**題目不可以太多。**

　　題目的多寡，視考視的範圍，允許考試的作答時間，以及考試的題型而定，選擇題的反應較迅速，但申論題應限定回答的方向，參照標準，以免受試浪費時間，漫無目的的作答，題目應只測量重要的概念，若題目過多，將淪為速度測驗。

(19)**問題的描述或複雜度必須配合受試的程度，亦即至少要具有表面效度。**

　　若問題回答的對象是小學生，則其背景應是與小學生生活相

關的事務，比較不適合討論諸如股市，複雜的政治現實等議題，同時，也不應使題目受到政治意識形態，或宗教意識形態的影響。

⒇**題目的難度要適中，不可以太過簡單或太過困難。**

　　若題目太簡單，大家都考高分，會形成天花板效應（ceiling effect）。下次考試時，退步的機率較大。當然，題目到底要多難，還要參酌應試的內容，與考生的程度而定，而且最好試題的難度能夠適當的分散，有部分較容易的題目以增加應試的動機，中等難度的題目以增加鑑別力，以及較難的題目以測量能力強的學生。

(21)**避免將選項插入題幹之中，導致題幹被分割，使閱讀較為困難。**

例不佳：_____是對集中傾向的最佳估計？
　　　　　　(A)平均數
　　　　　　(B)中數
　　　　　　(C)眾數
　　　　　　(D)標準差
答：(A)

(22)**避免（誘答）選項間有同義字、類似，互相包含或從屬的關係。**

例不佳：下列那一種動物屬於哺乳類？
　　　　　　(A)雞
　　　　　　(B)海豚
　　　　　　(C)魚類
　　　　　　(D)熱帶魚
答：(B)。此題魚類包含熱帶魚，應予修正。

(23)**選項的順序安排應該依照年代先後、英文字母，或數值大小予以排列。**

例若兩個母體的平均數為 50，σ² 都是 100，如果各由其抽出 N = 50 的樣本，則樣本平均數所形成之抽樣分配之平均數為：

(A) 0

(B) 1

(C) 50

(D) 100

答：(C)。50（當 n 趨進無限大時，樣本平均數的抽樣分配等於母體的平均數）

四、是非題的形式（黃元齡，民 80）

是非題除了要求學生回答是或非之外，亦有同意或不同意或事實與意見等判斷的形式。由於是 2 選 1 且在態度上完全相反，故又稱為「對立反應題」（alternative response items）或稱為「真偽法」，亦即要求受試辨識陳述句之真、偽。是非題的形式有：

是—非式

是—非式（Yes-no variety）：要求受試指出是、非或對、錯，如果是對的，在( )內打○，如果是錯的，在( )內打╳。

訂正式

訂正式（correction variety），除了辨識陳述句的對錯之外，尚且要針對錯誤的題目寫出正確的答案，但若該題是正確的，則不需予以訂正。

組合式

組合式（cluster variety），題目為不完整的陳述句，而選項是針對此不完整陳述句所提出的說明、理由或其他相關的特徵，要求受試者針對這組補充的句子辨認對、錯。

例在研究法中所謂的內在效度威脅是指：

(A)會影響研究之精確度的因素 ………( )

(B)包括成熟、對前測的敏感性等……( )

(C)是指研究結果的代表性 ……………( )

(D)設計嚴僅的實驗可以完全排除內在效度的威脅……( )

(E)內在效度的重要性要高於外在效度……( )

答：(A)○　(B)○　(C)✕　(D)✕　(E)○

五、是非題的特性

1. 是非題適用於簡單事實的測量，而且對該事實只有是或非，對或錯二個明確的答案。若該事實有可能引起爭論，則較不適用。

　　例不佳：( )抽煙有害健康。一般人常識性的認為這個陳述句是事實，但實證研究亦提供許多例外證據，有不少人抽煙但還是非常的長壽，也就是說，我們無法確定的建立抽煙會引發身體不健康的因果關係。有許多有關道德判斷的問題並不適用是非題型式，因為道德判斷受到許多主觀與客觀因素所影響，通常沒有一定的標準可言。

　　例不佳：( )兒童應孝順父母。這個陳述在某些先決條件下是對的，多數父母一向盡心盡力的照顧孩子，但也有些父母是虐待孩子，甚至以孩子為謀利的工具，在此情形下就另當別論。

　　例不佳：( )經濟的發展不應該犧牲環保。此題初看一下應該是正確，但亦有許多不同的看法，到底是經濟發展優先呢？還是環保優先？經濟發展與環保真的能並重嗎？如果兩者無法兼顧，那麼是何者為優先的考量？

相信這題很難有標準答案的，有些人追求山林之美，有些人寄望生活的改善，是很難達到共識的。

2. 是非題較容易受猜測的因素影響，一般估計猜測率高達 50%，因此其信度較低，為了提高是、非題的信度，必須增加是非題的長度（題數），在適當的測量範圍之下，宜將是非題的題數增加至至少 75 題，而 50 題是最低的標準，如此方可使是非題達到合理的信度。

3. 是非題雖然猜測的機率較高，但由於題目與回答方法較為簡單，因此非常適用於缺乏語文能力的族群，例如低教育程度者或是幼兒。

4. 是非題雖然有訂正形式，但此種形式不一定符合是非題的內涵，應為訂正題目的回答程序可能類似簡答題，而失去了是非題的測量意義。另外，有些學者建議將二選一的選項改為三選一，例如「是」「非」「不一定」以增加對題目判斷的選擇性。但，一方面不容易找到題目適用於三選一的選項，二方面不一定的選項增加了回答的不確定性與計分的困難，也使三選一的方式違背了是非題的精神。

5. 是非題的編製不如想像中的容易，因為許多事物的性質並非是是非分明，非黑即白的，常常在黑、白之間存在著許多的灰色地帶，但是一些瑣碎的事實卻比較容易判斷真偽，如此，容易造成不熟練是非題的出題者，偏重在瑣碎記憶的評量。

6. 是非題的作答比較快速，與其他形式的題目相比，是非題能夠在相同的時間內，測量較多的概念。同時，是非題亦適合絕大多數的學科，都可以是非題的形式來衡量，這可以說是是非題的主要優點，簡單說，是非題的優點有：(1)記分客觀；(2)取樣廣泛；(3)適用於各種教材。

7. 若教材太抽象或太籠統就不適合用是非題形式來命題。此外，

可能有不同判斷標準的概念也不適合用是非題來命題。

8. 是非題適合用來測量學生一般所容易犯的錯誤概念，並提醒學生避免犯此類型的錯誤。

六、是非題的命題原則

1. 每一個題目只測量一個概念，避免在同一個題目中衡量兩個或兩個以上的概念。

例 不佳：(　)信度是指測量結果的精確性，可以針對相同樣本重複施測兩次而求得。

這個問題，第一個陳述句是錯的，信度是指隱定性，但是第二個陳述句卻是對的，如此混淆了受試者，應該將此題改為兩題，每題只測量一個概念：

(　)信度是指測量結果的精確性。

(　)信度的估算方式之一是針對相同受試者重複施測兩次，再求兩次的相關。

2. 試題的敘述必須是明確簡單的，而且其答案不致於引起爭論性，在題目的敘述中應避免諸如「可能」「或許」「經常」「總是」「很少」「不可能」等模糊，不確定的修飾字眼。

例 不佳：(　)台灣經常發生車禍事故。此題不佳的原因是每一個人對「經常」的感覺及參照標準不一樣，對一個來自交通秩序很混亂的國家的人來說「經常」可能是正常的，但一個來自像美國這樣遵守交通秩序的國家的人而言，這個「經常」可能不僅是經常而已，而是「總是」，這題應改為：

(　)依內政部調查，台灣每年發生車禍事故的比例是

？。

明確的講述統計資料作為判斷的標準。

3. 試題的描述應儘量簡單明確，避免使用冗長的或複雜的語句結構。

例不佳：( )信度與效度都是在從事研究或施測時必須考量的重要因素，但如果信度與效度兩者不可兼得，在此情形下，研究者應較首先考量效度。
此題有太多的贅言，浪費考生的閱讀時間，應改為：
( )效度比信度還重要。比較直接、簡單。

4. **儘量避免否定敘述。**

大部分的題目多是肯定式的陳述，學生也作慣了肯定式的陳述，一但在題中穿插一些否定式敘述可能會被粗心的考生所忽略。一般認為肯定的陳述比較有教育的含意。

例不佳：( )依過去所發展的理論提出假設，不是科學的研究步驟之一。此題的答案是對的，因為假設不一定要依過去的理論來提出，有可能過去的理論是錯誤的。類似此種反面的陳述的負作用是，有時反而誤導考生的注意力在一些錯誤的概念上。此題可改為：
( )提出假設是科學研究的主要步驟之一，但是設計精巧的反面性陳述卻可以偵測考生對概念的了解程度，例如，我們所提出的假設不一定需要完全符合理論的預測。此題可以測試考生對於建構假設的方法的真正了解，並且提醒學生，當過去的學理與目前的觀察有所抵觸時，研究者不應囿於過去的學理，而應以獨立思考的態度來處理。

5. 對於意見（opinion）的陳述，必須指出該意見的來源，因為意見或態度多數是沒有對或錯的。

例 不佳：（　）學習是刺激與反應間的聯結。此題不佳的原因是對學習的看法眾說紛紜，行為學派、人本學派、認知學派等的看法各異，故此題應改為：
（　）依史金納（Skinner）的觀點，學習是刺激與反應間的聯結。但是此原則是有例外的，當我們要求學生依問題來判斷到底是「事實」或「意見」時，則可以不必寫出資料的來源。

例 下列敘述何者是事實？何者是意見（依涂爾幹的觀點）

事實　意見　1.自殺是會被模仿的，

事實　意見　2.青少年的自殺率比老年人的自殺率還要高

事實　意見　3.女性比男性的自殺率高

事實　意見　4.台灣因火災而死亡的比率比因溺水而死亡的比率高

事實　意見　5.冬天的自殺率要比夏天自殺的死亡比率高

此題前四個題目都不是事實，所謂事實是必需佐以證據的，而此類問題的證據通常是統計資料，在涂爾幹著名的「自殺論」研究中，以國為統計比較的單位。如果自殺是會模仿的，假設A國的自殺率最高，則其鄰國B會模仿，其自殺率應次高，至於沒有與A國相鄰距離較遠的C國自殺率最低——自殺率：A＞B＞C，但涂爾幹卻沒有發現有這樣模式的存在，亦即有可能C＞B＞A，推翻了自殺會模仿的假設。涂爾幹發現老年人的自殺比率要高於青少年，原因之一是老年人比青少年多了病痛的因素。而想以自殺的方式逃脫疾病的困擾。女性比男性的自殺率何者較高？研究發現女性企圖自殺的比率較高，但男性自殺成功比率較

高（2：1）。台灣四面環海，在炎熱的夏季裏因玩水而溺斃的人要多於因火災而死亡的人，只不過新聞報導喜歡報導火災的場面，而使一般人誤以為火災死亡的人數較多。此題並沒有列出統計的出處，可以考驗受試對事實與意見的區分。至於最後一題：冬季自殺的比率比夏天高，若不列出出處，可能會產生困擾，依涂爾幹的調查確實是冬天的自殺傾向比較高，但居住在亞熱帶的台灣學生可能很難想像居住在寒帶國家冬天下雪，萬物沉寂那種蒼涼的感覺。事實上對台灣南部的學生而言，冬天反而比較涼爽。因此，此題應予以註明出處，並且向學生解釋不同地區，不同氣候因素對人類行為所產生的影響。

6.**避免題目中有暗示性的線索。**

　　暗示性的線索有許多方式：(1)題目太長，題目太長有時表示教師想以較多較完整的描述來修飾題目，使題目正確；(2)模糊的修飾字詞，例如「可能」常為正確的陳述，而「絕對」「唯一」常為錯誤的陳述。有時在敘述句中加入權威人士的名稱，亦會誤導考生。

　　例(　)多數醫生認為抽煙有害健康。

7.正與誤或是與非答案出現的比例最好接近，且兩種答案出現的方式應採隨機方式排列。

8.試題的文句應重新建構，不可直接照抄課文，直接抄課文會鼓勵學生死背課文。

9.試題中應避免不精確的字眼。

　　例不佳：(　)台灣已進入開發國家之林。已開發國家的認定標準包括年平均所得，或生活的品質，或……，應該解釋是依據何種標準。

　　例(　)由年平均國民所得之標準來計算，台灣已進入已開發國

家之林。

10.是非題應考查學生對重要概念的理解,而不是一些支節細微的問題。例:不佳( )比較不同單位間之變異是否有明顯差異,應使用變異分數(coefficient of variation),此題的正確答案是變異係數,而不是變異分數,但這樣的考法,有點不妥,只是一字之差。

11.不可以使用雙重否定的陳述句,會使學生混淆。

例 不佳:( )可教育性智能不足的學生不是不可以接受學習指導的。

應改為:( )可教育性智能不足學生是可以接受學習指導的。

12.若編製訂正式形式的題目,應該注意只能允許一種的訂正方法,以免造成評分上的困擾。

13.有時可以規定答錯扣分的方法,以避免學生之猜測。

七、順序法(黃元齡,民 80)的型式

順序法是依某項標準,將答案予以排序,這項標準可以是年代的先後,地理的遠近,數量的大小、輕重,事件發生的先後秩序,或是實驗程序的步驟,計算題的演算步驟……等等。順序法的形式有兩種:

重組法

先將一個成語或陳述句,先分成幾個片斷,之後再打亂其組成的次序,之後再要求學生重組文句,使其符合規則或順暢。

例 請依 APA 格式重新排列下述資料來源。

Some Principles of Interest Measurement, Kuder, G. F. (1970)

①　　　　　　　　　　　　　　　②

30, 205-226. Educational and Psychological Measurement.

③　　④　　　　　　⑤

答：②①⑤③④

排列法

依一定的標準來排列：年代、順序、大小、先後特性……等等。

例 請按照單位大小，依(1)小(5)大排列下述單位：

（　）公分

（　）公尺

（　）公里

（　）英里

（　）英寸

八、順序法的特性

1. 順序法題目適用範圍比較有限，僅適用於某些可以排列的材料。例如：歷史科可以年代先後來排列，地理科可以依河川大小，距離遠近，國家面積大小來排列，自然科可以依單位的大小、形狀、等來區分，國語科可以重組句子，或考量作者出版作品的次序，美術科則可以評定作品的優劣等，除此之外，學生對事物的分析能力、綜合能力、美感，問題解決能力的好壞等比較能使用順序法予以評分。

2. 順序法一般適用於評量學生記憶的能力，但若學生有充足的背景知識而且了解評價的標準，則也可以用來測驗學生價值判斷，或評論的能力，例如，給予幾幅畫作，要求學生依繪畫的某些標準（構圖，用色等）來排列繪畫的品質，或則給予學生幾篇文章，要求學生評論文章的等級。

3. 順序法的評分比較複雜，例如學生可能前半排列的順序是正確的，但後半的排序是錯誤的，在此情形下，教師是否斟酌，給予部分的分數，通常的作法是要全部排序都對的時候才給分

數，但事實上學生並非完全不懂（不對）。此外，學生在回答順序法時比較花時間，可能要對所有要求排序的項目都正確的了解，才有辦法排序，這使得順序法猜測的機會大為降低。依機率理論，三個選項的順序題，其猜題的機率為 1/6，但四個選項的機率題則降到 1/24，雖然猜測機率很小，但只要學生弄錯其中一項的順序，可能整個順序都亂了。

九、順序法的命題原則

1. 每一個順序法的題目，只依照題目所規定的標準排列，因此，其排列方式，應該只有一種可能性，如果不依照題目所規定的標準來排列，雖然其順序是對的，不應序以計分。
2. 排列的項目不宜太多，一般以不超過八項為準。
3. 應事先將排列的方法予以詳細說明，而且只能有一種的排列方式。
4. 每一個排列項目應該都有一個代號，以免考生重抄一遍。
5. 順序法的記分方式應該依學生的答案順序與正確的答案順序先求等級相關，若學生的答案完全正確，其等級相關為＋1，此時應給予完全的分數，若學生的答案完全不對，其等級相關則為－1，此時應給予零分，但若學生的答案有一部分是正確的，其相關係數應該介於＋1與－1之間，我們可以依相關係數大小的比例，適當的給予分數。

十、配合題的性質（陳英豪、吳裕益；郭生玉）

配合題是改良型的選擇題，通常題目在左邊，而選項在右邊，並配以作答說明，題目又稱為前述項目（premise）而答案又稱為反應項目（response）：

例

問題項目	反應項目
(　)(1)重測信度	A.皮爾森積差相關係數
(　)(2)內部一致性係數	B.柯恆 K 係數
(　)(3)評分者信度	C.史皮爾曼等級相關
(　)(4)精熟學習信度之評估	D.因素分析
(　)(5)複本信度	E.庫李二十號公式

此外，配合題亦適用在自然科、數學科、地理、歷史……等科目，用來測量考生對功能、名稱、年代、地名、人名、單位、公式等之瞭解。

例

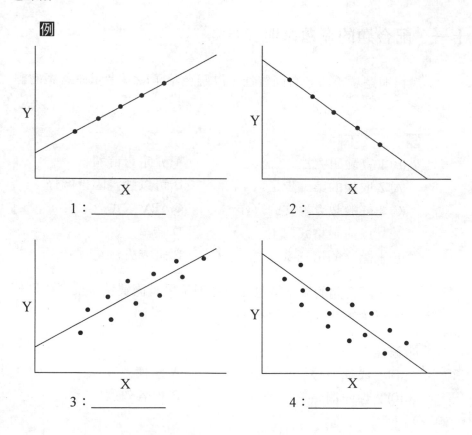

1 : _____

2 : _____

3 : _____

4 : _____

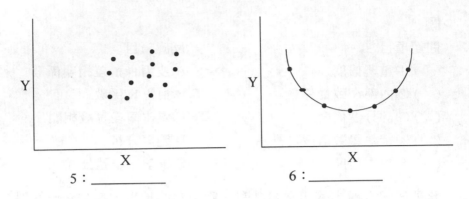

5 : _____   6 : _____

A：r＝1 B：r＝0   C：r＝－1   D：r＝0.7 E：r＝－0.7

F：r＝0   G：r＝1.2 H：r＝－1.2 I：r＝0.4

十一、配合題的命題原則

1.題目與選項都必須有同質性，以避免給予受試者正確答案的線索。

例不佳（不同質）

(B) 1.實驗研究法　　　　　　　A.界定母群體

(A) 2.取樣的第一步是　　　　　B.可以斷定因果關係

(C) 3.一般教育論文的寫作　　　C.APA 格式

　　　以何種格式為主　　　　D.緒論

(E) 4.論文的第三章是　　　　　E.研究方法

上述配合題的缺點是題目與選項不具有同質性，使考生即使不了解正確答案，亦可以推測。

例較佳

(B) 1.成就測驗　　　　　　　　A.建構效度

(D) 2.性向測驗　　　　　　　　B.內容效度

(A) 3.人格測驗   C.同時效度

(D) 4.職業興趣測驗   D.預測效度

(A) 5.智力測驗   E.表面效度

2. 題幹與選項都應儘量簡潔。題幹位於左方而選項位於右方。選項的數目要多於題目，而且每個選項可以被選二次或二次以上，例如上述的配合題，人格測驗智力測驗都選建構效度，而職業測驗與性向測驗都選預測效度。

3. 要清楚、明確的說明作答的方法，而且需說明每個選項被選的次數不只一次，作答說明不可以太長或太複雜。

4. 選項必須按照邏輯順序的先後予以排列，並且依英文大寫字母予以標示。邏輯順序可以是年代先後，單位大小，地理遠近，植物成長的階段等。

5. 同一組的題目與選項儘可能編排在同一頁試題上，以便利考生的閱讀。

6. 配對的項目（問題）不宜超過十項，以五～八項為宜，而且，反應項目（選項）應至少超過二～三項以上。配對的項目若太多，學生必須要反覆比較許多次。配對項目若太少，則失去了配合題的功能，而且問題項目與反應項目的數量不應相等。

7. 問題最好避免使用不完全敘述句，因為不完全敘述句不容易保持題目的同質性。

十二、配合題的優點與限制

1. 配合題可以測量較多的概念，因其製作簡便，所以比較具有內容取樣的代表性，如此可以提高測量本身的信度。

2. 配合題較容易計分，且客觀。

3. 配合題的限制是其僅能測量偏向於機械記憶的材料，而且要尋找具同質性材料的問題不太容易。

十三、簡答題與填充題的性質

　　填充題（completion item）並非是供應式的問題，而必須要由學生主動提供答案，是屬於「回憶法」（recall），比再認法要難。通常填充題使用的是不完全敘述句，而簡答題（short-answer items）使用的是直接敘述句來問，此兩類形式的問題都是選擇題的應用式試題，所以可以一拼討論。填充題有兩種基本型式：在一個完整的敘述句中省略一些重要的字詞、概念、片語或關鍵性的概念，並且要求學生回憶可能的答案。此類型的試題，如果編製者不慎重，很有可能淪為只偏重瑣碎以及機械性問題的測量，學生有可能背對了答案，但不一定真正理解其內涵。認知心理學家們傾向反對此類的評分方式，他們比較注重學習好何學「How to learn」而不是要學些什麼（What to learn），多數此種事實性的記憶，如果不常用，容易遺忘。但是，如考量一些基本原則，理論的記憶，卻是很恰當的。

　　例不佳：中國產煤最多的省是_____省。此題屬於瑣碎性知識。

　　例佳：杜威提出科學研究的五個步驟是：(1)_____；(2)提出假設；(3)收集資料；(4)分析資料；(5)拒絕或接受假設。此題考原則性問題比較實用，而且填充設在第一個步驟，點出在這個步驟中以第一個步驟最為重要--提出問題，問題的設定會影響之後各個研究的程序。

　　填充題的另外一種形式是所謂的克漏字（close test），常用在測量外語單字、詞彙的用法，係艾賓豪斯（Ebbinghaus）在 1897 所創用的，在製作克漏字測驗或固定填空測驗時，教師先選擇一篇文章，進而將其中的某些單字、片語、概念予以省略，要求受試者依前後的含義與文法關係，將空格的部分填滿，這類形的測驗，受試者必須對整

篇文章，以及空格前後的意思有所了解，才能做答，因此，很適合用來測量學生的閱讀能力、文法能力，或則對單字片語用法的熟練程度。

　　目前已有改良式的克漏字測驗，已不再要求學生自行供應答案，而是配合選擇題的形式來測量學生，比較客觀，相對的，也容易許多。

例 傳統克漏字測驗

　　We can't think of a better way than by reading a news magazine. We try to be clear and ___1___, which I think makes it easier for people ___2___ first language is not English to read. We also try to use words that are difficult, as ___3___ as words that are simple. We try to write in the American idiom. That ___4___ us from some other English-language publications that are published in Britain.

【彰師 87】

例 改良克漏字測驗

　　Jose was ___10___ down his cereal as fast as he could. His sister Marta ___11___ for work at 7:45, and he ___12___ with her to school. If he had to walk, he wouldn't make it on time. "Hurry up, Jose. I'm getting ready to leave." Marta said. "OK, I'm coming. Don't leave me," he ___13___. Just then there was a hurried ___14___ at the door. That was strange so early in the morning. Jose wondered ___15___ it was his mother went to the door to see.

（　）10.(1) vanishing　(2) gulping　(3) brought　(4) groaning

（　）11.(1) brought　(2) roamed　(3) left　(4) dozed

（　）12.(1) vacant　(2) premised　(3) droop　(4) rode

（　）13.(1) spent　(2) paid　(3) pleased　(4) pleaded

（　）14.(1) rebound　(2) ache　(3) comment　(4) knock

（　）15.(1) when　(2) which　(3) where　(4) who.　　　【彰師大 87】

十四、填充題的命題原則

1. 一般以「直接敘述句」的命題方式優於「不完全敘述句」，只有當改為不完全敘述句時題意比直接敘述句更清楚時，方使用不完全敘述句。

   例 不佳：_____在德國設立第一座心理學實驗室，史稱實驗心理學之父。應改為：

   首先在德國設立第一座心理學實驗室，被稱為實驗心理學之父的是那一位學者？馮德。

2. 一個問題只能很明確的有一個相對應的答案，以免造成考生的混淆。

   例 不佳：教師在教室裡所從事的研究為何種研究？_____。

   此題研究所給的答案是行動研究法，但事實上，教師也可以使用個案研究、人種誌研究法、觀察法，甚至實驗法都可以。此題應加以修正為：教師在教室內所從事的研究，且此種研究具有彈性，共同參與、限於解決目前教室情境中的問題等特色，是為何種研究法？_____。

   如此，將行動研究法的特徵列舉二～三項，以使考生容易判斷。

3. 所要填寫的是重要的概念，而非枝節細微的瑣碎性知識。

   例 不佳：成就商數是以學業成績除以智力再乘上_____（100%）。

   應改為：成就智商是以_____除以智力再乘以100%。

4. 一句中空格不可太多，使考生不知所從。

例不佳：_____是以_____除以_____再乘以 100%。

此題可以填：比率智商是以智力年齡除以生理年齡再乘以100%，或成就商數是以成績除以智力再乘以 100%，或難度指數是答對人數除以總人數再乘以 100%。

5. 儘可能將空白放置在句子的末端，將空格放置在句子末端，考生比較能把握住題意，而且在閱讀上也比較順暢。

6. 如果所填答的答案與單位有關，必須清楚的說明要精確到何種程度。例：不佳：$\sqrt{2}$是多少？_____，應改為$\sqrt{2}$是多少？_____（請寫到小數點後第四位）

7. 若要評分學生對專有名詞的了解，應以評量其對專有名詞的界定（名詞解釋）較佳。

例不佳：幼兒不需要經過本身直接經歷，亦能透過觀察其他人的表現而學習，此即班都拉所謂的觀察學習。應改為：何謂觀察學習？_____。

8. 填充題的答案應儘量精簡，以一字或數字最好，因為字數太多，會演變成論文形式的題目，而減低了評量的客觀性。

9. 答案的長短儘量一致，若空格有大有小，考生會相對應的填較多字或較少字。空格的長度首先應有足夠的空間來填答，其次，應以最長答案的空格為主，全部答案的空格以其長度為長度。

10. 若將填充題的答案集中在問題的前面或後面，固然會增加教師評分的便利性，但對考生而言卻比較麻煩，因此，可以將填答的空格分散至每一題的後面：

例(1)佛洛依德首創__①__學派，認為人類的動機多來自__②__意識。

①_____

②_____

(2)測驗的發展要歸功於心理學上的____①____學派，尤其心理學家____②____更首先提出「心理測驗」這個名詞。

①_____

②_____

十五、填充題的優點與限制

填充題的優點有：

1. 因為填充題是使用回憶法，因此較少受猜測因素的影響。

2. 填充題的題目較容易編製，作答速度比申論題快。

填充題的主要缺點是：

1. 較容易流於零碎知識，記憶能力的衡量，填對答案的學生，不見得對該題就是理解的，而且一般填充題也很困難衡量綜合、分析、評價之能力。

2. 有些評分時會受到受試者的筆跡、錯別字或其他因素的影響，而影響到評分的客觀性。

十六、簡答法的特性（黃元齡）

1. 簡答法與填充法的性質很類似，目的都在衡量考生回憶的能力，但簡答法常用數個字或簡單的句子來回答，長度較填充法為長。依記憶實驗的結果顯示，選擇題的回憶量要優於填充題與簡答題，也就是說後者較困難，但是在日常的情境中，有時我們在解決問題時，需要立即從記憶中尋找可能的線索，因此對記憶能力的考試，還是有其必要性。

2. 簡答法是填充法的變型，性質相似，有時兩者可以互相使用，但有時各有其功能與適用情境：

例在馬斯洛的需求層次論中，那一個層次是屬於存在需求？_
_____

此題僅適用填充法。

例馬斯洛的需求層次論包含那五個層次？此題則屬於簡答題。

3. 簡答法較適合數學科或物理、化學等科目中有關定理、數學運算等過程的評分，可以要求學生列出運算的程序。

4. 簡答法比較不適用於評量學生思辨、價值判斷與組織或問題解決能力，因為這類問題通常沒有簡單的答案，因此，如果常用簡答法，容易養成學生強記片斷，零碎的知識，無法對事務作更深入而通盤的考量。

5. 簡答法的性質介於客觀式問題與主觀式問題之間，因為計分無法完全客觀，所以信度較差，同時評分亦較費時，很少在標準化測驗中使用簡答題的型式。

十七、簡答法的命題原則

1. 簡答法的設計應能儘量衡量高層次的思考能力，若懷疑簡答法可能淪為知識的背誦，則應該改為其他型式的問題來評量。

2. 題目應力求簡潔，而且每一個問題只問一項主要的及具有代表性的概念，應使答案儘可能的縮短，最好能用幾個字或幾個符號即能回答清楚。

3. 每題回答的範圍應該一致，不要有些題目回答的範圍較廣，而有些題目回答的範圍較窄，如此將影響到計分。

4. 最好將各題答案的位置集中在題目的右方，對學生的回答及教師的評分都方便許多。

5. 應注意每一題的答案只有一個，但是，若發生學生的答案從某個觀點來看亦是合理的情形下，教師不宜斷然的不予以計分，

應參酌情形給予適當的分數。

十八、解釋式題目的類型

　　以往認為客觀式問題（選擇題、是非題、填充題、簡答題）比較偏重於較低層次思考能力的評量，比較不容易評量複雜的學習效果，但近年來測驗專家開始修改這類型的問題，期能衡量高層次的思考能力，於是有解釋性習題（interpretive exercise）的出現，所謂解釋性問題是給予學生一篇導論性的文章（introductory material），要求學生閱讀該文章，發覺文章所隱含的知識、蘊義或立場等。在導讀的文章之後，有一組相關的試題，通常是選擇題型式，但亦可配合以填充題、是非題或簡單題型式行之，此一組試題可以互相搭配，衡量學生認知能力、推理能力、批判能力，或則針對文章的品質、立論觀點的評價能力。

　　導讀文章的選擇是試題品質好壞的關鍵，好的導論文章並不冗長，而是以簡潔有力的方式來激發讀者的思辨，如果所選的文章偏重事實的敘述（例如歷史事件、地理描述），則題目也可能只能偏重測量學生的閱讀能力，當然，教師可以適度的策劃題目以評鑑高層能力。

　　此外，解釋性題目導論文章的種類繁多，可以是平面性的一篇文章、圖表，機器的分解圖、設計圖、統計資料、數幅圖片、地理景觀照片，只要能夠擺進試卷內的，都可以成為導論性文章，而題目的型式除了使用題組，客觀式問題之外，亦可使用子母式問題，亦即在一個大問題之下，包含數個相關的小問題。因此，解釋性題目是較多元、有趣的，唯亦要求教師更加審慎的構思與設計，才能發揮其功效。

例 閱讀式的解釋性題目

Schizophrenia is often confused with multiple personality disorder yet is quite distinct from it. Schizophrenia is one of the more common mental disorders, considerably more common than multiple personality disorder. The term "schizo-phrenia" is composed of roots which mean "a splitting of the mind," but it does not refer to a division into separate and distinct personalities, as occurs in multiple personality disorder. Instead, schizophrenic behavior is generally characterized by illogical thought patterns and withdrawal from reality. Schizophrenics often live in a fantasy world where they hear voices that others cannot hear, often voices of famous people. Schizophrenics tend to withdraw from families and friends and communicates mainly with the "voices" that they hear in their minds.

(1) Which of the following is true about Schizophrenia and multiple person-ality disorder?

(A) They are relatively similar.

(B) One is a psychological disorder, while the other is not.

(C) Many people mistake one from the other.

(D) Multiple personality disorder occurs more often than Schizophrenia.

(2) It can be inferred from the passage that it would be least common for Schizophrenia to develop at the age of

(A) fifteen

(B) twenty-five

(C) twenty

(D) thirty 【彰師 88】

例(1)情境式，情境式的問題在衡量學生對原理、原則的應用與變通能力，通常教師會選擇一個真實或模擬的個案，資料可以來自報章媒體或教師在日常生活中的所見所聞，以下筆者舉新竹師院教育研究所之教育研究法考題為例（筆者自行加入試題之選擇題部分）。張美美是位研究生，打算到吳真真老師的班上進行參與觀察，可是才進行不久，吳老師就對張美美的研究方式提出了一連串的疑問。吳老師說：「妳來看我上課，也沒有用什麼測量工具，這樣

寫出來的報告會不會太主觀？」又說：「妳並不是整天、每天都跟著我們在一起上課，怎麼能夠瞭解每件事情的來龍去脈？」還有：「妳怎麼知道我不是故意作表面功夫給妳看？妳不在的時候其實班上狀況可能很不一樣？」吳老師又說：「我讓妳到班上來看，我能得到什麼？我為什麼要讓妳來看？萬一妳寫出負面報導怎麼辦？」最後，吳老師說：「每位老師的班級都不一樣，妳光描述一個班的個案，就能推論到其他的班上嗎？」聽完這些質疑，張美美覺得很惶恐，陷入苦思之中。你能幫她回答吳老師的問題嗎？

問題

( ) 1.張美美所用的研究方法是那一個：①內容分析法　②相關研究法③人種誌研究法　④實驗研究法

( ) 2.張美美可以什麼方式來增加她的研究的客觀性？①訓練有素的主觀性　②控制內在效度的威脅　③增加研究的對象　④採用隨機抽樣

( ) 3.針對負面報導，張美美應該：①儘量隱藏　②忠實的報導負面資料　③先以其他方式查證負面資料，若屬實再予以報導　④先報導正面資料，再報導負面資料

( ) 4.質性研究的目的在：①擴充理解　②將研究結果運用到日常類似情境　③複製研究，以便檢核其結果的可靠性　④選取足夠樣本以增加研究結果的代表性

答：　1.③　　2.①　　3.③　　4.①

(2)圖表式：通常都是一些統計圖表，學生依圖表表達辨認、關係或評價、組織的能力。

例

表一　三位學生之數學與國文測驗成績

	平均數	標準差	張生	李生	林生
數學測驗	90	30	60	96	84
國文測驗	20	4	25	22	19

（　）1.在任一測驗上，誰得到最差的標準分數？(1)張生 (2)李生　(3)林生

（　）2.在任一測驗上，誰得到最好的標準分數？(1)張生 (2)李生　(3)林生

（　）3.在兩項測驗上，誰得到的分數最一致？(1)張生 (2)李生　(3)林生

（　）4.在兩項測驗上，誰得到的分數最不一致？(1)張生 (2)李生　(3)林生

（　）5.在兩項測驗上，誰得最好的平均數？(1)張生　(2)李生(3)林生

（　）6.在兩項測驗上，誰得最差的平均分數？(1)張生 (2)李生　(3)林生　　　　　　　　　　　【彰師88】

(3)亦可以地圖或其它驗證程序等圖形來考學生。

十九、解釋性題目的編製原則

1.導論文章的選擇首須附合教學目標，其次必須考慮到學生的程度，如果要求學生對文章中的觀點做評論，尚需考慮到學生是否針對要批判的議題有充足的背景知識，避免因為文章的程度超過學生的閱讀能力而使學生無法應答（學生實際上是會的）。

2.導論的文章應該要簡短而具有意義。尤其針對幼兒，更不應該

使用長篇大論，有時，可以用圖畫的方式來吸引幼兒的注意力。

3. 導論文章最好是新的，生活化的，具有幽默感或趣味性，可以從報章雜誌中選取，或者改寫至小說、教科書。生活化的文章使學生感到親切，新近的文章亦可以補充書本之不足。

4. 一般來講，導論的文章應該要符合學生的經驗，如此，學生比較容易理解，但有時提供不同經驗的文章，卻能擴充學生的視野，甚至引導學生從不同的角度來觀察事物，這類的文章具有強烈的啟發性，尤其可以針對一般人或教育上的迷思，提供批判性的文章，供學生思辨。

例如一般認為勤儉是一種美德，農人與牧人辛勤的耕種是努力與成功的象徵，但土地過度開發對生態的負面影響，是否應予以考量？教師可以選擇非洲火耕、南美與東南亞砍伐原始森林，開闢成農地、牧場，導致一些動、植為因而絕種的例子，做為衡量學生價值判斷能力的文章。

5. 問題數量之多寡，應與導論性文章的長短成正比。為使時間作有效的運用，短的文章應題數較少，而長的文章應有較多的題數，此外，若在文章中使用插圖、表格或影印的資料，應使其印刷清楚。

6. 每一個分類必須是單獨唯一的，不可有重疊的現象，以免造成一個問題可能有兩個錯誤的答案。

7. 解釋性的題目分為導論文章與題目兩部分，無論是使用選擇題、配合題、填充題或其他型式的題目，都要符合出題的原則。

二十、解釋性題目的優點與限制（郭生玉）

㈠解釋性題目的優點

1. 解釋性題目的主要優點之一是可以培養學生對資料的詮釋、理

解與判斷力，尤其在資訊發達的今天，我們無時無刻不在接受大量的資訊，而這些資訊的內容經常良莠不齊，更應培養學生對這些資訊的判斷與選擇能力。

2.解釋性題目比一般的單一客觀式問題更能測量複雜的學習結果。

3.解釋性題目可以減少無關知識對複雜的學習結果的干擾。

4.可以配合其他不同型式的試題。

(二)解釋性題目的缺點

1.解釋性題目比較不容易編製，所選的資料必須是新近的，且符合教育目標，有時為了能激發學生的思考，所選的文章立論觀點又與教科書不同，有時必須修改文章，以避免反教育，這些都增加了解釋性題目編製的困難。

2.解釋性題目需要相當的閱讀能力，對於幼小的兒童，或閱讀能力不佳的成年人較不適用。

3.解釋性題目適合作為評量考生對過程知識或程序性知識（procedural knowledge）的了解，一般我們可以粗分知識為陳述性知識與程序性知識兩類，所謂程序性知識是指按照一定的步驟就可以將問題解決的知識，通常含有行動的特質，例如騎腳踏車就有一定的步驟，不可以前後顛倒。解釋性題目可以衡量學生是否理解做實驗的步驟、生物成長的過程、民主選舉的步驟等程序性知識。但問題的解決尚有其他的方法，例如依靠直覺，或專家所用的後設認知等，這一部分的知識不容易評量，不論是解釋性題目、問答題或其他型式的測驗都甚難評分。

第十一章
申論題的編製

一、申論題的性質

申論題（essay question）又稱為論文題或主觀式測驗，不但可以測量學生回憶的能力，亦可以衡量綜合能力、判斷能力、組織能力等高層思考能力。通常客觀式問題只有一個固定答案，而申論題的答案比較具有彈性，有時會應學生立場與考慮的觀點不同而有些差異，很適合用來評量學生的表達能力，以及具有相對觀點、變動觀點的開放性問題。

申論題出題的好壞與題目的建構相關，良好的題目會在問題中包括問題情境的敘述，但情境的敘述又不會太複雜冗長，而掩蓋了問題的焦點。通常我們解決問題時都會考慮到問題的時、空背景及其特殊的脈絡關係，同樣的問題，在不同的情境中，可能有不同的解決方式，這就是申論題在要求受試者解決問題時，必須陳述問題背景的原因。

例 不佳的試題：如何設計一個社區母親節的活動？

例 較佳：母親節即將到來，你是梵谷大樓社區的主任委員，該大樓社區共有 200 戶住家，你希望今年大樓母親節的活動能突破以往傳統母親的形象，請問你將如何設計活動能吸引住戶參與又有教育意義？你可能需要哪些資源？你將如何去得到資源來完成活動，達到目標？【高師大88】

第一個例子並沒有陳述問題的背景與焦點，學生可以天馬行空的作答，引發教師評分上的困難；第二個問題則簡單的敘述問題的背景，介入的立場（社區主任委員），社區規模（200 戶），問題焦點（突破傳統與具教育性質），考生在回答這個問題時，比較了解評分者的需求。

此外，題目被建構的方式，也決定了要評量考生的何種層次的能力。

例試述影響老化的因素。　　　　　　　　　　　　　　【高師大88】

例何謂社會流動（social mobility）？試述影響社會流動的因素有那些？　　　　　　　　　　　　　　　　　　　　　　【高師大88】

這兩題基本上都只是在衡量學生對知識的回憶能力而已，並沒有考到較高層次的思考能力。

例有人說臺灣教育改革核心問題是—「教師」—是教師心靈改革，專業的成長。此種說法你同意嗎？試分析你同意或不同意的論見。　　　　　　　　　　　　　　　　　　【高師大88】

例什麼是身教？什麼是言教？兩者適用的範圍與限制如何？在教育上兩者應如何相輔相成？　　　　　　　　　　　【屏師87】

此兩題則偏重考生批判思考能力的評量，研究所這類試題（考獨立思考、綜合、比較）的試題較多，因為研究所學習的目的在培養具獨立思考與研究能力的個人。要回答此類問題，首先當然要有對知識的回憶能力，如果您能說出「心靈改革」的背景，例如是誰提出的、心靈改革的目的、內涵與作法，自然會讓您的回答增色不少。但這並非考官評分的重點，考官希望看到你對這句話—教師是心靈改革核心的批判思考，您的立論應具有說服力，批判應深入而具有洞見，切忌人云亦云，同時，更應抓住考官的胃口，設身處地著想，如果我是考官，我想看到那一類型的答案。例如：有些學校曾考過您贊成或反對體罰，如果贊成請陳述贊成的理由，如果反對也請陳述反對的理由。此題表面上雖然也是考學生獨立思考批判的能力，但近代絕大多數的教育與心理學書籍、專家、論述都反對體罰，因此，即使您有一千個一萬個贊成體罰的理由，為了考上研究所，也只好拜託您寫不贊成了。

屏師 87 年考身教與言教的問題，是相當好的題目，點出了時下多數教師偏重言教而忽略了身教，事實上身教或者言教，附學習都是教育中一個重要的中心因素，如果孩子在學校學習遵守秩序、守法、有禮的概念，但是社會上到處是不遵守秩序的行為（交通紊亂、不排隊、粗暴的抗爭），則這樣的學習將是事倍功半的。此類題目不但能評量學生思考能力，同時也引導學生聚焦至最根本的核心問題，算是很好的題目。

二、申論題的型式

　　申論題的題型分為兩大類：(1)延伸性反應題目（extended response type）；與(2)限制反應性題目（restricted responce type）。延申性題目不管是試題或答案的長度都較具有組織性，且長度較長，也因此需要較長的時間來作答與思考或收集資料，通常延伸性題目較具有開放性，非常適合評估學生的高層思考能力，例如綜合與批判能力，但因所需的時間較多，可以做為期中報告或獨立研究或家庭作業的一部分。

　　例論述成人教育的內涵、特性，並分析未來的規劃取向。

【高師大 86】

　　例身為教師應如何設法祛除「社會─經濟」地位不利對兒童所產生的不良影響，以達成教育機會均等的理想？

【竹師 86】

　　這類延伸性試題答題的限制較少，同樣的題目，有時可以從心理學、社會學或教育學、哲學等觀點切入，可以鉅觀的論述，也可以微觀的論述。其缺點是評分比較不客觀，考生不容易知道應從什麼立場來評論比較妥當。例如：例二如何祛除社會─經濟地位不利兒童所產生的不良影響，可以從心理學層面介入，包括避免教師對學生的偏

見、自我應驗的預言，這是消極上的作為，積極上更應促進學生潛能的激發與適性教育，例如針對資優生教育的加速制，獨立研究，針對特殊學生的個別化教育方案。也可以從認知學派的觀點介入，發現學生的最大發展區，並協助其發展到能力的極限，或從人本學派介入，先評估學生需求層次，滿足其需求，並鼓勵其自我實現。當然也可以從班級經營來寫。例如：教師問問題時要公平對待每一位學生，或從教學法著手，著名的如合作學習就可以減少性別、族群或其他因素的不平等。當然也可以從評量入手，使用多元評量是一種消除不平等的有效方法，考生亦可以從教室社會體系分析，符號互動論、衝突論、和諧論等教育社會學入手，亦可以從教育行政學入手（班級氣氛、組織文化、次文化）等等不一而足，可以寫的內容很多，就是不曉得考官的評分標準。

另一類試題為限制反應題，題目比較特殊，可能有特定的情境，特定的先決條件。而考生必須在這些限制內加以回答。

例 試就：(A)因果關係的認定　(B)使用時機　(C)研究設計與　(D)研究結果的解釋等四個層面來比較「實驗研究法」與「事後回溯法」。（條件的限制）　　　　　　　　　　　　　【竹師86】

例 當今臺灣中小學學校教育是否依循某一哲學觀，如果是的話，學校教育目標、課程內容、教學活動與學習評量是否具體反映了此一哲學觀點？為什麼？您期望學校在教育目標、課程內容、教學活動與學習評量上有什麼改變；換句話說，您認為理想的學校教育目標、課程內容、教學活動與學習評量應以什麼哲學觀作為指導？　　　　　　　　　　　　　　【成大86】

以往臺灣的教育比較偏重在理性主義與行為主義，未來的教育改革應朝向人文主義、人本主義與後現代主義發展。

論文考試的另一種分類是依據魏德曼（Weidemann, C. C.），他依

照論文的繁簡，由簡單至繁複共分為十一種類型（黃元齡）：(1)何謂？何時？何者？何處？與何人型；(2)列舉型；(3)綱要型；(4)敘述型；(5)對比型；(6)比較型；(7)說明型；(8)討論型；(9)申述型；(10)綜論型；與(11)評論型。

奧德耳（C. W. Odell）更加細分為二十類：

1. 限定範圍的選擇回憶。例如：請說明精神分析學派，人本學派以及認知學派對動機的看法。
2. 評鑑性的回憶，但限定範圍。

　　例列舉三種較佳的吸引過動兒注意力的學習策略。

3. 限定範圍的評鑑性回憶。
4. 兩種事物的比較，但從某一個觀點切入。

　　例請比較觀念主義與理性主義對知識來源的看法。

5. 兩種事物的比較，但是從一般方面作比較。

　　例試比較現代主義與後現代主義之異同。

6. 做成贊成或反對的決定。

　　例請問您贊成或反對體罰？試說明理由？

7. 因果說明。

　　例請說明導致美、蘇冷戰結束的原因？

8. 解釋一段或一篇文章中的意義。

　　例「教師即研究者」（teacher-as-reseacher）已成為顯著的教育趨勢，其內涵和意涵為何？試從課程發展和課程研究的觀點說明之。　　　　　　　　　　　　　　　　【國北師84】

例「人是理性的動物」，你同意此一論點否？試從教育哲學的觀點申論之。〔南師 85〕研究所喜歡考一些常見的口號，以這些口號為評鑑的標準。例如：教育與灌輸、教學與訓練〔花師 84〕，「教育鬆綁」、「有效的教學」、「暫時性疼痛」〔東師85〕，「教育優先區」……等等，不勝枚舉，考生應該要深入了解這些口號的真正內涵與目前教育的關係，像教育鬆綁、有效教學、教育機會均等都是一考再考的概念，可算是中心議題，考生應先背熟這些概念的相關概念與做法。例如：何謂「教育機會均等」，教育機會均等的做法有哪些？以便在應考時可以隨時派上用場。

9.分析。

例試從小學教育的本質，說明小學教育應有的方向。

【東師85】

例能力測驗包括哪些型式？美國多數大學在接受申請時均要求學生提供 SAT 的結果，理由何在？

研究所考試中這類考分析能力的題目為數眾多，可視為研究所考試的主要特色。此類的分析能力要求考生對所要分析的事物有通盤而深入的了解，一知半解的學生是得不到高分的，有時考官會要求學生分析：例如社會問題產生的原因？自殺原因？青少年問題產生原因？吸煙原因？校園暴力產生原因等，往往在分析完原因之後，考官一定會問輔導、預防之道、形成標準的二句話考試模式：試論青少年問題產生的原因與預防之道。或者某校曾考：女學生之死，試論自殺原因與預防之道。往往這些題目都與當年的重大社會新聞事件有關，或者反映社會變遷中的基本社會問題。這類問題的回答，當然要同時對問題本身、問題的背景與輔導學有深入的了解。在此，顯現出研究所考試是很活的，範圍

很廣的，有時，也很生活化的。

10.說明相互間的關係。

例「成人教育」、「社會教育」與「繼續教育」幾個名詞常被交互使用，試闡明各該名詞的內涵與本質，並論析上述名詞間的關係」。 【高師大 84】

例何謂開放系統（open system）？開放系統的概念與理論對國民小學行政有何啟示？ 【國北師 86】

研究所也喜歡考概念間的關係與比較的試題，更喜歡考因果關係，例如例二就是考開放系統理論與教育行政效能間之因果關係。再舉一例：何謂變通性評量（alternative assessment）、檔案評量（portfolio assessment）和動態評量（dynamic assessment）？三者間有何關連？在回答這題時，考生應多方面的找出他們之間的共通性，例如，此三種評量方式都偏重於考慮到個別差異，重視自己與自己比較，不限於傳統的紙筆測驗型式等。

11.舉例說明。研究所也常考舉例說明的型式。例如：試說明何謂正向學習遷移（positive transfer of learning），並列舉促進正向學習遷移的教學原則？ 【屏師 84】

例教育知識社會學主要研究的內容是什麼？請舉學者的研究加以說明。〔南師 85〕研究所此類考題很多。

12.分類而且往往是「舉例說明」的反面。

例何謂「流標」？何謂「廢標」？ 【東師 85】

例試比較說明希臘時期的「古代大學」、中世紀時期的「中古大學」（medieval university），及近代時期的「美國現代大學」（modern American university），之特色及其異同，研究所常考不同學派，不同理論（例如：質與量的研究有何異

同）之間相互的比較。

13. 原理原則在新情境中的應用。此種考試方式是研究所最喜歡的考試，考生應注意。通常是考原理原則在教室情境或學校情境的應用。

例 試列舉領導方面的相關理論，並申論如何將這些理論應用至學校行政與管理上，以便提昇學校的效能。

【中正86】

例 本次研究所入學考試放榜時，您將以那一心理學派的何種論點解釋自己的成敗？ 【成大86】

14. 討論。

例 何謂人格？並就影響人格發展的因素申論之。 【成大86】

例 試申論有效能學校的特徵有那些？ 【竹師86】

15. 說明目的。例如說明作者選擇或組織教材的目的。
16. 評論。

例 試比較分析行政院教育改革審議委員會所建議之「教育鬆綁」的理念與教育權力地方化（Decentralization）的概念與實際作法。研究所有許多評論性的題目，目的在了解考生對議題是否深入的理解與是否具有獨立思考。

17. 列舉要點；與舉例說明類似，不過所舉的例子都是重要的事、物或概念。
18. 重組事實以了解組織的能力。

例 試分析中國五四運動產生的原因及其影響。

例滿清末年鴉片戰爭失利，為了因應變局，曾有那些教育思想出現？請做評述。　　　　　　　　　　　　　　【花師85】

19.形成新的問題。研究所往往以一個個案為背景，來形成一些問題。

例試以下列案例概略擬定一份「生活教育」個別化教學方案：

學生姓名：王小明

性別：男

出生日期：71 年 11 月 23 日

智商：50（魏氏智力兒童量表）

特性：生活自理能力差，學習通性屬於沉思型，學習動機弱，注意力不集中，記憶力差，語言發展遲緩，表達能力不佳，個性退縮，沒有信心。　　【彰師85】

20.提供新的方法。此類問題要求創新，例如中正大學曾考過一題：何謂高峰經驗，如何輔導類似飆車、吸毒等不良的高峰經驗。此題出得很活潑，一般人都以為高峰經驗是正面的，沒有想到飆車的極度快感也是一種高峰經驗，考官並要求學生想出解決之道，問題來自社會情境，富含教育意味。

三、申論題的優點與限制

㈠優點

申論題比較能測量複雜的學習能力，包括：

1.因果關係的分析與解釋。

2.立論之間的相互比較。

3.形成假設並且說明假設形成的原因。

4.確定較為適當的結論。

5.組織資訊，以支持自己的觀點。

6.比較優點與限制。

7.發展對問題的解決方法。

8.對不同的資訊加以整合、分析。

9.對所提出的問題作價值判斷。

10.發揮學生的創造力以解決問題。

11.對程序提出解釋。

㈡缺點

一般以為申論題的編製較選擇題容易，而且由於作答時間較長，因此相對的申論題的題目較少，但是要建構評量高層次複雜能力的申論題並不容易，首先必須在眾多的概念中區分那些是最重要的，那些是次重要的，是否可以因為要以申論題的評量方式而犧牲了取樣的代表性（使用客觀性試題較能夠廣泛取樣），其次，申論題的閱卷較費時，而且必須透過專家來執行，可能會受一些無關因素的干擾，例如，月暈效應、字跡或文句的流暢性等。

四、申論題的出題原則（郭生玉、陳李綢）

1.應明確界定所欲測量的是學生的何種行為或認知歷程，而且在問題中使用恰當的動詞。

例 說明「經驗主義」（Empiricism）和「試驗主義」（Experimentalism）之不同所在。　　　　　　【師大87】
此題比較傾向於知識、理解與分析層次的評量，學生只要知道兩者的內涵，並指出其不同的地方，包括代表人物（杜威vs.洛克）、內涵（做中學、變動觀點、試驗、教育無目的vs.直覺學習等），並且指出兩者在課程、教學上之不同。

例 就批判理論之教育觀點，反省臺灣教育之缺失，並提出補救

之道。 【師大 87】

此題使用到動詞「反省」，但是規定是從批判理論的角度切入，批判論源於德國的法蘭克福學派，不但重視靜態意識形態的批判、反省與解放，同時更重視以行動配合之。此題可以考驗學生對教育整體的了解與關心程度，是否看出問題的癥結所在，以及是否像一位臨床社會學家一樣，能夠開出治療的良方，此題是考分析、綜合、評鑑等高層次的能力。這類題目的出題，評分者必定是這方面的專家，有深入而通盤的了解（而不是一知半解）才有辦法評量學生的。

2.題目所要求的回答方向，應清楚的告知學生：

例試就定義、概念及類型三方面來解釋「學習」。

例行為主義和認知心理學的取向幾十年來的爭執及主流地位的互為消長，似乎都是和「黑箱子」（Blackbox）有關？

①到底這兩種心理學的理論對人的看法有何基本的差異？而這些差異又為什麼和「黑箱子」有關？

②有人認為今天臺灣的教育問題之一就是讓學生產生「為分數而讀書」，而不是「為學習而學習」的現象，請用幾句話分別以行為主義和認知心理學的觀點，解釋為什麼會產生這種現象？ 【政大 86】

在例一與例二的比較中，很明顯的，例二是較例一來的明確，在例一中不同哲學家、心理學家或是教育家可能對學習有一些共同的或不同的看法，不曉得考官是否要求考生作一個比較？此題可以從不同的學者切入予以回答，例如從洛克、盧梭、存在主義、行為主義或認知心理學來做一個比較，也可以從例如認知學派的觀點來將學習分為上位學習與

下位學習，或者分為主動學習與被動學習，或者甚至以行為學派來分為古典制約學習、操作制約學習與觀察學習，所以，對學習的分類方式很多，在題目中並未講清楚所要求的分類方式。

③註明每題申論題的得分比重，以及整份測驗的時間，以便學生能夠妥善的分配時間，同時要說明若學生使用錯別字，或文法錯誤時，是否會被扣分。

④應避免讓學生可以從數個申論題上選擇幾題作答，原因是：(1)每題的難度可能不太一樣，學生可能只挑選較容易的題目來做；(2)每題所涵蓋的內容取樣範圍不一樣，學生所沒有選擇的題目將無法衡量該部分的內容學生是否精熟；(3)有時教師對試題所衡量的能力的層次會做適當的分配。例如：二題衡量知識、理解，三題衡量比較、分析、綜合、評鑑，學生若選擇試題來回答，可能打破教師衡量各層次能力的用心。

3. 使用多題但短答的方式，要比選用短題但長答的方式為佳。多題但短答的方式較可以擴張試題取樣的範圍，增加試題的代表性，同時，多題短答也比較膽確，可以增加評分的信度，但是某些情境卻仍需要較長較開放性的思考，當回答較長時，可能對問題的分析也較深入，有些問題需要較長的答案，有些不需要，不可一概而論。

4. 應使用的行為動詞為：比較、對照、說明理由、假如、請預測可能會產生什麼結果等字詞來做為申論題的建構，因為此類字詞較傾向於評量學生高層思考判斷的能力。但是，避免使用諸如什麼、何時、何地、誰、列出等字眼，通常偏向於低層知識的評量。

例 何謂「自我防衛機轉」（self-defense mechanisms）？試舉常見的自我防衛機轉三種並各舉一例說明之。　　【高師86】

此題使用「何謂」及「列舉」，偏重於知識層次的衡量。

例試比較皮亞傑（Piaget）與魏高斯基（Vygotsky）兩人對「語言」的觀點及其對教育的啟示。　　　　　　　　　　【屏師88】
此題使用「比較」動詞，可以激發學生的思考。

5. 當學生在表達他的觀點時，應要求其能提出證據。這是很重要的，因為有些學生事實上對該題無所了解，或是看法非常膚淺，卻可以寫出一大堆自己的看法，以「嚇唬」老師。提出證據可以表示學生對此問題的看法並非是空穴來風的。而且證據本身應該是可靠的，而非不實的報導，或則沒有經過查證的資料。

6. 申論題較花時間作答，因此，僅限於那些無法以客觀式問題來達到相同的評量目的時才使用，而且必須要確定，該申論題是與教學目標一致的。

五、論文式試題的評分方法：如何增加主觀式問題評分的客觀性？

1. 論文式試題的評分首需考量學生是否表現出教學目標所欲達成的目的。例如：若教學目標是在培養學生批判思考能力，那麼在學生的回答中是否具有獨立思考的特性，或者是人云亦云，見解不夠深入。若教學的目標是衡量學生知識與理解的能力，那麼教師可考慮使用其他客觀性問題的可行性。

2. 事先公佈評分要點與模擬答案，使學生了解教師的評分標準。評分要點只針對答案可以量化的部分，並且依照各部分的輕重給予適當的比例。例如：在一份作文的評分要點中，教師可以規定：作文內容佔40%，用字遣詞佔10%，文章的組織架構佔30%，引用例證10%，文章的流暢佔10%等，並且公佈模擬的

作文，給予模擬作文評等，指出優劣與評分方式，如此，學生將會很具體的明瞭教師的標準，而朝向這些要求努力。此外，教師在評分前，可以試著抽取幾份試卷來試評，以便決定評分標準的適切性與可行性。

3. 一般的建議是限制反應式題型較適合使用分數來記分，因為其範圍與內容較明確，但是在擴展反應式的論文中，則由於問題具有相當的開放性，評分上較適用於等第制（甲、乙、丙、丁、戊）、分數法（point method）又稱為分析方法（analytical method），必須對標準內相關的學生表現給分，再予以加總。而等第法（rating method）又稱為整體法（global method）是教師讀完全部答案之後，再依據其本質的高低，予以評等。評等一般分為五等，可以文字或分數，或英文字母的方式來標示。

4. 每次只評每一位學生的同一題，直到同一題看完後，再進入另一題。例如教師每次只評定 1 號學生的第 1 題，2 號學生的第 1 題……直到 40 號學生的第 1 題，待所有人之第 1 題評定完畢之後，再進入第 2 題，同樣的程序，再重複一遍。如此做的目的是在避免教師在評定成績時可能產生的月暈效應（halo effect），──即教師因為該生上題表現的好壞而影響下題分數的評定。一次只評一題比較能夠比較該題學生表現的好壞。另外，教師在評分時，儘可能在同一時間內一次評完而沒有中斷，因為中斷之後情境因素也許會影響評分的客觀性。

5. 採用匿名的評分方式：採匿名的評分方式目的也是在避免月暈效應的影響，也就是說避免教師的印象分數影響到成績的評定。

6. 可能的話使用兩位或兩位以上的評分者，共同評分，可以明顯的增加評分的客觀性，但先決條件是該兩位評分者必須具有評分者間的一致性，以及評分的共識，可以先要求其試評一些作品，再求兩者間的評分者信度，使用皮爾曼等級相關，若 r_s 達 0.8 以上則表示兩位評分者間的一致性高。

六、論文考試的應試原則

　　研究所的考題多數為論文題（申論題）型式，考試時應注意下列原則：

㈠把握題意，回答重點

　　研究所有些題目分為二段式來考，通常前面是考名詞解釋（或原理、句子），而後面考對此名詞、句子、原理的應用或批判，考生應注意不要在第一段名詞解釋的地方花費太多的時間與篇幅以致於影響第二段有關運用或評論的部分，而且通常後半段才是考試的重點，應更加的注意。

> 例 何謂習得無助感（learned helpnessness）？教師要如何作為才能幫助學童克服習得無助感？【市北師 85】，本例的重點在教師如何克服習得無助感。

> 例 試述「社會學習理論」（social learning theory）的要點及其在教育上的應用價值。　　　　　　　　　　【市北師 86】

> 例 何謂積極性的差別待遇（positive discrimination）？試加以說明，並申述其與教育機會均等的關係？　　　【市北師 86】

　　有些考試的題目會有關鍵字的存在，往往把握這些關鍵字就八九不離十。例如：實驗研究法的關鍵字是「操控」，有關係兩個字出現則通常是相關研究法，或者卡方檢定。更重要的是在準備的階段應該把握住重點而不是讀很多資料。讀很多資料，但所讀的不一定會考，重要的是把握出題的脈絡與趨勢，所謂出題的脈絡，是以往這個學校以及多數學校喜歡出那一類試題？如何出（什麼概念）？例如在心理學上精神分析論、行為論以及教育心理學上皮亞傑的理論，維菓次斯基，布魯納，奧斯貝爾等都是考試的重點，不但要對他們的理論很熟

悉，而且也能比較他們之間的異同，以及他們的理論在教室情境中的運用。通常這些考試的脈絡可以從歷屆考古題中整理出來，當您想考某學校時，應蒐集該校近三年的考古題，試著做一遍，並且對照考古題解答，以形成一個心向，了解該校的出題風格與傾向，例如該校是比較偏重選擇題型式，簡答題型式或申論題型式？因為不同的出題型式有不同的準備方法，如果是選擇題型式，則偏重重要概念的記憶，或理解，出題的範圍比較固定，也比較容易準備，如果偏重在申論題型式，則要求對重要概念有比選擇題型式更深入而透澈的了解，也就是要能廣博而精深，更應注意理論的應用，有些題目不一定在市面上的教科書找得到答案，例如，某校曾考過比較精神分析論或新精神分析論的異同？皮亞傑學派與新皮亞傑學派的異同。微觀研究傾向與鉅觀研究傾向如何融合，質與量的研究傾向如何融合，類似此類問題，通常在教科書中很少提到，考生必須仔細的蒐集資料，勤做練習，並且請教師長與同學討論等方式來累積實力，時下的考用書良莠不齊，考生應謹慎選擇品質較佳的來參考，但也僅止於參考而已，考生應有自己的獨到見解。至於考試的趨勢方面，筆者發現有時候考題也會趕流行，例如前幾年流行考 EQ（情緒智商），那時媒體炒得火熱，教改一直都是熱門考題，由教改所引發的教育行政、課程與教學、評量、學制、入學制度，以至於哲學、社會學與心理學基礎都是非常熱門的考題，例如：課程統整、多元入學方案、學習型組織、後現代主義、鄉土教學、母語教學、多元評量等都是重要概念。在準備上，優先從這些具有脈絡關係或趨勢（時事）的考題著手，並加以鑽研，就能夠以有效率的方式來把握住重點，聰明的考生不死讀書，而是以經濟有效的方式來準備。

㈡條理分明，綱舉目張

筆者曾改過不少的考卷，如果答案允許，條列式的回答方式，要比將各種概念擠在段落中更能清楚明白：

條列式：××××	段落式：	不佳：
(一)……… 。	×××………………	×××…………………
(二)……… 。	(一)………(二)………(三)	…………………………
(三)……… 。	…………。	…………………………很
(四)……… 。		多概念擠在一起，較難區分重點。

　　有時，我們可以以一段話作為簡介，一、二段話作為結論，而形成前言、主體與結論三個部分。有時研究所喜歡考比較性的問題，其寫作格式可以：

　　例比較精神分析論與新精神分析論之異同。

　　簡介：精神分析論創始於佛洛伊德（Freud），他對人格的看法有人格結構觀、潛意識動機與人格發展觀……他的理論偏向於性決定論而忽視了社會文化的影響，基於此缺點，新精神分析論者嘗試對佛氏的觀點加以修正，代表人物如容格、艾瑞克森、荷妮……

　　主題：在主題中可以表格來表示比較明確：

例

比較項目	精神分析論	新精神分析論
代表人物	佛洛依德	艾瑞克森，榮格，荷妮，阿德勒
主要觀點	①性決定論 ②重視早期經驗的影響 ③人格結構觀 ④人格動力觀 ⑤人格發展觀	①重視社會文化的影響 ②重視人生全程的發展 ③自卑與自我超越 ④發展危機論
對自我的看法	本我 自我 自我是本我的奴隸	自我　本我 自我與本我都是獨立自主的

結論：…………。

㈢內容簡潔、字跡清楚

考試時間有限，不需要洋洋灑灑的寫長篇大論，重點點到即可，字跡要端正，會給予評分者良好的印象。會就會，不會就不會，不要不會硬裝作會，寫一些空洞的內容。

㈣妥善分配時間

時間的控制是非常重要的，有些人會覺得考試時間不夠用（通常考試時間是 100 分鐘），有些人會在前幾題或是自己較拿手的試題花費太多時間，最後才驚覺有些題目沒有時間寫，這樣是很不划算的。最好當拿到試卷時，不要立刻作答，而先瀏覽與構思試題應如何作答，可以把一些將要回答的關鍵字先寫到試題空白處上，並且稍微分配一下每題的作答時間，並預留 10～15 分鐘做最後的補充與檢查。

㈤鎮靜

多數學生是緊張的，有些人甚至沒有睡好覺，保持輕鬆的心情去應試是極為重要的，得失心過重會對考試有負面的影響，默默告訴自己：謀事在人，成事在天，更不要因為覺得自己前幾科考不好而喪氣，以致於影響到後來的考試。總之，在考場上應該懂得控制自己的情緒，以樂觀、積極與輕鬆的態度來面對。

七、新法考試與論文考試的比較（黃元齡）

早期美國的考試是以論文考試為主，後來由於論文考試的限制，而有新法考試（new type examination）興起。新法考試不同於標準化測驗，雖然多數標準化測驗採取新法考試的題型，一般來說，新法考試是指類似教師自編測驗中所使用的客觀式問題（objective test），研究所有時會考兩者之比較：

因素	論文考試	新法考試
能否衡量學生的選擇、組織與整理的能力	是	否
能否使學生統整答案而非辨識答案	是	否
是否可以避免表達技巧及書法的影響	否	是
是否可以避免渲染及胡謅的影響	否	是
是否可以避免學生猜測	是	否
是否可以儘量包含全部教材之樣本	否	是
是否容易編製與節省時間	是	否
是否容易評分與節省時間	否	是
是否能由電腦代為評分	否	是
是否不同評分者之間有高度一致性	否	是

八、教學評量的基本原則（何英奇）

㈠符合原則

教學評量依照有意義的教學目標以及具體的行為目標，應避免為升學、商業目的或其他不正當理由而評量。而教學目標的訂定應考慮到哲學、社會學及心理學基礎、社會的趨勢與國家發展方向，而且應該在事前即擬妥教學目標。教學目標應兼重認知、情意與技能三方面，不要只偏重認知方面的評量，正如傳統的聯考制度一樣，使五育能均衡的發展，即使是認知目標的評量，亦應兼顧知識、理解與應用、分析、綜合、評鑑。

學生的評量應該與教學方案以及教學歷程相互統整，注意評量的主要目的在促進教學而不是在區分學生能力的高低。至於教學目標的分析，共有三種方式：(1)以行為目標來分析，可以配合使用布隆姆所倡導的精熟學習；(2)使用蓋聶（E. D. Gagne）的「工作分析」方法，決定各概念或單元的順序與學習階層；與(3)使用「認知分析法」，目

的在診斷學生錯誤的概念（misconception）或迷思，例如可以比較專家與生手的概念圖的異同。

(二)綜合原則

1. 評量宜同時注重認知、情意、技能。

2. 教學評量不限於使用傳統的紙筆測量方式，應綜合使用各類的評量方法，依照情境的需要而適當的選用：例如：論文式考試、教師自編測驗、口試、獨立作業、家庭作業、角色扮演、標準化測驗、實作評量、生態評量、卷宗檔案評量、討論與發表、實驗報告、調查、戶外觀察、訪問、觀察法等。

3. 應使用多元方法或三角測量法，有時僅使用一種方法或僅從一個角度去觀察難免受到限制，而有所偏頗，可使用多元方法從不同的立場觀察，比較圓滿，在方法上可以使用三角測量法：例如A模式是同時訪問或比較教師與同學對受試者的看法，B模式是同時使用紙筆測驗，與觀察法來了解受試者平常的表現，而C模式是不但注重該生上課時的表現，也注重其在下課後是否有實踐課堂所學的概念。

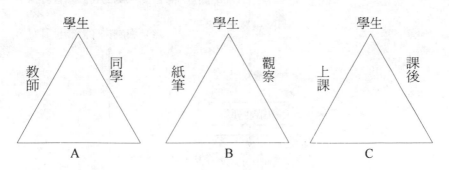

4. 質性評量與量化評量並重：一般考試的評分方式——百分制是屬於量化的評量方式，對學生本身與家長無法提供充足詳細的描述。例如：某生國語科考 80 分，他的優點、缺點在那裡？應該如何改進比較妥當？教師能否給予改進的具體建議，教師

能否更具體深入的以書面的形式與學生及家長作溝通？這些都必須以質性（文字）的方式來進行。質性評量遠較量化評量方式更加的精微，更能考慮到學生間的個別差異。

5. 應適當的統整各類型的評量：安置性評量、形成性評量、診斷性評量與總結性評量，何英奇（民 81）引述布朗（Brown），這些評量的關係如下：

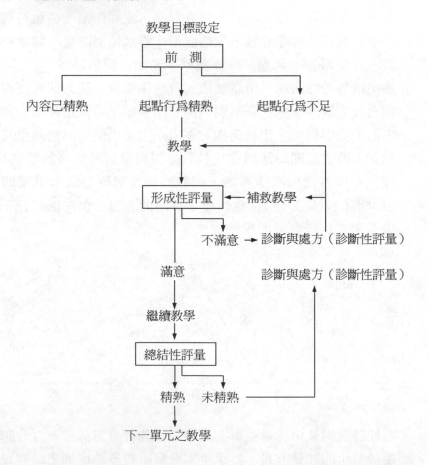

(三)回饋原則

考試絕非最終的目的，回饋才是評量的目的，為了取得回饋，評量可以制式評量也可以不拘形式，教室中教師對學生的觀察可以了解學生是否注意，是否了解，而教師與學生之問答、對話，亦可以偵測學生是否有認知上的錯誤。

(四)兼顧歷程與結果原則

此處所謂的歷程可以從兩方面來說，在時間上指月考、期中考、期末考的重要性應與平常考是一樣的，同為平常考可以立即取得回饋，對學生的錯誤進行補救。另一方面，也指思考的歷程，例如解決問題思考的角度、程序，是否具有盲點，是否具有創造性或合乎理性，著名的例子由 $1 + 2 + 3 \cdots\cdots + 10 = ?$ 一般學生會由 1 開始慢慢加，聰明的學生知道可以 $(1 + 10) + (2 + 9) + (3 + 8) + (4 + 7) + (5 + 6) = 11 \times 5 = 55$，這是思考歷程的評量，當學生答錯問題時，有可能全部不會，一知半解，或僅少部分不會，這些都必須依靠教師深入了解學生的認知歷程，才能對學生適性輔導。

(五)個別化原則

所有的人都有差異的，而來自個人與別人間的差異稱為個別間差異，例如兩位學生可能在物理特徵、智力、性向、家庭背景，與動機上有所不同，而個人內在也有差異，一個人可能比較擅長數學，但拙於文學，因此在評量時應該適當的考慮個別差異，例如學生過去的表現，學生是否盡力等。

(六)連續原則

評量是一個連續不斷的歷程，現在的表現與過去是有脈絡關係的，更重要的是我們希望細心的觀察學生現在及過去的表現，以便預測其未來的發展潛能。另一方面所謂的連續，是指評量不是到下課時就應該被切斷，或則學生在校外的表現並不屬於學業評量的範圍，如果廣泛的教育目標是含蓋社會教育，那麼自然要將評量的連續體延伸到社會及家庭。

(七)民主原則

教師與學生都應該具有評量的民主素養，有些科目可以要求學生或家長的參與來決定評量的方式，教師應儘量的客觀、公正、不受性別、種族、偏見或其他因素的影響，學生亦應尊重教師，不可以馬虎的心態應試。

(八)合作原則

合作可以有許多的方式：(1)在特殊教育裏的個別化教育方案中，教師與特殊學生合作訂定符合該生的教學目標，教學方式與評量方法。有時資優生或一般生亦可以與教師訂定學習契約，共同規範評量的方式；(2)合作亦可以指學生間相互的合作，例如在合作學習（co-operative learning）中所使用的分組學習方式，可以減少學生間的競爭對立，培養合作、溝通的精神；(3)合作也可以指學生、教師、家長、社區人士、學技行政人員間之協調合作，例如以期末音樂發表的方式來評量，可能就要協調許多人員。

(九)科學原則

評量應儘可能：

1. 合理性：符合科學精神、融合心理學、哲學思辯，符合教學評量的原則，避免不正當的政治、性別或種族意識形態的干擾，避免武斷。
2. 實證性：必須是有實證資料支持的事實而非意見，如果不是事實，應讓學生了解，內容是一種傳說或憶測，例如，二十四孝中「哭竹生筍」可能就不符合實證原則。
3. 客觀性：評量應具有信度與效度，客觀而公正。

(十)公平原則

評量應本著「個別的差異」而追求實質上的平等，例如：

1. 能力測驗（大學聯考）與性向測驗，何者更能做為篩選大學生的工具？

2.對偏遠地區學生、特殊學生（聽障、視障）是否給予平等的應試機會？

3.針對某些學生的加分政策是否符合公平原則？

4.多元入學是否受其他因素影響而減低了公平性？例如，推薦甄選是否公平？

5.只考紙筆測驗公平嗎？

(十一)保密原則

評量的結果非經過本人的同意，是不可以任意給予第三者的，教師發放成績單時，對於成績不理想的學生不可以當眾宣佈其成績，更不可以當眾體罰，以免過度傷害其自尊心。

(十二)描述原則

學生的成績應包含質性的描述，並且以側面圖的方式來描述學生各科的內在差異。

(十三)研究的發展原則

時代日新月異不斷有更有效的評量方式推陳出新，教師應不斷的進修吸收新知識，改善自己的評量的技巧，例如目前逐漸受到受視的多元智慧評量。

(十四)配合科技發展原則

例如可以使用電腦來協助評分，建立題庫，或是從事試題分析亦可使用電腦輔助教學（CAI）來進行教學評量較為經濟，此外，學生亦可使用相片、錄影帶、錄音帶等來呈現他們的作業，例如實驗過程與結果。教師亦可使用先進的虛擬實境來評量學生的某些能力。例如：汽車駕駛，突發狀況的處理，機器的操作等。

歷屆試題

一、選擇題優於論文題的地方主要是：
(A)可測量更複雜的學習結果
(B)更加強調事實資料之回憶
(C)測驗編製和計分時間較少
(D)可測量更廣泛學習內容　　　　　　　　　　　　【南師】

答☞：(D)

二、所謂客觀測驗的「客觀」是指：
(A)試題內容客觀
(B)測驗實施的過程客觀
(C)評分客觀
(D)測驗分數解釋客觀　　　　　　　　　　　　　　【竹師】

答☞：(C)、(D)

三、下列何種測驗題型適用於不同性質的教材，並且有較高的鑑別作用？
(A)是非題
(B)選擇題
(C)申論題
(D)複雜題型　　　　　　　　　　　　　　　　　　【嘉師】

答☞：(B)

四、在客觀測驗中應用最多，也最能測出學習結果的試題是選擇題。　　　　　　　　　　　　　　　　　　　　　　【南師87】

答☞：（○）

五、簡答：㈠什麼是配合題？

　　　　　㈡配合題的作答方式如何？

　　　　　㈢配合題的命題原則如何？　　　　　　　【彰師86】

答☞：

　　配合題係由兩部分所組成：問題部分與選項或反應項目，受試者必須依兩者的關係來作答，除了文字的命題方式之外，配合題的問題來源尚可包含一些圖表、地圖或裝配圖等，然後依地理位置、歷史年代、名稱、功能等來建構考題。

　　配合題的命題原則有：

　　(1)在同一配合題中，各項目的性質應力求相同。

　　(2)問題項目與反應項目的數量不宜相等，通常反應項目要多於問題項目。

　　(3)適當的問題項目介於五至八題之間，而反應項目宜超過問題項目二至三項。

　　(4)反應項目應按照邏輯次序來排列。

　　(5)問題項目應避免使用不完全的敘述句。

　　(6)問題項目與反應項目都應該力求簡短。

　　(7)應清楚說明作答的方法。

　　(8)問題項目與反應項目宜列印在同一張試卷上（郭生玉，民88）。

六、論文式考試存在一些缺點，試分別從命題技術與評分技術兩方面提出改進之途徑。

答☞：

　　論文試題目較容易受主觀因素的影響，其缺點為信度低、效度低，且計分費時，改進的原則有：

　　㈠命題方面：

(1)應先考量是否使用客觀式問題亦可達到相同的結果，在論文式試題優於客觀式問題的情形下才使用論文式問題。

(2)應該明確界定所欲測量的行為。

(3)題目的敘述應使學生知道答題的方向。

(4)可以標示每一題的回答時間，並給予充裕的作答時間。

(5)應避免讓學生有選擇問題作答的機會。

(6)有時使用多題短答的方式要優於使用較少題長答的方式為佳。

㈡評分原則：

(1)可以預先準備一份評分的要點，包括內容、用字造詞、例證等之評分比例。

(2)評分標準應該要前後一致。

(3)選用恰當的評分方式，例如使用百分制或等第制。

(4)避免無關因素之影響。

(5)同一個時段只評分一個問題，且避免評分中斷。

(6)應採用匿名的方式來評分。

(7)可以使用兩位或兩位以上的評分者來共同評分，比較客觀。

七、試比較論文式考試與客觀式測驗之優劣。　　　　【政大】

答☞：

依黃元齡（民80年）引用羅斯（Ross, C. C.）對論文式考試和新法考試優、缺點之比較如下：

比較項目		論文式考試		新法考試（客觀式測驗）	
		優點	缺點	優點	缺點
效率	課程內容	1.對高級的語文課程很有用 2.可用來做為語文的訓練之用 3.可以鼓勵良好的讀書習慣	1.取樣比較窄 2.可能有故意渲染或胡謅的現象 3.分數中可能會受到語文能力之影響	1.取樣較廣 2.比申論題的應用更具有彈性 3.沒有渲染或胡謅的介入 4.比較可以防止作弊	1.較偏重記憶性知識的衡量 2.可能產生負面的學習，學生只作知識的記憶不求甚解
	統計資料		多無資料可供參考	可以與標準測驗相比較	常缺乏可以使用的效標
信度		對缺乏經驗的教師而言，使用論文式考試比使用客觀試考試還方便。	1.信度低，多介於 0.6 至 0.65 之間 2.評分比較主觀	1.信度係數有時與標準測驗相接近 2.評分較客觀	很難確保其效度
效率	實施	容易編製與實施	缺乏一致性	1.測驗的說明相當一致 2.作答時間非常的經濟	編製比較費時
	評閱		緩慢且沒有標準，又相當的主觀	有標準答案及評分方法，有時尚可交由電腦或助理來協助計分，較方便	比較刻板單調
	解釋		無常模可對照，比較難解釋	有常模（區域性）可對照	但有些客觀式測驗沒有常模
總結		適用於多種測驗的學科，可以配合其他題型使用	取樣不完備，評分主觀，作答費時	取樣較廣，評分客觀	試題的編製費時，且需要有相當的技巧，有時無法測量所有教學上的重要概念

八、論文題的類型分為申論題和_____。　　　　【彰師 88】
答☞：簡答題。

九、說明精熟學習在教育上之意義與應用。　　　　【成大 88】
答☞：

精熟學習最早是由心理學家卡洛所提出，後由布魯姆加以倡導，其基本的假設是認為學習是時間的函數，而非能力的函數，因此，只要能夠給予充裕的學習時間，則每一位學生都可以精熟學習目標，此種理論的目的在確保每一位學生能夠成功，與傳統偏向常態分配的學習結果不同（有些人成功，另有些人失敗），在運用上有下列原則：
(1)將學習目標劃分成許多小的行為目標。
(2)依行為目標設訂精熟的標準。
(3)時常進行測驗（每隔2～3週）取得回饋。
(4)對於不精熟的學生進行補救教學，直到精熟為止，才進入下一個單元。
精熟學習的立意甚佳，不過難以長期實施，況且每個人都有個別差異，是很難勉強每一個人都能達到學習的目標。

十、教師在學校從事成績評量時應注意那些原則？試說明之。
　　　　　　　　　　　　　　　　　　　　　　【北市師】
答☞：請參考內文。

十一、何謂形成性評量？何謂總結性評量？試比較之。【中師】
答☞：請參考內文。

十二、下列那一項會有助於論文式試題評分的客觀性？
　　　(A)施測前備妥答案範例及評分標準

(B)先評完第一位學生的所有題目的答案再評第二位學生

(C)先閱讀最好學生的答案以為參照

(D)請出題教師評閱試卷以維客觀　　　　　　　【彰師】

答☞：(A)

十三、教師在評分時，若習慣給學生評低分，此種現象稱為：

　　　(A)中庸的偏失

　　　(B)苛刻的偏失

　　　(C)邏輯謬誤

　　　(D)月暈效應　　　　　　　　　　　　　　【南師】

答☞：(B)

十四、論文式考試存在一些缺點，試分從命題技術與評分技術

　　　兩方面提出改進之途徑。　　　　　　　　【北市師】

答☞：請參考內文。

第三部分

多元評量

第十二章

多元評量的內涵

由於九年一貫課程的實施，多元評量益顯重要，多元評量的試題一再出現在許多考試中，請多注意。因為多元評量為考試的目前與未來的趨勢，故此一部分將詳細的介紹除傳統紙筆評量之外的另類評量。此外，由於多元入學方案的實施（例如，分階段考試、推甄入學、以及申請入學等）也使得評量的方式越多元化，各校除了參考學生之學業表現之外，亦評量申請者之課外活動記錄、推薦信、實作評量、觀察、口試等，在在都凸顯了多元評量的重要性。

一、評量的新舊典範

美國物理學家孔恩（Thomas Kuhn, 1962）在其著作「科學革命的結構」（The Structure of scientific revolutions）中首先提到典範轉移（paradigm shift）的概念。在此所謂的典範（paradigm）是指支配個人之思考模式或世界觀的一種架構。不同的時空背景孕育了不同的典範，對科學社群有不同的規範與基本假設。例如，早期研究是偏重量化的研究典範，對世界採機械論的觀點，屬於理性主義、經驗主義、行為主義及邏輯實證論等之看法。之後，質性研究興起，開始對量化研究的絕對論觀點產生批判，改採相對觀點，注重互動與整體的脈絡，是屬於後現代主義、完形學派、符號互動論、現象學與詮譯學等觀點，而近來哈伯瑪斯又提出否證論的觀點，認為否證而非實證，才可以使知識不斷的擴充。目前已進入二十一世紀，在評量上也產生改革或所謂的典範轉移，由舊有的偏向紙筆評量方式，轉向新的偏向多元評量的方式或則傳統評量與多元評量並重。

二、對傳統評量的省思與評量的改進方向（王文中，民89）

傳統評量通常以紙筆測驗為主，且較重視瑣碎性知識的測量，對例如問題解決能力、獨立思考，創造思考能力，批判思考能力，統合

能力等較高層次能力的評量較少著墨，此外，教學與評量的情境往往脫離了真實生活的情境，使知識被迫孤立，相對的，學生也喪失了學習的動機。在此，我們必須對傳統評量的缺失加以審視，一方面使教師在評量時更加的審慎選擇評量的工具、方法與評量結果的解釋的適切性，另一方面也就此說明多元評量的重要性。

1. 傳統評量常以常模（norm）為比較的標準，而且以分數來表示學生的各項能力，在此所謂的常模是指在測驗的製作過程，必須針對一群具有某種特質的受試者施測，以便計算出在此測驗上各分數的出現比率是多少，通常各分數的分佈情形會呈現常態分配的現象，亦即中等的人較多，兩極端的人數較少，一個標準化測驗會提供該測驗的平均數或標準差或百分等級等做為比較的標準。在統計上稱此種比較的方式為「相對地位量數」，這樣的評量方式隱含了幾項的缺失；⑴並沒有考慮到受試本身的能力或動機等因素，同樣是考 70 分，對一個能力強的學生，也許 70 分算是一種退步，但是對一個能力較差的學生，也許 70 分確是一種進步。常模比較的觀念少了「自己與自己比」這種鼓勵自己奮發向上的積極精神。能力強的人總是拿前幾名，能力差的人總是那幾個，如此，會增加後段學生的挫折感，甚至被貼上標籤；⑵常模本身的適切性也是問題，樣本是何時取得、何地取得也都會影響常模的代表性，許多標準化測驗的樣本來自都會地區，交通較為方便較易取得樣本，但其所形成的常模，最多也只能代表都會地區有相同特質的人口，若以偏遠地區的測驗結果與由都市受試所形成的常模做比較，可能會產生一段差距；⑶常模隱含了某種標準的意思，認定事物都會有一個標準答案，但在今天多元化的社會裡，時常有不同的聲音出現，很難說某一個答案就是標準答案，況且，在真實的社會情境中常有許多不同的問題產生，也需要不同的思考與問題解決方式，而這正是「常模」力有未及的地方。最後以分

數來論斷一個人的能力，也失之偏頗，如此做法，常將數字孤立於數字所從出的脈絡情境之外，而喪失了數字所代表的意義，例如某甲國語科考 80 分，事實上這 80 分應包含其他的過去表現、動機、誤差，他本身的性向、教師期望、家庭影響……等諸多的因素互相交織而成，而這些因素即是數字背後的脈絡。

2. 傳統的評量方式較偏重於靜態的評量方式（static assessments），例如定期舉辦的期中考與期末考經常是以紙筆測量的方式來進行，而未來的發展方向則應注重學生認知過程改變的評量，例如動態評量（dynamic assessments）或則卷宗評量（portfolio assessments）。例如教師可以由學生一系列的作品，由不成熟至成熟瞭解學生在認知上所經驗到的變動。

3. 傳統的評量大多為機構上的評量（institutional assessments），功能在完成學校或行政單位的政策，例如，給學生打分數，做為編班的依據，評鑑、或則選擇優秀的學生等，而未來的評量應逐漸重視個別化的評量（individual assessments），考量學生的個別差異，使用適性評量，教師與學生共同討論適合學生的評量方式與為學生量身訂作個別化教學與個人化的評量計畫，例如針對特殊學生而設計的個別化教育方案。

4. 傳統的評量比較偏重於單一評量（single assessments），非常重視智育的評量，更有甚者，只注重知識的低層能力與死記，忽略了高層次能力與創造力的教學與評量，而且經常是以紙筆方式及選擇題型式行之，而未來的評量應往多元評量（multiple assessments）發展，同時兼顧認知、情意與技能，以培養德、智、體、群、美五育兼備的學生。評量的方式可以是紙筆測驗、訪問、實作、觀察等，諸多方式行之。

5. 傳統的評量是虛假評量（spurious assessments），許多的測驗內容都太理想化，抽象與真正的日常生活脫節，學生在課堂上所學的知識與技能不一定在社會上有實用的價值。教學只注重形

式，往往忽略了情意方面的態度與品格的涵養。未來的評量發展方向應重視真實評量（authentic assessments），重視學生在特定情境中應用的能力。

郭俊賢，陳淑惠（民 89）歸納比較舊的評量典範與新的評量典範如下：

舊的評量典範	新的評量典範
多數學生基本上都是一樣的，而且通常是使用同樣的方式來學習，所以無論是教學或評量都是可以標準化的。	並沒有所謂的標準學生（standard student）。每一位學生都是唯一的，因此教學與評量都應該個別化與多元化，依學生的特性而定。
學生在學習上的最主要、最正確的指標是常模參照測驗的分數（norm-referenced test）或標準參照測驗（criterion-referencecd test）的分數。	採取以實作為基礎，更為直接的評量方式，並且輔以各式各樣的測量方法與工具，期能對學生的學習提供更為完整、公平與深入的描述。
認為紙筆測驗是評量學生成績的唯一且最公平有效的方式。	教師幫學生製作與保持一個個人的評量檔案，在檔案中包含了學生的所有測量的結果，包含紙筆測驗，性向、智力測驗，與各種測驗成績改變的歷程。
在傳統的評量中通常評量是與課程及教學分開的，評量有事先安排的時間與地點來執行。	課程、教學與評量間的界限並未予以明確的劃分。亦即，在任何課程的教學中可以隨時隨地進行不同型式的評量。
外來的測量工具（例如標準化測驗）或則代理機構是提供學生知識與學習的唯一且客觀的來源。	人的因素，亦即經常和學生互動溝通的教師、家長或同學才是真正正確評量的關鍵。
學生必須能在學校中學習並熟悉一套清楚界定的知識體系，並且能在評量時予以複製。	教育的目的在培養學生獨立思考的能力，學習如何學，並且儘可能的發揮個人的潛能，使成為一位終身學習者。
如果無法以標準化或制式化的方式來評量學生，就不值得教或學。	學習的歷程重要性不亞於學習的結果，而且不管是歷程或結果，並非所有的知識或是技能都可以客觀的衡量的，往往越重要越抽象的教學目標越不容易衡量。

學生是被動的學習者,其心靈有待充實。	學生不是背動的,而是主動積極的學習者,並且在學習過程中是教師的夥伴。
考試引導教學	教學與評量的目的是引導學生學習,並且發展學生的潛能。
通常依常態分配的曲線機率將學生分為優秀、中等及不佳三組學生,重視學生能力與表現的區分。	針對學生的能力的成長,認為學生的學習與成長是不斷累積的,呈現 J 型曲線。
單一模式的做法,偏重在讀、寫、算,知識的範疇比較窄。	依據多元智慧模式(包括:視覺、動覺、音樂、人際關係、內省、語文、邏輯與自然觀察)。
偏向於行為學派的論點,注重刺激與反應間的聯結,外控與後效強化。	注重人本主義與認知學派的精神,強調人的主動性,以人為本。
提供常模或其他標準做為學生解釋測驗結果的依據,所有學生都在同一時間,同一地點接受測驗。	測驗必須顧及學生的(認知)發展階段,評量應能提供更深入詳細的資料以協助教師,家長或行政人員。
評量的目的在決定學生的成敗,並進行學生與學生之間相互的比較,依比較的結果來評定學生的相對地位量數。	評量的目的不在比較學生表現的優劣,而是促進學生的理解與學習,並培養學生將所學運用到日常生活中的能力。
教與學的目的在獲取知識,並且依照課程的內容為主。	教學應難易適中,除了獲取與理解課程內容的知識之外,更應注重學習的歷程及思考技巧能力的培養。
學生的學習是否成功,應該使用傳統的,事先預定的或是標準化測驗來評量。	以進步而且有實證基礎的評量工具來測量學生的學習,而這些評量工具會考慮到學生的個別差異,需要,以及認知型式或認知架構。
學習的主要目的是要精熟各種客觀的事實或資料,例如:年代,程序,原理,規則等。	學習完全是主觀的(建構主義、現象學)學生經由學習而加深對世界的理解,並且與環境互動,因而改變,擴展,質疑與更新自己的認知基模。
成功的教學可以顯示在學生有能力通過各種考試,而這些考試可以評量學生在不同科目中表現的能力。	成功的教學目的在培養學生日後能過充實生活的預備,所以教師應該結合教學與學生在生活中應用的能力,使知識不致於和日常生活脫節。

三、多元評量的意義

　　多元評量的內涵不僅只評量方法的多元化，在本質上是屬於人文（人本）主義的精神，學者認為（吳毓瑩）多元尚包含由傳統的成果導向朝向歷程導向，並且由小歷程擴充到大歷程，並且由點的顯示，過渡到面的描述，最終達到立體的描述。簡單說多元評量是「系統性的整理學習歷程，並將每一個形成性評量的結果以兒童為中心的方法貫穿起來。（吳毓瑩，民 84）此歷程評量可橫向貫穿各學科，也可縱向貫穿年齡，也就是說，以空間評量為緯，以時間評量為經，描繪出生命的全貌。」（陳湘媛，民 89）

四、多元評量的型式（陳湘媛，民 89）

　　多元評量是一個通稱，有時又稱為通式評量（alternative assessment）在此簡單介紹其種類，在後續的章節中將會仔細的介紹。

㈠變通性評量

　　變通式評量的理論基礎是認知學派，強調認知是主動建構的歷程，而新知識的學習是在舊有的知識（或基礎模架構）上不斷修正，累積與聯結的結果，而且學習是個人與環境互動的結果，會受到社會文化，自我與互動歷程的影響，簡單說學習的目的在解決生活中所遭遇的問題，所以，變通性評量非常重視知識的實用性以及自我評鑑的標準，而且變通性評量強調課程本位的能力評量（curricular-based competency testing），變通性評量具有下列的含意：

1. 將評量從傳統的行為主義轉變至認知學派的評量觀點，強調學生應在學習活動中能夠表現、製造或形成某些行為出來。
2. 學生能產生一些具有意義的教學活動作業，並能將所學在真實生活情境中運用。

3.偏重以人的判斷為主的計分方式，通常不使用機器來評分。

4.教師在教學與評量上的角色，與傳統上有明顯的不同。

5.由傳統偏向紙筆測驗轉變為有意義、具真實性的評量方式（authentic assessments），或是由單次評量轉化為由多次作品所集結而成的評量（portfolios），亦即由單一量化評量轉變為多元化的評量。

6.從傳統上強調個別化的評量，轉變為強調團體式的評量。

變通式評量同時強調學生的歷程評量與結果評量，兩種評量所使用的技術可以對照如下：

評量過程（process）的技術	評量結果（products）的技術
1.臨床訪談或深度訪談	1.主觀式測驗（申論題）但有明確的評分標準。
2.觀察法（可使用觀察量表，檢核表，或軼專記錄法來記錄）	2.學生的作品，但有評分標準。
3.學生的表現、實驗程序、結果與說明。	3.學生的學習記錄或教學日誌
4.學生的自我評量，可以口頭報告，書面或其他方法行之。	4.學生的表現（繪畫、戲劇、舞蹈），但有評分標準。
5.學生對本身可能改變的口頭報告，與解釋改變的原因。	5.可使用態度量表（問卷）來評量。
6.學生對標準化測驗或客觀式測驗的答案，能說出其思考，解題的歷程與結果。	6.標準化或客觀式的問題，但附有「解釋」學生反應的部分，此部分通常在指導手冊之中。

(二)實作評量

實作評量（performance assessment）存在很早，早期歐洲中古世紀盛行的師徒制，師傅會要求學生表現某種技藝的成熟度，在中古歐洲的行會制度中在經過一段時間學習後，學徒可以以某種實作的成品（例如一件雕刻成品）來接受評審員的評審，如果通過後，即可以取得證照，此類的評量方式即包含了實作評量與卷宗檔案評量的特性。

實作評量的特性

1. 要求學生自己提供答案，而不是從一組選項中辨識正確答案，因此可以評量學生理解、應用、分析與綜合及問題解的能力，但因每個人的經驗背景不一樣，故每一個人的答案可能不同，教師可以從不同的答案中判斷個人的創造力或問題解決的理性與品質。

2. 評量不只注重結果，更注意思考的歷程，例如實驗的程序，推理或數學運算的程序，思辨立論的介入觀點等。

3. 評量的內容常常不僅只某一學科的內容，因為問題的解決常需要綜合各方面的能力。

4. 問題的取材常嵌入類似真正的生活情境，以便促進學生能夠知、行合一。

5. 評量的方式，時間與地點較具有彈性，有些評量必須在規定的時間內完成，有些評量則可以在學期末時交出即可，有些評量在學校，有些評量在實習工廠、學校或醫院等現場來進行。

6. 評量是教學的一部分，兩者並非分立的，而是相輔相成的。

7. 實作評量包含四個步驟：

　①學生必須表現出所教過的歷程。

　②學生將其展示的歷程分成一些較細小的部分。

　③所展示的歷程必須是可以觀察的。

　④教師依照學生各小步驟的表現給予成績，實作評量與傳統評量的區分如下：

實作評量	紙筆評量
1.必須要求學生把知識轉化為可觀察的行為或成品	1.主要是關心知識或資訊的取得
2.設計或是實施實作評量比較費時費事，但所設計的評量表可以針對同一個學生或新生重複施測	2.設計較費時，教師自編測驗之設計比較容易，但除非有特殊目的，同一份測驗儘量避免對同一組受試者重複施測，以避免練習及記憶因素的影響
3.學生若表現不佳，應施予診斷（測量）並提供補助教學，以及監控學生進步的情形	3.多數題目無法提供學生具體改進的建議
4.教學偏重學生的表現與歷程	4.教學偏重教材的內容與知識

實作評量的優點（單小琳等，鄧運林等）

1. 實作評量不但能評量學生知道多少，而且能了解學生運用所學的能力，以及應用能力的熟練程度與創意。

2. 實作評量能夠有效的評量學生高層次的能力，例如，分析、研究、綜合，判斷的能力。

3. 實作評量可以深入探究學生的思考歷程與學習型式，了解學生問題的徵結，並提出改進之道。

4. 由於實作評量的情境多與日常生活有關，較能使學生體會到學習的關聯性與重要性。

實作評量的限制

實作評量雖然具有上述的優點，但是亦有一些限制，例如製作與實施不易，信度有待建立，或較欠缺客觀性，在實施上有下列的建議：(1)教師應依據教學目標決定所要評量的項目與行為，在實施評量之前，教師先自行演練一遍，至少在腦海裏形成一種心向；(2)儘量列舉或展示重要而具體的評量指標，使學生了解那些才是較佳的表現，並往該指標努力；(3)事先與學生溝通評量的程序，最好依評量內容的多寡，在有需要的情況下將實作評量予以分類分段，以便利教師的觀

察，記錄；(4)組成教師教學團，共同研究某科目的實作評量重要行為與評量方法；(5)發展實作評量的規準，並且考慮到評量特殊性；(6)評量的規準必須具體而明確，避免使用模糊的字眼。

(三)檔案記錄或卷宗評量

卷宗評量

所謂卷宗評量（porfolio assessment）是指：「多角度，多向度」的評量歷程，包括一切有關的人員、事項及資訊的蒐集等。吳毓玉則認為卷宗評量是指每個學生都有一個卷宗，突破以班級為單位蒐集指定項目上所有同學的表現，而是以個人為單位，綜合他的各項表現，利用時間上的連續，傳達個人的學習歷程。如同在美術設計的行業中，設計師利用卷宗保存作品一樣；在學校，卷宗的主人，就是兒童自己。（陳湘媛）簡單的說，卷宗是指學生個人資料或作品的蒐集與整理。

卷宗評量的特色有（單小琳等）：

1. 學生與教師的共同參與：學生與教師彼此互動，針對教學目標與內容，建構檔案評量的型式與內容，而且在多數的情況下，學生依照教師的指示製作某些作品，或蒐集某些資料，因此，學生的參與度是很高的。

2. 教學與評量結合：教師先設定評量的規準，在教學的歷程中，只要是符合這些規準的作品與資料都可以蒐集，整理、分析，學生可以發揮其創意，構思其所要蒐要的資料，以便將來供評量之用。

3. 評量的多元化：從評量者的觀點來看，教師不再是唯一的評量者，學生可以評量自己，也可以相互評量，當然更可以要請家長及社區人士共同來評量，另一方面，評量的對象也可以是多元的，可以包括文字類（報告、心得寫作、作文、書法、日記、觀察記錄等）亦可以包含非文字類，例如：雕刻作品，音

樂、舞蹈的表演照片、錄音帶、錄影帶、衣服、裝飾品、器具、創造、發明等不一而足，都可以當做蒐集的對象。

實施卷宗評量時應注意：

1. 確定所有的學生都有自己的資料夾，以便蒐集自己的作品。
2. 所蒐集作品的種類，型式可由師生共同討論來決定。
3. 教師要詳細的介紹作品的保留與整理方式，尤其是一些容易毀壞，受潮，變質的作品的處理方式。
4. 師生可以共同決定或由教師單方面決定評量作品的規準，而且必須是具體而明確的。
5. 教師可以發展一套自我評量表，並要求學生經常續續的評估自己的作品。
6. 教師可以安排檔案評量會議，不僅在說明評量的規準與內容，而且也在協助學生清楚了解評量進行的方式及學生如何進行自我評量。
7. 鼓勵學生、家長與社區人士的共同參與，可以在適當的時機開作品展覽會，要請校外人士來參觀，也使家長看到學生的表現與校方、教師的用心。

㈣**真實評量**

真實評量（authentic assessment）非常強調真實情境的評量，在此所謂的真實情境是指未來在生活中所可以運用的特殊情境，例如語言的學習是否能在未來實際的生活中與外國人交談，例如，是否能夠使用英語訂機票，確認行程，問路等，學生學習 CPR 是否遇到危機時能夠適當的使用CPR，學生學習評量是否將來擔任教師時可以妥善的引用這些規則等，有時候在上課的情境中太理想化，而將知識的學習與日常的運用脫節，而真實評量可以免除這樣的危險。通常實作評量測量的是程序性知識（procedural knowledge），學生只要按照一定的程序，按部就班的表現出所要求的動作即可。但實作評量所習得的技

能不一定在真實情境中得以發揮，例如台灣的汽車駕駛執照考試即為一種實作評量，考生在考場上被要求完成某些動作，例如上坡加速，S型等，尤其是S型的難度最高，筆者開車這麼多年還沒有開過類似考場上那種S型的道路，倒是看到一些技術高超的駕駛者，任意在直線的街道上開S型，美國的汽車駕照考試卻直接要求考生上路，教官坐在旁邊依照馬路上的情境出題，這種考試即為真實評量，與實作評量的不同點是，在台灣有些人拿到駕照還不一定真的敢上路。實施真實評量時應注意：

1. 發展具體而適合的能力指標使學生能夠遵循
2. 評量者應具有敏銳的觀察與判斷力
3. 教師應有足夠的時間分析教學與生活情境的關係，設計與執行真實評量

㈤動態評量

動態評量（dynamic assessment）又稱為學習潛能評量（learning potential assessment）、最大發展區評量（assessment of zone of proximal development）、中介評量（cediated assessment）、極限取向測驗（testing the limits approaches）、認知可修正性測驗（cognitive modifiability test）、以及協助性評量（assisted assessment）、動態評量的目的在了解學生認知改變的情形，並找出個別學生的最大發展區或可能發展區（Zone of Proximal Development, ZPD），並協助學生激發其潛能至極限，其理論根源於心理學上的認知學派，尤其是提出最大發展區理論的蘇聯心理學家維果茨斯基（Les S. Vygotsky, 1896～1934），依維果茨斯斯的看法，所謂的可能發展區是指學生本身能力所可以達到的水平，與經教師或同儕協助之後所可以達到的水平，兩種水平之間的差距是為最大發展區，例如某位學生國語科的平均實力是 70 分，經由協助後進步到 90 分，則這個 70～90 分為可能發展區，在一般通常的大班教學之下，教師對所有的學生採用相同的教材與教法，致使資賦優異者或學

習能力不佳者的潛能無法全力展開，而動態評量的目的即在協助教師發現每一位學生潛能可以開展的極限，並予以學生必要的協助，此種協助類似蓋房子的鷹架，故又稱為鷹架理論。

動態評量的特色

1. 動態評量具有時間上的連續性，結合了評量─教學─再評量的重複步驟，以便偵測出學生認知上的改變以及學生可能發展的極限。

2. 重視學習歷程中知覺的改變，思考，問題解決等之評估，而不是學生目前表現的優劣。

3. 評量者伴演鷹架的角色，對學生主動提供適當的協助，並且經常與學生溝通、互動以誘使學生改變。

4. 強調個別學生認知歷程改變的評量，而非學生之間相互比較。

5. 由不斷的評量中發現學生的可能發展區，並且找出最有效的協助方式。

有時候學生的表現不佳不是因為其能力差，而是因為其認知基模與一般學生不同，而有不同的認知方式，例如，文化不利學生，少數族群學生或則有次文化背景的學生，因此針對不同的背景學生，動態評量要求評量工具的多樣性與對象的適切性，亦即針對個別學生的需求，選擇適當的評量工具。

動態評量的優點與限制（單小琳等）

1. 優點：

① 較不會低估文化不利兒童、次文化兒童或身心條件不佳之特殊兒童的能力。

② 教學與評量能夠緊密的合作。

③ 注重認知改變與學習的歷程。

④ 以協助學生成功為導向。

⑤ 連續性的評量模式。

2.限制：

①不容易確定影響個別學生學習成功的認知歷程。

②不容易決定每個科目，每個學生的最大發展區到底在那裏。

③對學習成功的預測能力似乎無法超越傳統的測驗。

④動態評量的信度與效度受到質疑。

⑤評量過程費時費力不易執行。

⑥評量結果不容易進行客觀的解釋，不同的教師可能認為學生有不同的最大發展區，而且，每一個人被激發，介入的方法也不一致。

五、認知心理學對多元評量的貢獻（周文欽等）

傳統的評量理論偏重在行為學派，自認知心理學發展以後，對教學與評量有鉅大的影響，認知心理學的代表人物有皮亞傑，維果茨斯基，布魯納，奧蘇貝爾與蓋聶等，其理論強調認知的變動歷程與學習的主動性。認知心理學對評量的影響可以分三方面來說：

㈠認知心理學對建構效度的觀點

所謂建構效度（construct validity）是指一份測驗可以衡量某種建構的程度，在傳統的測驗理論中多數使用相關法（皮爾森積差相關係數估計而得），求學生的測驗成積與效標的相關（相關越高，表示建構）效度越高，但此種估計方式會產生一個問題，我們都知道：有相關不一定有因果關係，因此，無法推論以該測驗去評量某效標（因），其結果必定是有效的。

而認知心理學卻認為效度的估計應透過實驗法的方式，經由妥善的實驗控制處理，逐一分析試題的有效性，才可以正確的建立效度的因果關係。

㈡認知心理學對設計新的測量方式的影響

認知心理學認為學習是主動建構的歷程，也是個人適應環境時所做的心智上的改變，因此批評傳統背動的，獨斷的，標準化的評量方式，要求評量應考慮到個別差異的存在，更注重學生學習時認知歷程的改變，前述的動態評量、變通性評量、卷宗評量都受到認知心理學的影響。

㈢對性向測驗或成就測驗的改進

皮亞傑認為認知發展是一個順序，共分為四個階段，而且，其變化是一種質變而非量變，傳統的智力測驗是使用一個數量（數）來描述學生的表現，顯得比較粗略，近來有加拿大學者依據皮亞傑的理論發展出皮亞傑量表，是對兒童智力的一種質性的評量方式，陳湘媛（民89）指出，認知心理學對教學及評量的影響有：

認知心理學	對教學／評量的影響
1.知識是主動建構的歷程 2.學習是個人所創造有意義的學習歷程	1.鼓勵討論新觀念 2.注重創造力與多元的答案 3.鼓勵多元的表達方法：角色扮演、討論、發表、模仿、辯論 4.強調高層次思考能力：分析、綜合、比較、批判、預測 5.注重將知識應用到新情境的能力
1.所有的學習者都能夠思考與問題解決 2.學習不是一種線性的思考	1.鼓勵學生從事問題解決的練習 2.但問題解決或思考活動必須擁有精熟的基本技能
學習者有許多不同的個別差異：記憶能力、注意力、學習風格、認知型式、性向、智力、發展先後	1.應儘量提供學生接觸不同選擇的機會 2.提供學生足夠的思考與作功課的時間 3.給予學生可以修正與再思考的機會 4.新經驗與舊經驗聯結

學生有一（些）個具體的參考標準，而且也知道如何設定目標，觀察學習的楷模，在心中留下印象，知道如何使自己進步。	1.教師與學生共同討論教學與評量的目標，而且可以讓學生去界定他們自己或班上的共同目標。 2.提供學生一些作品的範例，以便在進行卷宗評量之前，可以予學生充分討論與發表的機會。 3.同時提供學生自我評量與同儕評量的機會，避免只偏重學生與他人比較的評量方式。 4.與學生討論實作評量的標準與程序。 5.學生可以參與決定評量的標準、方法與程序。
教師及學生知道如何使用何種知識，而且知道如何監控自己的知識與學習	1.應使用真實情境來評量學生新知識的學習。 2.讓學生自我評量，並且發表描述自己的學習心得，優點與限制，而且要求學生設定適切的進步目標。
認為動機、努力和自我肯定會影響學生的學習和表現	1.鼓勵學生建立學習的意義性 2.教學與評量能促進學生了解學習在將來生活中之運用情形。
1.學習擁有社會內涵 2.鼓勵團體式的學習	1.組成異質性的團體合作學習小組。 2.可以讓學生扮演不同的角色，作為評量的方式之一，以促進學生體會不同的經驗 3.可以考慮團體創作或小組合作，再經由同儕評量來評分

　　學生有一（些）個具體的參考標準，而且也知道如何設定目標，觀察學習的楷模，在心中留下印象，知道如何使自己進步。而且：

1.教師與學生共同討論教學與評量的目標，而且可以讓學生去界定他們自己或班上的共同目標。

2.提供學生一些作品的範例，以便在進行卷宗評量之前，可以予學生充分討論與發表的機會。

3.同時提供學生自我評量與同儕評量的機會，避免只偏重學生與他人比較的評量方式。

4.與學生討論實作評量的標準與程序。

5.學生可以參與決定評量的標準、方法與程序。

教師及學生知道道如何使用何種知識，而且知道如何監控自己的知識與學習，並且：

1.應使用真實情境來評量學生新知識的學習。

2.讓學生自我評量，並且發表描述自己的學習心得，優點與限制，而且要求學生設定適切的進步目標。

動機、努力和自我肯定會影響學生的學習和表現，所以教師應：

1.鼓勵學生建立學習的意義性。

2.教學與評量能促進學生了解學習在將來生活中之運用情形。

3.學習擁有社會內涵。

4.鼓勵團體式的學習。

5.組成異質性的團體合作學習小組。

6.可以讓學生扮演不同的角色，作為評量的方式之一，以促進學生體會不同的經驗。

7.可以考慮團體創作或小組合作，再經由同儕評量來評分。

六、多元評量的規準與原則（高博鈴，民 89）

基於人本主義的精神，追求教育的自主性、潛能的開展與自我實現，多元評量具有下列的規準：

(一)功能性

評量必須講求效果與效率，並非一昧的多元就是好，例如，首先應該考慮所使用的評量方式是否符合教育的目標？評量方式是否佔據過多的教學資源？評量方式是如何決定的？選擇某種評量方式的效果是否優於另一種評量的方式？除了考慮到教學目標之外，尚需考慮到行政上的配合度，師生的接受度或其他的影響因素。

(二)教育性

　　教育學學者皮德恩（R. S. Peters）認為教育的目標必須符合三大規準：合價值性合認知性與合自願性，與此相關的教學評量亦應符合此三大規準、評量的重點在對重要而有價值之教育素材的了解，而非瑣碎性的知識，評量更應適度的使用，不可以評量為手段，強迫學生死記知識，或作為控制的方法。評量不可太多太密集，使學生的生活遭受各種考試疲勞轟炸，常常處在準備考試與擔心失敗的情緒下，應以多元、活潑、生活化的評量來減低學生的應試焦慮。

(三)適當性

　　亦即評量工具與方法應適合情境的需求與教學目標，例如針對年齡稍長的學生可以適當增加高層次思考題目。若以競賽的方式來實施評量，考慮到科目的性質與適合的競賽方式。

(四)精緻性

　　多元評量應該比傳統的紙筆測驗更加的人性化、自主性、精密性，更符合受試者的興趣，需要與考量受試者的認知架構。

(五)質與量兼顧

　　量的研究（評量）典範偏向實證主義，理性主義，與行為論，評量以數字為主，強調客觀，可以觀察與效率，而質性的典範建基於符號互動論、現象學、詮釋學等，以文字為主，對受試有較深刻的描繪，這兩種典範各有利弊與適用的時機，教師應融合兩種評量的典範，以國民小學二年級上學期第九課「金色的果園」為例，其質與量的評量方式可以為：

評量的種類	實施方式	研究典範
紙筆測驗	以紙筆測驗的方式考量學生對生字、單詞或造句的了解	量的研究典範
心得報告	徵求有參與過採橘子的小朋友，向全班講述採橘子的過程與樂趣	質的研究典範

學習單 （著色遊戲）	教師在學習單上印製香蕉、蘋果與橘子各六幅圖形，分成左、右兩半，左邊畫水果尚未成熟時的顏色，而右邊畫水果已經成熟時的顏色	質的研究典範
批判思考 （向思教學法）	教師問學生：有那些植物（水果）在成熟時是金黃色，而那些植物（水果）在成熟時不是金黃色？為什麼課文強調「金色」的果園？「金色」是代表什麼意思！	質的研究典範
直觀教學	教師帶一些成熟的橘子，與一些尚未成熟的橘子請學生辨認，並且在適當的時機請學生品嚐橘子	質的研究典範
說故事	請學生說出他們心中所希望的採頡活動，以及與大自然的互動，說明在都市生活中，如何獲得鄉居的野趣	質的研究典範

㈥評量的歷程應兼顧背景、輸入、過程與成果

史塔佛賽（Stuffebeam）等針對傳統評鑑（量）的缺點提出改良式的評鑑稱為 CIPP 模式，此模式包含了四個評鑑（量）的程序：背景評鑑（context evaluation）目的在了解學生的生理與心理的成熟度、相關的背景知識等；輸入評鑑（input evaluation），目的在了解學生的起始點行為；過程評鑑（process evaluation），即教學歷程的評鑑，類似形成性的評量；成果評鑑（product evaluation），了解學生的終點行為，類似總結性評量，此四種評鑑（量）所使用的方法與目標如下：

背景評量

背景評量的內容包含：⑴界定教學的目標、內容、方法及範圍；⑵了解學生的個別差異及需求；⑶決定滿足學生需求及達成教學目標的方式；⑷診斷滿足學生需求的各種方法的優點與限制，預估學生達成教學目標的可能性。

所使用的方法有：(1)系統分析；(2)調查法；(3)晤談；(4)觀察法；(5)診斷性測驗；(6)討論法；(7)個案研究。

　　背景評量的結果可以提供設定教學目標、教學方法，評量規準與評量方式的決策參考。

輸入評量

　　輸入評量目的在了解學校與教師可運用的資源、教學目標與教學程序之間的互動關聯，以設計較有較的教學設計，而所考慮的教學資源則包括有：學校環境、設備、人員、器材、教學資源、教學方法、時間、空間等，例如，學校人數的多寡，操場的大小可能會影響到體育科的教學實施方式以及可運用的評量方法。簡單說，輸入評量的目的，是在特定的時間與空間與教學目標之限制之下，考量各種教學設計的利弊得失，發展一套較有效的教學計畫。

　　輸入評量的研究方法首先應該對教師可以運用的資源列一個清單：包括人力、物力、教學策略所需資源、空間、時間、學生人數、學生特質、教學目標，後再利用此清單評估變項間的關係與各種教學策略的效果，在評量的過程教師亦可以和同事討論，請教專家學者，依據過往的經驗或成規，與學生討論或其他方式來進行。

過程評量

　　過程評量的目的在確認教學與學習是否符合教學目標與教學設計的程序，找出教學歷程中所遭遇的困難與限制，予以補救或修正教學以達教學目標。此階段的評量方法可以實施教師自編測驗，診斷性評量、多元評量、觀察法、訪問法、教師與學生對話，認知可修正評量等、過程評量具有回饋的功能。

成果評量

　　類似總結性評量，而評量的對象同時包含了教師與學生：一方面要決定教師教學的成功程度；二方面要了解學生是否精熟了學習內容，可使用標準化測驗，教師自編測驗、家庭作業、訪談報告、獨立研究、表演、發表等許多的形式來進行。

㈦評量的對象涵蓋學生、教師與課程

　　一般以為評量的對象應以學生為主，事實上教師與課程同樣對教學品質有決對的影響，例如美國在 1964 年以前對白人與非白人的學生實施「隔離但均等」的政策，黑人上黑人的學校，白人上白人的學校，但兩種學校的大部分經費、設備，師生比大致相同，但所產生的結果是白人的教育水準仍然是高於黑人，其中重要的關鍵在於雖然兩者的硬體設備是均等的，但是軟體確不均等，教師的品質、學校、氣氛，師生的動機等都不一樣，可見教師對教學的成敗具有決定性的因素。

教師評鑑的意義

　　依黃政傑（民 89）的觀點，教師的教學評鑑具有三點意義：

1. 教學評鑑是一種蒐集，分析一切與教師教學相關的訊息，之後與教師教師表現的相關規準做一個比較，最後做一個綜合評估教師教學成功的程度。而且，在蒐集資料，比較資料、分析與評斷的過程中，評量者必須具備科學、客觀、公正的精神與態度，以及以有效與可靠的方式來執行。

2. 教學評鑑不僅是在決定教師教學表現的真實性，而且更進一步評量其優點與限制，與其教學方式的利幣得失，並且以審慎、客觀之專業的態度來分析其利幣得失，也就是說，評鑑者不但要了解教師表現的好壞，更要了解教師所以表現好、壞的原因。

3. 教學評鑑的主要目的，不在證明教師教學的優劣、成敗，而在依據對教師成敗原因的了解，提出改進之道，所以教師能夠不斷的成長、學習、精益求精。當然亦可以教師評鑑的結果當作教師聘用與升級的參考。

　　黃政傑引用 Green 與 Jwanicki 認為教師評鑑的目的包含：

1. 作為教學改進的參考（主要目的）。
2. 決定優秀的教師並且予以鼓勵。

3.作為教師升級的依據。

4.執行（美國）州法律與教育董事會的規定。

5.決定教師的去留。

6.確保績效責任制度（accountability）。

7.促進教師的專業成長（professional growth）。

8.促進學校革新（school improvement），例如發展學校成為學習型的組織。

9.教師的選任（selection）。

初任教師的評鑑規準（黃政傑，民89）

初任教師的評鑑規準應該有別於資深教師：

1.學科知識：教師對所教課程之知識結構、中心概念、研究方法的了解，並且能夠創造適合的學習環境，促進學生的學習。

2.人類發展與學習的知識：教師瞭解學生的發展程序，包括智力、性向、人格的發展與社會文化的影響，並能提供適當的學習機會來促進學生之發展。

3.為個別需要所進行的教學調整：教師能了解學生之個別差異，依學生的需求來適當的調整教學與評量的策略。

4.多元的教學策略：教師以多樣化的教學策略來引導學生，鼓勵學生自動學習、發表，同時注重知識的理解、問題解決與批判性的思考。

5.教室激勵和管理技巧：教師能夠以公開或個別的方式來鼓勵學生，並且能積極的與學生互動，鼓勵學生投入參與學習活動。

6.溝通技巧：教師能使用各種溝通技巧：語言、非語言、標記、手勢、活動等方法來促進師生間的溝通與經驗的分享。

7.教學計畫技巧：教師能依據教育目標、教育行政機關規定、學校與社區需求、學科知識與學生的需求來撰寫教學的計畫。

8.學習評估技巧：教師能使用各種正式或非正式的評量策略，並

且確保學生在德、智、體、群、美五育上能均衡發展，同時也兼顧學業能力與社會適應能力的發展。

9. 專業的投入與責任：教師能自我反省，不斷的從他人與教師學歷程中學習與成長，同時亦主動尋求、參與專業的成長。

10. 夥伴關係：教師應與學校的同仁，社區家長，社區中其他機構與學生建立友好的合作關係，以增加教學資源，促進學習。

資深教師的評量規準

1. 教師獻身於學生及其學習活動的程度，包括：
   ① 教師了解學生的個別差異，並據以調整教學。
   ② 教師能深入的了解學生是如何的發展與學習。
   ③ 教師能均等的對待每一位學生。
   ④ 教師的教學目的是要超越學生認知能力的發展，所以教學應擴展至學生的人格發展，自我概念，社交能力、與公民道德等。

2. 教師能深入了解所教的課程，而且以有效率的方式傳授給學生，包含：
   ① 教師理解學科知識是如何被創造的，學科的組織與學科與學科間的關係。
   ② 教師對如何傳遞學科內容給學生有強烈的信心與精熟的技巧。
   ③ 教師善用多元方法來傳遞學科的知識。

3. 教師對管理和督導學生的學習負起責任，包括：
   ① 教師能使用多種教學基本技巧來達成目標。
   ② 教師能善用團體規範、紀律以及師生互動來協助學生學習。
   ③ 教師能運用動機原理來激勵學生的學習。
   ④ 教師經常留心自己的主要教學目標。

4. 教師能有系統地思考教學實務，並且從經驗中學習，包括：
   ① 教師能夠依照理論及理性判斷，經常的執行教學決定。

②教師能接受他人的忠告，並且教育研究來充實自己的學識與教學實務。
5. 教師是學習社群的成員，包括：
①教師與其他專業人員合作，對學校有所貢獻。
②教師與家長協調合作。
③教師能善用社區資源於教學歷程中。

教師評鑑的方法

在從事教師評鑑工作時，應把握「多元資料來源」的原則，因為教師扮演許多不同的角色，理應從不同的角度來觀察教師的表現，而且每一種評鑑的方法都有其優點與限制，使用多元方法可以達到相輔相成，比較公正客觀。教師的評鑑方法有：

1. 教師自我報告：教師透過內省和實際的教學經驗，以自己的觀察所得與親身感受，來作報告，一方面進行自我評鑑，二方面也可以與同事分享自己的教學心得。但是教學自我評鑑亦有其限制，有時候會受到個人人格特質的影響，謙虛的教師與喜歡表現的教師對自我教學表現的呈述方式與內容可能不太一樣，同時，缺乏經驗的教師可能較無法察覺自我教學的缺失與有效的改進策略，因而教師自我評量尚需配合其他的評量方法才可達到公正與客觀。另外，教師自我評量的方法亦可以使用事先設計好的「教師自我評量表」來進行，要求教師依評量表的內容自我評量並且陳述自己的意見。教師亦可以列出自己教學的工作清單，依五點量表來評量自己在工作清單上的表現。

2. 教室的教學觀察：教室的教學觀察不宜冒然實施，以免干擾到教師的教學，教室教學觀察的技術可以「臨床視導模式」行之，其程序為：
①觀察前的會議：觀察前的會議，目的在達成教師觀察的共識與培養默契，並且針對下列事項進行溝通：(1)教室觀察

的目的；(2)教室觀察的程序與時間安排；(3)教室觀察的重點行為或事件；(4)評鑑人員可以觀察法來蒐集的教室與非教室行為的種類與方法。

②教學觀察：教學觀察應該以系統的方式來進行，可以以事先設計好的觀察量表來記錄。若以觀察量表來記錄時，必須注意到所要觀察的行為樣本，與時間取樣的方式（系統取樣，隨機取樣），以及行為樣本的取法是鉅觀方式或微觀方式。觀察量表是屬於量化的研究典範，對一些突發事故的觀察較沒有效果，可以使用軼事記錄法來觀察教師處理突發事故的能力。

七、課程評鑑（歐用生，民75）

(一)課程評鑑的規準、時機與階段

課程評鑑（量）的目的在蒐集資料以作為學科課程與教學決定的參考，這些決定有些是關係到學生的，例如決定學生的需求，或則依學生的表現來作分班分組之用；有些是決定課程的選用與改革。課程評鑑的規準為：(1)課程實施的可能性（feasible），考慮的因素層面很廣──法律條文規定，社區影響、師資、設備、經費、學生素質、教師會、商人推銷等；(2)課程實施的效果：那一類型的課程比較具有經濟效益，例如國小英語教學是外聘外籍教師或由本國教師來擔任比較有效；(3)課程是否具有教育的價值，首先必須先做價值判斷，考量價值判斷所依循的標準，再決定課程是否符合這些價值。在課程評量的時機上分為形成性評量（formative evaluation）與總結性評量（summative evaluation），前者是在教學歷程中對課程所實施的評量，目的在取得回饋，以改善教學計畫。而總結性評量是在教學計畫執行終了之後所發生，目的在了解課程實施的成效，課程評量亦可依其發展的階段分

為同時評鑑（concurrent evaluation）及繼續評鑑（subseguent evalua-tion），同時評鑑是發生在課程的發展階段，考慮到課程設計與其他因素間交互作用的關係，待課程發展完成之後，即自行終止。繼續的評鑑在探討教學情境中各種變項間的關係，以建立有關課程與教學的假設。

㈡課程評鑑的方法

　　課程評鑑分成質的研究取向與量的研究取向兩種：

　1.量的研究取向：量化的研究取向比較偏重客觀化與具體化，所使用的工具很多，緒如：問卷、教室日誌、團體討論或評鑑會議、學生的意見、一般的測驗、實驗等。此種研究方法通常採用大樣本，嚴格的控制情境，注重推論性與代表性。

　　量化的評量比較具體明確、有效率，不過也有相當多的缺點：

　①教學以及教材、課程的實施成效是由許多相關的指標作為評定的標準，並且加以嚴格的控制，這些指標傾向於人工化而忽視了教學過程中所涉入的人與制度的因素，因而使評量的結果脫離了真實的教學情境。

　②許多課程的評量方式都採用實驗設計（例如板橋模式），在課程正式實施之前，給予小規模的測試以取得其實驗效果，如果有效，修正後再大量的推廣，其實驗程序一般為：前測—實驗—後測，其基本假定是課程的研究發展過程中很少有干擾的因素介入，但是，這種假設存在的可能性極微，常有一些內在效度的因素介入，例如成熟，霍桑效應或臨時事故等。

　③量化的評量方式往往限制了研究的範圍，並且通常是使用客觀的工具來蒐集資訊，因而忽略了其他重要的資料，例如主觀性資料或印象性的資料，而這些資料常隱藏在脈絡之中，是對資料解釋不可或缺的一部分。

④傳統的評量方式利用大量的樣本以使實驗的結果具有推論性，但也因此而將個別差異消除掉，但是有些個別差異或則不尋常的表現在教育上卻具有重要的意義，而且這種尋求放諸四海皆準的推論方式常無法滿足個別地方或特殊情境的需求。

⑤傳統的評量方式要求精確與具體，且一般情意目標的評量範圍比較大且抽象，比較容易被忽略，而且傳統的評量只指出教學的成敗，並沒有對個別學生或教師做詳細的解釋，因此也無法提供有效的回饋，以供教師修訂教學目標或學生努力的參考，即使學生的表現符合了教學目標，但仍然需要對資料更深入的以哲學、心理學或社會學去探討。

2.質性的評量：質性的評量側重對學生能力的描述與解釋（interpretation）而不是測量或預測，重視教學的脈絡與情境，其理論的基礎有：現象學（phenomenology）、符號互動論（symbolic interactionism）、俗民方法學（ethnomethodology）、批判論等，常用的方法有參與觀察、深度訪談、文獻內容分析等。質性的評量具有下列的特色：

①質性的研究（評量）建基於自然的情境，主要注重在意義所產生的脈絡問題，而研究者常以觀察為手段。

②質性的評量多以文字的敘述性為主，評量者尊循多元資料來源的特色，儘量的蒐集各類資料，一方面可以增加資料本身的信度與效度，二方面亦可以增加廣度與深度、質性的評量並非對個人片斷的或脫離生活情境的理解，一切的資料所蘊含的意義都是嵌入特定脈絡中的解釋。

③質性評量（研究）注重整體性的了解，也不似量化研究一般的去操控變項，強調自然情境的探索（naturalistic inquiry）與因素間交互作用的研究。量的研究目的在達到一般性的了解，將資料加以量化以形成通則，而質的評量目的在促

成特殊的了解，注意個人與環境的特徵並嚐試去了解這些
特徵的意義。

八、多元評量的計分方式（施天保，民89）

多元評量的評分制計有六種選擇，教師應依情境的需求，妥善的
搭配選擇：

㈠契約評分方式

契約評分方式是屬於個別化的教育方案，特別適用在特殊學生有
特別的需求時，教師與學生共同討論學習與評量的方式，每個學生的
契約內容可能不太一樣，教師依照學生完成契約的程度給予五等等評
分。

㈡自我評估方式

自我評估的目的在鼓勵學生自動自發的精神，學生依自己的需求
為自己設訂學習的目標，評估自己達成目標的程度，但是為了避免對
自己低估或高估，應再配合其他的評量方式來實施。

㈢描述評分

所謂的描述評分即是質性評量，教師針對個別的學生表現另外在
以書面的方式來描述學生進步的情形，探討學生學到多少，有那些優
點或限制，此外，亦可利用事先發展的評定量表從量表中勾選學生的
表現再附上簡短的評論以增加效率。

㈣通過與不通過的評分方式

屬於精熟學習的評分方式，事先設定具體的行為目標，依學生精
熟目標的程度給予通過或不通過。

㈤常態的等第制

通常為五等第制，依學生在常態分配上的機率給予甲、乙、丙、
丁、戊五個等第。

㈥傳統的百分制

傳統的百分制其範圍是介於 0～100 分之間，以 60 分為格點，其缺點是有時百分制的原始分數無法提供受試詳細的資訊，因為不曉得科目本身的難度，團體的變異性質與受測人數。

第十三章
多元智慧教學評量

一、多元智力理論的意義

　　傳統的智力測驗或則教學有窄化了學習與智力的傾向，通常只偏向學生認知能力之教學與評量，而事實上，人類的智力是有很多面向的，而人適應社會環境，解解問題所需要的能力亦極多元，心理學家葛敦納（Gardner）對傳統的智力理論提出修正，將智力擴展至八個向度，稱為「多元智慧論」（the theory of multiple intelligence），對智力的看法提出了三點假設（郭俊賢，陳淑惠，民 89）

1. 智慧並非是固定的或是靜態的：智慧固然受到先天遺傳的影響，但隨著個體的增長與外在環境的交互作用日增，個體的智力在質與量上都會隨之變動，傳統以 IQ 來表示智力的高低形成對智力的過度窄化，在人生的全程發展中，智力都是在不斷的變動的。

2. 智慧是可以學習的，可以教導的，而且是可以提升的：這就是教育的目的，既然智慧並非一成不變，我們就可以透過各種方式來學習，以增進智慧。

3. 智慧是一種多向度的現象，智慧表現在我們的大腦／心靈／身體等多層次上。個人是透過許多的管道去認知、理解、學習與記憶外在的訊息，同樣的，為了解決環境中許多的問題，也必須運用各種可能的型式與方法。在多元智慧的理論中，共有八種常見的智慧或求知方式（郭俊賢，陳淑惠，民 89）：

　①語文智慧：語文智慧的求知方式比較類似傳統的智力理論，是透過閱讀、書寫、口號溝通等方式來求知，包括使用討論、演講、辨論比賽，正式或非正式談話、寫作、猜謎、講笑話等方式來求取知識與智慧。

　②邏輯—數學智慧：以尋找和發現問題解決的程序與模式，以及認知方法等來求取智慧，採用的工具包含有計算、邏

輯、數字、推理、抽象符號以及型態的辨識。

③視覺—空間智慧：視覺—空間智慧是對外在的觀察，透過內省的思考，轉化為智慧，例如學生透過觀察週糟的環境而認知人與環境的互動關係。可運用的工具包括有：素描、繪畫、雕刻、攝影、剪貼、刺繡等，富有象徵性及創造性的事務。

④內省智慧：此種求知方式是經由反省，後設認知，以及對人生存在目的的探索方式來求取智慧的，可運用的工具包含有日記，高層次思考能力的培養（批判思考，創造思考），閱讀書籍等方式來求取智慧，此種智慧的層次較高，曾子曾說：「我日三省吾身」即為一種內省智慧，在教育上亦提倡教師可以以反省式思考來教學（reflective teaching）。

⑤音樂—節奏智慧：以傾聽、聲音、節奏、聲音的型態等方式來求知，例如童謠等。其使用的工具包含有歌唱、樂器、傾聽環境的聲音（例如：浪聲）。

⑥人際智慧：人是群居的動物，每個人都需要學習人際互動的技巧，達到協調合作的目的，人際智慧包含了溝通能力，合作學習能力，同理心，社會技巧，團隊競爭，團體互動等能力。

⑦自然觀察者的智慧：人有親近大自然的傾向，只不過受到工業化的影響而逐漸遠離大自然，透過對自然的再邂逅，去欣賞自然之美，體驗各種動物、植物以及生態之間相互依存的關係。可使用的工具包含有戶外教學、動手做實驗、登山、田野調查、生態之旅等。

⑧肢體—動覺智慧：是透渦肢體運動而學習，皮亞傑說人類一出生就是透過感覺、動作來學習，可使用的學習方式包括有舞蹈、角色扮演、戲劇、運動、肢體遊戲或創作等。

二、多元智慧的評量方法（郭俊賢，陳淑惠，民89）

㈠語文智慧

語文智慧的教學與評量重點

語文智慧的課程設計應該融合下列概念：

1. 閱讀：就一個主題去尋找、研讀各種文字資料，例如，台灣教育史的研究計畫。
2. 字彙：學習新字新詞的涵義，而且可以在平常的溝通之中活用這些字詞。
3. 正式演講：包含演講技巧訓練、表達能力，即席演講、講解、示範。
4. 寫日記：寫下、記錄自己的思想與經歷。
5. 創作：可以寫出具原創力的作品。
6. 詩詞：自行創作富含詩情畫意的表達方式，並且可以欣賞他人的詩作。
7. 辯論：可以以令人信服的方式來表達一個議題的正、反兩面。
8. 即席演講：就一個題目，當場發表演說。
9. 幽默／笑話：在生活中或就一個題目創造一個笑話或具有幽默的態度。
10. 說故事／故事的創作：可以就一個問題，或一個研讀中的材料編造故事。

語文智慧的評量工具

1. 書面論文：可使用各種格式或句型（公告式，疑問式或描述式等），以展現各人在某個主題上的理解程度。
2. 字彙問題比賽：目的是在評量學生是否對字彙能正確的辨識、理解、與運用。

3. 對語文訊息的回憶：可使用語文回憶測驗、猜謎和問答遊戲來回憶學過的知識。

4. 錄製聲音記錄：可以將答案、思考歷程與想法錄製在卡帶上。

5. 詩詞創作：可以藉由文字本身的韻律來創作詩詞，以展現對文字運用的純熟度。

6. 語文式的幽默：在讀過的資訊中能夠回想或編造一些語文式的笑話，或是從不同的角度來詮釋，使產生幽默感。

7. 正式的演說：正式上台作一個報告，或從事公眾演講。

8. 認知性辨論：可以蒐集資料為自己的立場辨護，或則可以從不同立場的觀點來探討，以展示自己對某科目的理解。

9. 傾聽與報告：可以傾聽教師或其他演講者的發表，然後報告自己學到什麼。

10. 學習日誌與日記的能力：例如針對某科系統化的製作記錄，研判所觀察蒐集的資料

㈡邏輯—數學智慧

邏輯—數學智慧之教學與評量重點

此種能力屬於抽象思考，此種學生喜歡探討分析各項議題，而這些議題可能是生活中的難題解決，或則對人生、宇宙等問題的探討，他們也精於數學的運算與推理，偏好用邏輯、理性的方式來處理事物，此型智慧的教學與評量重點有：

1. 抽象符號與公式：可以為各種知識或程序設計有意義的摘要筆記系統。

2. 摘錄要點：可以對資訊的內容，逐項提出邏輯的解釋。

3. 圖解／認知架構或大綱：可以各種邏輯思考的圖解工具來認知，例如以統計流程圖、網狀圖、概念圖等。

4. 數字順序／型態：可以針對某一個主題，探討其數量化的內涵，例如以統計圖表來分析數字的集中傾向或變異傾向。

5. 計算：可以使用規定的程序或運算程式來解決一個問題。
6. 解碼：將各種符號語言解讀，了解其中的意義，並且可以針對這些解讀的資訊，予以妥善的運用。解碼可以是針對文字、語文，也可以是針對非語言線索，例如面部的表情。
7. 尋找關係：可以將看似不一致的想法放在一起而產生某種關聯性，並從中發現意義，例如可以尋找非洲大象數量減少、人民開墾土地、盜獵象牙、象牙買賣、與國際公約之間的關係。
8. 三段論法：即所謂的演繹法：包含大前題、小前題、結論。
9. 問題解決：就問題解決的各種可行方案，列出其利弊得失。
10. 邏輯／型態遊戲：可以創造一些具邏輯思考的問題情境或遊戲，要求參與者針對問題提出解決的策略。

邏輯—學習智慧的評量工具

1. 認知組體—運用各種思考圖：網路圖、分類矩陣、流程圖來評量學生對學科知識的理解。
2. 高層次的推理：在思考或學習時，可以由簡單的事實認知與理解轉移至高層次的分析、綜合與評鑑的能力。
3. 型態的遊戲：可以透過對學科內容型態的理解或複製來表達對學科知識的理解。
4. 摘述要點：能對學習的內容列出主要的概念，次要的概念等概念整理的能力
5. 邏輯與推理遊戲：以遊戲的方式來展示對邏輯推理的了解，例如：解決偵探小說中的問題。
6. 心靈清單與公式：將字句重組或其他方式來證明對學科知識的了解。
7. 演繹推理：可以將學科的內容或特定的訊息加以篩選分類至一般的類別底下
8. 歸納推理：可以依據觀察的結果導引出結論。

9.計算過程：可以針對所學的課程中引用各種問題解決策略。

10.邏輯分析與批判：可以使用文學批評或科學方法的標準來表示對某學科的了解。

(三)視覺—空間智慧

視覺—空間智慧之教學與評量的重點

在視覺—空間智慧上佔優勢的學生常使用圖形與心像來輔助思考，這些學生常常表現出對於環境中之物體，形狀、顏色等有敏銳的知覺，而且也喜歡繪畫、著色、圖案設計、玩黏土、拼圖等遊戲。教師應幫助這些學生妥善的使用視覺的刺激（圖片、影片、符號、圖案、意象）來增進思考與學習。

視覺與空間智慧之課程與評量方法有：

1.視覺化：在心中創造出各種形象與意象，例如針對一個童話故事，一段歷史的描述或則教師所敘述的實驗過程。

2.活躍的想像力：可以在視覺資訊之間，或則視覺圖案與以往的知識與經驗產生聯想，例如可以把荷花與出汙泥而不染產生一種聯想。

3.型態／圖案：可以針對知識不同間的互動關係，以圖案的型態來表示其他的重點概念尚有：彩繪（例如：壁報）、繪圖、雕塑、網絡化、假想／幻想以及美術剪貼等。

視覺—空間的評量工具

1.壁畫和混和畫，可以製作一系列的影片或圖片來表達對某科目的理解。

2.視覺化與想像力：運用豐富的想像力將所研讀的材料形成一個心像，在必要時能夠回顧心像並且具體的說出來。

3.操作示範：可以籍由對某物件的操作，以表現出對該科目的理解，其他方法尚有圖像表徵與視覺圖解，閱讀理解與地圖製作、流程圖與圖表的製作，（物理）模型的建造或雕塑、與課

文中相關的人物進行想像的對話，透過視覺網路來理解顏色、形狀與意義，以錄影或照像的方式來研究某個問題。

㈣肢體—動覺智慧

肢體—動覺智慧較高的學生傾向於活潑好動，對自己的身體語言有較深的敏感度，喜歡運動，跑跳，或則操弄器物，善於透過一些肢體語言的表達以促進溝通，善於模仿他人的動作或則示範表演。教師應儘量提供這一類學生做中學的機會，幫助他們以動覺的方式來學習，例如，在語言新字的學習中可以要求小朋友做書空的練習，在自然科的實驗中可以教導學生如何操作儀器，或如何以儀器進行測量等，肢體—動覺智慧之教學與評量方法有：

1. 土風舞或創意舞蹈的學習與表演
2. 針對所學的課程舉行角色扮演或默劇表演
3. 可以全班共同設計一個迷你劇，詮釋課程中的概念、與人物、角色間的互動。
4. 可以以所學的學理為依據，創造發明某些產品。
5. 運用各種概念來創造各種動作與遊戲，例如用肢體語言來象徵數字。

㈤音樂—節奏智慧

此種評量方式要求學生透過對音樂或聲音的傾聽，以及音樂或聲音的製造來展示其所學，其型式包含有對音樂結構的欣賞、有敏銳的音感（例如：對音調、拍子、音色的強烈感受力）以及可以透過聲音、節奏、振動、音調來傳達或溝通情感，音樂—節奏智慧的評量工具包含有：

1. 歌曲的創作：以歌曲的創作來表示對概念的了解。
2. 用聲音來解說概念，包括模仿大自然的聲音，或則以聯想的方式來了解聲音與概念。
3. 能辨認與所學相關的各種韻律、振動或節奏。

4.譜曲：能以音樂與旋律來詮釋概念。

5.能夠辨識音調的型態與品質，例如可以對音樂的型態與歷史背景的關聯性有所理解，例如早期的愛國歌曲，八〇年代的校園歌曲到現在的流行音樂，其音樂的型態，以及歷史發展的脈絡關係。

6.分析音樂的結構，了解結構所表達的意義。

7.複製音樂與節奏型態，可以透過對音樂的複製來展示對概念的理解。

㈥人際智慧

人際智慧是與人相處、互動的智慧，包含有溝通的能力、同理心、協調的能力、衝突解決、具有團隊精神、同理心、尊重他人意見。具體而言，人際智慧包含有：能給予回饋或意見，能夠感受到別人的思想、情感，具有合作學習的策略，注重人與人的關係以及增進人際關係的方法，具有同理心能設身處地為人著想，能與人分工合作且具有互動的技巧，願意接受別人的意見，可以發展一個團體的計畫。

人際智慧的評量方法包括有：

1.小組分工合作：採用分組教學的模式，小組成員共同接受測驗包含有組成績與各人成績。

2.有能力向別人講解或教導他人。

3.有能力「思考—配對—分享」，即思考問題解決的答案，並且與他人分享自己構思的結果。

4.可以舉辦「接力賽」，例如認知的接龍遊戲。

5.可以提供或接受他人的回饋。

6.教師可以使用訪談，問卷調查或觀察法來了解學生與他人互動的關係是否良好。

7.同學之互相評量。

(七)內省智慧

內省智慧佔優勢的學生通常較喜歡獨自工作，而且能夠自我反省與自我覺察，做事依循其內在的自我價值、信仰或頓悟，自動自發，不容易被外在某物所影響，此類智慧的教學重點有：首先，學習靜默的反省方法（例如日記）、後設認知技巧的學習，能多規劃思考策略，情緒處理，認識自己與了解內省的歷程，注意力集中的練習，高層次的推理能力，「意識狀態改變」的練習與獨立的研究計畫等。

內省智慧的評量偏重在心路歷程，要求學生經由學習來表達自己心中的感受，個人的價值觀與人生哲學，其評量的方法有：自傳式的報告，個人的生活腳本，敘述日常生活中實踐某些概念的情形；後設認知的調查與問卷，以便了解個人對問題處理的程序與策略；較高層次思考的問題，例如批判思考，創造思考；注意力的測驗，寫日記，個人的投射測驗，個人的偏好與目標。

(八)自然觀察者智慧

自然觀察者智慧較高的學生熱愛大自然，對於自然界的種種現象：動物、植物、景觀、季節的變化……等等都能激起他的好奇心與求知慾，並且能尊重生命，愛護環境。自然觀察者的智慧包含有：對有機物和無機物的分類；對自然媒介的妥善使用，例如把來自自然界的物體或事件融入報告之中；照顧動物，珍視生命；對大自然從微觀與鉅觀的角度來理解。接觸與體驗自然，可以輔以科學工具（錄影帶）、栽種植物、校外的自然觀察活動，對環境的敏銳度（風景、聲音、味道等），對大自然表徵的了解成為一個自然的收藏家，蒐集來自環境中的物品（例如昆蟲、葉片、岩石、貝類、種粒），自然觀察者的評量方式有：

　1.做實驗觀察或示範。

　2.種族與自然型態分類關係之理解，例如對不同種屬之動、植物的了解與關係之探討。

3. 接觸大自然與進行田野調查、能夠親自去體驗大自然，並且利用相機、錄影機或其他方式予以記錄。

4. 能對大自然環境使用聽覺的、嗅覺的或味覺的方式來表現出對大自然的理解，例如，可以體會田野中的草香與蟲鳴，能了解不同成熟果實的味道。

5. 能照顧動物與植物，能夠妥善負責的飼養動物或培值某些植物，作為了解某些概念的方法，例如，值物的向光性與光合作用。

6. 感官刺激的練習，經由親自經歷大自然來體會大自然的氣味、味道、觸覺、聲音與視覺等。

7. 對自然保育的力行：理解自然保育的重要性，並且親自參與自然保育。

8. 典型的型態認知：能夠察覺自然界的許多基本的型態與樣式，例如海島型的氣候與生態環境，大陸型的氣候與生態環境。

9. 對自然世界的模仿：能夠使用繪畫、照片、拓印、素描等方式來重現大自然。

三、多元智慧評量的策略

由於多元智慧本身較為複雜，而且在實際測量時要求以多元方法來實施，注重多元與統合，因此必須有適當的規劃，可以說是將八種測驗合而為一的「八合一」測驗。

㈠學生能力發展

各種能力的評量均可依學生能力發展的高低分為三個層次：基礎層次、複雜層次與統整層次。例如：語文能力發展評量之基礎層次能力包括字母的認識，創作簡單的句子，能說出自己的姓名。而複雜層次的評量則包含：溝通的技巧，能理解或表達幽默感，閱讀理解能

力。統整層次的評量包括用寫作的方式來表達自我，可以熟練的發表演講，或則可以創作故事等，每一個層次再依學生能力的高低給予三個等級：1.表示低度的興趣。2.表示與別人有一致的成長。3.表示有高度的興趣。

㈡學生行為日誌

學生行為日誌是教師對學生行為觀察結果的記錄，教師事先設定在此八種智慧中所要觀察的每一種智慧的具體行為，並且以五等第的評分方式給予評分，學生日誌包含下列的觀察量表：

學生日誌

學生姓名：_____　　年齡：_____　　觀察日期：_____

依行為的適中程度，分五點計分：0.不確定。1.完全不合適。2.稍微合適。3.中度合適。4.非常合適。

例

語文行為

| 非常喜歡寫作、閱讀、談話 | 0 1 2 3 4 |
| 可以談話或寫作的方式正確的表達自己的思想 | 0 1 2 3 4 |

邏輯—數學行為

| 能使用複雜的邏輯推理途徑 | 0 1 2 3 4 |
| 解決問題的速度與質量具佳 | 0 1 2 3 4 |

自然觀察者行為

| 喜愛大自然 | 0 1 2 3 4 |
| 對於動、値物、昆蟲具有強烈的好奇心 | 0 1 2 3 4 |

㈢**智慧技巧遊戲**

　　為了要促進學習與評分的趣味性，八種智慧都可以各式各樣的遊戲方式來進行評量。例如：語文遊戲有拼字遊戲、猜字遊戲、謎題、雙關語。邏輯—數學智慧的遊戲有：策略遊戲（例如象棋）、紙牌遊戲。內省遊戲有自我分析的遊戲，心智之遊戲或創造思考的遊戲。智慧技巧的評分方式亦可以五等第的評分方式來進行。

㈣**智慧焦點**

　　智慧焦點是教師選擇一部具有智慧的影片、電視節目或歌舞集等，要求學生依影片的內容進行討論，而討論必須配合八種智慧的觀點，例如：語文智慧的討論可以包含影片中有那些對話，對話的內涵與型式，這些對話是否具有雙關語。視覺—空間智慧的討論則是關注在影片的場景、服裝、道具、色調等。

㈤**複雜問題的解決**

　　複雜問題的解決目的在激發與培養學生高層次思考的能力，教師給予學生腳本，要求學生依問題的情境來解決問題，腳本可以自創，來自報章雜誌或改編自教科書。

㈥**發明—創造力的評量**

　　教師可以使用各種方式來衡量學生的創造力。例如：要求學生以黏土來創作雕塑品、角色扮演、開畫展、製作錄影帶、幻燈片等。

四、多元智慧評量的評分標準

　　多元智慧評量的評分方式比較不傾向於傳統的百分制，而以等第制或層次的方式行之，以下是以精熟層次來計分的評分標準：

　　精熟層次的標準共分為：

　　1.新手層次：對基本的訊息可以回憶，例如對事實、資料等之回憶能力。

2. 基本的中等層次：對所學的訊息能夠有正確的認識，而且可以做一些簡單的運用。
3. 複雜的中等層次：對所學知識的歷程，脈絡有所了解，並且能夠作推論與創造思考，以及將所學轉移至其他科目。
4. 進階層次：對知識的徹底了解且有可能超越正式的結構，對所學可以做一般性的統整與遷移，並且能夠運用到一般日常的情境之中。

五、後設認知的評量

　　後設認知是屬於內省智慧，為多元智慧理論非常重視的一環，後設認知（meta-cognition）是對認知的認知，是對自己認知監控，規劃與作決策的能力。在多元智慧的評量裏是利用歷程檔案的評量方式來評估學生的後設認知能力的，所謂歷程檔案評量，依迦納的見解：「歷程檔案代表一種抓住步驟和階段的努力，學生通過發展一項計畫、作品等的課程。一個完整的歷程檔案包括：最初的腦力激盪、早期的草稿、還有最初的評論；記錄點子成熟之關鍵時刻的日誌；那些對自己有所影響或啟發的他人作品的收藏；期間與最終的草稿；來自同儕、導師，乃至於外面專家的評論；及如何在未來努力延續目前計畫的一些建議。」（郭俊賢、陳淑惠，民89，P.154）。而使用這些檔案來評量後設認知能力時，包含下列各種層次的處理的評估：(1)客觀層次的處理：對基本事實、原則等之認知處理能力；(2)情意層次處理的能力：對個人所學而引發之情緒之處理能力；(3)認知層次處理能力：對所學理解與認知處理的能力；(4)程序處理層次能力：對所學知識間動力之處理能力；(5)後設認知層次處理能力，關心對所學知識之內在對話處理能力；(6)應用層次處理能力，對所學之應用與統合的能力。

第十四章
真實評量

一、真實評量的定義

依維京斯的定義，真實評量（authentic evaluation）是「當學生精熟一個學科之後就必須要能在具有代表性的作業下展現出來。在對真實性的看法上，維京斯主張學業測驗應該是公開表現的智能和學業的指標，就像在運動或藝術（例如音樂、演奏或是畫作和雕塑的展覽）等領域中展現的那樣。」（郭俊賢，陳淑惠，民 89）。真實評量必須在真實的脈絡情境中舉行，類似以往的「學徒模式」（apprentice model），向師傅學習技藝的學徒必須向師傅展示自己的確實所學以及在日常生活中能運用所學技能的能力，此種學校制的學習特色是將所學技能嵌入日常生活的特定脈絡中，因此也稱為「脈絡學習」（contextualized learning）；與以往傳統式的評量做對照，傳統式的評量偏向客觀、情境跳脫，強調教學的目的在獲得類似的結果，而且評量或測驗只要稍加修正，即可廣泛的實施。而學徒模式或脈絡式學習則強調先就學習所需應用之特殊情境脈絡進行分析，重視知識與技能的實用性，因此，真實評量較易受主觀因素的影響（郭俊賢，陳淑惠，民 89）

真實評量具有下列的特點（郭俊賢，陳淑惠，民 89）：

1. 偏重於習習與思考方法，教學與評量，特別是高層次的思考技巧，例如綜合能力，評鑑能力或問題解決能力。
2. 注重學生的作業表現，但強調作業的品質。
3. 教學的目的是在統整知識與創造知識，而非複製知識，因此評量的重點不在複製知識的能力（回憶，辨認）而在於綜合能力與創造思考能力。
4. 必須處理如何判斷知識與善用知識的問題。
5. 強調評量者與被評量者間產生正面的互動。
6. 對學校瑣碎且無趣的作業方式與非學校作業情境的有意義方式

（例如戶外觀察）之間的差異性進行檢視與調整。

7. 因為喜歡而全心全意的投入。

二、真實評量的基本假定

真實評量有四項基本假定：

1. 真實評量應較偏重於形成性的（formative），可以彈性、經常、適合情境的方式來評量學生，以激發學生的理解與潛能的發揮。

2. 真實評量應提供各種形式脈絡化的機會，使學生能在真實情境中展現他們的能力，例如，工廠或醫院的實習情境，學校、旅館、餐廳等都是學生展示他們學習能力的特殊脈絡。

3. 真實評量應該對學生有實質的助益，能擴充學生的視野，具體化學生所學，並且統合學生在學校所學的各方面知識，以便在特殊而真實的情境中運用。

4. 真實評量應配合智慧的多元特質與學生本身的特性，容許學生使用多元的方法來展示自己的能力。

三、真實評量結構的性質（郭俊賢、陳淑惠，民89）

真實評量是正常教學歷程的一部分，並非孤立在特定的時間與空間之中，其結構的性質為：

1. 鼓勵學生主動的詢問、解釋、參與並給予教師回饋。

2. 教師給予學生真實評量的目的在開啟與學生的真誠的對話，以使深入理解學生的認知、思考架構與歷程，學生的知識水平以及對相關學科的理解程度。

3. 真實評量與教學密切的配合，學生應預先了解真實評量的型式與程序，而且在教學的歷程中教師亦應該妥善的教導相關的內容。

4.真實評量偏重於精熟教材的內容、知識、歷程與特定的技能。

5.真實評量鼓勵使用歷程檔案評量的方式來記錄學生認知改變，技能成熟與自我概念改變的歷程。

6.真實評量應循序漸進，並且給予能力較差的學生有修正與再接受評量的機會，直到多數學生都精熟為止。

7.真實評量最大的特色之一是其測驗的結構包含了真正或類似特殊的生活情境，教師可以模擬的方式，以日常生活中可能遭遇的個案研究做為問題的形式，或則直接觀察學生在真實情境中的表現。

8.真實評量所要測驗的內容與形式都是公開的，是學生、家長、或社會所共同理解的，例如教英語，應該是多數地方通用的英語而不是紐約的方言。

9.為了增加真實評量的信度，可以數位專家共同來評審。

10.學生與教師都必須明確具體的了解評量的標準、歷程與所需要的知識、技巧，以達成共識。

11.真實評量的標準應該配合學生能力之發展而有所調整，不同層次的能力，有不同的標準。

四、真實評量的學業設計（郭俊賢，陳淑惠，民89）

1.真實評量不要求學生死記知識，而是強調學生能在時、空的脈絡之中活用知識，使學生覺得所學的知識是有意義的。

2.真實評量的目的在促進學生能力的提升，與自我挑戰，並且所評量的內容必須是與所教導的課程與教學目標相符。

3.設計良好的真實評量可以誘發學生的內在動機，學生並不會對測驗感到害怕或排斥，相反的，卻極為喜歡的接受測驗，認為接受真實評量是有意義的，在本質上，學生是與自己競爭，而不強調與他人比較。

4. 真實評量預先設想當學生離開學校生活後，進入職場中可能面臨的各種挑戰，因此要求學生能夠以各種行動來表現對科目的理解與應用，而且，因為有時日常生活中所遭遇的問題且有相當的複雜度，因此，真實評量的學業設計偏重於高層次思考，例如分析、綜合、評鑑之測量。

5. 重視具開放性、創意性的答案，在日常生活中由於每一個問題的時空背景都不一樣，因此答案亦可能不一致，因此，教師應適當的鼓勵學生發揮其創造性，並且可以對自己的答案進行辯護。

6. 真實評量的重點在了解學生對知識或概念的理解深度。而不是選擇題，是非題，配合題等單純而形式的了解，評量的目的在促進學生能夠對學過的知識、概念做內在的連結，並增強知識的遷移與運用。

五、眞實評量的計分原則

1. 真實評量注重學生的個別差異，為了公平起見，評量的標準應該是多元的。

2. 非常重視學生的自我反省，自我評量與自我回饋，鼓勵學生勇於討論本身的優點與限制，提供經驗與他人分享。

3. 有時本身有盲點存在不容易覺察，因此，真實評量亦注重同儕評量，給同學提供回饋。

4. 提供機會要求學生以多種形式來展示其能力，以了解學生在不同情境中遷移的能力。

5. 真實評量較強調學生在學科基本技能、知識上的精熟，對相對的較不重要的知識予以忽略，亦即評量的重點在核心知識與概念間的融會貫通，反對零碎知識的記錄。

6. 真實評量重視學科之核心歷程步驟以及動態過程的理解，了解

學生對知識統整的能力與建構的歷程。

7. 重視學生學習遷移、應用能力以及「內爆」的能力：所謂「內爆」是指融合各科所學，去除科目間的界限，而學習遷移不僅是對特殊情境的遷移，更要求能遷移至日常生活中的各類情境。

8. 鼓勵學生自行設訂自我評量的標準，並依據個人的發展而適當調整標準的複雜度。

第十五章
實作評量

一、實作評量的內涵（吳金變，民88）

　　實作評量（performance assessment）又稱為表現本位評量（perform-ance bused assessment）是指一個工作（task）的執行並且完成。實作不一定要實際動手去操作，有些實作評量的項目就沒有動手去操作。例如：演講、心算等。以呂金變的（民 88）的看法，實作評量具有幾個特性：(1)實作的表現：學生以實作的方式來表現出他們對知識的理解；(2)真實的情境：實作評量講求在日常生活中的運用，因此，教師所給的問題與實作的現場通常是與真實情境相關的，有時也可以使用電腦來模擬真實情境；(3)模糊的結構：為了增加實作評量的挑戰性、複雜度與真實性，實作評量的情境傾向模糊，以測驗學生問題解決的創造性與統合性；(4)同時重視問題解決的過程與結果，對過程的觀察可以瞭解學生的思考歷程與操作程序是否符合規定；(5)具有彈性的解題時間，通常高品質的答案需要相當的思考時間來建構，而且每人對問題的熟悉度不同，能力也不一致，應該儘量給予充裕的時間來解答問題；(6)重視小組的互動：有些類型的工作經小組成員之間相互的激盪之後，更能激發彼此間的創造力與問題解決能力；(7)多向度的評分方式：既然實作評量的方式很多，其評分標準也應多元化以符合情境需求。以下就上述的七點詳細討論：

實作的表現

　　實作評量的題目並不強調其複雜性，非常複雜的題目不一定以實作評量的方式來進行，而實作的特質有：(1)實踐並且完成一項工作；(2)表現出對特定知識的理解；(3)重視該學科的應用而不僅止於該學科的學習；實作的結果可以充當下一個階段學習預備度的指標，也就是說，實作評量重視知識能力的遷移。

真實性與直接性

　　實作評量強調內容的真實性與直接性，所謂真實性是指測驗的內

容必須儘量符合真正的生活情境，而真正的生活情境並不一定都是在校外發生的，許多校外常發生的事件，在校內也可以找到其跡象，讓問題建基在真實情境的脈絡上，將可使實作評量更具有意義性，亦可協助學生活用知識，提供問題的豐富脈絡，目的在協助學生更加的理解與掌握問題的性質，至於「真實性」的判斷規準有：

1. 學生必須能展現出有效運用知識的能力，而題目的情境必須是類似成人的生活世界或則在該領域專家可能遭遇的問題。
2. 真實性展現在對該知識領域或該知識領域所應用的真實情境的忠實描述。
3. 這些問題的解決通常需要綜合各類型的知識，判斷何時、何地、與如何運用該知識比較恰當，並且決定問題解決的程序。
4. 強調問題解決的品質。
5. 評分的標準透明化，教師要求學生對解決問題的理由提出說明。
6. 強調學生的表現必須符合所設定的目標行為。

弱結構（ill-structured）

個人在解決問題時經常遭遇資訊不足，時間壓力或某些因素的干擾而使問題顯得模糊不清。賽蒙認為在面對這些模糊不清的問題時，我們只能以「有限理性」的方式來思考，為了模擬日常生活中問題模糊不清的特性，真實評量問題的設計應傾向於較不具有結構性的開放性問題，這些問題具有下列的特性：(1)問題通常較複雜，對於如何解決問題並沒有舊例可循；(2)並不將全部解答有關的資訊完全提供，而僅提示一些模糊相關的資訊，以發揮學生的想像空間；(3)解決問題的方法可能不只一種；(4)模糊的問題可以促使學生集中心力來釐清問題，瞭解問題的本質。

過程性

專家和生手最大的不同點是專家知道如何有效的應用所習得的知識，實作評量也能從學生操作的過程去瞭解學生的思考歷程，但有些

實作評量卻較偏向結果，例如繪畫作品，但有些實作評量之過程與結果並無太大的差異，例如舞蹈表演，通常過程與結果是連成一氣的，有時候評量的重點放置在過程，例如觀察學生是否依照一定的程序來操作機器，以保護人身的安全。

社會互動

在真實的社會情境中，許多問題的解決間必須透過社會互動的方式來達成，米德曾提出互動論（symbolic interactionism）的觀點解釋人類傳達意義符號是透過互動的方式來執行的，在實作評量中，互動的形式可以是很多元的，不僅止於小組成員圍坐在一起互相討論，也可以團隊的方式去執行一項任務，例如，從事市場調查，社區的參觀訪談，或則舉辦一項展覽、表演會，甚至可以尋求社會人士的支援等等，如此的目的是在培養學生人際互動的技巧，並且將知識的來源與知識的運用，可以由學校擴充至社會。

彈性

傳統的紙筆測驗以數十分鐘的時間來進行測試，希望能在極短的時間內來評量學生的學習成效，這樣的評量方式往往過度窄化了學習的結果，而無法將其它重要的學習也包含進去，但實作評量可以依照情境的需求，短則幾天，長可達幾週或則數月，容許學生不斷的精熟其技能，反覆的思考，等待學生練習充裕之後再進行測試。

多向度

由於實作評量的內容非常的複雜與多元，所以評量的標準亦相對的複雜，評分的系統通常是多層次的，基本上，實作評量的評分應至少包含三個層面：知識的產生、專業的研究以及實作評量的附帶價值，而且實作評量的形式也有多種，可以是靜態的書面方式或動態的操作都可以。

二、實作評量的類型（王文中等，民88）

　　實作評量可以問題的型式來分類，在此所謂的問題型式是指問題本身結構的高低程度，而問題的結構高、低程度是一個連續體，在這個連續體的左端是那些有高度結構性的問題，問題的陳述非常清楚而明確，而且給予充分的解題資訊，受試者可以經由這些已知的資訊導引出較為固定的答案，其優點是評量的標準比較明確，學生在思考與作答上的時間較少，因此，在一定的測量時間內可以涵蓋較廣的測量範圍，而其限制是問題的解答條件限制嚴格，學生較無法發揮創造力，與綜合能力。

　　在連續體的另外一端是沒有結構性的問題，問題本身的定義即不清楚，給予問題解答的線索亦不多，教師與學生可能都不知道有那些答案或是最佳的答案，學生必須努力思考，綜合判斷以有創意的方式來解決問題，此種開放式的問題要求學生透過各種管道來蒐集資訊，並嚐試不同的問題解決策略，因此，其問題解決的歷程亦為評量的重點。其優點是可以評量學生高層次思考能力：分析、綜合、評價的能力，但其限制是問題解答資料的蒐集與解答時間較多，相對的，可以衡量的範圍也較小。

　　界於定義清楚（高結構）與沒有定義（無結構）之間的是一連串定義模糊的問題，可以用下圖來表示：

定義清楚	定義不清	沒有定義

問題敘述清楚明確 …………………………………… 問題的敘述不清楚

解題的資訊充足 …………………………………… 解題的資訊不足

解題的策略已知 …………………………………… 解題的策略未知

答案已知…………………………………………… 答案未知

定義清楚的實作評量問題的陳述十分明確，因此答案也是固定的，很類似簡答題的型式。例：這學期初某校附小劉老師為了解建構式教學是否能有效改善學生學習數學的態度與成就，隨機從全校三年級8班學生中選出4班，然後又隨機分派其中兩班學到從事建構式教學的實驗組，其餘兩班則接受傳統式數學教學。各班數學教學均由原班級導師負責；學期末時兩組均接受「數學科成就測驗」與「數學科學習態度測驗」。請根據前述之實驗設計，回答下列問題：

　　1.本研究之自變項是什麼？

　　2.本研究之依變項是什麼？

　　3.本研究之抽樣單位是什麼？

　　4.本研究之實驗設計叫什麼？

　　5.本研究用來控制組間既存差異的方法是什麼？

　　6.威脅本研究內在效度的最主要因素是什麼？

　　7.請幫該研究者擬定一個適當的研究題目？

　　8.請幫該研究者擬定兩個待答問題與其相對應之研究假設「請使用操作性定義」？　　　　　　　　　　　　　　　　　　【嘉師87】

　　答：(1)建構教學；(2)數學科成就測驗與數學科學習態度測驗的成績；(3)集叢抽樣；(4)準實驗設計（是為後測控制組設計）；(5)隨機抽樣與隨機分派；(6)兩班的起始點行為可能不同，即選樣偏差。兩班的教師與處理方式不同會產生選擇與處理的交互作用效果、霍桑效應、強亨利效應是可能介入；(7)××國小建構教學與傳統教學對學習與態度之影響研究；(8)待答問題：建構教學是否優於傳統教學？研究（統計）假設：數學科建構教學的平均數等於數學科傳統教學的平均數（$\mu_1 = \mu_2$）。待答問題：使用建構教學的數學科學習態度是否優於使用傳統教學的數學科學習態度。研究（統計）假設：數學科建構教學的學習態度平均數等於數學科傳統教學學習態度的平均數（$\mu_1 = \mu_2$）。

一些人文，社會的科目常是定義不清楚的，學生需要花一些時間去思考、判斷，例：目前體制外的森林小學頗受矚目，有些小學也仿效森林小學的理念與作法，結果學生爭相入學。這種現象透露出台灣的教育出了什麼問題？您對於森林小學的教育理念與作法有何看法？

【嘉師87】

　　除了定義清楚與定義不清的問題之外，日常生活中亦有一些沒有定義的問題，沒有定義的問題形式多種，通常這一類的問題都隱含著行動的特質，一個例子是獨立研究，教師給一個主題，學生必須自己去定義一個與主題相關的問題，然後依照問題去設計與執行研究計畫，有時候從不同的角度可以形成不同的問題也算是沒有定義的問題。

　　這三類問題：定義清楚，定義模糊與沒有定義，亦可以從以下的規準來作區分：

1. 真實性：真實性（authenticity）又分為兩種：(1)教學的真實性，是指問題的內容符合上課所教的內容，但不一定符合外在世界的知識內容；(2)真實世界的真實性：是指問題的性質類似真實世界的模式，一般來說，定義明確的問題需要較高的教學真實性，但是較低的真實世界真實性，相反的定義不清楚的問題，或是沒有定義的問題，則需要較高的真實世界真實性，但較低的教學真實性。

2. 擁有權：所謂擁有權（empowerment）是指是誰負責問題的評估，工作的執行或則資源的尋找。當問題的定義越清楚時，評量者越有決定的權力，當問題定義越不清楚時，則學生負有較多的決定權，在沒有定義的問題中個人或小組成員必須自行定義問題，決定工作的目標與執行的次序，尋找社會資源的協助，很顯然的學生負起大部分問題解決的決定，但是無法全部負責。在一個組織中，越高層的領導者所擁有的權力越大，但所面對的問題也常是不明確的。

3. 認知複雜度（cognitive complexity）：定義明確的問題解決的方

法較固定，只要經過一段時間的思考即可想出解決方法，定義
不清楚的問題則需要較長的時間構思，考慮各種解決策略的利
弊得失。但沒有定義的問題並不一定要學生設想解決之道，學
生可以嚐試錯誤的方式來解決，先將過去的策略予以試用、修
正，如果適合處理目前的問題就不必再設想新的處理方式。

4.推論：定義清楚的題目，學生的解答結果，適合推論（inference）
到定義清楚的類似情境中，但定義不清楚或沒有定義的問題，
其推論性則受到限制，一般都希望學習的結果能夠遷移到相關
的領域以及正常的生活情境。

三、實作測驗的類型（以測驗的真實程度分）

實作測驗尚可依照測驗情境的真實程度分為四類（陳英豪，吳裕
益，民 86）：(1)紙筆的實作測驗（identification test）；(2)辨認測驗；
(3)模擬的實作測驗（simulated performance test）；(4)樣本工作的實作測
驗。

紙筆的實作測驗

紙筆的實作測驗偏重模擬情境下知識或技能的評量，這些紙筆實
作測驗配合行為動詞例如：「編寫」「繪製」「計算」「設計」等，
例如教師可以要求學生完成下列活動：

1.編寫一個教案。

2.繪製一個地形圖、氣壓圖、電路圖、統計圖、服裝設計圖。

3.製作一個調查問卷、評定量表、觀察表等。

紙筆實作測驗比較簡便，而且其結果可以存檔作為以後評量的參
考。

辨認測驗

辨認的實作測驗也有許多的型式以及不同的複雜度，例如：

1.在自然科教學裏教學要求學生辨認不同的動物、植物、礦物的

品種。

2. 在音樂科教學裏教師要求學生辨認不同樂器的音色、曲調、節拍。

3. 其他例如心臟聲音的辨認、裝備、器具、引擎聲音的辨認、藥品的辨認等等幾乎所有的領域都可以使用辨認型式的實作評量。

模擬的實作評量

　　模擬是在似真的情境下舉行。例如：社會科教學可以模擬民主的開會程序，體育科教學可以模擬運動大會的 400 公尺接力賽，目前由於電腦科技的發達，許多問題的解決能力可以透過電腦來模擬，可以從簡單的技能（學習譜曲、開車）一直到非常複雜的認知測驗或技能（飛行駕駛，醫學院學生之開刀實習，聯合國和平部隊對突發狀況處理的模擬演練、工具、雕刻品甚至繪畫的複製，模擬生物的生長或則都市設計等等）。

樣本工作的實作測驗

　　所謂樣本工作（work sample）是指一項工作或任務中代表性的而且運用機會較高的部分，若一項工作所含的內容較豐富，則實作評量不太可能對其所有的支節都進行測試，在此情形之下，只好選擇比較具有代表性的部分進行測驗，例如，若教師認為通常一般小學教師較常使用認知測驗，則可以要求學生依雙向細目表來編製一份認知測驗。

四、實作評量的優點（王文中等，民 88）

具有系統效度

　　教育學者杜威曾極力的提倡做中學，將知識的學習與運用結合。實作評量若能結合真實或模擬的情境，是符合杜威的教育理念的。學者們認為（Messick）實作評量是具有系統效度的，所謂系統效度是指評量本身是否是一個值得執行的教育實務，若是一個值得執行的教育實務，那麼會提升學習的意義性與學生的動機。教師應該陳述實作評

量的目的，清楚的解釋評量的程序與標準，在可能的情形下展示作品的優劣，以使學生有具體的工作方向。實作評量講求融合教學與評量為一體，但其限制是較為主觀而妨害到評量的信度。

對於特定複雜的教育領域可以有效的評估

傳統的紙筆評量方式容易脫離現實生活的脈絡，而使評量顯得片斷而不圓融，但是實作評量卻適合針對特定而且複雜的領域進行切合實際的評量，例如醫學院學生的開刀程序，飛行員駕駛訓練都是屬於特定而複雜的知識與技能，而且，經由無結構化的模糊問題，可以考驗學生高層次的思考能力：問題解決、推理、評鑑、綜合與後設認知能力。

具有正面的後果效度

傳統的紙筆測驗偏向於低層次能力的評量，注重知識的記憶使產生不良後果，例如「為考試而教學」「填鴨式教學」或缺乏獨立思考，而且所學的知識不一定在日常生活中有其實用的價值，這樣的評量後果並不是教育學者們所樂見的，亦即它是欠缺後果效度的，但是實作評量本身就具有意義性，學生會努力學習，並且認為學會之後必能在職場或生活上運用，因此，實作評量本身是具有後果的有效性，也就是說，他是實用的。

實作評量具有脈絡性

傳統的評量方式，分數所產生的意義是與別人（同班同學）相互比較而得的，我們稱為相對地位量數，但這樣的比較結果卻沒有考慮到知識與意義必須與環境、社會的脈絡聯結才能顯出意義。而實作評量即考慮到個人、社會與機構間的互動，其評量結果所可以提供的意義要遠較傳統的評量方式來的豐富。

五、實作評量的限制（王文中等，民88）

各種評量的方式都有其優點與限制，實作評量的限制有：

影響到班級常規

實作評量與一般偏向靜態的傳統評量方式有別,有時必須更改場地,需要特別的裝備,較長的測量時間,更多人來維持秩序,並且考慮到安全的問題。這些可能會打斷正常學校例行公事的運作,造成班級經營上的困難。

較缺乏經濟的效益

實作評量所花費的時間與金錢要遠多於傳統紙筆評量的方式越是複雜所花費的越多,在經濟不景氣的情形下,實作評量的必要性受到考驗。

缺乏比較性

傳統的標準化測驗有常模可供比較,對結果的解釋具體而明確,但實作測驗容易受教師主觀的影響,而且有時效標混淆不清,在在影響到實作測驗比較與解釋上的困難;另一方面,實作評量具有很大的彈性,固然是它的優點,但是因為學生具有相當大的選擇決定權,可以依照自己的意願選擇投入的時間,問題解決的角度,產品呈現的方式,而使得實作評量演變成個人態度的一種指標,若個人感到很有興趣,則投入的時間較多,反之,投入的時間較少,原本評量的用意在了解學生的認知歷程與技能的精熟度,而現在評量的結果卻轉化為時間與興趣的影響結果。

能力評定的誤差

較高層次的實作評量通常包含了情境脈絡與模糊不清的問題,但是,當問題越缺乏結構性的,對學科知識的依賴越少,而越依賴一般的問題解決策略與學生的知識背景、生活經驗。本來教師評量的目的是在測試學生的學科能力,可以卻因為此種偏離的結果,導致評量上的誤差。

缺乏信度

多元的指標是實作評量的優點,但指標越多元就越不明確,同

時，實作評量非常依賴人為的評量方式，容易受到主觀因素的影響，一般都是以評分者信度來做為實作評量信度的指標，但多數實證研究的結果都發現實作評量有信度偏低的現象。

缺乏推論性（概化程度低）

一般實作評量較紙筆評量深入，因此所要求的準備與測量時間較多，相對的，可以測量的範圍也變得狹窄，以有限的取樣範圍是否能夠推論到一般的工作表現，是受到質疑的。

實作評量的效度

實作評量矛盾之處是一方面將問題的情境設計的模糊以考驗受試的高層思考能力，但是當問題設計越模糊時，其效度越不容易掌握，很可能所評量的內容與教學內容的關聯性不大，教師可以下列的規準來檢視實作評量的效度：

1. 實作評量的目標是否是該領域中重要的目標？
2. 實作評量的廣度是否含蓋相關的知識？
3. 學生在實作評量上的表現能否具體的分析？
4. 學生的表現是否有適當的層次予以區別？
5. 評量的結果是否符合學生的經驗？
6. 評量結果的使用有否考量使用的後果？

六、實作評量的發展（王文中等，民88）

實作評量的發展程序如下：

決定評量的目的與教學目標

實作評量目標的分析可以採取「工作分析」的方式，首先將大目標分解成一些較小的目標，再從這些目標中挑選比較具有代表性的項目，並且考慮以實作評量的方式來評量這些項目的適切性。這些考量包括：

1. 實作評量是否評量重要且複雜的概念，其他方式的評量是否也

可以達到類似的效果？(2)實作評量是否符合了價值性，雖然實作評量的目的是在測量高層次的思考，但是，更重要的應是評量的目的與結果是有價值的；(3)避免評量的結果過度的概化。

2. 決定是以構念中心或表現中心的評量方式：

構念是指學生的思考活動與思考內容，不同學科所強調的構念不同，層次有別，例如社會科可能強調批判性思考，美術科強調審美、物理科強調邏輯推理。教師可以事先選擇最具代表性的知識或技巧的內容，定義構念，再決定構念評量的指標。

表現中心傾向於結果導向，教師應事先決定那些是好的作品（結果），那些是不被接受的，例如要求學生製作一個統計圖，教師將評量的標準事先與學生溝通。

發展實作評量的程序與流程圖

例

教學(評量)項目 ＼ 實作評量項目	討論、發表	獨立研究	戶外調查	深度訪談
知識、理解	✓	✓	✓	✓
評鑑、分析	✓	✓	✓	
批判性思考	✓	✓	✓	✓
綜合能力		✓		

決定實作評量情境的真實度

1. 教學目標：教學的目的是偏重底層知識或高層次的思考活動，教學的內容是屬於陳述性知識還是程序性知識？教學內容可以貼近真實生活的程度如何？

2. 如果狀況許可，在從事實作測驗之前，可以先以傳統的紙筆測驗給予學生模擬的測試，以便了解學生是否具備了足夠的知識背景去從事實作評量。

3.實作評量的真實度受限於學校可用的資源，經費、時間、場地以及行政命令等。

4.實作評量本身的性質也會影響到真實度，例如攸關生命安全的急救措施，就不適合真的允許學生對緊急的傷患進行急救，要衡量學生的問題解決能力，也無法等待真實生活中出現了問題再要求學生去設法解決。因此，教師必須考量在這些因素的限制之下，以符合經濟效益的方法來執行實作評量。

以指導語明確的說明評量的情境與施測的程序

教師應事先準備明確而詳細的指導語，並以書面的方式與學生進行溝通，指導語的內容包括：

1.實作評量的目的。

2.實作評量所需使用到的資料、材料、裝備、人員或其它相關的物件。

3.實作評量的程序，包括施測的情境、項目、時間、次序、要求表現的行為。

4.評量的記分標準。

題目的設計

題目的設計必須考量到學生所學在職場與生活中的運用情形，在這些運用的情境中，學生將扮演何種的角色，需要那一類型的知識與能力。當教師大致決定了所要評量的目標之後，必須將這些目標、概念更加的具體化，所謂具體化，是指為每一種概念的評量設想出實作評量的方式，可以使用「概念圖」的方式來檢察：

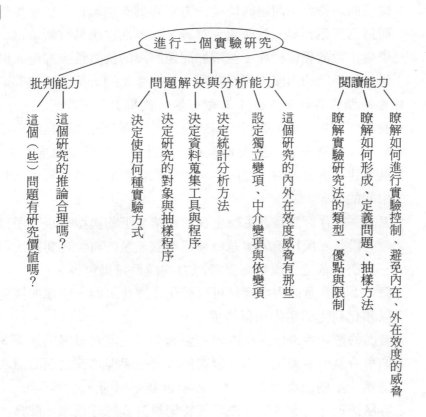

例

進行一個實驗研究

批判能力
- 這個（些）問題有研究價值嗎？
- 這個研究的推論合理嗎？

問題解決與分析能力
- 決定使用何種實驗方式
- 決定研究的對象與抽樣程序
- 決定資料蒐集工具與程序
- 決定統計分析方法
- 設定獨立變項、中介變項與依變項
- 這個研究的內外在效度威脅有那些

閱讀能力
- 瞭解實驗研究法的類型、優點與限制
- 瞭解如何形成、定義問題、抽樣方法
- 瞭解如何進行實驗控制、避免內在、外在效度的威脅

　　在形成一個概念圖之後，教師可以依概念圖決定那些是重要的概念？那些是次要的概念？那些概念是需要修正的？那些概念是使用實作評量的方式來評量，又是用何種方式來評量，在上例的實驗研究中，教師可以先教導學生實驗的基本知識，進而要求學生設計一個實驗，自行決定研究主題，對象，與分析方式，最後對自己的研究提出批判，並且送交書面報告。

　　此外，在設計評量的項目時，尚需考慮到：

1. 問題的結構：問題的結構並非都是混淆不清，欠缺結構性的問題，應考慮到教學目標，學生特性，知識的內容及其它因素（時間、知識的結構順序）而定。

2. 情境的新奇度：問題的情境一方面要具有熟悉性，使學生覺得
與日常生活相似，以便產生意義，二方面也應具有新奇度，使
學生不致於覺得枯燥，並增加問題解決的挑戰性，同時，鼓勵
學生從不同的角度來觀察問題，使用多元的方法來解決問題。

決定評量的型式與計分方法（王文中等，民88）

一般實作評量常使用觀察的方式來進行，評分方式較常用到等第
制，評分表（觀察量表，檢核表等）的設計應考慮到六個規準：

1. 重要性：評分表的評鑑內容必須代表重要的知識且與生活世界
相關的。

2. 逼真：實作評量是評量學生在特殊情境下的典型表現，所以問
題的設計，所給予的解題條件都應該儘量的自然、典型，但有
一些衡量創造力或批判思考能力的題目可以例外。

3. 概化：所評量的內容應是可以概化（遷移）的，所學的技能可
以類化到生活中的相似情境。

4. 發展的適切性：所評量的內容要適合學生認知發展的水平，例
如可分為生手層次，專家層次與介於生手與專家之間的層次，
當然，不同層次的評分標準與項目亦不相同。

5. 容易接近性：應清楚而淺顯的將指導語，評分標準，評分內容
溝通給行政人員、學生與家長，以利實作評量的進行。

6. 實用性：評量的結果應可做多方面的用途，可以做為學生進步
的指標，改進的參考，也可做為教師教學與行政人員做決定的
依據。

發展觀察與記錄工具

觀察工具有觀察量表，評定量表，檢核表，與自評表等方式，這
些將在下一章觀察評量中詳細的介紹，心理學者班都拉曾提倡以自我
評量的方式來學習或規範自己，教師可以適度的要求學生自我評量，
以培養反省、思考的能力。

第十六章

觀察評量

觀察法（observational method）是教師經常使用的評量方式之一，教師在教學的歷程中需要不斷觀察學生以了解學生理解的程度並且監控班上的秩序，無論是自然科學或社會科學都以觀察法為重要的資料蒐集方法之一。例如：心理學家皮亞傑即使用觀察法來研究兒童，並發展其著名的認知發展理論，觀察法具有下述的特性：

1. 觀察評量可以在自然真實的情境下進行，或則在人為模擬的情境下實施，一般稱前者為自然觀察研究（naturalistic observation），後者為實驗觀察研究（laboratory observodion）。

2. 觀察必須是有目的的，系統化以及有計畫的執行，觀察並非隨機的，觀察必須經過仔細的建構，以避免以偏概全。

3. 觀察的記錄可以是量化的數字，也可以是文字的敘述，觀察的角度可以是微觀的（例如師生互動行為的觀察），也可以是鉅觀的（對社會制度、文化影響的觀察）。

一、觀察法的優點與限制（郭生玉，民 84；王文科，民 88；陳英豪，吳永益，民 86）

㈠觀察法的優點

1. 觀察法可以針對進行中的行為（例如教學過程中教師與學生的互動、實作評量的執行）、非課堂的學生表現（例如下課時，放學後）以及一些難以使用傳統紙筆測驗評量的項目（例如舞蹈表演、學生作品、視覺藝術）等進行評量。一般若以文字來評量學生的表現可能會誘使學生欺瞞某些動機與行為表現，致使以文字測驗的結果，不一定可以推論學生就是知、行合一。例如：學生可以在交通安全的紙筆測驗上得到高分，卻未必在生活中確實遵守交通規則，而觀察法正可以彌補這項紙筆測驗的缺失。

2.觀察法可以在學過程中隨時隨地的進行，給予教師立即的回饋，並且不會干擾到正常教學的進行。

3.使用真實情境的自然觀察具有很高的外在效度，亦即評量的結果適合推論至一般的生活情境。

4.一般用問卷或自陳量表方式來蒐集資料時，有時會使學生產生自我防衛的心態與社會期許性（social desirability），所蒐集到的資料傾向於對受試者有利或則符合一般社會大眾的價值觀，但未必是學生內心真正的想法，這種誤差在使用觀察法時多少能夠修正。

5.一般的紙筆測驗把教育的內容化約成文字，脫離了社會的脈絡，而使用觀察法可以衡量各種因素間交互作用的影響，使原本片斷的評量更為完整。

6.觀察法可以和其他的評量方法一起使用，以增加評量的客觀性，而且，觀察法也適合於評量情意與技能方面的教育目標，對於尚未掌握語言文字的受試者，例如幼兒，新近移民者，也適合使用觀察法來評量。

（二）觀察法的缺點

1.曝光效應：若學生知道教師正在觀察他，有可能表現出配合教師期望的行為，一旦發現教師不再觀察時，又恢復本來面目，因此，教師觀察到的學生行為不一定都是典行的行為（typical behavior），然而觀察的目的，卻是蒐集平常學生的典型表現。

2.不易區分因素間的互動關係或因果關係：觀察法的優點之一是能夠在真實的情境中深入觀察學生的表現，但是在真正情境中學生的表現是受到許多錯綜複雜因素的影響，而很難釐清其間的關係，如果教師不仔細，經常的觀察，以及對情境有深刻的了解，有時難免會以偏概全。

3.觀察法比較主觀，缺乏信度：觀察法全憑教師的一雙眼睛來進

行，實證研究指出，此種觀察方式有時並不是客觀的，原因有很多：(1)從現象學的觀點來看，每一個人的背景、立場不一樣，對同一件事的觀察結果，可能有不同的詮譯，溫勒曾以「現象場」的理論來解釋這種現象，而皮亞傑的認知基模論也指出每一個人的基模建構不一樣，因此對事物的詮譯亦不一定相同；(2)從認知心理學的觀點來看，知識或資訊在認知、理解、傳遞與回憶的過程並非像電腦在讀取磁片一般的忠實，有可能受到許多因素的影響而產生扭曲，這些因素包括有注意的焦點不同、遺忘、正攝抑制、倒攝抑制、自動填補效果甚至動機的因素亦會影響我們對觀察結果的詮譯；(3)心理學的角度來看，偏見或自我應驗的預言也會影響我們對學生做選擇性的觀察。

4. 不易區分偶然性的觀察（causal observation）與系統性的觀察（systematic observation），偶然性的觀察是指一突發的，非典型的行為，通常這一類行為比較能吸引教師的注意力，而且對這類行為的印象也比較深刻，心理學上稱為「來斯托夫效應」，就是對不尋常的事物記憶特別深刻，例如在一次宴會中可能會遇到許多人，但通常我們只會對較特殊的人物有所記憶；身高較高，有名望或很特殊的人物，影響所及，教師有時候比較注意頑皮的學生而忽略了文靜「正常」的學生。

二、參與觀察與非參與觀察

觀察方法若以觀察者介入的情況，可分為兩種：參與觀察（participant observation）與非參與觀察（nonparticipant observation），所謂參與觀察是觀察者選擇介入被觀察者的角色，成為被觀察者的一員，同時參與部分學生的活動，目的是在體會學生的經驗，獲得臨場感，參與觀察在能夠與學生建立良好親善關係的前提下，所獲得的資料較具

真實性，而且由於教師和學生的互動頻繁，可以減少學生的防衛心態與曝光效應。不過也有其缺點：(1)參與觀察要求教師參與學生的活動，但是，必須考量到教師是否有空，任務的性質是否合適教師的參與，教師的權威意識形態是否受到挑戰；而且，(2)通常為建立親善關係，必須花一段時間來建立，如果教師與學生的關係改變了是否會影響到教學與評量，也是需要考量的問題；另外，(3)教師扮演了雙重角色：既是觀察者又是參與者，可能會影響到評分的客觀性。

由於參與觀察的限制頗多，通常教師是採用非參與觀察的形式來進行評量。在非參與觀察中，教師依事先設定的觀察項目來觀察學生，並沒有參與學生的活動，其缺點是，與參與觀察相比，教師可能較難體會學生的感受，而且在某些情形下有曝光效應，學生緊張而致影響到表現等現象，郭生玉建議可使用下列方法來提昇觀察的信度：

1. 可以使用工具來幫助記錄，例如錄影機。
2. 若發現學生剛開始時表現不正常，則暫時不予以記錄，直到學生的行為恢復正常為止。
3. 在可能的情形下使用非侵入性的觀察（學生不知道被觀察）。

三、無結構性觀察與結構性觀察

無結構性觀察通常是屬於質性的研究典範，對於觀察的項目，過程與情境較沒有嚴格的規定，觀察者可以對觀察的內容做必要的調整與修正，此類的觀察適合用來補捉精微的行為，而這些精微的行為，可能是一般無法用量化的觀察表格予以定義的。其所用的工具有田野筆記，在課堂中教師可以使用軼事記錄法來記錄所觀察的行為。

結構性觀察則明確的定義所要觀察的行為，與執行的程序，因此在資料的蒐集分析與報告上都有一定的規範可循，比較容易操作，也更為客觀。其缺點是可能忽略了量表上所沒有列出的行為，而這些行為也許具有重大的意義，同時，結構性觀察也較非結構性觀察欠缺彈

性與完整性。

四、結構性的觀察工具

結構性的觀察工具是屬於量化的研究典範，必須用操作性的語氣（operational definition）來定義觀察的對象，對於評量的程序有嚴格的規定。

㈠評定量表

評定量表（rating scales）是屬於次序變項（ordinal data）的性質，常見的為李克特式的五等第方式 (Likert scale)，評定量表又分為三種格式：

數字評定量表

數字評定量表（numerical rating scale）是以數目字來表示差異的強度：

例學生的作品：＿＿＿1：很差；＿＿＿2：中下；＿＿＿3：普通；＿＿＿4：中上；＿＿＿5：優異。

數字評定量表的優點是可以把各項目的原始分數加總成為總分，總分越高，則越具有某項特質，處理過的總分還可以進一步作統計分析。

圖示評定量表

在圖示評定量表（graphic rating scale）裏，用一條水平線將各單位連貫起來，

例

學生的球技：

非常不好　1　　2　　3　　4　　5　非常好

描述式的評定量表

描述式的評定量表（descriptive graphic rating scale）是用簡短的語句來說明量表中各點所代表的意義，使其意義更加的明確，有時僅在量表的兩端加以說明，有時則在量表的各點均予以說明，有時由於各題目的性質多少有所差異，因此會在量表的下方保留一些空白，做為註解說明之用。

例

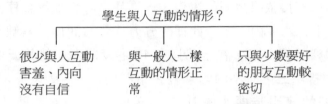

學生與人互動的情形？

很少與人互動	與一般人一樣	只與少數要好
害羞、內向	互動的情形正	的朋友互動較
沒有自信	常	密切

註解：＿＿＿＿＿＿＿＿＿＿＿＿＿＿

使用量表來評分時，應該遵循下列的原則（郭生玉，民 84）

1. 量表上的記分點不可以太多，因為太多的記分點較難以區分評分的項目，也會增加統計分析的困難度，但是，相反的，若評分點過少也會使得評分過於籠統，一般將評分點設定在 5 點，多則七點。

2. 有時受試者在作答時會有「趨中現象」，即作答時傾向於選擇中間或中庸的答案，例如：你認為實習生的表現如何？①非常差；②差；③尚可；④好；⑤非常好，在此選項中尚可為中間的選項，為避免趨中效應的發生，可以將奇數的點數改為偶數的點數，因為奇數的點數較容易凸顯中數，例：該生表現：

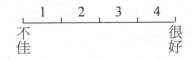

| 1 | 2 | 3 | 4 |
| 不佳 | | | 很好 |

此外，有時候若答案中有「無意見」「不知道」等選項，也會吸引一些態度不確定的學生去選，雖然無意見本身代表著一種態度，但若有許多受試者選擇無意見，將造成分析上的困難，因此評量者必須考慮是否堅持要在答案中放置無意見的選項。

㈡評等法

　　所謂評等法（ranking methods）是依照學生表現的優劣予以排序，通常是將學生的作品從表現最好與表現最差的兩端開始排，依序向中間推進，亦可直接依學生測驗表現、作文品質、作品等依序分成幾個等級組──甲、乙、丙、丁。此種評分方式非常簡便，其缺點是較粗略，例如同樣是第 3 名，在全部只有 10 名受試者中排第三名與全部 40 名受試中排第三名有不同的意義。

㈢評定量表的適用時機（陳英豪，吳裕益）

　　評定量表適合用來評量程序性知識（procedural knowledge）、作品以及學生的心理─社會發展等領域，分述如下：

程序性知識

　　所謂程序性知識是指依照一定的步驟處理，則問題即可獲得解決，程序性知識可以是純綷認知方面。例如：問題解決之科學步驟，但，程序性知識通常含有實作的要素。例如：按程序操作機器，做實驗，進行汽車或身體之檢查。在動作技能領域裏有較多的程序性知識。程序性知識的評量重點不僅在學生的最終表現，更在於學生執行的歷程。例如：有些工作如果沒有按部就班的操作，不但問題無法解決，甚至會造成危險。例如：急救手續、作實驗，進行開刀手續、武器的發射等，針對這些講求按部就班的知識的評量，可以使用評定量表或則下述的檢核表方式。

作品的評量

　　作品的評量比較關心最終的結果（outcomes），也許在製作作品的過程中將某些程序、元素加以變化，以增加作品的創意，在學校中

美勞課或國語科的作文課常有作品，但其他科目亦可要求學生製作一些「作品」以為評量的方式之一。例如：統計課可以要求學生繪製一個圖表，音樂課可以要求學生編一首歌，其他科目可以要求學生設計、實驗、調查、獨立研究，最後呈現其結果，作為評量的依據。

在評量學生作品時，常見的缺失是評量不夠客觀，為了增加作品評量的客觀性；可以：(1)發展「作品量表」，將所要評量的項目以及各項目所佔的分數比例予以明確而詳細的規定，例如在評定學生的獨立研究時可以設定：主題佔 20%，研究設計 20%，統計分析 30%，文獻探討 20%，結論 10%；(2)可以增加一些評分者來提升作品評分的信度；(3)事先公佈作品評分的標準，例如在佈告欄裏公佈寫毛筆字甲等、乙等、丙等的作品。

個人心理與社會發展的評量

在個人心理與社會發展的評量上採用甚多的評定量表形式，其評量的對象可以是自評，由學生本身來執行，例如自陳量表，也可以互評，也可以由教師來執行，有許多的型式。

人格測驗或性向測驗是使用自陳量表的評定方式來計分的，例如，「自我態度量表」，這種以自陳量表來評量的方式是自己對自己的觀察與體會，與前述教師對學生的觀察不同。

五、評定法的缺點

評定量表實質上是屬於次序變項，以統計的觀點來說，次序變項不如等距或等比變項來的精確，以百分等級（次序變項）為例，$P_{80} - P_{70}$就不一定等於$P_{70} - P_{60}$所差的人數，評定法的缺點有：

㈠個人偏見

個人偏見產生的原因，有其心理、社會的影響。例如：前述的認知基模論、現象場，教師自證預言、以及知識社會學，亦提到人們的

知識建構是受到社會文化所影響的，因此，人們難免以其成長時所體會的制度、文化與生活經驗來解釋其所觀察的現象。個人的偏見在所難免，可以使用一些方法來減少，例如：(1)多元資料蒐集原則：亦即儘量以各種方法，各種角度來蒐集資料，相互的對照檢證，以增加觀察的客觀性；(2)長期資料蒐集原則，俗話說：「路遙之馬力，日久見人心」，當觀察的時間與次數增加之後，亦能提昇觀察的信度；(3)培養教師的同理心，與開放的心靈，在質性研究中的重要資料蒐集方法是參與觀察，在長期參與被研究對象的活動歷程，觀察者逐漸能體會到被研究者之內在深沉的感受，此稱為互為主體性（intersubjectivity）。

㈡填答的習性

個人填答或教師評量的習性亦會影響到評量的客觀性，可以分為三類來討論：(1)「雅量的偏失」或「寬大誤差」（generosity error），亦即教師總是給學生較高的等級；(2)與此相反的是嚴格誤差或「荷刻的偏失」（severity error），亦即教師總是給學生較低的分數、嚴格或寬大的評分方式，可能與教師的人格特質，以往經驗，教師對學生的印象，以及學生本身的表現有關；(3)此外，還有「集中趨勢之偏失」（central tendency error）亦即前述總是選擇中間選項的習慣。

㈢月暈效應

所謂月暈效應（halo effect）是指教師對學生的評量受到學生不相關特質的影響，例如，對學生的初始印象，學生的容貌、身份地位、社經地位、以往表現等，有時也會受到性別或族群意識形態的影響。

㈣邏輯謬誤

所謂邏輯謬誤是指教師在評定學生某一個特質時，有意無意中受到學生另一個不相關特質的影響，例如，教師在潛意識中可能以為學業成績好的學生通常品德也較好，因此，就將成績好的學生給予較高的操性成績，事實上這是邏輯的謬誤，因為學業成績的好壞，基本上是與品德無關的，有時我們也將這一類錯誤命名為污染（containmin-ation）。

六、評定量表的使用原則

㈠所評定的特質必須符合教學目標

在設計評定法所要評量的項目時，首先必須確定評量的項目是符合教學目標，而且是教學內容的重要性代表樣本，在狀況許可的情形下，儘量以具體明確的操作性定義來描述所要評量的項目。

㈡所要評量的特質必須可以直接觀察的特質

為了要提昇觀察的客觀性，應儘量捕捉具體的行為，有些特質非常抽象。例如：師生互動、自我概念、有無攻擊的傾向、熱忱與否等，應設法建構具體的行為來衡量。

㈢對所要評定的特質以及量表的評分方式要有明確的說明

對所要評定的特質必須符合效度的要求。例如：對智力的評量需要問智力的構成要素有那些？而所出的題目是否能衡量這些要素？這是屬於建構效度的考量。此外，量表中各種點記本身所代表的意義必須仔細的規範。

㈣如果有需要應給予觀察技巧的訓練，以訓練評量者觀察的客觀性

七、檢核表

檢核表（checklist）的型式與評定法類似，只有在判斷的方式有所不同。在評定表中，教師可以依照學生的表現，給予不同層次的評價（例如五點量表），但是在檢核表中，只能觀察學生是否表現特定的行為，給予「是」或「否」，「滿意」「不滿意」的二分變項記分標準，檢核表比較無法估計學生表現的程度，但是比較容易記分，與評定法比較，檢核表比較少推論性，因此採用檢核表，要比評定法來

的客觀，檢核表適合對程序性知識的評量，特別是那些可以分解成一系列連續慣性動作的技能，例如機器的操作，當然檢核表也可以運用在認知或情意方面行為的評量。在評量學生某項能力時，可以具體的列出學生是否有表現出這些重要能力的特徵，如果有則打「√」，例如：對學位研究論文品質的檢核，可以如下檢核表來進行：

觀察行為	學生				
	A	B	C	D	E
研究問題具有意義性	√		√	√	√
摘要簡明清楚	√	√	√	√	
問題敘述明確，容易執行	√		√		√
抽樣方法正確，且具代表性	√		√		√
研究工具具有信度與效度		√	√		√
設計嚴僅	√		√	√	√
研究結果的分析正確	√	√	√		√
研究結果具有良好的推論性			√	√	√
對未來研究提供具體建議	√	√	√	√	
使用正確的格式		√		√	√
論文各章緊密相關，敘述流暢	√		√		√

八、行為的分類方法

使用觀察工具來評量，必須先將所要觀察的事件予以分析之後加以歸類，而將觀察行為加以分類的方式有兩種（郭生玉，民 84）：(1)整體方法（molar approach）：是以較大而且完整的行為做為分類的方式，例如：上述有關論文品質的評量即是屬於整體方法，儘量將相關的規準函蓋進去；(2)分子方法（molecular approach），分子方法僅抽取部分的行為樣本，再深入作觀察。例如：只以「設計的嚴僅性」

來評量論文的品質,而所發展出的評量項目都與設計的嚴僅性有關。採用整體方法因為取樣的範圍較廣,比較具有代表性,可以增加評量的效度,但是相對的,也比較籠統,而使得評量的信度下降,另一方面,若使用分子方法評量的項目比較具體而明確,可以增加評量的信度,但是卻喪失取樣的完整性。

九、行為取樣的方法（郭生玉,民84)

　　行為取樣的方法分為兩種:(1)事件取樣（event sampling）;與(2)時間取樣（time sampling）。事件取樣是以事件的發生為取樣的單位,從事情的發生即開始觀察,直到事件發生進行至結束為止,此種觀察方式特別適用於突發行為且具有連慣性的。例如:學生之吵架行為,問題解決行為,或是一些特別的行為。事件取樣方法具有三項的優點:(1)觀察的行為具有連續性而不被「切斷」,對事件的解釋與了解比較具有完整性;(2)所觀察到的行為較具有真實性與較自然;(3)較適合那些不是經常發生的行為,否則教師將疲於奔命,不過事件取樣也有他本身的限制。例如:若評量者真的觀察到學生不正常的破壞行為,是否不加以制止的繼續觀查下去?會不會造成學生不正常的破壞行為,是否不加以制止的繼續觀查下去?如果不加以制止,會不會造成學生的傷害?

　　除了以事件為取樣的方式之外,另一種方式是以時間為取樣的單位,以時間為取樣的單位又分為兩種型式:系統方式（systematic way）與隨機方式（random way）,所謂系統方式例如每隔50分鐘觀察學生10分鐘,每天觀察一定的時間,一定的次數,其缺點是,當教師出現時學生會表現較佳,教師離開後,學生表現又恢復「正常」了,有時會有系統誤差的存在:剛好有一段時間都沒有觀察,而這段時間學生的行為有重大的意義。為了避免系統誤差的缺點,時間取樣尚可以隨機的方式來進行,教師先將一天可以觀察的總數,隨機選取需要觀

察的總數，用隨機選取的方式比較具有代表性，可以觀察學生在各時段中的表現。

十、觀察變項的性質

　　觀察變項的性質如以觀察者推論的程度來區分可以分為兩大類：(1)敘述變項性質（descriptive variable）；與(2)推論變項性質（inferential variable）。敘述變項所觀察的對象都是具體而明確的，只要學生行為發生，教師即可以直覺的判斷，通常這些敘述變項是以頻率等名義性質的變項來加以記錄，因此，在統計分析上也比較偏向於無母數分析的方式，例如，卡方檢定。敘述性質的觀察對象包括：學生講話的次數，離座次數，舉手發言次數，問問題次數等，這些行為都是明確、具體而可以觀察的。

　　推論性變項就必須要求教師做判斷，例如：問教師該生的表現為①不佳；②尚可；③優秀，教師在推論的過程可能考慮到許多的因素，例如學生表現的參照標準，要不要考慮學生過去的表現？能力或家庭社經背景等，可能不同的老師有不同的考量致使評量的結果客觀性較低。但推論性的變項較有價值，比較能區分學生在評量項目上的層次差異性。

十一、軼事記錄法

　　與檢核表或觀察量表不同，軼事記錄法（anecdotal record）是屬於質性的研究典範，一般量化的研究偏重顯著而重要的行為觀察，忽略了一些偶發行為的觀察，但偶發行為或者表面上不甚重要的資訊，在彙集、整理、分析之後，卻可能產生重要的意義，軼事記錄法對偶發行為或一般例行瑣事予以詳細的記錄，希望能對事件的發生有深入詳實的線索，以便作客觀的論斷。依陳英豪、吳裕益（民86）的見解，

軼事記錄法具有下列的優點：

1. 軼事記錄法是在自然情境中所做的觀察，因此學生的表現比較自然而真實，比較不會像傳統紙筆測驗中有偽裝，自我防衛的傾向（但無法完全避免人為的作做）。

2. 軼事記錄法對於異常，細微的專務特別加以注意，可以引導教師不要忽略學生一些細微的改變，因為許多巨大的改變是由小改變所逐漸累積的，在混沌理論（chaos theory）中所提出的「蝴蝶效應」指出「在北京的蝴蝶展翅，在台灣可能就要括颺風」，因此，教師應該仔細的觀察學生細微的變化，而這些細微變化（包括身體語言，小動作或面部表情）都可能洩露學生的心思。

3. 對於一些語文能力較差的學生也適合使用軼事記錄法來觀察記錄他們的表現，因為由於語文上的限制，可能較不適合使用傳統的紙筆測驗或自陳量表的方式來加以測驗。

不過，軼事記錄法也有其限制：

1. 使用軼事記錄法相當的費事，而且教師不容易一面從事教學，一面又記錄學生的表現。而且，當觀察的對象越多時，所需的記錄時間也越多，教師不太可能為每一位學生詳實的製作軼事記錄。

2. 軼事記錄法與量化的觀察量表與檢核表一樣，都會受到主觀因素的影響，教師可能會受到對學生的印象，特質、過去相處經驗等因素之影響，而喪失了客觀性。

3. 有時不容易區分所觀察的結果是否具有代表性，例如，若學生偶爾表現出精神不集中或攻擊行為，到底是因為學生本身對科目不感興趣？教師呈現科目的方式不佳，或只是單純的因為學生昨夜沒有睡好覺？真正的原因可能尚需問學生本身才會清楚。

十二、軼事記錄法的使用原則（陳英豪、吳裕益）

1. 事先決定所要觀察的重點行為，但是對於精微的，不尋常的偶發事件仍要提高注意力，教師在實際進行觀察的過程除了要針對一般常態性的重要行為進行記錄之外，尚需注意到一些精微的事項，保持開放的心靈，行事儘量有彈性，不尋常的行為常是評量教師及學生表現的重要線索。

2. 要詳細記載行為發生的情境資料：行為的發生常有脈絡關係，同樣的行為在不同的脈絡中可能產生不同的意義，因此教師應對情境因素作「深度素描」（deep description）將背景因素儘可能的詳細的記載，以便對事件的發生有更深刻而客觀的詮釋。

3. 最好在事件發生之後立即加以記錄：人們的記憶並不像錄放影機一樣忠實的攝入，並且忠實的放映出來，人們的記憶是有可能受到許多因素的干擾而產生扭曲的現象，這些因素包括有注意的焦點不同，動機性遺忘、偏見、自動填補效果等等，可能時間間隔越久，遺忘的內容越多，因此，應該在記憶還是清晰的時候就立即加以記錄。

4. 應將事實描述和解釋分開：軼事記錄法在資料蒐集的階段裏，只有針對所有觀察的事實予以詳細的記錄，並不在此時進行資料的分析或推論，惟恐所蒐集的資料不夠充份而致解釋欠缺週延，在經過一段時間的觀察記錄，當評量者確定資料的蒐集已經足夠之後，再逐步進入分析，詮釋的階段，因此，對於事實與解釋是分開的。

5. 必須同時記錄正面與負面的行為：一般人比較容易被不正常的，消極的偶發事件所吸引，所以在電視新聞的播報內容中，較常播報一些消極的事件：火災、暴力、車禍等，而這些消極事件給我們的印象也特別的深刻，這造成教師傾向記錄負面資

料的頻率多於正面的資料而影響到解釋的客觀性。因此，教師應儘量發掘學生積極性而且不明顯的行為，予以記錄，而這些不顯著的積極性行為可能是幫同學一個小忙，熱心打掃教室，或是一個和善有禮的態度。

6.必須當資料蒐集充裕之後才可以進行詮釋，推論：長期的記錄較容易察出學生發展的歷程與改變的模式，可以區辨那些行為是典型的，那些行為只是一時之間隨機發生的。有這些充裕的資訊做後盾，才可以使推論具有周延性。

7.教師在進行軼事記錄之前必須有良好的訓練：這些訓練的內容包括軼事記錄法的執行程序，觀察的重點與觀察的敏感性訓練、記錄、分析與推論原則的理解與應用。可以請教師嘗試記錄一段時間，在訓練階段不斷的改進技巧，此外，軼事記錄法比較繁瑣與需要長時間觀察，因此，教師是否具有充足的時間、毅力與耐心來記錄也是一個重要的考量因素。

第十七章

巻宗（檔案）評量

檔案評量（portfolio assessment）有許多中文翻譯的名稱，包括「卷宗評量」、「案卷評量」、「歷程檔案評量」、「學生學習結果檔案評量」等。其觀念起源甚早，一些藝術的創作者早期即有收集本身作品的習慣，並從中發掘自己成長與風格改變的歷程，依王文中等引用Paulson, Paulson與Meyer的定義：「卷宗意指有目的地蒐集學生作品，展現出學生在一個或數個領域內的努力、進步、與成就。整個卷宗從內容的收入，選擇的標準，評斷的標準，都有學生參與，同時卷宗內還包含了學生自我反省的證據。」國內學者李坤崇（民 88）認為檔案評量可以定義為：「教師依據教學目標與計畫，請學生持續一段時間主動收集、組織與省思學習成果的歷程。可見，檔案評量具有目標化特質，而非漫無目的讓學生蒐集作品、教學資料或習作。」迦納認為歷程檔案評量為：「歷程檔案代表一種抓住步驟和階段的努力，學生通過它發展一項計畫、作品等的課程。一個完整的歷程檔案包括：最初的評論；記錄點子成熟之關鍵時刻的日誌；那些對自己有所影響或啟發的他人作品的收藏；期間和最終的草稿；來自同儕、導師，乃至於外面專家的評論；及如何在未來努力延續目前計畫的一些建議。」（郭俊賢，陳淑惠，民 89）。

一、檔案評量的特質（李坤崇，民 88）

　　檔案評量的目的在決定學生認知歷程與技能之改變，成長與運用的情形，具有下列的特色：

1. 檔案評量必須符合教學目標：檔案評量所蒐集的物件、成品必須是符合重要的教學目標，而不是漫無目的的蒐集，教師應事先明確的提示所要蒐集的物件以及評量的標準，學生方能有所依循。

2. 重視歷程：通常一個人的改變是有脈絡可循的，學生最終表現的高低與其問題解決的歷程襲襲相關，因此瞭解學生思考的歷

程就格外的重要，檔案評量與傳統的紙筆評量僅重視結果不同，教師由學生所蒐集的資料與作品可以探查學生心路改變的歷程，對學習有極大的助益。

3. 檔案評量是組織化的：資料蒐集是有目標、有計畫、有系統的加以組織、整理，而不是隨意的、零碎的蒐集。

4. 檔案評量是多元化的：在符合教學目標及評量的規準之下，檔案評量所蒐集的資料其形式是極為多元的，學生可以儘量發揮其創意、巧思來呈現自己的學習成果。這些資料可以是靜態的或動態的，也可以是數量的或文字的，像作品、相片、錄影帶、剪報、測驗成績、訪談記錄等都可以作為蒐集的對象。

5. 重視個別化：檔案評量的對象可以班級、小組或個人為對象，不過必須以學生為中心，學生在規定的準則下可以對所蒐集的資料與呈現的方式具有大部分的決定權，這與傳統紙筆評量方式容易養成學生背動的心態大異其趣。

6. 重視學生的內省：檔案評量重視學生自動自發的精神，希望學生能夠一方面蒐集製作檔案，一方面反省自己進步的情形。

7. 主張教學與評量相互配合：檔案評量認為評量與教學不是分立的，評量本身也就是教學的另一種型式，兩者是相輔相乘的。王文中等引用 Paulson et. al.的說法指出「如果謹慎地建構，卷宗會是教學與評量的交會處。他們不純然是評量，他們是二者的綜合。結合教學與評量，給予我們的，會比二者彼此分開還要多。」

8. 鼓勵教學與學生共同參與：評量的項目與規準固然可完全依照教師的意思來進行，但是，如果可以邀請學生加入討論，將可以獲致學生更大的迴響，提高其動機而且，教師應在學生蒐集資料的過程中，適當的給予協助與鼓勵。

9. 可以與卷宗的讀者相互對話（王文中等）：教師不是唯一可以接觸學生卷宗的評量者，有時亦可要請一些關心學生的人員共

同給予學生一些建言，例如，可以請家長閱讀學生的卷宗，使其了解孩子在校的成長情形，並請家長對孩子的卷宗寫一些評語，當然也可以使用同儕互評的方式，同學之間彼此評量相互之間的卷宗。

二、檔案評量的理論基礎

王文中等引述 Greeno, Collins 與 Resnick 的說法，解釋一般的認知學習理論分成三種取向：(1)實證觀點（the behaviorist/empiricist view）；(2)認知理性觀點（the cognitive/rationalist view）；以及(3)情境社會歷史觀點（the situative/pragmatics-sociohistoric view）。實證觀點以行為學派為代表，包含著名心理學家桑代克、布隆姆等，偏重量化的研究典範，重視以具體、明確的方式來評量學生，要求評量的項目必須使用操作性定義，其優點是具有效率，但相對的，偏重了結果而忽略了過程。認知理性的觀點代表包含皮亞傑、布魯納、奧斯貝爾等認知心理學家，較強調個體學習時，內在認知歷程的改變，其缺點是較不重視外在環境的影響力，皮亞傑認為自己的理論是「發生知識論」，個體認知發展是隨著成長而自然演變的結果，根本否定了社會文化的影響。而情境社會歷史觀點則認為知識是人受到外在社會文化所塑造的，代表人物包含了維果茨斯基、米德與杜威等人，在評量上強調學生在脈絡中學習探索的過程，要求學生必須親自參與才能增進了解，情境觀點將學生的表現視為學生參與實務學習活動的表現，檔案評量即屬於此種情境式學習的觀點，更深入的說，檔案評量的中心特色就是學生的參與，而這種參與可以分兩個層面來談：(1)學生參與學習的過程：是指學生自動自發的參與整個學習活動，主動的預先預習、形成問題、收集資料、尋找答案，有問題時主動尋求協助；(2)學生參與評量的過程：即學生與教師共同商量評量的規準、方法與程序，並且主動的蒐集、呈現結果、自我監督、自我反省、自我評量。

三、檔案評量的優點（李坤崇，民88）

1. 兼顧歷程與結果。
2. 可以評量更真實的結果：檔案評量主要是針對日常的學習結果所從事的長期活動的評量，故較真實。
3. 呈現多元資料且激發學生的創意。
4. 動態的歷程可以激發學生的學習興趣：學生主動去探索、操弄、與蒐集資料，因而可以激發學生的學習興趣，其過程正如杜威所謂的「做中學」。
5. 兼顧認知、情意與技能整體學習結果的評量。學生製作某些作品除了對作品的認知、理解之外，用極大的熱情與創意去從事創作，是屬於情意部分，而創作本身就是一種技能。
6. 培養學生主動學習的積極態度。
7. 培養學生自我負責的學習態度。
8. 增進學生自我反省的能力。
9. 增進人際的溝通與互動，互動的層面可以擴及教師、行政人員、家長、社會人士、專家等。
10. 增進師生關係，教師尊重學生的自主權與個別差異，鼓勵學生的創造性，因而增進了師生關係。
11. 增進學生溝通表達與組織的能力。

四、檔案評量的缺點（李坤崇，民88）

1. 檔案評量比傳統評量更加費時費力，會增加教師的工作負擔。
2. 檔案評量可能會增加學生的經濟負擔，而且長期的蒐集與保管也要求學生要有耐心與細心，教師需考量學生在經濟上以及習慣上是否能夠配合。

3. 若事先未明確的公佈評量的規準與實施的程序，容易造成主觀因素的介入而使評量喪失了客觀性。

4. 檔案評量仍受限於學生本身的語文能力、統整能力以及表達能力，這些因素的影響力致何種程度？是否要排除這些因素的影響？也是難以控制的事。

5. 檔案評量較容易受到主觀因素或月暈效應的影響，而降低評量之信度與效度。而且實證結果顯示，很難將檔案評量加以標準化，多數資料指出其信度與效度是無法令人滿意的。

6. 要實施檔案評量尚需顧及教師、學生與家長的配合意願，在意願不高的情形下，勉強為之，難以有預期的效果。

7. 有時家長參與的程度，以及學生用心的程度也會影響到評量的結果，也就是說，學生的表現並非完全是其本身的能力所致，有一部分來自家長，有一部分來自學生時間上的投入。

8. 明確的依照教師的規定來執行檔案評量，固然讓學生有所依循，但有時也可能壓抑了學生反省與創造的能力，因為學生必須遵從指示而沒有自由發展的空間。

9. 檔案評量不適合成為教師評量學生的唯一工具，應該與其他類型的評量搭配。

五、檔案評量的內容

檔案中應放置那些資料或作品？視教學目標、科目性質、評量時間、學生特質等因素而定，可以事先與學生討論之後再做決定。例如：學生的學習檔案中可以包含（郭俊賢，陳淑惠，民89）：

1. 朝向學年目標進步的證據：成績單、家庭作業簿、作品等。

2. 來自同儕的觀察與評價：例如教師使用社交量表的調查結果，同學間小組合作的報告。

3. 對於學生之自我反省，自我認識與自我評價的證據。

4.教師對學生的觀察、評量結果。

5.可以展示學生在各方面改善與成長的事物,包括:認知、情意、技能、學校內外。

6.變化中的作品:例如:剛開始的繪畫作品,學期中的繪畫作品,以及學期末的繪畫作品。

7.表達學習活動的事務:例如小組訪談的相片。

8.來自家長的訊息,例如家長對學生的評語。

9.對學習遷移的證明,學習遷移是指能將所學運用至日常生活的能力。王文中等引用Seldin指出教師的教學,卷宗的內容可以分為四大類:

類別	具體項目
一、結構化的結果與自我反省	較佳或通過的考試
二、開放式的結果與反省	1.學生個人的成長經驗 2.教師個人的教學哲學與教學目標的敘述
三、過程的記錄	1.教學上的自我省思 2.教室的描述:包含學生的性質、年齡與科目、授課的時間 3.教師的教學設計與教案 4.學生的成果評量:包含考試卷、作品、方案計畫、獨立研究、學生的訪談記錄等 5.教師教學時的錄影帶或錄音帶 6.一些壁報、成果展或是作品的相片
四、他人的記錄	7.行政人員或同事對教師的觀察回饋 8.學生對教師的評語

六、檔案評量的型式(李坤崇)

教師應依照教學目標與情境的需求來選擇不同類型的檔案:

(一)成果檔案

成果檔案（product portfolio）是要求學生蒐集最佳的成果（作品）作為精熟學習的證明、評量的主題與項目可以教師與學生共同做決定，可以選擇單一主題，數個主題或一系列相關的主題來展示學生的成果。而學生的成果可以展示在親子座談會，學校運動會，或則一些機關，以擴大學校與家長及社區的交流。

成果檔案可以激發學生的創造力並讓學生有展示其才藝的機會，但也有兩項缺失：(1)所展示的檔案以成功的最終作品為主，缺乏對學生改變歷程的了解；(2)評量的規準與產品的好壞不容易訂定，因為教師鼓勵學生發揮創意，而創意的發揮有可能突破規則的約束。

(二)過程檔案

過程檔案（process portfolio）的目的在呈現學生剛開始、進步中、與結束時學生的改變、努力與進步的情形，所蒐集的對象包括初始的計畫、大綱，未完全成熟的作品以及最後的成功作品，因為蒐集的時間較長，所以需要有計畫、有耐心的進行。過程檔案的評量重點有二：(1)從課程開始至結束時的相關資訊；(2)學生對改變之自我反省的證明。

(三)評量檔案

評量檔案（evaluation or assessment portfolio）是教師依照教學的目標與教學內容來設計評量的標準、程序與所蒐集的資料，評量檔案比較具有結構化，通常是使用在班級與班級之間或學區與學區之間的比較上，其程序上較具標準化。評量檔案的缺點為：(1)學生受限於標準化的程序，較難以發揮其創造力；(2)學生可能比較重視合乎評量標準的資料蒐集，而忽略了一些評量標準之外的重要資料；(3)學生完全依照教師的標準來製作評量檔案，比較無法檢視學生的心路歷程；(4)因為教師負有相當大的主導權，因此，相對的比較難激發學生主動負責的精神。

七、檔案評量的實施程序（李坤崇）

㈠決定檔案評量的目的

　　教師應依照教學目標，教學的內容與教學資源來決定檔案評量的目的，不同目的檔案評量有不同的結構，基本上，檔案評量的目的分為三類：

　　1.促進學生的自我成長：此類的檔案評量在培養學生自動自發，批判反省，與富有創造力的個體，因此，在結構上應採開放式，讓學生擁有大部分的自主權，教師與學生討論評量的規準，決定之後，學生自行規劃，決定蒐集的項目，自我回饋、自我評量。

　　2.以診斷、回饋或溝通為目的的檔案評量，其目的在了解教師與學生的學習效果，診斷學生的認知，技能的改變歷程，並且以檔案為中介，進行與教師及家長的對話。在結構上應採用開放的設計，教師具體的規定重點的評量項目，但也鼓勵學生能適度的選擇某些可以證明自己成功學習的項目，同時在檔案中亦能包括家長與同儕互評的結果。

　　3.若評量的目的在於評鑑學生的學習成效，則應採較結構化的模式，教師具有絕大部分的決定權，依評量的目的是安置、分類或作為補救教學之用而設計檔案評量的模式，學生必須依照教師的規定來進行。

㈡決定檔案評量的類型

　　決定檔案評量的類型是成果檔案、歷程檔案或評量檔案，之後再決定資料存放的方法與數量，以及最後呈見資料的方式。

㈢訂立檔案執行的規準

　　檔案執行的規準的訂定教師可以和學生討論來決定包括：(1)資料

的蒐集是限定於學生獨立進行，或則與他人合作或則可以透過他人（例如：家長的協助）？(2)資料的內容可以涵蓋那些？(3)資料蒐集的期限；(4)資料整理與呈現方式（例如：使用演講、幻燈片或舉辦一個作品展示呈現資料）。

㈣將檔案執行的規準轉化為具體的蒐集項目

例如：測驗卷、相片、討論記錄、作品等。

㈤決定檔案評量之評量標準

1. 評分方式的決定：評分方式有百分制、等第制、精熟學習制等，亦可區分為量化的評分方式與質性的評分方式，量化的評分方式以數字為主，質性的評分方式則以文字敘述為主。

2. 除了學生能力的表現之外，是否要考量其他因素？例如學生努力的程度，進步的幅度，以及學生的創意，如果這些因素也需加以考量，那麼他們所佔的比例是多少？

3. 要具體而詳細的陳述評量的內容、例如學生獨立研究的評量包含：(1)主題的意義性；(2)研究是否符合科學的規準；(3)分析的正確性；(4)結果的批判性與推論性等，事先與學生溝通清楚教師的期待。

㈥擬定檔案使用說明

檔案使用說明的內容包括有：評量的目的、檔案內容、評量的規準、完成的期限與應注意的事項，教師也可以將評量方法、評分標準、參考答案，以及補充說明等項目列在檔案使用說明裏，以使相關人員充份的理解。

八、檔案評量的實施原則（李坤崇）

檔案評量可以衡量學生高層次的思考力：應用、分析、綜合、評鑑，其所適用的科目亦極為廣泛，唯在實施時，必須符合下列的原則：

1. 檔案評量應與教學密切的配合：檔案評量的目標與內容應該是與教學的目標與內容一致的，不可以偏離教學的目的而成為人的興趣蒐集。

2. 檔案評量應與其他的評量方法相輔相成：檔案評量固然有許多的優點，但亦有其本身的限制，例如評量的主觀性，增加經濟上的負擔等。因此，應與其他的評量方式共同搭配，以增進評量的效果。

3. 檔案評量應多次實施並且分階段來進行：將學生長期的資料蒐集分成幾個段落來檢討，並且師生、同學之間互相討論，交換心得，可以給予學生即時的協助，教師比較能夠掌握學生的進度。

4. 檔案評量應考量到學校可運用的資源與學生的家庭背景：可運用的資源是多元的，包含有硬體設備與學校、社會的人際網路，一些社區的機構等，而學生的背景則包含當地的社區結構，家長的職業型態，以及家長是否關心子女的課業等。

5. 剛開始應採漸進式、引導式的方式：當學生尚未熟悉檔案評量的程序時，應逐漸教導學生進入狀況，待學生成熟之後，方能進行大規模的資料蒐集。

6. 檔案評量的目的若用來作為評鑑之用，應力求慎重。

第十八章
動態評量

所謂動態評量（dynamic assessment）是與傳統的紙筆測驗的靜態評量（static assessment）方式相對，其目的在企圖改正傳統紙筆測驗的缺失，包括：⑴傳統的紙筆測驗偏重學生能力表現的衡量，忽略學生潛能發展；⑵傳統評量往往將評量與教學的歷程隔開，教師在評量的歷程中暫時停止授課活動，靜靜的觀察學生的表現，這使得評量的歷程欠缺互動，使學生較無法澄清問題與思路；⑶傳統評量較少提供學生改進的處方，教師只針對學生的成敗給予分數或等級，至於學生為何成敗，優點與限制如何，以及如何改進等重要訊息，教師較少提到；⑷傳統的評量較少考慮到學生的個別差異，以及社會文化的背景。基於這些缺點，而發展出各式各樣的另類評量（alternative assessment），其中的一種即所謂的動態評量。

一、動態評量的理論基礎

動態評量的理論發展自蘇聯學者Vygotsky（維果茨斯基），他相信個人的認知發展是深受社會文化的影響。此外，他又提出「兒童自我中心語言」（egocentric speech）為協助兒童思考的工具，其中有關「近側發展區」（zone of proximal development）的概念，成為動態評量的基礎。由於Vygotsky強調社會文化的影響，他認為學習可以透過中介作用而增進，而且學習不僅只是簡單的「刺激—個體—反應」（S-O-R）模式，而是一種人際互動所介入的模式：「刺激—人際社會互動—個體—人際社會互動—反應」（S-H-O-H-S）模式，在此種中介模式中的主要介入者為兒童在學習歷程中所經常接觸的教師與同儕，亦即教師與同儕可以適時的協助兒童，以增進其知識與技能，促進其潛能的發展，Vygotsky稱此為「鷹架理論」（scaffolding）。Vygotsky認為兒童經由別人的協助可以突破目前表現的水準而更上一層樓，此種介於目前表現水準，與經別人協助後可能達到之水準間的區域，Vygotsky命名為「近側發展區」，維果茨斯基指出：⑴可能發展區所

指的是可能發展的水平，而非指實際發展的水平；(2)不同科目之間亦有不同的可能發展區；(3)即時在單一科目中，每一個學生的可能發展區又各自不同，Vygotsky認為最佳的教學效果是將學生放置在「接近全知而不能全知的地步」並且在教師的協助下學習（張春興，民88）。具體而言，動態評量具有兩種含意：(1)了解學生的認知動態的歷程與認知能力改變的情形；(2)偏重評量者與學生的互動關係，在教學與評量的歷程中教師應儘量了解學生的需求，偵測學生的近側發展區，引導學生的思考歷程（李坤崇）。

二、動態評量的特性（李坤崇）

1. 兼重學生學習歷程與學習結果的評量，而且更注重認知的發展與潛能的發揮。
2. 兼重回溯性評量與前瞻性評量：所謂回溯性評量是指學生學習一段時間之後的表現，而前瞻性評量是指學生未來可能的表現，亦即學生的潛能發展。
3. 同時注重鑑定、診斷與處方：動態評量鼓勵教師發掘學生每一科目的近側發展區，輔導學生向潛能的極限邁進。
4. 相信認知的可塑性：動態評量相信能力是變動的，可以經由後天的努力而改進。
5. 強調教師與學生積極的互動：動態評量的歷程是：測驗—教學—再測驗—再教學的互動，循環歷程，在互動歷程中，教師逐漸發掘學生的近側發展區。
6. 結合教學與評量：在傳統的評量中是採取先教而後評量的策略，但是在動態評量中卻採取在教學中評量、且在評量中教學的策略。

三、動態評量的模式（李坤崇）

1. Budoff 的學習潛能評量（Learning Potential Assessment, LPA），
採用「前測—訓練—後測」的模式，並且以非語文作業為題材。

2. Feuerstein 的學習潛能評量設計（Learning Potential Acsessment Device, LPAD），強調學生認知功能缺陷的診斷，與學生對教學的反應評量，其使用的材料為：視覺—動作組織作業，心智運作作業或高層次認知歷程作業，採取的模式為：「前測—中介—後測」。

3. Calson 與 Wield 的極限評量（testing-the limits）模式。認為個人的認知受到智力與人格因素的影響，以改變測驗情境的方式來引導學生認知的改變，並採用「測驗中訓練」的模式，有六個標準化的介入程序：(1)實施標準化測驗；(2)詳細說明指導語；(3)學生說明選擇某項答案的原因；(4)給予學生簡單的回饋；(5)給予學生精緻的回饋。極限模式依這些收集的資訊，評估人格與情境交互作用的影響程度，並且決定介入學生認知的最佳情境。此種模式的優點，首先是因為其試圖控制非能力因素的影響（人格因素、個人背景），可以使干擾的因素降低，以增加測驗的效度；其次，因為其實施的步驟標準化，較容易推展。

4. Campione 與 Brown 的漸近提示評量（graduated prompting assessment），此套模式目的在同時評量目前的學習結果，以及未來成長的可能性或學習預備度，適用於數學、閱讀、邏輯推理的材料，使用「前測—學習（訓練）—遷移—後測」模式：(1)前測：前測的目的在評估受試者的起始點行為，教師在此階段並不提供學生任何的協助；(2)學習或訓練：此階段是屬於診斷性質，目的在了解學生目前的表現水平，學生為何達到目前的表現水準，以及學生要透過何種協助才可以表現至更好的水準；

(3)加大加深題目，以衡量受試者真正能力的極限，受試者理解與運用知識的能力；(4)後測：目的在評量學生最大的可能表現水準。

漸近式評量具有下述的優點：(1)評分相當的客觀；(2)比較容易實施與進行評量；(3)可以評估學生運用所學與遷移的能力；(4)充分將教學與評量結合。

5. Burns, Vye & Bransford 的連續評量模式，此模式針對不同程度的受試者使用漸近與階段式的評量方式：「前測—訓練—再測—訓練—後測」，適用於教學、閱讀與知覺領域的科目，評量共分為兩階段來進行，第一階段又分為兩半，前半段採用一般的「靜態評量」來了解學生的一般能力，而後段則採用漸近提示來了解學生的「獨立表現」，如果學生在第一階段的表現未達 75%的精熟目標，則再施以第二階段的中介訓練。連續評量模式的優點為：(1)增加評量的次數可以增加效度，同時也綜合採用了靜態評量；(2)分階段的評量方式較有彈性且較能具體診斷受試的認知缺陷；(3)結合了評量與教學。

四、動態評量的優點（李坤崇）

與傳統的紙筆評量相較，動態評量具有下述的優點：

1. 較不會低估文化不利兒童或特殊兒童的學習潛能，尤其當這些兒童需要更適合其本身特質的教學方式的時候。
2. 較能了解學生的思考歷程，偵測學生的認知結構與錯誤的型式。
3. 較能配合學生的個別差異，並且尊重學生的思考模式。
4. 可以減低非認知因素對評量所產生的干擾，例如：焦慮、動機、文化不利等。
5. 可以增進學生積極的自我概念。
6. 較能了解與掌握學生認知改變的連續歷程。

五、動態評量的限制（李坤崇）

1. 不易執行：動態評量要求教師不斷的介入與學生互動，並且評量，再評量，過程費時費事，實施不易。

2. 每位學生的成本相當高。

3. 教學或中介內容難以決定，每位學生的個別差異因素甚多，更難以偵測到每位學生的近測發展區到底是在那裏，可能不同的評量者有不同的看法，因此，也不容易決定用何種方法介入，介入的方法是否真的有效。

4. 動態評量比較主觀，也比較缺乏結構化，多數研究都指出其信度、效度有偏低的現象。

第十九章

　　電腦化適性測驗

　　（項目反應理論）

傳統的紙筆測驗缺點之一是不管受試的能力如何，大家都使用相同的題目予以測驗，通常測驗的對象是假定在常態分配中位於中間部分的受試者，因此，可能造成對能力強的學生而言，測量的內容太過簡單，但是對能力差的學生而言，測量的內容又過於困難，在教學上，我們強調教師應該要配合學生的程度或認知架構來教學，所以教學才具有意義，為何在評量上我們不能配合學生的能力來施測呢？而電腦化適性測驗（computerized adaptive testing）試圖解決評量上的適性問題，其基本原理是建立欲測驗科目的題庫，並且給予每一個題目適當的參數（年級、科目、難度、鑑別度等）以做為教師挑選的依據，由於題庫題目眾多，因此均交由電腦來執行。

一、電腦化適性測驗的優點（周文欽等）

1. 測驗題目適合考生的能力水準：考題的難易是依據考生的能力水平而決定的，因此，每一位考生的題目可以不太一樣，這樣可以避免學生喪失了應試的動機。
2. 考試的實施易於標準化。
3. 資料容易進行分析處理，可以統計各題的回答時間，或鑑別度等。
4. 可以提供即時回饋：如果使用電腦來協助計分可以加速回饋的速度。
5. 可使用多元的題目型態：包含選擇題、是非題，也可要求學生繪製圖形，或使用電腦模擬測驗以激發學生的創造力。

二、電腦化適性測驗的缺點（周文欽等）

1. 考生必須依序作答；電腦的程式設定考生依序來作答，並不容許考生跳題作答。

2.題目的品質取決於人為軟體設計的能力。

3.測驗分數的解釋較為複雜，包括項目反應理論、難度、鑑別度等，一般學生家長恐不易理解。

三、電腦化適性測驗的組成元素

㈠項目反應理論

項目反應理論（Item Response Theroy, IRT）又稱為潛在特質論（latent trait theory）或項目特性曲線論（Item Characteristic Curve, ICC），此理論的計算是估計受試在項目上的表現（item performance）與「潛在特質」（latent trait，在此次希臘字母θ表示）間之關係，所謂潛在特質僅是一種建構（假設），通常是指該測驗所衡量的能力。

項目反應理論與傳統測驗理論（包括對信度、效度、難度、鑑別度）的估算方式不同，傳統的估算方式是樣本相依的（例如皮爾森積差相關係數），所估計出來的值是會受到樣本的能力高低與變異大小的影響，但項目反應理論可以克服這樣的缺點，其計算的結果是不會受到樣本性質的影響，是它優於傳統估計方式的地方，稱為「項目參數不變性」（invariance of item parameters），也就是若我們以不同的能力水準的樣本來計算項目的參數，其數值應該是恆定的，既然其數值是固定的，我們就可以針對不同能力水準的受試者進行比較。

項目分析理論有單參數模型，雙參數模型與最完整的三參數模型，三參數模型如下圖所示：（黃安邦，民80）

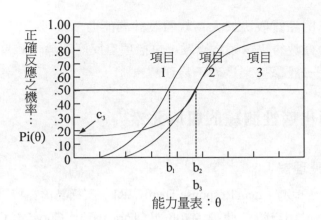

正確反應之機率：Pi(θ)

能力量表：θ

在三參數模型中，每一條項目特性曲線都是由三個實徵資料來表示：a.是曲線的斜率，用來表示項目的區辨力，當曲線越陡時，項目的區辨力越大。b.表示難度的參數，或則答對該題的機率，而C_i表示猜測的機率，由上圖來看，項目 1 與項目 2 的斜率類似，鑑別度相近，但項目三比較不那麼陡，固其鑑別力低於項目 1 與項目 2；項目 1 較簡單，項目三則有近 18%的猜測率（黃案邦，民 80）。

四、題庫

題庫的型式與內容廣泛，做為篩選題目的依據，題庫裏的題目應具有一些重要的參數，以做為選擇的依據以及項目分析的估計標準，這些特徵包含題目的難度、鑑別度，以及猜測度（越小越好）。題庫必須經過專家們的編輯與測試。

五、測量的起點

教師考量學生在該科目上的表現，學生本身的能力，預備度等因素決定從那一個層次來考量學生的能力，然後再題庫中選取適當的難

度，教師也可以先從較簡單的題目開始施測以便了解學生的起始點行為，或則選擇難度適中的題目，以減少嘗試錯誤的時間。

六、適性測驗的評分方式

　　評分方式共有三種模式：最大可能性估計法（Maximum Likelihood）、貝氏估計法（Bayesian）與典型的貝氏估計法（Model Bayesian）。以最大可能性估計法為例，教師先隨機選取相關題庫中中等難度的試題，若學生答對，則再選取題庫之中最難的題目，若學生答錯，則退一步選取較容易的題目（但比第一題難），以此類推，直到估計出學生能力的最大可能範圍為止，此種估計方式的缺點是，當學生全部答對或全部答錯時，即無法估計。

歷屆試題

一、名詞解釋：雅量之偏失（generosity error）　　　【花師88】
答☞：

又稱為寬大誤差，受試者在作答時傾向於選擇分數比較高的選項。

二、名詞解釋：表現評量（performance assessment）　　【政大84】
答☞：

即實作評量，在此所謂實作是指完成或經歷一個工作（tesk），但卻不一定是用手操作的形式，實作測驗具有下列的特質：（王文中等，民88）；(1)學生需要應用他們所學的知識與技巧來表現出認知的複雜性；(2)真實的情境：實作評量的目的是在解決生活中所遭遇的問題，因此實作評量往往是在真實或模擬情境之中所舉行的；(3)結構上較開放、模糊不清，具有彈性，以增加答題的挑戰性；

(4)過程性：不僅強調問題解決的結果，同時也注重問題解決的過程；(5)具有彈性的問題解決時間以適應課程的需求及各別差異；(6)可以促進社會互動；(7)評分標準多元化。

三、試申述實作評量（performance assessment）之理論、實際運用與困境。

答☞：

實作評量的原則是希望能達到知行合一，所學的知識、技能能夠在日常生活中運用。其實際運用時，考慮下列因素：

㈠實際運用

　　(1)選擇實作評量的類別：分為定義清楚、分為定義不清與沒有定義三種，定義清楚的問題是屬於限制反應式的實作評量，問題提供充分的解題線索，其問題的解決方法非常的明顯，所需的測驗時間較短，可以涵蓋較多的學習樣本，但較不易評量學生知識整合的能力，而無結構性的問題其定義比較不清楚，自由程度較高，可以鼓勵學生發揮創意，但其缺點是比較缺乏效率，且取樣的範圍有限。

　　(2)選擇測量的方式，測量的方式亦多元化，包含紙筆測驗，操作、完成作品，角色扮演、表演等。

　　(3)實作評量的程序：

　　　(a)決定測驗的目的與內容。

　　　(b)創造一個具真實性的評量情境，以衡量受試的知識與技能。

　　　(c)明確說明計分的項目與標準與評分方式（檢核表、等第評分制等）。

　　　(d)解釋測驗的規定與限制，例如時間、參考資料、是否可以接受他人的幫忙、設備的使用。

⒠決定是否要使用資料夾來蒐集資料。

㈡實作評量的限制

⑴在行政上難以配合，例如有時測驗的場所不在教室內。

⑵缺乏經濟效益：實作評量的開銷遠超過傳統評量。

⑶缺乏客觀性：有些實作評量不容易標準化，其評量方式端賴人為計分，使結果產生偏差。

⑷若所評量的題目越模糊不清，則雖然可以鼓勵學生的創造力，但是可能脫離了所學的脈絡，而缺乏與課程的相關性。

⑸較依賴人為的評量，所以信度偏低。

⑹因為實作評量較費時間所以所取的樣本有限，因此較無法推論學生實作評量的結果是否就表示學生了解了全盤的知識。

⑺實作評量不一定真能反映真實世界的真實性。

四、今年初，台北市教育局為減輕國小學生的考試壓力，下令全台北市公立國小本學期各學科學習成果第一次定期考察全部改為採用「非紙筆測驗」。假設你正好也是台北市公立國小教師，請問你要如何進行「非紙筆測驗」？請先從國語、數學、自然或社會等四個學科中，任選一科，然後列舉一個簡短的實例說明之；最後再簡要評述「非紙筆測驗」的優缺點。　　　　　　　　　　【市北師84】

答☞：

此題考生可以選擇真實評量、觀察法、卷宗評量或實作評量其中任一種的實施程序來加以作答。以中、高年級社會科使用卷宗評量為例：（陳江松等）

㈠中年級社會科卷宗評量

⑴教學單元：「台灣的開發」，鄉土教學（社會科）

(2)活動名稱：訪二二八和平紀念公園

(3)單元目標：了解二二八和平公園裏的各種設施

　(a)認識公園內各種設施的意義

　(b)了解二二八和平公園名稱之由來

　(c)記錄各種觀察結果

(4)教學內容

　(a)自治活動：培養民主生活的素養，包括：集會程序、發言、自治精神

　(b)促進人際互動

　(c)透過實際戶外教學與觀察活動，激發愛鄉護土的情懷。

(5)評量方法：觀察量表（記錄）

班級：_____　　姓名：_____　　座號：_____

學習站別＼評量綱目＼具體方法	觀察過程 1.專注程度 2.互動情形 3.耐心 4.操作技巧	口頭報告 1.起點行為 2.報告內容 3.認知狀況 4.情意態度	作業紀錄 1.紀錄技巧 2.觀念認知 3.行為態度 4.內容難易	書面問卷 1.認知程度 2.行為態度 3.處置方法 4.作業維護	綜合得分
第一站 省立博物館					
第二站 抵禦外侮的古炮					
第三站 老火車頭					
第四站 神奇的日晷					
第五站 民間石製器與碑林					

第六站 二二八紀念碑					
第七站 二二八紀念館					
第八站 急功好義坊					
結果					

說明： 1.教師可依實際活動內容更改表中之具體方法與評量綱目

2.評量法可以選用等第法、符號號、百分法依教師習慣及學生性質而定

資料來源：陳江松等（民89）。《多元評量》台北：聯經。

(二)非紙筆評量的優、缺點

(1)優點：

(a)同時注重過程與結果。

(b)注重知、行合一，亦即重視學生所學的知識與技能能夠在日常生活中運用。

(c)重視學生參與教師與學生合作。

(d)重視認知、思考的歷程。

(e)方式多元、活潑較能激發學習的興趣。

(2)缺點：

(a)較費時、費事、缺乏經濟效益。

(b)因為測量較發費時間，所取的行為樣本有限，故較缺乏代表性。

(c)評量比較主觀，缺乏信度與效度。

註：有些書限定非紙筆測驗為實作評量，筆者以為應不限於實作評量。

五、最近課程與教學評量，十分重視變通式評量（alternative as-sessment），變通式評量的內涵及特性如何？如何應用？試舉例說明之。　　　　　　　　　　　　　　　【國北師 85】

註：考生在回答這題時應先交待一下變通性評量的起因：對傳統評量的不滿，寫出傳統紙筆測驗的一些缺點：(1)評量與教學脫離了社會與生活的脈絡，使學習的結果難以生活化與應用；(2)評量的範圍窄化：偏重於可測量的部分與量化；(3)評量方法缺少變化；(4)評量的結果偏向價值中立，並未考慮到學生的能力、經驗、動機與努力。

答☞：

㈠變通性評量（alternative assessment）包含有實作評量（per-formance assessment）、真實評量（authentic assessment）、卷宗評量（portfolio assessment）與動態評量（dynamic as-sessment），他們的內涵及特性如下。

㈡實作評量的特質與應用（李坤崇，民 88）

(1)實作評量的特質：

(a)強調實際生活中的表現，以真實或虛擬的生活情境來評量學生。

(b)注重高層次的思考與問題解決技巧。

(c)注重學生的個別差異。

(d)適用於幼小兒童或發展遲緩的學生。

(e)促進學生養成負責任的態度。

(f)評量的人員、方式與標準的多元化。

(g)增進溝通與合作學習的能力。

(h)兼重評量的結果與歷程。

(i)著重全方位、多樣化與統整化的評量。

(j)偏重專業化與目標化的評量。

(k)強調教學與評量的合一。

(2)實作評量的應用：若依測驗的真實程度，在應用上分為五種類型：

(a)紙筆實作評量：例如製圖、繪畫、撰寫讀書報告。

(b)辨認測驗：例如辨認正確的發音、機器故障的原因。

(c)結構化表現實作評量：例如軍隊中的分解與組裝槍枝的程序、操作一部機器的程序。

(d)模擬實作評量：例如教學實習、角色扮演。

(e)工作樣本實作評量：例如部分汽車駕駛技能，機具修護等樣本之評量。

㈢動態評量

動態評量的特性（李坤崇，民88）有：

(1)兼重學習結果與學習的歷程。

(2)同時重視回溯性評量與前瞻性評量。

(3)兼重鑑定、診斷與補救教學。

(4)偏重認知能力的可塑性。

(5)注重教師與學生之溝通互動。

(6)結合教學與評量。

㈣動態評量的運用

在運用上分為六類，以 Feuerstein 的學習潛能評量設計（Learning Potential Assessment Device, LPAD）為例，其程序為「前測─中介─後測」。

其他有關真實評量及卷宗評量請參考內文。

六、名詞解釋：生態評量（ecological assessment）。　【彰師85】

答☞：

依謝健全（民82）的觀點，生態評量是基於生態學的觀點所建立的，認為個體的行為是外在環境與內在個體間交

互作用的結果，因此教學與評量應同時注重個別學生與外在社會環境因素的重要性，在教學時應統合學生的生態系統、學校情境以及學生的生活適應，生態評量的重點包括：

(1)校方與學生之間的互動評估。

(2)個別學生之需求評估。

(3)對個別學生之需求評估。

(4)評量教學的效率。

(5)提供相關資源的協助。

所應用之評量方法相當的多元，包括有觀察法、軼事記錄法、晤談，一般的測驗或另類評量，總之，生態評量的特點為：

(1)評量的重點強調學生未來可能之運用情境為主。

(2)是一種個別化的適性測量。

(3)適應環境的技能。

七、簡答題：㈠屬於情意方面學習結果的評量方法有那幾種？

㈡每一種又可採用那些方法或技術？試列示之。

【彰師 86】

答☞：

屬於情意方面的評量方法有很多種：

㈠李克特式量表（Likert scale）

最早是李克特（Likert）在 1932 年所提的，是用來測量態度的最基本方式，一般是屬於五點量表（非常贊成、贊成、無意見、不贊成、非常不贊成），其優點是可以加以量化，是屬於自陳量表的方式，其建構的程序為（張郁雯，民 88）：

(1)將情意變項加以定義清楚。

(2)將該情意變項轉化為正向或負向的陳述句，例如：

我很喜歡交朋友（正問題）或我很不喜歡交朋友（負問題）。

(3)將正向與負向的陳述句加以歸類，可利用因素分析的方法來歸類。

(4)決定反應選項的數目與用語。例如：非常同意、同意、不確定、不同意或非常不同意或總是、經常、有時、偶而、從不。

(5)初步量表的完成。

(6)預試，建立信度與效度。

(7)修正。

㈡面談

面談（interview）比較能深入理解學生內心的感受，其進行的方式以人數的多寡可以分為個別晤談、團體晤談、團體討論或則以平常非正式的交談方式來進行，若使用工具來幫忙記錄又可分為結構化與非結構化的訪談兩種，而訪談時教師應採取積極傾聽的角色。

㈢同儕評量

同儕評量是指學生之間互評，其方法有：(1)猜人技術，例如，假如你現在想找三個同學一起做實驗，你最喜歡與那三位同學一起？如此可以票選出最受歡迎與最不受歡迎的人物；(2)社會計量法：其程序和猜人技術類似，但教師依被評與互評的關係來繪製班上同學間的動態關係圖，即社會圖（sociogram）、與社會矩陣（sociomatrix），社會矩陣可以用來考量各別學生被接納的情況，社會計量的結果可以當作分組安排的參考，在分組時應該先由社交孤立份子開始安排，將其與社交活躍份子一起安排，同時避免深化班上各種小圈圈，對於孤立份子以及不受歡迎人物，教師應予協助。

㈣軼事錄

軼事錄是教師對學生及教室內行為所從事的隨時隨地與仔細的觀察，可以提供教師多方面的訊息，使評量更趨於客觀，不過其缺點是比較費時費事，教師的工作煩重，很難再分身記錄。使用軼事錄的一般原則為（張郁雯，民88）：

(1)事先決定所要觀察的行為，但也必須留意一些不尋常的事務。

(2)應避免過度的推論，在記錄時須將事實與推論予以分開。

(3)應同時記錄正向與負向的行為。

(4)在事件發生之後，立即予以記錄。

(5)軼事記錄本身應該包含有完整的訊息。

(6)每一件的軼事記錄只以單一學生的單一事件為單位。

㈤觀察法

觀察法比較簡單而容易實施，教師在上課中或下課後也可以觀察學生的行為舉止，可以在不妨礙正常教學之下實施，若長期觀察，尚可補充一般紙筆測驗所缺乏的信度與效度，觀察法可以配合觀察量表或評定量表實施，使解釋上比較方便。

㈥測驗法

情意的評量亦可使用自陳量表或紙筆測驗（例如明尼蘇答多項人格量表）的方式來進行，若受試者能夠具實作答，則有相當高的效度。

八、何謂變通性評量（alternative assessment）、卷宗評量（portfolio assessment）和動態評量（dynamic assessment）？三者間有何關連？ 【國北師86】

答☞：

　　變通評量是相對於傳統評量（以紙筆測驗為主）而言，包含有實作評量、真實評量、卷宗評量與動態評量等，變通性評量又稱為另類評量或多元評量，其發展的背景受下列因素的影響：（李坤榮，民 88）：(1)教學與評量之統合化與適性化；(2)評量之專業化與目標化，包括教學目標之掌握，專業判斷知能的提升，認知、情意與技能的兼顧，逐一分析教材單元，雙向細目表的設計，評量方式的規畫，慎選題目的類型，善用命題的技術與適切的解釋評量的結果等；(3)評量方式的多元化與彈性化，包括：(a)善用行為或技能的檢核表；(b)善用情意與態度的評定量表；(c)使用觀察法來記錄教室行為；(d)善用卷宗評量；(e)使用專題報告、發表活動、遊戲評量及質化評量等方式；(f)應該包括情緒評量；(4)評量內容生活化與多樣化；(5)評量人員的多元化與互動化；(6)評量結果解釋的人性化與增強化。包括：(a)多鼓勵支持；(b)提供多元的評分標準與範例；(c)重視評量的歷程；(d)使用作品發表或報告的方式；(e)對有創造力的答案予以鼓勵；(f)應將評量視為起點而非終點，若發現學生有學習困難，則應施予補救教學；(7)評量結果的呈現多元化、適性化與全人化；(8)避免評量結果的誤用，例如產生負向的自我應驗預言；(9)評量的電腦化與網路化；(10)逐漸採用效標參照測驗的型態；(11)符合社會大眾的期許，這些因素可以說是三者（變通性評量、卷宗評量與動態評量）共有的關聯。

九、解釋或比較：卷宗評量（portfolio assessment）vs.實作評量（performance assessment）。　　　　　　　　　　【政大 87】

答☞：

比較項目	卷宗評量	實作評量
評量對象	學生作品集或所蒐集的資料	任務或工作
適用情境	評量高層次思考能力與創造力綜與能力，亦可用來評量認知改變的歷程	較適合用來評量程序性知識（具行動特質），亦可以用來評量綜合能力與創造力
測量時間	資料蒐集與創作時間較長，較有彈性	可以安排學生在某段時間接受評量
評量方法	評量的方法多元，學生可以呈現日記、作文、筆記、照片、作品、研究報告、剪貼、自我評量等	可以用觀察記錄表，檢核表與評定量表，若屬技能表現方面的評量則傾向使用觀察法
家長或他人的協助	可以另定規範，容許他人協助至某程度	通常只評定學生個人的表現
卷宗	有	無
評量標準與內容	教師自訂或師生共同決定	以教師規定為主

十、何謂另類評量（alternative assessment）？請從另類評量的觀點說明傳統標準化評量方式的缺失。　　　　【花師87】

答☞：

(一)另類評量之名詞解釋請參考內文。

(二)傳統評量之缺失（李坤崇，民88）

(1)評量較少顧及教學目標，常偏重於零碎性知識，且非一般生活性知識。

(2)評量獨重認知部分而忽略了技能與情意部分。

(3)評量太偏重於紙筆測驗忽略其他的評量方式。

(4)忽略了形成性評量與適時的提供補救教學。

(5)未能建立公平、良好的測驗環境。

(6)針對評量的結果，較少用來鼓勵或增強學生。

(7)對評量結果的解釋太過依賴量化的測量。

(8)過於強調記憶層次。

(9)命題的技巧與概念不足，包括未編製雙向細目表，題目的形式不當，忽略了命題的原則，忽略教科書內之重要內容等。

(10)測驗的編製並未以學生為中心；例如：未明確說明作答的方法或指導語。有時編排過擠。

(11)評分缺乏客觀的標準與自省的思維。

(12)有時評分時會受到家長的影響。

十一、名詞解釋「動態性評量」（dynamic assessment）。

【高師大 88】

答☞：

動態評量是以 Vygotsky 的認知發展理論為基礎，希望並協助學生的「近側發展區」（zone of proximal development），並協助學生發展其潛能至最大，動態評量具有兩層意義：(1)著重評量學習的歷程與認知的改變，了解學生動態的認知歷程與認知改變的情形；(2)強調評量者與受試者間的互動關係，教學與評量結合，教師運用「前測─教學介入─後測」的主動介入模式，透過不斷持續溝通的歷程，來促進學生之認知發展（李坤崇，民 88）。

十二、名詞解釋「portfolio assessment」。

【高師大 88】

答☞：

吳毓瑩（民 88）引用 Paulso, Paulson and Meyer 的觀點認為卷宗評量是：「卷宗意指有目的地蒐集學生作品，展現出學生在一個或數個領域內的努力、進步、與成就。整個卷

宗從內容的放入，選擇的標準，評斷的標準，都有學生參與，同時卷宗內還包含了學生自我反省的證據。」p.241
卷宗評量具有下述的特色（吳毓瑩，民 88）：(1)採取多元方式來評量學生的作品；(2)強調縱貫的學習歷程；(3)鼓勵學生自我反省與自我批評；(4)教師與學生的共同參與；(5)卷宗相關的讀者皆可以對話；(6)與教學的脈絡相結合。

十三、近來「替代評量」（alternative assessment）方法逐漸受到
　　　重視，請說明您所了解替代評量的概念及種類有那些？
　　　並評論其優缺點。　　　　　　　　　　　　【屏師88】
答☞：請參考內文。

十四、名詞解釋：變通評量（alternative assessment）。　【東師88】
答☞：請參考內文。

十五、請說明何種評量方式較適合建構主義教學？並請選擇現
　　　行國民小學自然科教材之任一單元，設計三題適合建構
　　　教學之評量題目並請說明評量標準。　　　　【國北師88】
答☞：

建構教學主要在促進原理、原則的學習，而不是零碎知識的記憶，在教學方法上重視討論與問題解決，其程序如下：
㈠定義問題
㈡學生小組討論
㈢學生發表
㈣使用辯證法來評量學生的表現
建構教學重視解決生活的問題，因此比較適合使用真實評量，又建構教學重視認知改變的歷程也適合使用動態評量。
適合作建構教學之自然科評量題目，例：

(1)如果物種的數量與類別急遽減少，將會對人類產生何種影響？如何減少物種的消失？

(2)山坡地上不斷的開墾改種檳榔樹會對下游居民產生何種影響？如何在農業經營與水土保持上取得平衡？

(3)使用核能發電與使用石化原料發電對大氣產生何種影響？如何在環保與能源發展上取得一個平衡點？

考生可以選用任一自然科單元，建構類似的問題，原則是這一類問題最好與生活有關，可以激發學生的思考，沒有明顯的答案。

十六、解釋名詞：試題反應理論。 【彰師 86】

答☞：請參考內文。

十七、根據「身心障礙及資賦優異學生鑑定原則鑑定基準」，各類特殊學生之鑑定，應採多元評量之原則。依據其條文內容，多元評量有哪些方式？ 【高師大 88】

答☞：請參考內文。

十八、名詞解釋：Zone of Proximal Development。 【中山 87】

答☞：近側發展區，請參考內文。

第四部分

各種測驗

第二十章

智力測驗

有關智力理論的考題是研究所的熱門試題，不但經常考而且其試題也非常的多樣化，可以考簡單的記憶性、理解性考題，也可以考應用、分析問題，亦可以考綜合（或與其他科目聯合〔例如特教〕）與評鑑性的問題，由此可見智力被重視的程度。畢竟，影響一個人學業或職業表現的重要因素之一就是智力。智力的考題也會出現在心理學、測驗理論、成人教育、兒童發展、統計、特殊教育等的相關考題上，以下筆者先就有關智力理論與智力測驗的考題層次的型式加以分析：

⑴**有關知識、理解、記憶型的題目。**

（　　）資賦優異學生鑑定原則鑑定基準（民 88）中規定智力測驗得分在平均數正：① 1　② 1.5　③ 2　個標準差以上。

（　　）在基簡福的「智能結構模式」中 cognition 屬於那一個向度：① operation　② content　③ product。

⑵**有關運用分析、綜合、評鑑型的題目。**

例 一個人對自我、智力、與知識的信念會影響他學習的態度與行為：試由一個教學者的角度，說明如何藉由相關理論幫助學生建立良好的學習態度與行為。　　　　　　　　【國北師 88】

例 請說明 Sternberg（1985）的智力理論及其在學校教育的涵義。　　　　　　　　　　　　　　　　　　　　　　【嘉師 84】

　　有關人類智力的描述，有許多說法，如二因論，多因論，三維結構模式等，請您討論這些智力理論，在您教學時，對您的助益與限制何在？對社會的助益與限制又何在？

⑶**智力理論與其他相關科目的連絡。**

例 試說明美國智能不足學會（AAMR）1992 年對智能障礙所下的定義及分類方式。　　　　　　　　　　　　　　　【彰師 86】

一、各種智力的理論

在介紹各種智力理論之前，必須對智力（intelligence）下一個定義，張春興（民 88）認為智力包含五個概念：(1)智力是抽象思考的能力；(2)智力是各種學習的能力；(3)智力是問題解決的能力；(4)智力是先天遺傳與後天環境交互作用的結果；(5)個體智力的高低可經由外顯行為觀察之。智力測驗的編製者比耐（Binet）與西家（Simtn）認為智力是一種普通智慧的能力（general intellectual capacity），亦即推理、判斷、與理解的能力。蔡崇達（民 82）引述美國學者 Snyderman 與 Rothman（1987）針對美國人對智力的看法所作的統計：約有 96% 以上的人都同意智力包含有推理或抽象思考能力、獲得知識或學習能力以及所謂的問題解決能力；約有 60%～80% 的人認為智力包含了七種能力：適應環境的能力、常識、創造力、語文能力、教學能力、記憶能力以及心理速率的能力；僅有低於 25% 的人認為智力應包含有成就動機、目標導向以及感覺敏銳的能力。以上有關智力能力的分析多數是屬於心理計量取向，近年來有關智力的探討更上一層樓，而有多元化的傾向，包含早期皮亞傑對兒童智力發展的看法，認為兒童的智力或認知發展是一種基模架構經過同化或調適的作用而產生的變化歷程，每一個階段亦不相同，以及迦納所提出的智力多元論使智力的面向更擴展至音樂、運動、社交方面，是傳統智力理論所未曾包含的（多元智慧請參考第 13 章）。

(一)智力的因素分析論

所謂智力因素論是探討智力是由那些因素所構成，近來由於統計的發達，逐漸採用因素分析（facfor analysis）作為分析的看法，最早是由心理學家 Galton 提出所謂的普通因素論，其認為多數人都具有一些普通能力與特殊能力，之後英國心理學家斯皮爾曼（Charles Spearman, 1863～1945）以統計方法歸納出人類的心理能力可以分為兩類因素：

普通因素（general factor，簡稱 G 因素）以及特殊因素（specific facfor，簡稱S因素），稱為雙因素論，而其中，人類的智力可以G因素來代表。G 因素的主要活動是關於關係的推論（education of relations）以及相關的推論（education of correlates），而 S 因素表示學習各種專業知識與技能的能力，由於Spearman特別強調一般因素的重要性，故其理論事實上可以歸類為單一因素論，其理論可以圖示如下：

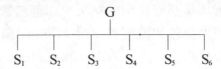

史皮爾曼的學生卡泰爾（Raymond B. Cattell）也對智力測驗的分析結果，提出了著名的流體智力（fluid intelligence）與晶體智力（crystalized intelligence）的理論，流體智力受先天的遺傳因素影響比較，包含對空間的認知、機械性的記憶、或對事物的判斷與反應能力，這部分的能力至 30 歲出頭時達到高峰，其後即逐漸下降。而晶體智力較容易受到後天環境與學習的影響，其內容與語文智慧及數理知識有關。晶體智力類似人的經驗會隨著年齡的增長而逐漸增加，兩者的關係如下圖所示：

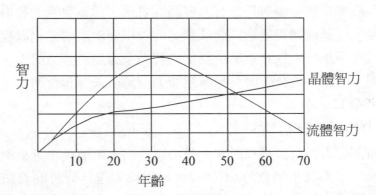

資料來源：張春興（民88）。《教育心理學——三化取向的理論與實踐》。台北：東華。p.341

依 John C. Cavanaugh 的定義，晶體智力是指藉由對包括知識和經驗廣度，精明程度、溝通理解能力、判斷力、理解習慣和推理思維等在內的大量測驗而得到的。證實晶體智力的因素是由諸如語言理解、概念形式、邏輯推理和一般推理等基本心理能力來進行定義的。對這種能力的測驗包括辭彙、類別推理、聯想，經由文化適應、知識和組成文化智力的複雜系統而表現程度。（徐俊冕，民 86）

依 John C. Cavanaugh 的定義；流體智力是指：「包括洞察多種刺激模式之間關係的能力，關係推理能力，以及理解蘊含意義的能力、最能代表該因素的基本心理能力已在有關研究中確定，包括歸納、對象靈活性、整合以及與晶體智力共有的邏輯推理和一般推理能力。」……這種因素是成熟成人智力的根本特徵，諸如推理、抽象和解決問題能力所易出現錯誤的一種表徵。在流體智力中，這些特徵並不是經由文化適應的系統影響而獲得的，而是藉由對個體獨特的學習或非文化組織起來之其他方式的學習而獲得的。（徐俊冕，民 86）

卡泰爾認為流體智力偏向於非語文及不受文化影響的心智能力，包含學習能力的調整與更新，與心理運動的歷程有極大關聯，評量此能力的題型大多為圖形分類或圖形分析，數字或字詞排列，填充或配對等；而結晶智力則與心智運作的結果或成就有關，評量此類智力的題目多為詞彙、常識、語文類推等，但有些題目則同時兼具流體智力與結晶智力的性質，例如歸納及演繹推論能力。流體智力較容易受生理結構的影響，而結晶智力較受社會文化之影響。

由卡泰爾的智力理論來看，人們的智力在某一部分（晶體智力）並未隨著時間的增長而退化，反倒是不斷的累積之中。

㈡多因素論

美國心理學家桑代克提出了一種理論的建構，認為智力是由三種因素所構成的：⑴抽象智力（abstract intelligence），是指個人運用符號從事抽象思考的能力；⑵機械智力（mechanical intelligence），是指

個體運用感覺器官來從事工具操作的能力；與(3)社會智力（social intelligence）是指個人在環境中與人相處的能力（張春興，民88）。

塞斯通（Louis L. Thurstone）認為智力是由七種基本心理能力（primary mental ability）所構成，因此，他的理論又稱為群因論（group-factor theory），這七種能力為：(1)語文理解（verbal comprehension, V），對語文內容的了解；(2)語詞流暢（word fluency, W），對語言的反應速度；(3)數字運算（number, N）計算的能力；(4)空間關係（space, S），個體辨認方位或空間關係的能力；(5)記憶聯想（associative memory; M），將兩個事件相互聯結的機械式記憶的能力；(6)知覺速度（perceptual speed, P）對事物辨別，認知的速度；(7)一般的推理能力（general, reasoning, R）。

㈢智力結構論

智力結構論（structure-of-intellect theory）係由吉爾福特（Joy P. Guilford）所提出，為研究所的熱門出題重點。吉爾福特以「立體」的觀點來描述智力，認為智力的運作是透過三個機制而完成的，這三個向度分別為思考的材料或內容（content），可以視為要輸入處理的資料；思考的活動（operation），可以視為將資料處理的方式，以及思考的最終結果（product），即處理之後的產物，如果以研究法上變項的觀念來解釋，那麼思考的內容是自變項，思考的運作是中介變項，而思考的產物是依變項。吉爾福特認為思考的內容包含有：視覺、聽覺、符號、語意、行動；思考的運作包含有評價、聚斂思維、擴散思維、記憶保存、記憶收錄與認知等方法；而思考的產物則包含有：單元、類別、關係、系統、轉換、涵義等（張春興，民88）吉爾福將的智力結構論可圖示如下：

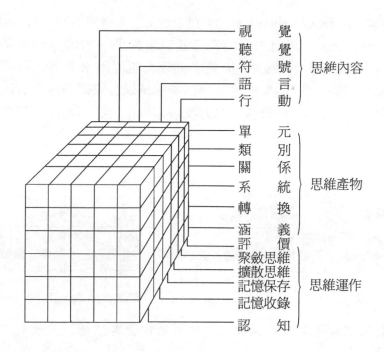

視　覺　覺 ⎫
聽　覺　覺 ⎪
符　號　號 ⎬ 思維內容
語　言　言 ⎪
行　動　動 ⎭

單　元 ⎫
類　別 ⎪
關　係 ⎪
系　統 ⎬ 思維產物
轉　換 ⎪
涵　義 ⎪
評　價 ⎭

聚斂思維 ⎫
擴散思維 ⎪
記憶保存 ⎬ 思維運作
記憶收錄 ⎪
認　知 ⎭

資料來源：張春興（民88）。《教育心理學──三化取向的理論與實踐》。台北：東華。p.343

　　吉爾福特的智力理論無異是智力理論上的一大變革，增加了許多不同的內容與向度，最近的統計共有180種能力，其中對心理與教育貢獻最大之一者莫過於有關創造力的提出，他在智力的運作中提出了聚斂思考與擴散思考兩個概念，其中擴散性思考即創造力，吉爾福德又將創造力細分為流暢性、變通性與獨創性三種，為許多創造力測驗的基本理論。

㈣智力階層論

　　Vernon（1950）提出了智力階層論（hierarchical theory of intelligence），認為智力是可以細分為若干層次的，最上層為普通能力（即G因素），第三層次為兩個主要的群因素（group factors）即語文與教

育的因素（verbal-educational, V: ed）以及實際的與機械的群因素（spatial-mechanical, k:m），兩個主群因素又各自包含了一些較小的次要群體因素（minor group factors），而語文與教育主群因素之下包含有創造力，語文流暢，以及數字能力；空間與機械或實際與機械主群因素包含有空間、心理動作與機械等能力在每個較小的群因素之下又各自包含了更小的特殊因素。Vernon 的智力階層模式可以圖示如下：

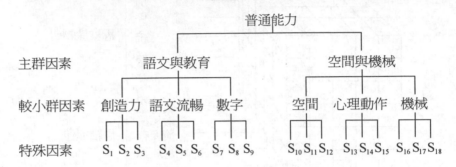

資料來源：蔡崇建（民 82）。《智力的評量與分析》。台北：心理
　　　　　出版社。p.52.

　　Gustafsson 的智力理論，共提出智力有三個層次：最上一層為普通智力與Spearman的看法近似，在其之下共有三個廣域因素：結晶智力，與語文有關；流體智力與非語文能力有關，以及一般視覺智力，與圖形訊息處理能力有關，Gustafsson 的三層次智力結構模式可以圖示如下：（蔡崇建，民 82）

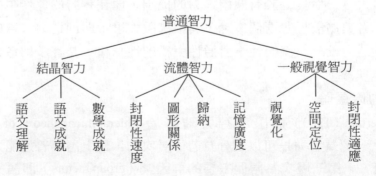

很顯然的近代的智力測驗理論即受到智力階層論的影響，魏克斯勒在編製其魏氏智力量表時，其架構如下（蔡崇建，民82）：

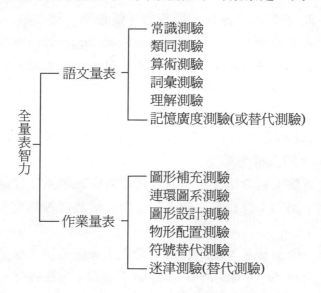

以上魏克斯勒在1939年代初編時的架構，至1986年出版的第四版斯比智力量表（Standford-Binet Intelligence Scale: Forth Edition, SB-FE）其測驗的理論架構也與魏氏智力量表相似（蔡崇建，民82）：

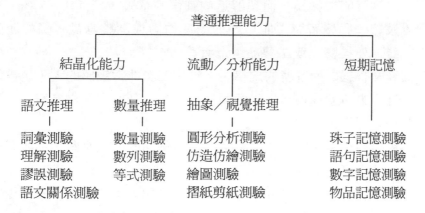

㈤多維取向智力理論——智力多元論

　　心理學家葛敦納（Gardner）提出「智力多元論」（theory of multiple intelligence）的主張，認為有七種智力（張春興，民 88）：語文智力（linguistic intelligence）、數理智力（logic-mathematical intelligence）、空間智力（spatial intelligence）、音樂智力（musical intelligence）、體能智力（bodily-kinesthetic intelligence）、社交智力（interpersonal intelligence）與自知智力（intrapersonal intelligence），最近出版的書，則增加至八種，依郭俊賢、陳淑惠。翻譯自 Linda Campbell 與 Bruce Campbell 的書，Gardner 的八種智慧為：

1. 語文智慧：包含用文字思考或用語言來思考或欣賞深奧意義的能力，例如：像作家，詩人、記者、演講者等都需要這一類的能力。

2. 邏輯—數學智慧：能夠計算、量化或考慮假設，檢證的能力，例如：科學家、數學家、會計師、電腦工程師都需要這一類的智慧。

3. 空間智慧：能以三度空間的能力來思考，例如：測量員、攝影師、雕刻師、畫家等，他們可以將外在的影像在心中加以重視，修飾或轉換，而理解這些圖像的意義。

4. 肢體—動覺智慧：能巧妙的處理物體或調整身體，例如運動員、外科醫生或工藝品製造者等。

5. 音樂智慧：對音樂的旋律、音質、節奏非常敏感的人，也善用聲音來傳達或表示自己的想法，例如：音樂家、指揮家、音樂欣賞者等。

6. 人際智慧：有同理心，善解人意，積極的與人互動，例如有效能的教師、社工人員、政治人物、推銷員、宗教家等。

7. 內省智慧：有極度的自覺，並且能尋找人生的意義，妥善規劃自己的人生，例如：心理學家、神學家、哲學家。

8. 自然觀察者（naturalist intelligence），喜歡接近自然，對自然有深刻的體悟者，例如：植物學家、生態學家、環保人士、農夫等。

葛敦納認為：

1. 智慧不應只限於這八種：以避免窄化了智力，他後來又陸續的發展出神靈智慧（spiritual intelligence）、存在智慧（existential intelligence）和道德智慧（moral intelligence），類似馬斯洛後來在自我實現需求上再添加的宗教或靈性需求。但葛敦納的目的不在界定到底智力有多少的面向，可能以人類目前的能力也是無法完全了解大腦或智力運作的本質，然而，他的目的在告誡我們要以多元的角度來觀察智力（郭俊賢，陳淑惠）。

2. 葛敦納相似這八種智力在本質上都是中立的，並無好、壞之分，一個有人際智慧的人，可以成為一位傑出的政治家，當然也可以成為只顧自身利益的政客，端看當事人的動機而定。

3. 事實上，還可以將這八種智慧再粗分為三大類：(1)「物件關聯」（object-related）：是指這些能力是與個人在成長歷程中所遭遇的環境因素有關，包含了空間智力、邏輯—數學智力、肢體—動覺智力；(2)「物件無關」（object-free）智力，這種智力不需依靠外在物理世界來塑造，而是依賴語文或音樂的體系，包含有：語文智力與音樂智力；(3)與「人關聯」（person-related）的智慧，即人際智慧與內省智慧。多元智慧教學與多元智慧評量亦是目前研究所考試的重點，請多加留意。

㈥多維取向智力理論——智力三維論（張春興，民 88）

智力三維論（triarchic theory of intelligence）是心理學家斯頓史（登）柏格（Robert J. Sternberg）所發展的，他家智力分成三個向度，各自包含了一些能力：

1. 組合智力（componential intelligence），具有組合智力的人能對

訊息做有效的處理，要將訊息做有效的處理必須具有三種能力：⑴後設認知的能力，即對認知監控，產生認知策略的能力；⑵吸收新知能力；⑶智能表現，指表現在外的行為。

2. 經驗智力（experiential intelligence）：指個體修改自己的經驗以達到精益求精的目的，經驗型智力可分為兩種能力：⑴使用經驗有效解決問題的能力；⑵對舊經驗進行修正，以創造新經驗的能力；⑶肆應能力（contextual intelligence），指能夠活學活用而達到良好的適應環境的能力，包含有三種能力：⑴環境的適應能力，例如能夠很快的融入新環境，結交新朋友的能力；⑵改變環境的能力，在必要時改變環境以提升自己生活的品質；⑶選擇能力，在數種選擇中選擇有效的解決方案以提升生活品質。斯頓柏格的智力理論具備了突破性的觀點，尤其是包含了適應生活與改造環境的能力，這種智力理論強調，拉近了日常生活與智力測驗間的關係，一個學生的智力不算高，除非他在日常生活中的適應良好。

Sternberg的理論可以說是建基在訊息處理的基礎上，所謂訊息處理理論（information-processing theory）是指我們處理訊息與認知的歷程研究，包括對感覺、知覺、記憶、思考、判斷、問題解決等歷程的研究，以及對感官記憶、短期記憶與長期記憶的研究，Sternberg的智力理論可以圖示如下（蔡崇建，民82）：

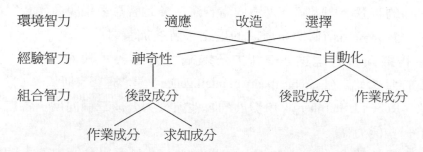

環境智力　　　　　　　適應　　　改造　　　選擇

經驗智力　　　　　　神奇性　　　　　　　自動化

組合智力　　　　　後設成分　　　　　後設成分　　作業成分

作業成分　　求知成分

另外，Campiome 與 Brown（1978）及 Borkowski（1985）等也以訊息處理論為基礎來解釋智力的建構，他們認為智力是由兩種系統所組成：建構系統（architectual system）與執行系統（executive system），建構系統類似個體的「硬體」設備，負責感官刺激的登錄與反應，傳送等包含有：(1)容量（capacity）例如記憶的廣度；(2)持久性，例如記憶可以保留的時間；(3)運作的效率，例如編碼，解碼，提取訊息的效率（速度）；另一方面，執行系統類似個人的「軟體」，在控制與決定硬體的使用，包含有：(1)知識的基礎（knowledge base）；(2)認知基礎（cognitive schemes）；(3)控制的歷程（control process），是指運用某些原則或策略以增進記憶，理解或問題解決的活動；(4)後設認知（metacognition）。Campione, Brown 與 Borkowski 的智力理論可以圖示如下：（蔡崇建，民 82）

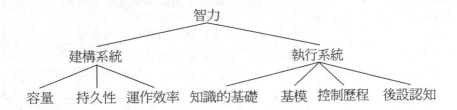

(七)認知發展論

皮亞傑用質性研究的方法來觀察兒童智力的發展，與傳統偏向量化研究典範的方式不一樣，其研究的重點有：認知架構（cognitive structure）是個人詮譯資訊的基礎；基模（schema, scheme）是一組反應或思考用來解決問題，例如：唱歌的基模，解決某問題的基模。認知架構是由許多基模縱橫交錯而成的。個體的認知架構（或基模）會不斷的改變，修正，擴充，因此，基模或認知架構長期處於平衡—失衡—平衡—失衡的動態平衡之中，而改變的機制是適應（adaptation）與同化（assimilation）皮亞傑認為兒童智力的發展經歷了四個階段（張

春興，民 88）：

期別	年齡	基模的功能
感覺動作期 (sensorimotor stage)	0～2歲	兒童憑感覺與動作來發揮基模功能 （用感官知覺來認知） 由本能性的反射動作至有目的性的動作 具有物體恆存性（object permanence）的特徵
前運思期 (preoperational stage)	2～7歲	兒童可以使用語言來表達想法，但具有自我中心的傾向 能使用符號來象徵實物 思考不符合邏輯，無法預見事物的全貌具有知覺集中傾向（perceptual centration）不可逆性（irreversibility）與自我中心主義（egocentrism）的傾向
具體運思期 (concrete operational stage)	7～11歲	能以具體的經驗來幫助思考 具有可逆性的觀念 能了解物體守恆的概念
形式運思期 (formal operational stage)	11歲以上	可以做抽象思考 可以依假設及科學法則去驗證與解決問題

　　皮亞傑的理論可以說是智力的一大變革，而依皮亞傑理論所發展出來的皮亞傑量表也採取與傳統量化理論不同的方式來進行：改採觀察法形式，可以用來做臨床的診斷之用。

二、智力測驗的爭論

　　由於人類智力本身是非常複雜的，加上早期智力測驗曾被誤用作為排除少數民族機會的工具之一，因此，目前為止，智力測驗本身尚有甚多的爭議性有待解決，研究所喜歡考這一類思考性的問題，例如某校曾考過：教師發現班上有原住民及女生智力測驗偏低的現象，請

問教師應該如何解釋以及如何補救？或則乾脆考未來智力測驗的發展方向。這類考試的目的一方面是要考生認清智力測驗的本質及限制，更重要的是教師如何看待這些限制與如何改進。

㈠智力的發展

大家都知道智力並非一生下來就是固定的，而是隨著個體的成長而逐漸發展的，對於智力是如何發展，以及其發展的速率如何對於智力測驗的編製有極大的影響，關於智力發展的速度有三種不同的看法（黃元齡，民80）：

1. 桑代克認為智力的發展速率是逐漸遞減的，在初受胎時發展最為快速，其後越來越慢，直到停止。

2. 塞斯通認為智力發展的速率是呈現S形，從初生之後漸漸增加中間增加最快，至11歲以後又漸減。

3. 推孟認為智力的發展是一致的，但至某一個層次之後就逐漸減少，三者的看法如下圖所示：

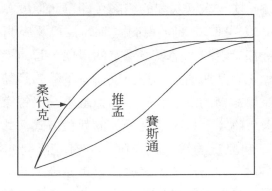

資料來源：黃元齡（民 80）。《心理及教育測驗的理論與方法》。
　　　　　台北：大中國圖書公司。p.125.

人們的智力發展至何時停止，有一些不同的看法，早期的比奈量表是以 14 歲為成年人的平均智力，而 1937 年出版的斯比量表修訂版

將成年人的智力往後延兩年至 16 歲，其後有越來越多的學者發現人的智力可以一直發展至中年，桑代克以為智力可以發展至 45 歲才開始慢慢消退，但每年僅減少約 1% 左右，但有些智力是不會受到老化的影響，例如對文字的理解與應用，或則想像力與創造力，詹姆斯（William James）認為我們必須要區分「實際經驗」或「練達」與一般所謂的智能（intellectual ability），其實，事情的成敗除了一般的智力之外，尚包含有經驗，判斷力，耐心與隱定等等，而這些能力都是中老年人較佳的。一般而言，智力從初生至 5 歲時發展最快，5 歲至 10 歲時稍緩，但是仍然有明顯的發展，至 14、15 歲之後發展的速度減低。但是對智力何時發展至頂峰，何時下降有不同的說法。

㈡智力的不穩定性

有些實證研究的結果證明智力有相當高的隱定性，這些研究的作者有 Anastasi, 1958; Appelbaum 與 Hogarty, 1973; Bradway, Thompson，與 Gravens, 1958；他們所使用的方法是針對同一組受試，在間隔一段長時間之後再施測一次，求兩次間的相關（即重測信度），所計算出的相關值約介於 0.59～0.83 之間，視間隔時間長短及施測對象而定，但是，也有些研究卻發現智力呈現不隱定的現象，智力不但不會隨著年齡的增長而增加，對某些個案，智力反而有下降的趨勢，這些負面的影響往往來自家庭結構的劇烈改變（例如離婚、單親家庭），嚴重的疾病，或則重要人物（父母、祖父母）的教養方式，此外，研究也發現生長在文化不利兒童的智力也會降低，有些研究亦發現智力受人格、動機、競爭心、好奇心等之影響而呈現變動的狀態（葉重新，民 81）。這些研究的結果推翻了智力是會緩慢增長至一個頂峰而後逐漸下降的假設，證明智力是會受到外在環境的影響而變動的。

㈢影響智力（評量）變化的因素

前述已經說明，智力可能受到一些因素的影響而產生變動，一個人智力的高低可能受到下列因素的影響，此項適合作為回答「班上有

原住民及女生智力測驗偏低的現象，請問教師應該如何解釋？」這類
問題，亦即，受試者可能受到下列因素的影響：

代間差異

　　不同時代出生的人所接受的文化資激不一樣，可能會對智力產生
極為明顯的影響，在電腦科技下長大的小孩絕對是有所不同的，如果
我們使用不同的研究方式來調查年齡與智力變動的關係，就可以發掘
代間的影響力，一種是使用橫斷研究法，即一次抽足所有年齡層的樣
本，例如10歲，20歲，30歲，40歲，50歲，60歲與70歲，各抽取30
位，共210位，之後在同一時間地點一次施測再取得各年齡層的智力
測驗成績。另一種方式是縱貫法，即針對同一樣本重複施測所多次，
例如10歲的樣本測驗一次，待其成長至20歲時再施測一次，至30歲
時再施測一次⋯⋯一直到 70 歲時為止，將橫斷法與縱貫法測驗的結
果加以比較，以下即為兩種結果的假設性圖形：

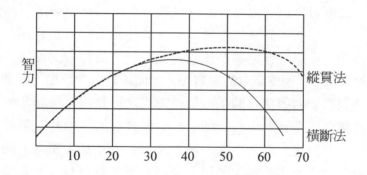

　　橫斷法所施測的是不同的對象，有代間的影響，年齡相距越大，
代間的影響力越大，對一位 50 歲的樣本而言，在橫斷法中有兩樣負
面因素的影響：老化與代間，故其下降的速度更快，而對於縱貫法而
言，因為只有一個老化因素的影響，故其下降的速度沒有那麼明顯。

教育水準

　　多數研究認為教育水準與智力有關，使用橫斷法不利的因素還包

括年長者的教育水準比較低。同時，教育水準高者也傾向於繼續進修，維持認知能力的生活方式。

職業或工作型態

不同的工作型態可能也會影響不同類型的智力，有些工作需要社交智力，例如教師、輔導員、民意代表，有些工作可能需要內省智力比如宗教家，社會運動者，環保學家；有些工作可能需要數理—邏輯能力，比如會計師，工程師。

人格

人格與智力關係的研究比較精微，人格可以包含個性的內向或外向，動機的強弱，自我概念的高、低等。這方面較沒有一致性的研究成果。

智力的差異是來自先天或後天？（遺傳或後天習得？）

一般而言，智力、人格與成就三者為互補關係，智力高的人可以提昇其學業成就，進而促進其自我概念的發展，而當自我概念提升後，對自己更有自信，也能促進學生在人格上的正面發展。男生與女生的智力是否存在了先天的差異？不同的種族的智力是否存在先天差異？到目前為止還沒有定論，比較公允的說法是智力受遺傳與環境交互作用的影響，早期受遺傳的影響較大，而後期則受環境的影響較大。

能夠證明智力與遺傳關係的最佳方式之一是透過同卵雙生子的研究，同卵雙生子因為是由同一個受精卵所分裂的，因此在遺傳基因上最相似，若同卵雙生子從小在不同的家庭長大（被人領養）則可以判定後天影響力的大小，實證的研究結果如下（林淑梨，王若蘭，黃慧真，民83）：

遺傳關係	發展狀態	相關
無關的人	分開長大	− 0.1
無關的人	一起長大	.23
養父母—子女	住在一起	.20
父母—子女	住在一起	.50

手足	分開養育	.40
手足	一起養育	.49
異卵雙生子	一起養育	.53
同卵雙生子	分開養育	.75
同卵雙生子	一起養育	.87

　　資料指出同卵雙生子分開養育的相關高達.75，若一起養育的相關更高達 0.87，可見遺傳的影響力是相當大的，但另一方面，也有不同的看法，Phares 引述凱明的論點：有關智力和遺傳的資料仍是模糊不清。雖然有些人堅持智力為遺傳而來的想法，但其他人並不作此想。符合遺傳解釋的資料看來一樣適合環境的解釋。一些合理的環境論解釋常為行為遺傳派所忽視或掉以輕心，這點我們認為不僅反映出單純的專業偏差，而且也是反映了社會和政治上的偏差。

　　基於遺傳與環境的爭議，學者們提出另一種折衷的看法：遺傳限（reaction range），指個人智力的高低基本上是受遺傳因素所決定，但是遺傳因素所決定者並非是一個點，而是一段距離（範圍）。個體的智力在這段先天所決定的範圍下受到外在環境的影響而游動，若個體的生長環境優良則會移到此範圍的前面，反之，若成長的環境不良，則會移到此範圍的下端（張春興，民85）。此概念可圖示如下：

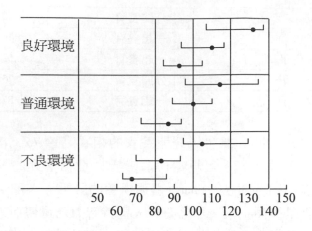

| | 50 | 60 | 70 | 80 | 90 | 100 | 110 | 120 | 130 | 140 | 150 |

在遺傳限內環境對智力所造成的影響

資料來源：張春興（民85）。《現代心理學》。台北：東華。

智力測驗失敗的原因

　　一個人智力測驗的分數不高，未必真的就是智力不高，受試測驗失敗的原因有（蔡崇建）：

　　1.個人因素方面：

　　　①神經心理因素：例如，記憶較差，注意力不集中或注意的廣度不足，推理能力弱，無法撐握問題解決的關鍵，或則有神經生理方面的缺陷。

　　　②生理因素的限制，例如器官缺陷（視力，肢體動作等）。

　　　③經驗因素：例如很少接觸類似的測驗，對測驗的語言不熟悉或則答題技巧欠佳。

　　　④人格特質的因素：例如缺乏應試的動機、消極、情緒容易緊張、患得患失等。

　　2.環境因素方面：

　　　①學校的因素：對學校的適應不良，包括學習環境、教師、同儕或教學法、教材等。

②家庭因素：例如親子關係不和諧，家庭結構不良。

③同儕因素：人際關係不良、孤立、冷漠或則被同學排擠。

蔡崇建總結影響智力評量的因素如下：

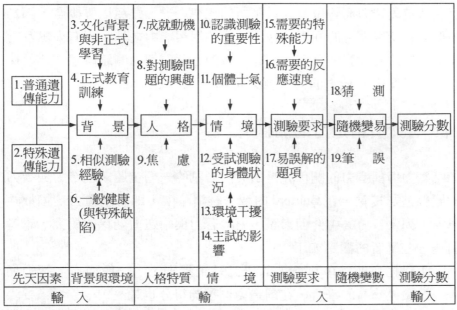

資料來源：蔡崇建（民82）。《智力的評量與分析》。台北：心理。
　　　　　p.62.

三、智力測驗的效度問題

智力測驗真的能衡量一個人的智力嗎？這是一個爭論已久的問
題，智力測驗是不是有效，還得看測驗的目的而定，例如，智力測驗
的結果是用來做為預測學生學業表現的指標，人事部門選擇新進人員
的參考，或則特殊兒童的診斷等等，可以從幾個層面來探討：

智力測驗的內容效度問題

人們的智慧是有許多面向的，對於智慧的內容到底涵蓋那些，到

目前為止我們還是無法確定或則有一致上的同意，因此，就無法決定這個智力測驗是否具有內容效度。因此，大部分的智力測驗僅能以假設性的方式來建立其建構效度，但這些建構未必就能得到證實。若以傳統的智力測驗來衡量一個人的智力，常被評為有窄化智力的傾向，因為傳統的智力測驗做為人員篩選的標準之一，難免以偏概全，因為一個人在職場表現的好壞，除了一般的學習能力之外，尚有人際互動能力、經驗、人格特質等，因此，教師在解釋智力測驗時應該比較保守，並且配合其他方面的資料來解釋。

四、智力與創造力的關係

智力與創造力的關係亦是研究所考試的一個主題，創造力與智力的關係甚為複雜，在 Guilford 的智力結構論中，即將創造力（擴散性思考）列入智力的中介因素裏，對於智力與創造力關係的研究，筆者引述一些學者的觀點如下：

1. 以拓良斯（Torrance）的研究結果指出，「一般而言，智力測驗得分高的學童，在創造力測驗的得分也較高……」，「要表現創造力，必須具備某種程度的智力；而要有高智慧的表現，也必須具備某種程度的創造力。」（廖鳳池、陳美芳、胡致芬、王淑敏、黃宜敏，民81）。

2. 謝弗（C. E. Schaeefer）的觀點：「創造力和智力這兩個術語都是缺乏嚴格定義、廣泛而多面的概念。它們無疑都能作為獨立的概念而存在，因為它們提供了方便的捷徑，去標明實際上很重要的複雜行為領域。但是，這兩個概念沒有一個是與精密規定的獨特實體相對應的。它們分別成為按某種關係將眾多特性組織起來的一個複合體，彼此又相互滲透」。（邵瑞珍，皮連生，民78，p.173）。

3. 創造力與智力關係是一種相對獨立，在一定條件下又彼此相關

的非線性關係；可以下圖表示：

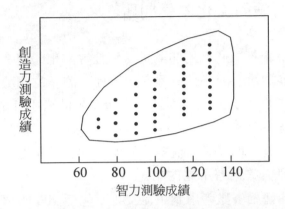

資料來源：邵瑞珍，皮連生（民78）。《教育心理學》。台北：五南。

由上圖智力與創造力的關係可以歸納成三點（邵瑞珍，皮連生，民 78）：(1)低智商的學生較少創造力；(2)高智商的學生可能有較高的創造力，也可能沒有創造力；(3)高創造力的條件是要有高於一般水準的智力

4. Guilford 的研究：基爾福特認為智力結構論中所有三個向度內的能力都與創造力有關，但其中尤以擴散性思考（Divergent Processing, DP）與創造力的關係特別的密切。DP 具有三種特性：流暢性（fluency）、變通性（flexibility）與精進性（elaboration）。基爾福特認為 DP 不是一種獨立的能力，而是一種與他種能力相關的能力，與 DP 相反的是聚斂性思考（convergent processing, CP），屬於理性思考，邏輯推理的能力，他定意創造力是「一種以 DP 為核心、CP 為支持性因素的，DP 與 CP 有機結合的操作方式」（邵瑞珍，皮連生，民84，p.175）

五、智力測驗的文化差異問題

　　知識社會學指出我們的知識是受到社會文化的塑造，不同文化影響下的人可能對事務有不同的觀點，因此，許多的測驗、評量都不容易解決因為文化（次文化）因素介入所產生的公平性的問題。

　　由文化差異所產生的問題有：

1. 來自次文化的兒童可能對測驗所需的語言能力不夠精熟，或則對題目與答案有不同的認知。

2. 題目的建構多數考慮到主流文化，包括出題的專家，建構常模的樣本以致影響到測驗的公平性。

　　解決文化差異所造成的欠缺公平性問題，可以有幾種方式：

1. 使用「泛文化測驗」、「文化公平測驗」或是「免文化影響測驗」（culture-free test），大部分的泛文化測驗皆以非語文測驗的型態呈現，例如圖形智力測驗，或則澳洲畫人測驗，或則使用實作測驗的方式，例如魏氏兒童智力測驗的實作測驗，但是必須說明的是雖然測驗的名稱為「免文化影響測驗」，但多多少少還是無法完全擺脫文化因素的影響，再者，一般說來圖形式智力測驗的效度往往不如語文式智力測驗，因為人們已經習慣用語文的方式來傳遞情感與思想，而且，語文傳遞的方式要比圖形來得精確，所以，教師應該優先考慮以文字的方式來衡量智力，除非評量的結果與日常的觀察有明顯的差異，在此情況之下，再改以圖形式智力測驗或其他方式來評量。

2. 另外，在測驗的編製上，也可以儘量避免會受到文化影響的題目，可以包含一些次文化研究的專家，而且可以在樣本上也函蓋一些少數民族樣本，或則建立特殊團體常模。

六、魏氏智力測驗

魏氏智力量表係由美國人魏克斯勒（Wechsler, 1896-1981）所發展的，最早是在 1939 年所出版的 Wechsler-Bellevue Intelligence Scale，目的在評量成年人的智力，魏氏量表採用離差智商（deviation IQ）的觀念，對早期以比率智商的計分方式有更大的進步，之後魏氏量表逐漸演化成三種版本以針對不同的受試者：(1)魏氏成人智力量表（Wechsler Adult Intelligence Scale-Revised, WAIS-R）適用於 16 歲以上的成年人；(2)魏氏兒童智力量表（Wechsler Intelligence Scale for Children-Revised, WISC-R）適用於 6 歲至 16 歲學齡的兒童；以及(3)魏氏學前及基本智力量表（Wechsler Preschool and Primary Scale of Intelligence, WPPSI）魏克斯勒認為「智力」包含兩項特質：

1. 智力並非單一或獨特的能力，智力極為多元且層面甚廣；
2. 智力與學業能力不同，智力的測驗不能只偏重某一（些）能力，而是所有的能力具相等的重要性（蔡崇建）。

七、魏氏兒童智力量表（蔡崇建）

㈠測驗架構

魏氏兒童智力量表是一種評量多種認知能力的測驗組合，包含兩個部分的測驗，語文量表與作業量表，計分方式可以將各分量表的原始分數換算成分量表分數（平均數 10，標準差 3 的標準分數），最後可以再將分量表的分數相加而成為全量表分數（平均數為 100，標準差為 15），在語文量表與作業量表之下各有五個分測驗及一個替代測驗，總共 12 個分測驗，由於測驗都已經標準化，故可以直接比較語文量表與作業量表（非語文能力）兩者間的差異。魏氏兒童智力測驗的各分測驗、題數、及分數分佈的範圍如下：

魏氏兒童智力量表的測驗結構及分數分佈情形

分測驗	題數	原始分數	量表分數 分佈範圍
語文量表			5 − 95
常識測驗	30	0 − 30	1 − 19
類同測驗	17	0 − 30	1 − 19
算術測驗	19	0 − 19	1 − 19
詞彙測驗	32	0 − 64	1 − 19
理解測驗	17	0 − 34	1 − 19
記憶廣度測驗*	14	0 − 28	1 − 19
作業量表			5 − 95
圖形補充測驗	26	0 − 26	1 − 19
連環圖系測驗	12	0 − 48	1 − 19
圖形設計測驗	11	0 − 62	1 − 19
物形配置測驗	4	0 − 33	1 − 19
符號替代測驗	45（或 93）	0 − 50（0 − 93）	1 − 19
迷津測驗*		0 − 30	1 − 19

＊：替代測驗

1. 常識測驗（information）：目的在測量一般的知識，內容包括物名、節目、歷史、地理或其他的知識。

2. 類同的測驗（similarities）：目的在評量語文概念、邏輯思考，或則將概念歸類的能力，題目包含一組配對的詞彙，受試者必須解釋詞彙間的相似性或共同因素。

3. 算術測驗（arithmetic）：目的在評量受試者一般的運算能力、推理能力及數量的概念，一般的運算能力是以心算方式來作答。受試者在這一部分的測驗會受到受試認知部分（對數學的理解）與非認知部分（專心，注意力）的共同影響。

4. 詞彙測驗（vocabulary）：目的在評量學生對詞彙的理解與運

用，多涉及認知能力、學習能力、記憶、概念形成與語文的發展等，教師亦可依照學生詞彙的運用情形來理解學生生活經驗的情況，包含學生所處的社會文化環境、社會發展與生活經驗、學業成就間之關係。

5. 理解測驗（comprehension）：目的在評量學生的社會性成熟、行為規範以及是否遵守文化的經驗，問題的內容是一些與人的身體、人際互動以及社會情境有關的情境式問題，然後問學生該怎麼辦或為什麼。問題的解決可以反映受試者的人格特質、價值觀、社會文化背景以及語文表達能力的高、低。

6. 記憶廣度（Digit Span）：是屬於替代性測驗，目的在考量受試者經由聽覺的方式來回憶的能力，其方法是要求受試者順序背誦或逆序背誦一些沒有邏輯關係的元素，順序背誦牽涉到序列處理的能力而逆序背誦涉及心象、計畫，以及序列處理的能力，因為受試者必須將一些聽覺的刺激轉化為心象以便利於回憶。

7. 圖形補充測驗（Picture Completion）：圖形補充測驗的題目是以圖卡的方式呈現給受試者，比較有趣，通常圖卡中的事物都是一些日常生活中常見的活動，受試者必須運用推理、視覺辨識、記憶以及對結構完整性的了解，注意圖中所缺乏的元素，並將其指認出來。

8. 連環圖系測驗（picture arrangement）：共有 13 套卡，每套圖卡依其難度至少是三張，最多是七張，受試者必須依照圖卡的邏輯次序來排列這些圖片，其目的是用來衡量受試者對整體情境的理解與預想能力。

9. 圖形設計測驗（block design）：要求受試者以紅、白方塊來拼圖，目的在評量受試的視覺、動作協調能力，空間想像能力，以及可以區分形象與背景的能力。

10. 物形配置測驗（object assembly）：要求受試者將分割成數塊的

小圖板，依照其正確的配置拼湊成人形或物形（例如：馬、汽車或臉），目的在評量受試的視覺、動作協調能力，以及對部分與整體關係覺知的能力。

11.符號替代測驗（coding）：目的在衡量受試者的視覺動作協調能力，短期記憶能力以及心理運作的速度。

12.迷津測驗（mazes）：受試者以畫線的方式，不可以穿越牆線，來找到出口，目的在評量空間推理、視覺組織、視覺動作以及計畫的能力。

㈡適用的對象與功能

適用於 6 歲至 15 歲的兒童，常模的建立也以這些年齡層為實施的範圍。

測驗的功能有：

1.鑑定的功能：可以用來鑑定資賦優異，學習障礙或智能不足兒童。

2.診斷功能：可用來診斷一般學生的特殊學習困難，做為提出補救教學的依據。

3.可以做為研究的工具：例如做為智力發展，個別差異的研究工具。

㈢測驗結果的解釋

基本上測驗的結果，依其比較的標準可以做兩類的解釋：(1)個別間差異的比較（interindividual comparison），是指不同的個體間相互的比較，方法是使用全量表智商或則語文量表智商、作業量表智商對照常模上的表現來求出個人的相對地位量數；與(2)個別內在比較（intra-individual comparison），是比較個人之不同能力間的差異，通常將各種分測驗的成績，以側面圖的方式來表示，以下介紹各種解釋的方式：

1.以常模參照來解釋：常模參照的解釋方式是屬於個別差異的比較，只要將學生的智商對照冊驗手冊所公佈的常模表，即可以

得出該生的相對地位量數，請參考以下的百分等級常模表，若某生智商 100，則其百分等級是 50（勝過 50%的人），若某生之智商是 115，則其百分等級是 84，我們亦可以將智商轉化為 Z 分數（平均數 = 100，SD = 15），再對照常態分配表，以求出學生的百分等級。

魏氏兒童智力量表智商與百分等級對照表

智商	百分等級	智商	百分等級	智商	百分等級	智商	百分等級
155	99.99	127	96	99	47	71	3
154	99.98	126	96	98	45	70	2
153	99.98	125	95	97	42	69	2
152	99.97	124	95	96	39	68	2
151	99.97	123	94	95	37	67	1
150	99.96	122	93	94	34	66	1
149	99.95	121	92	93	32	65	1
148	99.93	120	91	92	30	64	1
147	99.91	119	90	91	27	63	1
146	99.89	118	88	90	25	62	1
145	99.87	117	87	89	23	61	.47
144	99.83	116	86	88	21	60	.38
143	99.79	115	84	87	19	59	.31
142	99.74	114	82	86	18	58	.26
141	99.69	113	81	85	16	57	.21
140	99.62	112	79	84	14	56	.17
139	99.53	111	77	83	13	55	.13
138	99	110	75	82	12	54	.11
137	99	109	73	81	10	53	.09
136	99	108	70	80	9	52	.07
135	99	107	68	79	8	51	.05
134	99	106	66	78	7	50	.04
133	99	105	63	77	6	49	.03
132	98	104	61	76	5	48	.03

131	98	103	58	75	5	47	.02
130	98	102	55	74	4	46	.02
129	97	101	53	73	4	45	.01
128	97	100	50	72	3		

資料來源：蔡崇建（民82）。《智力的評量與分析》。台北：心理。
p.107.

2. 依智商的區間估計或側面圖來解釋：區間估計以及側面圖的概念在前述章節有解釋過，它是屬於個別內在差異的研究，計算區間估計時，必須以原始分數加、減測量標準誤，由於魏氏智力量表已經標準化，其測量標準誤都已知，教師只要選取95%可信區間或99%可信區間的測量標準誤，再以各分測驗的原始分數來算，即可求得各分測驗的區間估計值，例：六歲半組至八歲半組的語文量表，作業量表與全量表的估計標準誤為（蔡崇建，民82）：

年齡組	智商	信賴區間	
		95%	99%
六歲半組	語文量表	±7	±10
（6-0-0 到 6-11-30）	作業量表	±8	±12
	全量表	±12	±15
七歲半組	語文量表	±10	±13
（7-0-0 到 7-11-30）	作業量表	±9	±12
	全量表	±12	±16
八歲半組	語文量表	±5	±6
（8-0-0 到 8-11-30）	作業量表	±6	±8
	全量表	±8	±11
⋮	⋮	⋮	⋮

平均	語文量表	±6	±8
	作業量表	±8	±10
	全量表	±10	±13

　　例如：甲生為 6 歲兒童，其全量表智商為 100，則在 95%可信區間下，其智商是介於88～112之間。

　　各分測驗的全距介於1～19分之間，其平均數為10，標準差是3，我們可以依常態分配的原理來估計各分數分佈的範圍（見圖一魏氏智力測驗側面圖）。

㈣依智商的分類來做解釋

　　智力測驗的結果也可以用來作為將智力分類的參考，但應特別注意的是勿給小朋友貼標籤，而且智力測驗僅是一種量化的結果，僅以數量來分類，在證據上顯得比較單薄些，有時，也可以考慮使用質性的分類觀點，例如：杜爾（Doll）對智能不足者的鑑定，認為應包含六項的標準：⑴社會適應能力缺乏；⑵智能不足；⑶發展遲滯；⑷智能不足產生於體質上的不良；⑸智能不足且無法治癒（何國華，民88）依史比與智力測驗的結果，將智力的分類如下（何國華，民88）：

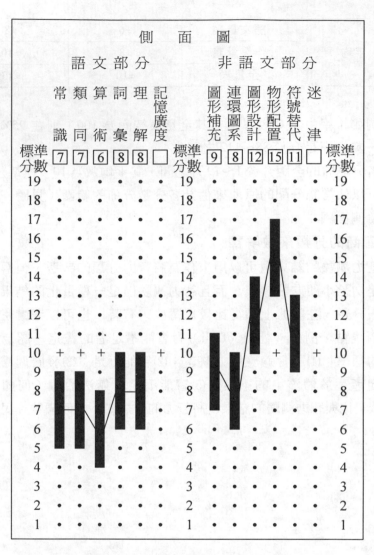

圖一　假設性的魏氏兒童智力量表側面圖

資料來源：蔡崇建（民 82）。《智力的評量與分析》。台北：心理。
　　　　　p.145.

Terman 的分類	智商範圍	Wechsler 的分類
極優秀（1.33%）	160～169	極優秀（2.2%）
	150～159	
	140～149	
優秀（11.3%）	130～139	優秀（6.7%）
	120～129	
中上（18.1%） 中等（46.5%）	110～119	中上（16.1%） 中等（50.0%）
	100～109	
	90～99	
中下（14.5%）	80～89	中下（16.1%）
臨界智能缺陷（7.6%）	70～79	臨界智能不足（6.7%）
	60～69	
智能不足（0.63%）	50～59	智能不足（2.2%）
	40～49	
	30～39	

另外，亦可以認知發展的觀點來劃分智力不足的兒童，依啟赫德（Inbelder）的分類（何國華，民88）：

1.重度與極重度智能不足：感覺動作期。

2.中度智能不足：運思前期。

3.輕度智能不足：具體運思期。

4.臨界智能不足（智商在70～85）：只能執行簡易的形式運思。

研究所有考過「何謂標籤效應？教師如何避免標籤效應？」教育社會學亦曾考過「社會問題產生的原因，及預防之道？」社會問題產生的原因即包含有標籤效應。

㈤內在能力分析

目的在了解受試者在各分測驗上的差異情形，了解個別學生之優點與限制，具有診斷與臨床上的功用，內在能力分析（intraindividual ability analysis）有下列方式（蔡崇建，民82）：

語文與作業量表智力的比較

語文量表所評量的能力有：語文推理、語文表達、語文記憶、語文知識、語文訊息與計算能力等，而作業量表的能力則涵蓋知覺組織、視覺意象思考、視知覺協調、視覺符號記憶、空間關係以及非語文抽象概念等，兩者的比較方式是先將語文量表與作業量表換算成智商，再執行統計的顯著性考驗，若顯著性考驗達明顯差異的水準，則表示兩者之間有明顯的差異。另一種比較方法是使用統計上差異標準誤（standard error of the difference）的概念來計算。差異標準誤的公式為：

$$SE_{diff} = \sqrt{SE_{meas.x}^2 + SE_{meas.y}^2}$$ 式中，SE_{diff}：差異標準誤

$SE_{meas.x}$：x（分）測驗的測量標準誤

$SE_{meas.y}$：y（分）測驗的測量標準誤

若要達到95%的自信，則兩個比較的分數必須超過$1.96SE_{diff}$以上才算是有明顯的差異。魏氏智力測驗因為已經標準化，可以查出其.05水準與.01水準的差異標準誤如下，兩數值間必須相差超過該臨界值，才可以說是差異達明顯的水準（蔡崇建，民82）：

魏氏兒童智力量表各年齡層之差異標準誤臨界值

年齡組	.05 顯著水準	.01 顯著水準
六歲半	11.39	15.00
七歲半	13.15	17.31
八歲半	8.02	10.55
九歲半	8.43	11.11
十歲半	10.37	13.65
十一歲半	9.27	12.21
十二歲半	10.11	13.31
十三歲半	9.73	12.80
十四歲半	10.86	14.29
十五歲半	9.68	12.74
平均	10.04	13.21

表 I

能力（因素分析）	影響因素	高得分者可能的潛在特質	低得分者可能的潛在特質	教學設計上的應用
全　量　表				
普通智能 學術性向能力 學科性向能力 接受學校課程的準備度	天賦資質 早期環境的裕瘠 學校教育程度 文化接觸機會 個人興趣偏好 工作持續力 視動組織能力 心理敏覺度	普通智能優異 學術性向優異 達接受學校課程的準備度	普通智能低落 學術性向低落 未達接受學校課程的準備度	注重語言發展活動 注重視覺學習活動 發展知覺形成技能 增強持續性工作表現的機會
語文量表或語文理解因素				
語文推理能力 運用語文技巧與常識解決問題的能力 語文表達能力 處理語文資訊的能力 運用語文思考的能力	天賦資質 早期環境的裕瘠 教育程度 文化接觸機會 個人興趣偏好	普通智能優異 學術性向優異 學校課程精熟 概念形成較好 成就取向強 文化環境相關知識充實	普通智能低落 學術性向低落 學校課程生疏 概念形成較差 成就取向弱 文化環境相關知識了解有限母語背景	加強語言發展活動 運用語文充實活動 發展概念形成技巧 重視時事閱讀與評析
作業量表或知覺組織因素				
知覺組織能力 能彈性、流暢並快速的以視覺意象思考的能力 在時限內解析或組織知覺材料的能力 非語文能力 不需要運用字彙而能形成抽象概念及關係的能力	天賦資質 動作靈活與運作速度 工作持續力 視覺組織能力 敏覺力	知覺組織能力強 對細節具高敏覺性 非語文推理能力強 工作持續力強 能迅速有效的完成工作 空間關係能力良好	知覺組織能力弱 對細節的敏覺性弱 非語文推理能力弱 工作持續力不足 無法迅速有效的完成工作 空間關係能力弱	加強部分與整體關係的觀察學習 重視視覺學習活動 運用空間視覺活動教材 鼓勵嘗試錯誤的學習活動 增強持續性工作表現 加強視覺計畫及設計活動 增進細察技巧

資料來源：蔡崇建（民82）《智力的評量與分析》。台北：心理，p. 119.

㈥質性分析

　　質性的分析要比量化的分析更深入而有價值，一般以文字描述為主，可以僅就全量表、語文量表及作業量表等三個層次之認知功能加以分析，也可以更仔細的對所有分測驗的認知功能加以分析，對學生能力的診斷甚大，尤其在特殊教育的領域裏，教師在診斷、分析時可以參考如表Ⅰ（見第473頁）的介紹。（蔡崇建，民82）

　　另外一種分析方式則是將質與量做簡單的對照分類，如下表所示（蔡崇建，民82）：

分測驗量表分數	百分等級		質的描述	教育性描述
19 18 17 16	99 99 99 98	強 處	資質 聰穎	資賦 優異
15 14	95 91		優秀	
13	84		中上	中上
12 11 10 9 8	75 63 50 37 25		中等 或 平均	中等 或 平均
7	16		中下	中下
6 5	9 5	弱 處	愚笨	學習 遲緩
4 3 2 1	2 1 1 1		白癡	智能 不足

資料來源：蔡崇建（民82）。《智力的評量與分析》。台北：心理。
　　　　　p.143.

質的分析也是考試的重點，考題的型式類似：「智力測驗有何缺失？應如何改善？」改善的方法之一就是進行質的分析；或則「未來智力測驗的發展方向？」未來的發展方向之一就是質的分析，考生應多注意質的分析方法以及質的分析原則。

(七)**質的分析原則**（蔡崇建，民82）

1. 多方考量智力評量的影響因素：一個人智力測驗結果的高低是受到許多因素的影響：遺傳、環境、家庭社經地位、父母教養方式、動機焦慮、社會文化等因素，教師應綜合研判各種因素（質或量），多方觀察，以便客觀的判斷學生的智力。

2. 分析測驗失敗的可能因素：測驗的分數低，不一定就是受試者的能力差，應進一步探究可能的干擾因素，包含個人層面（能力、動機、文化差異、生理因素、答題技巧或神經生理方面的缺陷等）以及外在環境因素（次文化影響，測驗情境不良，施測程序有誤等）。

3. 注意受試者的應答態度：受試者以何種心態來作答也有關鍵性的影響，包括是否太緊張，有敵意、不在乎、漫不經心，依賴性太強，粗心大意或非常專注等，應予以記錄。

八、比西智力量表（蔡崇建）

早在 1905 年時法國人比奈與西蒙即開始編製第一份比西智力量表（The Binet-Simon Intelligence Scale）成為後代智力測驗的先河，剛開始時，其內容只有 30 個題目，到目前已經過多次的修訂，第四版的比西智力量表係由 1979 年著手修正，自 1986 年始完成，而台灣則於民國 80 年完成比西量表的第五次修正。

(一)**理論架構**

第四版的比西量表將認知能力分為四個面向予以測量：語文推理

（verbal reasoning）、數量推理（quantitative reasoning）、抽象／視覺推理（abstract/visual reasoning）以及短期記憶（short-term memory），可以將分測驗分數予以加總成為全量表分數（智商）用來評量各人的普通心理能力（general mental ability），這些普通心理能力含蓋了三種能力：訊息處理能力（informative processing abilities）、計畫與組織能力（planning and organizing abilities）以及推理與適應技能（reasoning and adaptation skills），此外，亦採用智力階層模式來建構其各項分測驗第一個階層是普通或普通推理能力；第二層是結晶化能力（crystallized abilities）、流體／分析能力（fluid-analytic abilities）以及短期記憶能力（short-term memory）。第三層包含了三個特殊的因素：語文推理（verbal reasoning）、數量推理（quantitative resoning）以及抽象／視覺推理（abstract/visual reasoning）其測驗的架構如下圖所示：

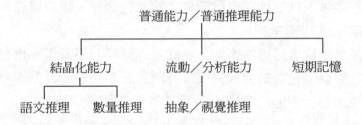

九、比西智力量表的優點與限制（蔡崇建，民82）

依 Ittenbach 與 Harrison 的觀點新版比西量表的優點有：
1. 測驗的內容符合現代心理學的理論及臨床評量上的需要。
2. 測驗可以廣泛的評估各種訊息處理能力。
3. 評量者可以依照評量的目的以及受試者的特質來自由的選擇分測驗。
4. 具有適性測驗的優點。
5. 測驗的結果可以獲得全量表分數，亦可以分別計算四項領域的

分數，具有診斷上的功能。

6. 測驗的實施方式富變化以及測驗的材料多元可以吸引受試者的注意力以及興趣。

其缺點為：

1. 若以因素分析的結果無法建立建構效度，也就是未能以因素分析來驗證這四種因素，因此，本測驗比較適合作全量表分數的解釋，至於其診斷性的功能，應以比較保留的態度相對。

2. 其所建立的樣本不符合人口普查的特性，尤其是在社經地位這一個變項上。

3. 各分測驗的實施與計分比較困難，由其在將原始分數轉換為標準年齡分數時，與傳統的轉換方式不同而形成解釋上的困難。

4. 不同的年齡範圍所適用的分測驗組合不盡相同，會造成比較與分析上的限制。

5. 施測時間過長，起點水準的設定可能不適當。

十、比西量表的內容

比西量表的內容共有三個領域，十五個分測驗：

1. 結晶化能力：
   ① 語文推理：詞彙測驗、理解測驗、謬誤測驗、語文關係測驗。
   ② 數量推理：數量測驗、數列測驗、等式測驗。

2. 流動／分析能力（抽象／視覺推理）：圖形分析測驗、仿造仿繪測驗、填圖測驗、摺紙剪紙測驗。

3. 短期記憶：珠子記憶測驗、語句記憶測驗、數字記憶測驗、物品記憶測驗，各項分測驗的特性詳述如下：
   ① 詞彙測驗（vocabulary）：詞彙測驗分為圖畫詞彙（picture vocabulary）以及口語詞彙（oral vocabulary）兩部分，評量者以圖畫題目要求受試者回答圖畫中物品的名稱或說明圖中物

品的適當性，目的在測驗受試者能否以妥當的命名來辨識圖畫，包含對視覺、知覺能力、字彙再認、字詞回憶、字詞口語化能力、以及語文運用能力的評量。

②理解測驗（comprehesion）：理解測驗的施測方式有指認與口語反應兩種，總共 42 題，前六題是在考受試者對身體各個部分位的了解，其餘題目則涵蓋了生理過程、衛生觀念、環境意識、社會中政府的角色功能等，目的在評量受試者對一般社會、政治、經濟等活動的理解程度。

③謬誤測驗（absurdities）：謬誤測驗是要求受試者對刺激圖中可能出現的不合理處，予以指認，這涉及到受試者對細節的覺察能力，觀察的敏銳度，專注程度與對社會的認知程度，而這些能力也可能受到兒童能力發展遲滯的影響。

④語文關係測驗（verbal relations）：在語文關係測驗裏每一題都由四個字詞所組成，這四個字詞的意義可能相近也可能不同，受試者必須找到四個字詞共有的概念，然後指出他們的共同性。

⑤圖形分析測驗（pattern analysis）：圖形分析測驗要求受試者將一些形塊嵌入形板的凹槽之內，或則將一些黑白對稱的方塊組合成幾何圖形，目的在評量受試者的視覺動作、組織力、空間推理、部分與整體間關係的概念形成能力。

⑥仿造仿繪測驗（copying）：主試者先疊合三或四個方塊，要求受試者跟著模仿，也可以要求受試者依照圖片上的線畫來複製，線畫的內容由平面至立體都有，目的在考量受試者的視覺動作以及手眼協調能力，亦要求受試者具有精細動作發展、知覺辨識能力以及知覺統合能力。

⑦填圖測驗（matrices）：要求受試者在四個或九個矩陣方格之中，將所缺的一格圖形選出，受試者必須依靠圖形間的邏輯關係來判斷，目的在衡量知覺推理能力、空間關係能力、

類推、注意細節等能力。

⑧摺紙剪紙測驗（paper folding and cutting）：題目依照一張依序摺剪的紙，其展開後的圖形中選擇一個正確的圖形，題目的難度由易至難，剛開始時的一摺一剪問題到後來的多重摺剪的問題，目的在評量受試者的視覺化、空間能力、視覺與空間能力的統合，以及對視覺線索的注意力。

⑨數量測驗（quantitative）：其題目的內容包括有數字、物品、錢幣、分數以及測量，目的在考量知覺辨識能力、數量概念與計算能力，這些能力與學校的學習經驗有關。

⑩數列測驗（number series）：題目是由五至七個按邏輯次序所排列而成的數字，受試者必須能回答一組數字中最後的兩個數字，目的在評量受試者數字運用時的邏輯推理能力、發現數列間關係能力、持續力與變通力。

⑪等式測驗（equation building）：適用於較高年齡層的受試者（8～15歲），要求受試者將一組算術符號重新組合成具有實質意義的數學等式，目的在衡量邏輯推理、思考變通以及是否具有勇於嘗試錯誤的態度。

⑫珠子記憶測驗（bead memory）：測驗的材料包含四種形狀的珠子：圓球體、圓椎體、橢圓體以及圓盤體，而每一種型狀又有三種顏色：藍、白、紅。剛開始時主試者呈現一個或兩個珠子兩、三秒，要受試者在主試者所出示的圖片中辨認剛才所出現之珠子的圖片之後主試者出現兩個到八個排列在細桿上的珠子的圖片，要求受試者依記憶來穿置珠子。目的在評量受試者短期記憶能力、空間關係以及對細節的敏察能力。

⑬語句記憶測驗（memory for sentences）：施測方式是主試者口述題目，然後要求受試者複誦，題目由簡單的兩、三個字詞組成的簡單句子，至由20～30個字詞所組成的複雜句子，

目的在衡量聽覺的短期記憶能力，例如注意力、專注力、聽力理解以及聽覺刺激處理能力。

⑭句記憶測驗（memory for digits）：測驗的內容包含數字順背與數字逆背兩個部分，主試者每一數字一字一字的口述，其難度由剛開始的三個數字逐漸增加至九個數字，目的在評量受試者的注意力與短期記憶的能力。

⑮物品記憶測驗（memory for objects）：測驗的材料是一些印有物品的圖卡，施測時主試者大約一秒中呈現一次的圖卡，在呈現多次之後，便要求受試者在一張列有 5～12 個物品的圖卡上，依序指出前面所連續呈現過的物品。目的在評量受試者短期記憶的能力，包括注意力、專注力、視覺理解、以及視覺刺激處理能力。基本上比西量表的施測時間為 60～90 分鐘，測驗的解釋與魏氏智力量表有雷同之處，限於篇幅，不再贅述。

十一、團體智力測驗

比西智力量表與魏氏智力量表是屬於個別化的智力測驗，適用於個別學生，比較精確、詳實，但也比較費時、費力，為了符合經濟的原則，逐有團體化智力測驗的發展，以下簡介一些常用的團體智力測驗。

㈠普通分類測驗

概述

普通分類測驗是由國內學者路君約、黃堅厚（民 68）依照美國陸軍普通分類測驗（Army General Classification Test, AGCT）所修訂而成的，是美國陸軍在第一次世界大戰時為測量士兵的普通能力而發展的，當時共有兩種格式：文字測驗與非文字測驗兩種。

適用對象

國中一年級至高中三年級學生。

測驗時間

實際測驗的時間是 40 分鐘,加上指導語的說明,答案紙與測驗題本的收發,大約需要一小時的時間。

測驗內容

共有選擇題 150 題,其中包括有語文理解、算術推理以及方塊計算三個向度各 50 題,其中的「算術推理」與「方塊計算」是翻譯自美國陸軍普通分類測驗,而「語文理解」是作者自編。

記分及常模

此測驗的記分方式採答對一題得一分,並且以其總分代表普通能力,為便於比較,可化為以下的標準分數:

$$A.S.S = 100 + \frac{20\,(X - M)}{SD}$$

式中,A.S.S(Army Standard Score),陸軍標準分數,為原始分數,M 為平均數,SD 為常模樣本的標準差,將個人分數轉換為標準分數之後,可以分類為五等級:

普通分類測驗標準分數之等級

標準分數	130 以上	110 − 129	90 − 109	70 − 89	69 以下
等級	I	II	III	IV	V
說明	最優秀	優秀	中等	低	最低

信度與效度

該測驗之折半信度係數為 0.86(N = 108),再測信度係數為 0.75(N = 113,前後相距達三個月)。效度的建立有:(1)求學業成績與該測驗的相關(男生 r = 0.5〔N=50〕,女生 r=0.45〔N = 58〕);(2)

求本測驗與中學智慧測驗的相關 r = 0.54〔N = 101〕，與歐迪思智力測驗之相關為 0.61（N=359）；(3)內部相關（區辨效度）語文與算術之相關 r = 0.2，語文與方塊計算 r = 0.1，算術與方塊計算 r = 0.17，均未達顯著性。

(二)修訂加州心理成熟測驗（第二種）

最早源自蘇利文（Sullivan）、克拉克（Clark）以及泰格斯（Tiegs）所編製的加州心理成熟測驗（California Test of Mental Maturity, CTMM），之後於 1957 年第一次修正，至 1963 年二度修正成加州簡式心理成熟測驗（California Shortform Test of Mental Maturity），將原來的十二個分測驗減少至七個。後國內學者馬傳鎮、路君約（民 72）依照 1963 年所修訂的簡式測驗加以修訂。

適用對象

國小四、五、六年級學生；實際測驗時間為 43 分鐘，加上指導語的說明與試題的收發共需 1 小時。

測驗內容

測驗內容共有三個部分：(1)非語文測驗：包含空間關係測驗、相似測驗與類推測驗；(2)算術測驗部分：包含有數字測驗，算術推理測驗；與(3)語文測驗部分：包括有語文理解測驗與延宕回憶測驗。

信度與效度

本測驗之再測信度（相距四週），七個分測驗大致介於.62~.76 之間。效度的建立：(1)與教師對學生之智力評分結果之相關，四年級為 0.70，五年級為 0.72，六年級為 0.69；(2)與國民智慧測驗之相關，四年級為 0.70，五年級為 0.75，六年級為 0.75。

常模的建立

本測驗的常模有：(1)百分位數常模：依照四個因素、非語文部分、語文部分及總分建立四、五、六級常模；(2)標準分數：採用T分數（T = 50 + 10Z）；(3)離差智商：平均數 100，標準差 16，也提供

智商的測面圖。

　　修訂加州心理成熟測驗是屬於文字與非文字的混合測驗，是一種因素能力測驗（參照下表），由總分可以了解兒童的普通學習能力，而且可以由四種因素分數的高低來了解兒童的內在個別差異，可以做為鑑定、診斷、安置等功能，若再配合閱讀測驗或與其他標準化測驗一起實施，可以更有效的辨識資優兒童。

修訂加州心理成熟測驗之四因素（黃元齡，民80）

四部分	非文字測驗（測驗一至測驗四）				文字測驗（測驗五至測驗七）		
七個分測驗	① 空間關係	② 相似測驗	③ 類推測驗	④ 數係測驗	⑤ 算術推理	⑥ 語文理解測驗	⑦ 延宕回憶測驗
測驗時間	3	3	4	7	8	6	5
測驗題數	20	15	15	20	20	40	20
四因素	因素一：測驗一至測驗三屬空間及邏輯推理因素目的在衡量空間想像、歸納以及演繹推理能力			因素二：測驗四至測驗五屬數目推理因素，目的在評量學習概念，運用數學原理以解決問題，數量關係的推理等能力。	測驗六屬於因素三（語文概念），在測量語文理解能力。	因素四在測量記憶與回憶能力。

十二、非文字智力測驗

　　非文字測驗包含作業測驗（performance tests）與圖形式測驗兩種，其優點是與文字智力測驗比較，可以減少因文化不同或語言的運用不精熟所產生的干擾，作業量表的型式已在魏氏智力量表及比西量表上介紹過，下列的介紹係針對圖形式智力測驗為主。

㈠瑞文氏非文字推理測驗

編者

瑞文氏非文字推理測驗最早係由美國瑞文（J. C. Raven）在 1938 年所編製的，後由我國學者黃堅厚（民 53）年加以修訂。其測驗的理論架構來自 Burt 及 Spearman 的共同因素理論。

適用對象

適用於 6 歲至 13 歲的兒童。

測驗時間與內容

全測驗共有 60 題，測驗時間約 40 分鐘，分為 A、B、C、D、E 五組，其難度逐漸增加，每一題有一個圖案，以及一個缺塊部分，受試者必須依照圖案的邏輯關係在 6 － 8 個選項中選擇一個正確的選項。

例

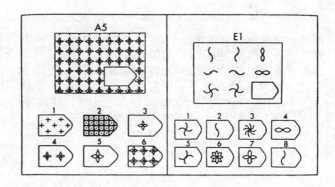

資料來源：郭生玉（民 88）。《心理與教育測驗》。台北：精華。p. 372.

記分說明

答對一題得一分，黃堅厚於民國 52 年以台北市四個國民小學（N = 1108）所發展的平均數常模為：

年齡	8	$8\frac{1}{2}$	9	$9\frac{1}{2}$	10	$10\frac{1}{2}$	11	$11\frac{1}{2}$	12	$12\frac{1}{2}$	13	$13\frac{1}{2}$	14	$14\frac{1}{2}$
平均數	21.77	22.81	25.13	27.60	30.22	32.11	33.84	36.02	37.69	38.11	42.53	44.89	45.89	46.30

信度與效度

本測驗間隔三個月所求得的重測信度是 0.87，折半信度是 0.96 效度的建立包括：(1)與畫人測驗的相關是 0.67；(2)與國民智慧測驗甲類的相關為 0.24 至 0.68；(3)與五年級生學業的相關是 0.53。

㈡羅桑二氏非語文智力測驗

編者

本測驗係由國內學者黃國彥、鍾思嘉、傅粹馨（民 66）依美國學者羅桑（Lorge-Thorndike）之多層次非語文智力測驗修訂而成。本測驗共有八個層次，由 A 層次至 H 層次。

適用對象

本測驗適用的對象是國小三年級至大學一年級生，同時，也適用於低教育程度者，閱讀能力不佳者或語言不同者，測驗時間約需 40 分鐘。

測驗內容

本測驗有兩個平行的複本，每個複本都包含三個分測驗：圖形分類、數字以及圖形類推測驗。

常模

本測驗分別針對國小三年級到國小六年級、國中一年級到國中三年級，以及高中一年級到高中三年級建立了百分位數以及T分數常模。

信度與效度

本測驗的複本信度，同時施測之信度係數為介於.64～.88 之間；折半信度介於.81～.94 之間；庫李信度介於.85～.92 之間，各層次的標準誤則介於 3.38～4.42 之間。效度的建立上有：(1)在小學部分有

與葛氏文化影響均等智力測驗之相關係數介於.47～.82之間；(2)小學部分與瑞文氏非文字推理測驗的相關介於.62～.74之間；(3)在中學部分，與歐迪斯智力測驗的相關介於.25～.77之間；與葛氏文化影響均等智力測驗的相關為.36～.76之間。高一學生的效度建立在與加州心理成熟測驗的相關是.48～.61之間。

十三、有關幼兒的智力評量

幼兒大約是指學齡前的兒童，一般是採個別化測驗的方式比較合適，而且也不太適合以紙筆來衡量，比較合適用作業量表或口試的方式，越早測量的智力成績與成年人的智力越沒有相關，因為很難對幼兒測量其高層次的認知能力，而成年人的智力往往是以高層次的認知能力組合的，一般研究所考試會問：「以下何種測驗適用於評量幼兒的智力？」。

(一)貝莉嬰幼兒發展量表

編者

貝莉嬰幼兒發展量表（Bayley Scales of Infant Development）係由貝莉及同事所編成，部分的試題採自葛雪爾（Gesell）的發展程序表（對幼兒適應、粗動作、語言、及個人社會行為等之評量）。

適用對象

適用於2個月至2歲6個月的嬰幼兒。

測驗內容

分為三個分量表：(1)心理量表內容涵蓋知覺、記憶、學習、問題解決、說話、語言溝通及基本的抽象思考能力；(2)動作量表：包含粗動作能力（坐、站、步行）與爬行，手與手指頭操作能力；(3)嬰兒行為記錄表：目的在評定嬰兒的人格發展，包含情緒與社會行為、注意廣度、持久性，以及是否具有目標導向等。

㈡瑪凱西兒童能力量表

適用對象

瑪凱西兒童能力量表（McCarthy Scale of Children's Abilities, MSCA）適用於 2 又 1/2 歲至 8 又 1/2 歲的兒童。

測驗內容

共有六個分量表及十八個分測驗，這六個分量表為：語文、數量、感覺動作、一般認知、記憶與動作。本量表在一般認知上的測驗分數比較接近傳統的智力測驗。

計分與常模

以一般認知指標（GCI）來表示一般的認知分數，亦即平均數為 100，標準差為 16 的常態化標準分數，而分量表的平均數為 50，標準差為 10，本量表常模的建立以總共 1,032 個兒童為主，共分成 10 個年齡組，而每一個年齡組共有 100 名的兒童，常模的建立在 2 又 1/2 歲至 5 又 1/2 歲時，每隔半歲一組，但自 5 又 1/2 歲至 8 又 1/2 歲時則每隔一歲為主。

信度與效度的建立

各年齡層的一般認知指標的折半信度平均為 .93，其他五個量表的平均信度為 0.79 至 0.88 間隔一個月的再測信度，GCI 平均為 0.90，其他各量表平均為 0.69～0.89。

在效度的建立上有：⑴預測效度，在嬰幼兒升上一年級結束時求測驗成績與教育成就的相關，但這項資料本身並不完備；⑵在建構效度上，本測驗的理論基礎來自臨床經驗、發展心理學以及因素分析，此外，研究發現，測驗的成績並不會因為受試的性別、人種（白種人、黑種人）以及社經地位之不同而有明顯的差異。

十四、皮亞傑量表

皮亞傑量表（Piagetian Scale）對智力的研究取向與傳統的智力測驗有很大的不同，主要的差異在：(1)多數的傳統智力測驗很重視一般能力的評量，而且偏重量化，可以數值來表示智力的高低，數值越高，表示智力越佳，這表示傳統的智力測驗結果，並不認為智力可能有不同層次或質上的差異。傳統的智力測驗，解釋個別間差異與個別內在差異的方法是透過相對地位量數以及側面圖的形式，但是依然必須以數量為指標。皮亞傑量表的評量方式卻偏重於質的描述，是屬於一種次序變項，將認知發展分為四個時期：感覺動作期、前運思期、具體運思期以及形式運思期，他認為兒童智力的發展是有質性的差異，不同階段兒童的思考模式在內容上是完全不同的，既然是質性的差異，也就無法用數量來表示個別間差異，因此，其量表多為內容（效標）參照的形式；(2)傳統的智力測驗比較偏重學生答對的部分，往往只以學生作答的結果來衡量學生的智力，並沒有去探索學生思考的歷程，事實上一位學生答錯某題，可能是對該題一知半解或全部不了解，有許多種可能的情形，而皮亞傑量表通常是以詢問或觀察的方式來進行一些工作（task），而且主要關心兒童錯誤的概念所產生的錯誤行為，也就是說評量者較感興趣於受試者問題解決的歷程；(3)到目前為止，皮亞傑認為兒童認知發展呈現連續性與秩序性的現象，而且是自然發生的，不受後天文化及訓練的影響，仍然受到許多的質疑，例如：(1)認知可以訓練嗎？皮亞傑認為認知的改變偏重於自然發生的，屬於自然預備說的論點，故自稱其理論為發生知識論（genetic epistemology），亦即認知的發展是不會受到社會文化及學習的影響，但多數學者（Vygotsky）認為知識與認知是會與社會環境產生互動的，因此，認知發展是可以透過教育、訓練而促進的，不過這些對皮亞傑的批評也有不公允之處，因為皮亞傑認為基模架構是透過同化與調適

兩種機轉而逐漸改變、擴充的，當基模架構失衡時，自然會尋求平衡，然而促使基模架構衡的因素之一是個體為適應環境變遷所產生的一種暫時性的現象，可見環境對認知發展也是有一定的影響力的；(2)皮亞傑理論最為人所構病的地方是有關兒童實際發展的水平與理論不符，有低估兒童或高估成人的傾向，低估兒童的原因之一，可能是皮亞傑所使用的問題並非是兒童所熟悉的問題，或則實驗情境不夠生活化，另外兒童比較缺乏語言表達能力，對心中所了解的事務，未必能以口語方式妥善的表達，在建立皮亞傑量表的建構效度時，必須將兒童的實際認知發展水平與年齡調為一致，否則將缺乏效度。有關皮亞傑量表的編製有：

㈠加拿大 Laurendeau 與 Pinard 的研究

Laurendeau 與 Pinard 在 Montreal 大學進行長期的研究，以建立心理發展量表，他們曾經針對 700 名 2 歲至 12 歲的兒童分別測試了 57 種測驗，實施方式大都採用口頭發問的形式，而其過程介於皮亞傑的非結構模式與傳統的結構模式之間，而且容許主試者可以進一步探究兒童的思考歷程。

測驗的內容有：因果關係（causality），包括對大自然、夢的原因，有生物與無生物的差別、夜晚時為何天是黑的，為何物體會動、會浮、會沈等，要求兒童提出他的看法；此外尚包含有五個測驗，包含空間概念、遠近透視概念等之衡量，以了解兒童的「自我中心傾向」（ego-centrism）。

Laurendeau 與 Pinard，以 700 名樣本，介於 5 歲至 12 歲的兒童，來建立各年齡層的常模，以觀察兒童達到各層次的一致性與次序性，其效度的建立是計算五個因果關係測驗彼此的相關為.59～.78，而五個空間關係測驗彼此的相關是.37～.67。

㈡心理發展次序量表（Ordinal Scales of Psychological Development）

由 Vzgiris 與 Hunt 所設計適用於 2 週至 2 歲的嬰兒，共有六個分量

表，其名稱為：

1. 物體恆存性：評量者觀察小孩的視線是否會去尋找被隱藏起來的物體，若小孩會去尋找被隱藏起來的物體，則具有物體恆存性的概念。

2. 對環境中想要的物品，發展出取得該物品的方式：例如以爬行、工具或雙手去取得物品，目的在衡量基模組織的能力。

3. 模仿：對姿勢以及語言的模仿。

4. 操作的因果關係：評量者觀察嬰兒是否可以引起別人去做自己想做的事。

5. 空間中的物體的關係：對空間中物體位置的看與聽的架構的配合，例如了解容器、均衡狀態與重量間之關係。

6. 發展出與物體間之關係的架構：觀察嬰兒對物體的反應（例如注視、感覺、操弄等），了解嬰兒對物體的反應是否符合常態。例如：「建築」房屋方塊，叫出物體的名稱等。

十五、泛文化測驗

㈠泛文化測驗之內涵

學者們一直質疑測驗可能反映不同的文化內容，而失去其公平性與降低了效度，有越來越多的學者關心「文化不利」，兒童在回答測驗時所產生的立足點不平等現象、文化不利，不僅指文化間的不同而已，還包括不同文化所涵蓋的感受、對空間的認知、對人與物的關係等都可能有所不同，因此，這些文化不利的受試者所選擇的答案可能與主流文化的受試者不一樣，例如，某些地區的兒童並不熟悉下雪、四季分明、馬、雪茄，這類來自西方的概念。

一般在解決文化因素影響力時，有三種方式：(1)最常用的一種方法是在不同的文化中選擇共有的概念與題目，在題目編製完成之後，

再在不同文化的地區建立效標。但有時編製者會忽略了在不同文化中應重複建立效度的準則,因為不可能有任何一種測驗可以同時適用於多種文化;(2)在某一文化中建立試題,再使用此測驗針對不同的受試者實施測驗,其目的用來彰顯測驗的有限性(測驗無法跨越不同文化),例如文化同質性黑人智力測驗(Black Intelligence Test of Cultural Homogeneity, BITCH),在該測驗中刻意放置僅為黑人所熟悉的俚語,然後觀察白人與黑人對該測驗的反應;(3)在不同的文化中發展不同的測驗,而且就該文化的特性建立效標與效度,其常模僅合適於該文化,此種做法往往將現有的測驗加以修改,例如比奈量表曾經在亞洲、歐洲與非洲發展不同的版本。

(二)泛文化測驗的版本

1. 古氏畫人測驗:本測驗最早是在 1926 年由古氏畫人測驗(Good-enough Draw-a-Man Test)所發展的,之後由 Harris 在 1963 年加以修訂而成,其方法是要求受試者畫一個男人、女人或自己,再依畫人的正確度(包括身體各部分的比率、服裝、透視法等)給予分數,其中「自我量表」(self scale)部分,後來發展成投射測驗,其常模的建立是抽取 300 位 5～15 歲兒童的測驗結果,有男性量表及女性量表的常模,總分可以轉換為平均數 100,標準差為 15 的標準分數。

2. 另外尚有一些非文字測驗,例如圖形智力測驗、瑞文氏非文字測驗(Raven's Progressive Matrices, RPM)、瑞文氏顏色非文字測驗(Colored Progressive Matrices, CPM)、李氏國際性實作量表(Leiter Internation Performance Scale)等,近年來教育思潮的典範逐漸移往「後現代主義」,重視多元觀點,尊重少數民族文化,益顯得泛文化測驗的重要性,前述考古題——班上有原住民學生及女生智力測驗偏低的現象,請問教師該如何解釋?改進?其解決的方式是教師應考慮原住民學生在回答智力測驗時

是否受到不同文化的影響，如果有的話，應該再實施一次的泛文化測驗，再求兩次間的相關（傳統智力測驗與文化測驗）若兩者的相關達到某種程度，方能確信該生的智力，但話又說回來，因為傳統智力測驗對智力衡量的範圍較窄，若該原住民的智力測驗結果偏低，不必然在智力的其他面向（人際關係、音樂智力、內省智力）也有偏低的現象，教師在解釋上應較為保守。

歷屆試題

一、若甲生魏氏智力量表成績的百分等級為 16，乙生成績的百分等級為 84，則兩生的智商差多少？　　　　【南師 83】

答☞：

甲生智力的百分等級為 16，表示其 Z 值 $= -1$（$100 - 50\% - 34\% = 16\%$）

故甲生智力為 $100 - 15 = 85$

乙生智力百分等級為 84，則其智商為 $100 + 15 = 115$

故兩位相差 $115 - 85 = 30$ 分

二、名詞解釋：流動智力（fluid intelligence）。　　　【南師 84】

答☞：

Cattell 與 Horn（1967）將智力分為流體智力（fluid intelligence）與晶體智力（crystallized intelligence）兩部分。流體智力與心理運作的歷程有關，包含學習能力與調適、更新的能力，這一類的能力受生理結構的影響較大，通常當個體發展至青春期的時候即定型，並且進入高原期，在 30 歲之後逐漸隨著年齡的增長而退化，在智力測驗中有關流體智力的評量包括有：圖形分類、圖形分析、數字與字詞排列、填圖及配對聯結等。

三、名詞解釋：「晶體智力」（crystallised intelligence）。【高師84】

答☞：

晶體智力是由 Cattell 與 Horn 在 1967 年所提出的，是指心智能力中有關求知智能與知識的能力，容易受個人所處的社會環境的影響，在智力測驗中評量晶體智力的測驗有詞彙、常識、語文類同等。

四、有關人類智力的描述，有許多說法，如二因論、多因論、三維結構模式等，請您討論這些智力理論，在您教學時，對您的助益與限制何在？對社會的助益與限制又何在？

【國北師85】

答☞：

㈠各種智力理論請參考內文。

㈡智力理論對教學的助益有：

1. 協助教師與學生了解智慧的本質，並且在教學中儘量教導多元智慧：從多元智慧的觀點來看，智慧的本質不僅限於傳統智力理論中所強調的學業學習能力，尚包含有生活適應能力、人際關係能力、音樂智力與體能等等，表示人類的智力與性向是極為多元的，教師不應自囿於傳統教學形式而窄化了智力。

2. 多元智力理論的發展提醒教師在使用傳統智力測驗時應該更加的保守。

3. 協助診斷的功能：有些特殊學生必須經過分類、診斷，以便提出個別化的教育方案，而智力理論可以協助教師解釋測驗的結果。

㈢智力理論對教學的限制有：

1. 智力的本質究竟是什麼到現在都還沒有定論，雖然各

種智力理論都有豐富的論述，但顯然智力理論還在往
更多元的方向發展中，教師不宜對智力存有定見。

2. 影響智力的因素相當的複雜，教師不宜對學生智力測
驗的結果貼上標籤，而對學生有差別的待遇。

3. 智力與學業成就的關係如何眾說紛云，有些學者認為
有關，有些學者認為無關（例如英國的曼徹斯特調查
發現，影響學生成就的主要因素不是智力而是家庭因
素）。

㈣智力理論對社會的助益有：

1. 可以做為課程發展或學習的理論依據之一，例如，教
師在設計課程時可以使用多元智慧學習。

2. 某些智力測驗可以做為人事甄選的參考之一。

㈤智力理論的缺點有：

早期一些不當的智力理論認為智力有種族及性別上的先
天差異，美國政府曾引用這些理論做為一種政治控制，
例如禁止黑人投票。當然，傳統智力理論的缺點是窄化
了智力。

五、智力測驗手冊上說明的「信度」，指：(A)它的分數可預測
未來工作的績效　(B)它的分數會隨年級的增加而增加　(C)
不同的時間測的結果相差不遠　(D)它的分數可以說明受試
者在同儕中的程度　　　　　　　　　　　　　　【中正86】

答☞：(C)（重測信度）

六、甲生斯比量表成績的百分等級84，乙生的 T 分數為30，則
兩生的斯比離差智商為何？　　　　　　　　　　【南師86】

答☞：

甲生之百分等級為84，故 Z 值＝1，乙生之 T 分數為30，

則 Z = − 2（T = 50 + 10Z），兩生相差之 Z 值 = − 3，轉換為離差智商相差為 48（16×3）

七、何謂動態評量（dynamic assessment）！動態評量的概念在教學上有何重要意義？　　　　　　　　　　　【花師 86】

答☞：請見內文。

八、下列那一項不屬於嘉得納（Howard Gardner）於 1983 年所提出的多元智力內涵？(A)人際社交　(B)內在自覺　(C)軀體動覺　(D)後設認知　智力。　　　　　　　　【中正 87】

答☞：(D)

九、根據卡特爾（R. B. Cattell）的觀點，智力可以分為以下那兩類？(A)普通能力和特殊能力　(B)智力和創造力　(C)流動智力和晶體智力　(D)擴散思考能力和聚斂思考能力

　　　　　　　　　　　　　　　　　　　　　【花師 87】

答☞：(C)

十、名詞解釋：智力三維論（triarchic theory of intelligence）

　　　　　　　　　　　　　　　　　　　　　【花師 87】

答☞：請參考內文

十一、如果一個測驗要求你「寫出所有圓形的東西」，那麼，這個測驗是在測量你的聚斂思考（convergent thinking）。

答☞：（×）。應該是發散性思考，而且是屬於創造力的一部分。

十二、資賦優異學生鑑定原則鑑定基準（民 88）中規定，智力測驗得分在平均數正：(A) 1　(B) 1.5　(C) 2　個標準差以上

者，為一般智能優異學生鑑定標準之一。　　　【彰師 88】

答☞：(C)

十三、在基爾福的「智能結構模式」中，cognition 屬於那一個向
　　　度？　(A) operation　(B) content　(C) product　　【彰師 88】

答☞：(A)。認知屬於智力的中介變項。

十四、比率智商的意義及其限制。　　　　　　　　　【屏師 88】

答☞：

比率智商的計算公式為：$IQ = \dfrac{MA}{CA} \times 100$，最早是由史丹
佛大學教授推孟（Lewis Madison Terman, 1877～1956）將原
來之比西量表修訂成斯比量表（standford-Binet Scale），並
將原來之心理年齡的解釋方式，改為智力商數或智商（in-
telligence quotient）的解釋方式，式中 MA 表示心理年齡，
是以受試者通過某歲組之題目多寡來計算的，而 CA（chro-
nological age）則表示實足年齡，其計算方式如下：

某生實足年齡九歲

通過九歲組全部題目，其基本心理年齡為 108 月

通過十歲組二個題目，再加 4 個月

十一歲組的題目全不通過，不再加月數，其心理年齡共計

為 112 月，甲生的智商為 $\dfrac{112}{108} \times 100$

此種計算方式的缺點是，當我們的心智成長至一定程度之
後就漸趨穩定，但年齡卻不斷的增加，使分母越來越大，
而其結果是智力越來越小，解決之道是改採離差智商。

十五、名詞解釋：Sternberg 提出的智力三元論（the triarchic theory
　　　of intelligence）　　　　　　　　　　　　　【屏師 88】

答☞：

　　史登柏格認為人類的智力是由三個向度所組成的統合體，他們是：

　　　1.組合性智力（experential intelligence）。指個體運用思考、判斷、推理及資料分析以達到問題解決的能力。

　　　2.經驗性智力（experiential intelligence）。指個體運用已有的經驗在處理新問題時，可以統合不同的觀念而形成頓悟或創造力的能力。

　　　3.實用性智力（contextual intelligence）。指個體運用所學處理日常事務的能力。（張春興，民87）

十六、組合智力是H. Gardner的多元智力理論所包含的智力之一。

【政大88】

答☞：（×）。應該是 Sternberg 的智力三元論。

十七、請試從葛敦納（H. Gardner）的智力多元論（theory of multiple intelligence）申論學校教育改革的重點。　【花師87】

十八、試述H. Gardner（1997）之多元智力論（Multiple-intelligence, MI），並說明MI與傳統智力論之差別及其在教育上之價值。　　　　　　　　　　　　　　　　【中山87】

答☞：

　　第十七與十八題一起作答。

　　此題作答的程序是先介紹多元智力理論的特色，其次再說明多元智力理論與傳統智力理論之不同點，與台灣過去教育上偏重智育的缺失，最後指出多元智慧理論如何提供我國在教育改革上之參考。

　㈠多元智慧之內涵：

　　多元智慧除了認為智慧是由多層次所組合的之外，且認

為智慧不是天生不變的，是可以經過後天學習教導而逐漸提升的，多元智慧理論認為，智力是由八種智慧所組成：語文智慧、邏輯—數學智慧、視覺—空間智慧、內省智慧、音樂—節奏智慧、人際智慧、自然觀察者智慧、肢體—動覺智慧八種。（應考時，考生應對這些智慧加以簡單地介紹與舉例）。

(二)多元智慧論與傳統智慧理論之不同：

傳統智慧理論偏向於學習能力的衡量有窄化智力的傾向，而多元智力理論更增添了內省智慧、音樂—節奏智慧、人際智慧、自然觀察者智慧等在傳統智力理論中較少被提及者，以自然觀察者智慧為例，講的是一種人與環境互動的能力，能夠體會、欣賞與尊重自然的能力，在快速「吾與他」或「主客」關係所形成的對自然的疏離感中，但到頭來人們也無法逃脫由大自然所產生的反撲，因此我們可以在學校教育上強調環境教育、鄉土教育，在教學法上配合使用戶外教學、實物教學，來促進學生的自然觀察者智慧。

(三)對學校教育改革的啟示：

以往我國教育上獨重智育，今後教育應往全人教育發展，促進學生下列的智慧：

1. 內省智慧：提昇學生後省能力、後設認知能力；追尋生命的意義；立定人生發展的目標；可以在教學時教導學生批判性思考以及問題解決能力；培養學生常寫日記的習慣以及思考的練習。

2. 音樂—節奏智慧：培養學生靜心傾聽大自然的節奏，去傾聽優美的音樂而非吵雜的流行樂；而且可以透過音樂、節奏來學習，例如詩歌的朗誦。

3.人際智慧：傳統的台灣社會在升學競爭的壓力之下鼓
勵人與人之間相互競爭，造成彼此之間的疏離與不信
任感，今後應教導學生們待人處世、溝通、團隊合
作、同理心等社會技巧。

4.自然觀察者智慧：欣賞自然、熱愛自然，願意親近自
然與大自然對話。

5.肢體—動覺智慧：藉由身體的律動來學習，例如：舞
蹈、角色扮演，尤其國人體能有逐漸下降的趨勢，應
該要多加強體能的訓練。

十九、文化公平性測驗之意義及利弊。　　　　【屏師88】

二十、何謂「文化公平性測驗」（culture-faire test）？對教育工作
者的啟示為何？　　　　　　　　　　　　【成大88】

答☞：

十九、二十兩題一併作答。

㈠文化公平測驗之意義：

有些測驗受到文化或語文因素的影響而使其效度下降，
在多元化的社會裏，人與人間的往來越形密切，為了確
保測驗的公平起見，遂有泛文化測驗或文化公平測驗或
免文化影響測驗的產生，文化公平測驗的形式通常是運
用圖畫式或操作的方式來呈現，例如：由Cattell所設計
的文化公平智力測驗（Culture Fair Intelligence Test）就包
含了四個以圖形為主的分測驗（系列、分類、矩陣、條
件），另一個例子是由Goodenough-Harris所發展的畫人
測驗。

文化公平測驗的優點是能夠減少因語言或文化不同所帶
來的負面影響，對一些新近移民、次文化兒童、不識字
者，或使用不同母語的兒童有較大的幫助，不過，文化

公平測驗並不能完全去除文化因素的影響，其測驗結果還是多少會受到一個人成長的文化背景的影響。文化公平測驗若以圖形或操作測驗為主，則其精確度往往不如文字測驗，許多可以使用文字表達的概念，卻並不一定可以使用圖畫來表達其含意，這是文化公平測驗的另一個缺點。

另一種建立文化公平測驗的方式是使用次化文所熟悉的概念與語言，並且建立次文化團體的常模（或地區性常模），亦即將一些標準化測驗加以修改或則在發展時考慮到次文化的影響。

最後一種方式是乾脆為次文化團體發展只針對該團體使用的測驗，例如早期學者為了探討原住民認知型式而發展的澳洲原始的「腳印認知測驗」（Footprint Recognition Test）、及美國西南印第安兒童的畫房屋的標準化測驗等。

㈡文化公平測驗對教育的啟示：

有些學生的測驗或成績不理想不一定是其本身的能力差，有可能是測驗缺乏效度所致，應考察受試者是否受到情緒、動機、焦慮或文化偏見等因素的影響，而導致分數的不理想，若發現是因為文化因素的影響，則教師應該再給予學生測試的機會，配合文化公平測驗或則其他的測量方法，多方的觀察學生以增進測量的信度與效度。此外，測驗的發展者，在試題的建構過程，更應該儘量考慮到文化因素的影響，有些題目從不同的角度觀察可能會導致不同的答案，一方面，教師要減少文化的不公平性，另一方面對於不同觀點的答案應報持著開放的態度。

二十一、解釋名詞：多元智力理論（theory of multiple intelligence）。
【師大 87】

答☞：請參考內文。

二十二、名詞解釋：智力三維論（triarchic theory of intelligence）。
【師大 87】

答☞：即史登柏格所提的智力三維論，請參考內文。

二十三、根據多項研究指出，美國黑人比白人之智商要低落一
些，造成此現象的原因會是：(A)遺傳所決定　(B)黑人
所處環境文化與刺激較貧乏所致　(C)心理測驗有文化
偏見所致　(D)以上原因皆有可能　　　　【彰師 87】

答☞：(D)

二十四、若國小六年級學生智商與學業成績的關係數 r=0.82；今
由智商來預測學業成績，智商變數所佔的比率是多少
百分比？　　　　　　　　　　　　　　　【彰師 88】

答☞：約 67%（r^2 決定係數）。

二十五、史登柏格（Sternberg）於 1985 年所提出的智力三元論，
不包括下列那一項智力：(A)組合性智力　(B)經驗性智
力　(C)問題解決智力　(D)實用性智力　　【彰師 88】

答☞：(C)

二十六、所謂「多元智能」（multiple intelligences）包含那些智
能？並分別敘述各項智能的內涵，及可採行的教學方
案（每種智能至少列出三種方法）；最後試評估多元

智能課程與教學在我國中小學教育的可行性有多高？

【成大 88】

答☞：㈠多元智能的內涵請參考內文。

㈡多元智能的教學方法：

1. 語文智慧：語文智慧的教學內容包括：聽覺、說話、閱讀與實作，其教學方法可以：傳統講述法、角色扮演、講故事、討論、報告、訪談、寫作等。

2. 邏輯─數學智慧：邏輯智慧的內涵包括（郭俊賢，陳淑惠，民88）：

(1)覺察環境中的物體及其功能。

(2)對數量、時間和因果概念的熟悉等。

(3)對邏輯解題技巧的展現等等，可以使用的教學策略有：

①建立邏輯─數學智慧的學習環境。

②使用邏輯教學：包括科學的方法、跨課程的科學思考。

③演繹邏輯：三段論法、范恩圖解。

④使用邏輯：類推。

⑤加強思考和學習：中介學習、發問方法。

⑥數學思考程序：型態化、模型積木、資料中的型態、密碼座標圖。

⑦數字運算。

⑧跨課程的故事應用問題。

⑨排序。

⑩各學科領域的數學議題。

⑪提昇邏輯──數學智慧的技術。

3. 動覺智慧的教學策略有：

(1)建立身體的學習環境。

(2)戲劇：包括正式劇場、角色扮演、創意戲劇、模擬。

(3)創意動作：理解身體的認知、對創意動作活動的導入將創意活動應用到基本技能，創造內容特定的動作活動。

(4)舞蹈：包括舞蹈暖身的程序、透過舞蹈的學習程序。

(5)操作物：包括作業卡、圖章。

(6)教室遊戲：例如全身反應遊戲、一般的複習遊戲。

(7)體育：例如冒險教育、十人金字塔。

(8)課間活動：例如快速打氣法、眼睛運動、甦醒、靜心。

(9)實地考察之旅等。

4.視覺—空間智慧、教學策略有：

(1)建立一個視覺化的學習環境，包括有展示區、藉由輪換座位來改變視野或非口語的溝通方式。

(2)繪畫般的呈現方式：包括有流程圖、視覺化大綱、單元圖表、以及視覺圖表的啟動器等。

(3)視覺化筆記與腦力激盪的工具：例如概念概圖、思緒構圖以及心靈觸發。

(4)視覺化：例如視覺記憶術。

(5)學習材料的視覺變化：例如用顏色標示、變化形狀、使用視覺化輔助。

(6)下棋和紙牌遊戲。

(7)使用建築師般的思考。

(8)以藝術作為教學工具，或融合視覺與語言藝術。

5.音樂智慧：具教學策略有：

(1)建立一個音樂性的學習環境，例如將音樂引進教室或使用配樂。

(2)傾聽音樂與討論與教學內容有關的歌曲。

(3)培養基本技能的音樂：例如透過音樂教導閱讀或音樂化的拼字。

(4)唱歌前的暖身：例如團體詩歌朗誦。

(5)介紹樂譜的概念。

(6)課程歌曲的創作。

(7)以音樂來激發創造力。

6.人際智慧，包括下列教學策略：

(1)建立一個積極的人際環境，例如：決定班級的價值觀與規定，開班會。

(2)合作學習：包含學生角色的分派，合作分組的考量與社會技巧等。

(3)衝突管理：找出某些衝突的共同原因，使用衝突管理程序。

(4)透過服務來學習。

(5)尊重個別差異。

(6)尊重多元觀點。

(7)地方性與全球性問題解決的練習。

(8)實施多元文化教育。

7.內省智慧其教學策略有：

(1)建立一個培養自我感的環境。

(2)提昇自尊心：例如學習愛自己、循環讚美、同儕支持。

(3)設定目標並完成目標：例如發展目標單或挑戰學生學習。

(4)思考的技巧：例如後設認知技巧訓練，作業計畫與反省的表格。

(5)情緒智慧的教育：建立一個允許情緒表達的環境，理解各種感受，透過藝術來表達情緒。

(6)寫日記。

(7)透過他人來認識自己。

(8)對人生目標及理想的反省。

(9)學習使用內省的學習取向。

8.自然觀察者智慧：

(1)建立自然觀察者的學習環境。

(2)把自然視為課程的一部分。

(3)改善對自然的觀察力，例如訓練使用田野觀察日誌。

(4)察覺關係：例如認識相互依存的關係，或社區鏈結的關係。

(5)發展假設與實驗。

(6)自然觀察者學習中心，例如戶外的自然觀察者活動。

(三)多元智能在我國中小學教育的可能性：

傳統上我國的教育獨重智育，其他方面的培養（德、體、群、美）很少受到重視，尤其當學生升入國中之後，升學壓力漸增，越形重視智育的教導，改革似乎有所困難，除了在教育體制上需要改革之外，更難的是人們觀念上的變革，除非一般父母、教師與學生本身都能反省、勇於變革，則短期之內多元智慧教學是不太可能成功的。

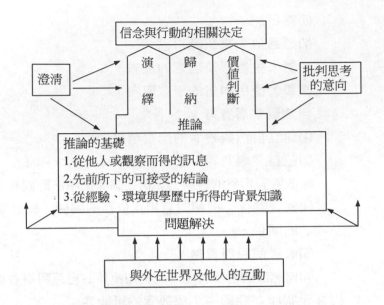

二十七、何謂批判思考（critical thinking）？試從 Robert Sternberg 的智力三元論（triarchic theory of intelligence）觀點論述批判思考的重要性。　　　　　　　　　　　　　【中山88】

答☞：

所謂批判思考是：指對問題能蒐集證據，並正確而合理地反省、分析與評價，據以引導出實踐行動的能力（黃政傑，民89），處於今日多元複雜的社會，人們隨時隨地接受不同的聲音，我們更應該培養批判思考的能力，以判斷事件的真偽，黃政傑（民89）引用Norris與Ennis（1989）描述批判思考的架構如上圖（見第506頁）

在Sternberg的智力理論裏，強調環境、經驗的重要性，依上圖，事實上個人在做批判性思考的時候，會受到個人的經驗或環境以及從他人所獲得的訊息的影響，然後在問題解決或批判的歷程中「組合」這些經驗，以達批判的作用，因此Sternberg的智力理論是與批判思考相輔

相成的。

二十八、名詞解釋：智力測驗的預測功能。　　　　【東師88】

答☞：

若以智力測驗的結果來預測智力，其預測效果可能不佳，因為智力有許多的面向，到現在為止尚未完全了解，而傳統的智力測驗有窄化智力的傾向，若以傳統智力測驗來預測學習能力，可能要比預測智力來得準確。

二十九、維果茨基（L. S. Vygotsky）所謂的「最近發展區」是指兒童在認知作業上：(A)目前所能達到的水準　(B)經別人協助所能達到的水準　(C)前兩者的差距　(D)心理年齡與實際年齡的差距　　　　　　　　　　　【花師87】

答☞：(C)

三十、受先天遺傳因素影響較大的智力，是指下列何者？(A)社交智力　(B)固定智力　(C)晶體智力　(D)流動智力

【花師】

答☞：(D)

三十一、智力結構理論係由基爾福所倡，其主張智力包括多少種不同的能力？(A) 120 種　(B) 150 種　(C) 180 種　(D) 210 種　　　　　　　　　　　　　　　　　　【嘉師】

答☞：(C)

第二十一章

創造力的評量

創造力的定義（陳龍案，民 87）：「創造力是指個體在支持的環境下，結合敏覺、流暢、獨創，精進的特性，透過思考的歷程，對於事物產生分歧性的觀點，賦予事物獨特新穎的意義，其結果不但使自己也使別人獲得滿足」（p.46）。

一、 創造力的本質（陳龍安，民 87）

㈠包含五種認知能力

敏覺力

　　是指對周遭事務的敏感性，例如可以清楚的了解問題的重心，對周遭人物可以正確的察言觀色，若環境有所變化時可以很快的察覺之間的不同，評量敏覺力的方法之一是給學生一些物件（圖片、文章、物品）要求學生去發現問題，指出特點、缺點與眾不同之處，或則改進之道。

流暢力

　　是一種記憶的過程，當我們思考一個問題時，能夠想出相關的構想或答案的人，則其流暢力越高，例如，教師可以要求學生想出火柴盒的用途，能夠說出越多用途的人，則其流暢力越高，基爾福特（Gullford）認為流暢力可以分為三種：⑴觀念的流暢力（ideational fluency）是指產生新觀念的數量，例如教師可以要求學生想出任何有關「1＋1」的答案，學生可以回答是2，王，無限……；⑵聯想的流暢力（associational fluency）：是一種尋找關係的能力，也就是說，可以提出許多相同觀念的想法，例如，可以要求學生說出與快樂相反的字眼，學生可以回答：悲傷、失望、情緒低落等，此種流暢力是許多成功作家所依賴的；⑶表達的流暢力（expressional fluency），是一種歸納及組織的能力，例如教師給一個成語，要求學生依此成語造出儘量越多的句子。

變通力

變通力是指學生可以從不同的角度觀照事物或處理問題的能力，是一種可以改變思考的角度、思考模式，並且突破傳統限制的能力，例如，可以問學生如果出門回家忘了帶鑰匙，可以如何進入家裏！若學生可以想出越多不同性質的答案，則其變通力越高，變通力包含了兩種能力：(1)自發性的變通力（spontaneous flexibility），是指針對一個問題而能從許多不同的角度或層面來思考；(2)適應的變通力（adaptive flexibility）是指解釋或分析策略的改變，或則答案的改變，例如給予一段文章，要求學生解釋此文章的內涵，或則從文章中不同的角色來建構文章的名稱，此種變通力訓練應使學生避免觀念的固著，待人處事具有彈性，能夠體諒別人的立場。

獨創性

獨創性（originality）是指能夠想出一般人所想不到的觀念，是一種創造發明的重要能力，例如愛迪生發明了電燈，貝多芬創造了命運交響曲，工藝的發明，科技的進步等都是獨創力的表現，獨創力不僅指事物的發明、創造，尚包括有思想上的創作，例如作家，許多政治家也富含創造力的，例如甘第所堅持的不合作主義即非常具有獨創力，因為通常人類解決紛爭的方式是透過武力，而甘第卻能夠以更為平和的方式來達到目的，顯現其與眾不同的智慧。

精進力

精進力（elaboration）是一種精益求精的能力，不斷的將觀念或事務加以改進，提升其品質。例如在作文或故事的創作中加入一些更精彩的細節，將行動電話的手機發展的更精巧，將個人的生活更加的豐富化等等。

㈡創造力是指四種情意的態度

創造力不僅是認知而已，在人格方面也可以表現出創造力的特質，馬斯洛就指出創造力為自我實現人格特質的因素之一，創造力具

有下列幾點態度：

冒險性

　　有創造力的人往往是勇於冒險的人，包括在思想上及行動上對傳統、制度的挑戰，例如哥白尼發現地球繞日說，哥倫布發現新大陸，愛因斯坦對光的看法，直到目前的基因研究等等，都是需要極大的勇氣、智慧與堅持。

好奇性

　　好奇心起因於對問題的懷疑，然後追根究底，解開迷底。這樣的人不會人云亦云，具有自動自發的精神。教師在教學時，可以使用例如發現式學習（discovery learning），或則讓學生親自去操弄做實驗的方式來激發學生的好奇心。

挑戰性

　　具有挑戰性並不是匹夫之勇，而是對自己有信心，以理性的方法，系統化的步驟去尋找問題，定義問題與解決問題，教師應該多給學生鼓勵，培養學生面對問題的挑戰，而且失敗時不氣餒。

想像力

　　許多作品的發表、事物的創造、理論的提出都是需要有豐富的想像力的。

㈢創造力包含六個P

　　創造力所含括的六個P為：

　　1.創造的個體（person）是一位具有開放的心靈，獨立自主以及自我實現的人格特質。

　　2.「具有創造的過程」（process），這些創造的過程包含：懷疑、發掘事務的真像，提出假設，驗證等。

　　3.「創造的產品」（product）：創造的產品型式繁多，可以是一種思想的產物，物品、有形的與無形的，例如：理論、觀點、技術、工藝、樂曲、作品、家庭產品等等。

4.「創造的環境」（place），是一種支持創造的環境，這些環境可以是家庭、學校、公司組織，或社會、文化，例如美國的文化就比台灣的文化更鼓勵兒童的創造力。

5.「創造的壓力」（press）適度的壓力是有助於創造力的發展的，觀諸歷史，有許多發明都是因為在戰爭中迫切的需要，在強大的壓力下而創造出來的，例如二次大戰時雷達、火箭、噴射機、原子彈等的發明，對後代的影響很大。

6.「創造的說服力」（persuasion），一項創造的產品，必須讓一般人或專家認同，例如所創造的新產品是否為一般大眾所樂意接受，方便不方便使用？這只是一個原則，是有甚多的例外，我們可以觀察歷史上有許多有創造力的事物，但都超越了當時人們的想像或礙於人們自私的心理而無法實現，例如聯合國的組織即是一個很有創造力的作法，但其功能不彰，因為各國都有私心。

㈣創造力的特點

創造力的特點有下列四種：

1.創造力必須在一種支持的環境上發展。

2.創造力可以發現在個人的成品上，是一種思考的能力，包含敏覺力、流暢力、變通力、獨創力與精進力。

3.創造力是一種心理的歷程，其思考的運作可分為四個時期：準備期、醞釀期、豁朗期與驗證期。

4.創造力與人格特質有關，有創造力的人不墨守成規，可以超越一般的思考習慣、勇於接受事務的挑戰。

二、創造思考教學的評量

創造力的評量共分為七類，茲分敘於後。

㈠擴散思考測驗

有關擴散性思考的測驗（tests to divergent thinking）可以拓弄思創造力測驗為代表，該測驗包含兩種組合方式：(1)以文字思考的創造為主；與(2)以圖形思考的創造為主，以「以文字思考的創造測驗」為例，共含有三個活動：(a)寫出想了解圖中狀況時應發問的問題；(b)寫出行為的可能性的原因；(c)寫出行為的可能後果，其他尚有寫出一般事務的特別用途，寫出相同事務的不同用途，以及假設某一情境是真實的，可能會發生那些事。除此之外，尚有聲音與行動或移動的創造思考測驗。所謂「音響與影像」測驗是使用我們熟悉以及不熟悉的兩種聲音為刺激，先播放給受試者聽，受試者在聽完之後，寫下因為此種刺激所產生的聯想內容，主試者要求受試者不受約束，儘量發揮其創造力。而「擬聲與影像」測驗的聲音刺激則來自自然的物體或動作的聲音，其測驗的程序同於音響與影像測驗，評分方面已有由實證資料所建立的常模，給分的原則是當受試的答案越與眾不同時，得分越高。

托浪斯的創造力測驗的表現是會受到回答時的速度影響的，指導手冊中有具體的估計信度的資料，包括複本信度與重測信度，在效度的建立上則比較缺乏，無法證明拓浪斯創造力測驗與日常生活中的創造力表現有相關的地方，此外，在拓浪斯創造力測驗中將創造力強行分為四種分數：流暢力、彈性、原創力與精進力，亦屬不妥當的分法，因為某些測驗可能同時兼具兩種或兩種以上的能力。

㈡態度、興趣或創造力的量表

態度、興趣或創造力的量表（attitude, interest or creativity inventory），此種量表比較是從情意層面來觀察是否具有創造力的傾向，其中以「威廉斯創造力測驗」為代表，以下簡述：

1. 編製者：林幸台、王木榮
2. 測驗來源：本測驗是依據 F. E. Williams 所編製的 Creativity As-

sessment Packet 修訂而成，於民 83 年出版。

3.適用對象：國小四年級至高中三年級

4.測驗的目的：包含甄選具有特殊才能與創造力的兒童或發展資優生的資優教育方案，並且對於學業成就或智力測驗表現較差的兒童給予再評估的機會，並且尋找與提供適性教育。

5.測驗的內容：包含有三個部分：(1)「創造性思考活動」要求學生在印好的線條上，依線條為主軸而畫圖，此作業可以評量流暢力、開放性、變通力、獨創力、精密力以及標題等六個向度；(2)「創造傾向量表」是在衡量性格或態度，可以得到冒險性、好奇心、想像力以及挑戰性四種向度；(3)「創造性思考與傾向評定量表」是由教師或則家長來觀察受試者的創造力表現，內容包含了數種擴散性思考與情意的因素。整個測驗需時 40 到 60 分鐘，計分可以參考指導手冊的說明，並且有常模可供對照。

㈢人格量表

人格量表（personality inventories），有一些研究認為人格特質與創造力是有關的，因此一些有關人格的測驗亦可以用來衡量創造力，其衡量的方式有傳記式，自陳量表，或則一些較不具有結構性的測驗工具，但有些較具結構性的工具亦可，例如加州心理量表。

㈣傳記量表

傳記量表（biographical inventories），是由個人所寫的自傳中，其過去的經驗來衡量受試者的創造力。

㈤教師推薦

教師推薦（teacher nominations）教師經常的接觸學生，可由教師選擇具有創造力的學生做為評量的參考。

㈥同伴提名

同伴提名（peer nominations）由學生之間互相提名，例如教師可

以要求學生提名是誰的意見最好，誰最有創意等。

㈦作品的評斷

作品的評斷（judgement of products）由受試者作品的品質來評論受試者是否具有創造力。

三、創造思考評量的原則（陳龍安）

㈠提高命題的層次

在認知方面所評量的層次應不僅止底層知識的記憶、理解，尚應包含分析、綜合與評鑑的層次，而且也應適度的含蓋邏輯思考、推理、續繹、歸納或批判思考。

㈡變化命題的方式

命題的方式應儘量的多元，除了傳統的紙筆測驗之外，尚可以使用口試，實作評量、角色扮演、發表法等，而且評量的問題應該與日常生活接近。

㈢評量標準多元化

創造力的評量標準可以包含流暢力、精進力、獨創力、變通力、挑戰性、好奇心、以及想像力等。

㈣鼓勵學生做自我評量

教師可以輔導學生從事自我評量，鼓勵學生自動自發。

㈤評量的態度應該具有包容性

教師應能包容學生不同的看法，並且也鼓勵學生儘量從不同的角度來思考，若學生的答案與標準答案不同，教師可以鼓勵學生說出其思考的歷程。

㈥邀請其他人員來共同評量

教師亦可以邀請家長或同儕等來評量學生的表現，可使用正式或非正式的評量方式。

㈦增加評量的次數

增加觀察的次數可以使評量的結果更加的客觀。

㈧善用評量的結果

評量的結果可以和教學的過程相互的對照，以作為改進教學的參考。

㈨評量的研究與改進

評量的方法日新月異，應該不斷的進修以改進評量的技術。

第二十二章
性向測驗

性向測驗（aptitude test）與智力測驗以及成就測驗之間有一些重疊之處，簡單來說，智力測驗受遺傳的影響較大，性向測驗受後天因素的影響比較大，而成就測驗則泛指學習或訓練的結果。性向測驗的功能有（葉重新，民 81）：(1)可以使我們更加了解個體在智力上的差異情形；傳統的智力測驗其向度較窄，例如並沒有衡量創造力、社會適應能力、或則一些特殊能力（美術、音樂），而性向測驗正可以彌補這項的缺失；(2)由於工作職業越來越傾向專門化，因此各人事部門在進行人事的甄選時，有必要使用更加適合的性向測驗，例如：文書、打字、管理、音樂、美術、機械等，這些特殊化的性向測驗的功能並非一般傳統的智力測驗所可達成的；(3)由於統計的發達，因此可以使用因素分析來做為建構多重性向測驗的基礎。黃元齡（民 80）認為性向測驗的用途有二：(1)可以幫助教師以及學生了解自己的優點與限制，作為課業輔導上的參考，並且鼓勵學生發揮所長；(2)可以幫助各種職業訓練機構或則組織中人事甄選的參考。

一、性向的定義

佛里門（Freeman, F. S.）認為「性向是一種有特性的情況或組合，表示出一個人藉著一些特別知識、技能，或一組反應的訓練，所獲得的能力。」（黃元齡，民82）。

韓恩與麥克侖（Hahn, M. E. and Maclean）則說：「性向是個人潛在的可能性，也就是個人獲得能力與技能以及表現成就的一種尚未發展的能量」。（黃元齡，民82）

賓奈特（Bennett, G. K.）以為：「性向是遺傳與環境交互作用的結果，一個人生來具有某些潛力，並立即開始學習，其後他所學的每一件事情，都能使他學習的更多。性向包括任何一種特性，這種特性使傾向有利於學習—包括智慧、成就、人格、愛好、和特殊技能。」（黃元齡，民82）

二、綜合性向測驗

綜合性向測驗包含數個分測驗，可以說是數個特殊性向測驗的綜合體，通常是於 1945 年之後開始發展的，其理論的基礎建基於多元智力理論，認為人的能力是多方面的。綜合性向測驗具有下述的特色：(1)一般的綜合性向測驗大約包含四至七個分測驗，可以測量不同的能力，也可以對個人不同能力間的差異進行比較、說明；(2)綜合性向測驗各個分測驗常模的建立是根據同一個團體而求得的，因此，分測驗間的分數是可以直接相互比較的，若要比較兩分測驗之分數是否有明顯的差異，可以使用差異係數；(3)綜合性向測驗要比特殊性向測驗較為經濟，因為特殊性向測驗一次只能衡量一個能力，而綜合性向測驗卻可以衡量數種能力，以下列舉兩種常用的綜合性向測驗：

㈠多元性向測驗

1. 編者：多元性向測驗（the multiple aptitude tests）最早是由美國心理學者 David Segel 與 Evelyn Raskin 所編訂的，共有九個分測驗以測量九種性向，後我國學者胡秉正加以編訂。

2. 適用對象：適用於國中一年級學生至國中三年級學生可做為學生作業以及職業的輔導。

3. 測驗的內容：測驗內容共有四個因素分數及一個學業潛在因素，再分為九個分測驗：

   ①因素一：語文理解能力，包含：(1)測驗一：字義測驗，目的在衡量受試者字彙的廣度，總共有 40 題，限時 8 分鐘；(2)測驗二：段落意義測驗：目的在衡量受試者對文章每個段落的理解能力。

   ②因素二：知覺速度：某些工作的性質需使用到知覺速度，例如工廠的作業員、秘書、會計或文書抄寫，包括：(1)測

驗三：語文測驗，測量受試者識別錯字、別字以及不當的名詞或成語的能力；(2)文書測驗：目的在測驗受試校對名稱與數字的正確性與速度。

③因素三：數字推理：某些職業需要有數字推理的能力，例如會計師、工程師、數學教師、物理學者等。包含有：(1)測驗五：數字理解測驗，目的在衡量數字概念與數字推理的能力；(2)測驗六：算術計算測驗，目的在衡量基本算術的熟練程度。

④因素四：空間關係：目的在衡量對機械原理的了解，對某些職業來說極為重要，例如機械工程，建築繪圖或機械繪圖，包含：(1)測驗七：屬於應用科學與機械測驗，目的在衡量受試者對機械以及科學原理之瞭解與應用能力；與(2)測驗八：空間關係測驗——平面：目的在測量受試者對平面空間關係的領悟能力；(3)測驗九：空間關係——立體：在測量對立體空間關係的領悟力。

⑤學業潛在能力：學業潛在能力的目的在評量學生在教室中學業成就的可靠量數，是由因素一（語文理解）與因素三（數字推理）所組合而成，本測驗在輔導上的應用包括：(1)可以幫助受試者與老師了解其相對的優點與限制；(2)可以和其他學生做比較，以了解個人性向的多寡與感興趣的能力與程度；(3)是協助學生提供生涯規劃的重要參考之一。

(二)區分性向測驗（Differential Aptitude Test, DAT）

1. 編製者：最早係由美國人Benett G. K., Seashore, H. G.以及Wesman, A. G.等於 1947 年編製的，之後由我國學者宗亮東及徐正隱加以修訂。

2. 編製目的：對中學生提供教育及職業輔導。

3. 適用的範圍：國中二年級至高中三年級生。

4.測驗的內容：本測驗共分兩部分，八個分測驗：

①語文推理測驗：目的在測驗語文概念理解、以及推理、抽象思考能力。

②數的能力測驗：其目的在衡量受試者對數目關係的了解與對數目概念的感受能力。

③抽象推理測驗：在測量學生對抽象圖型組推論能力與推理的能力，受試者必須要有一組圖型變化的模式去推論圖形變化的規則。

④文書速度與確度測驗：目的在衡量受試者對於簡單知覺工作的反應快慢，是屬於速度的分測驗。

⑤機械推理測驗，目的在測驗機械原則，受試者在此項測驗得高分可以從事複雜的機械裝置工作。

⑥空間關係測驗：目的在評量受試者以視覺及心理轉換平面圖形成立體圖形的能力，有些職業需要這方面的能力，例如服裝設計師、建築設計師、發明家、家電、生活用品的製造者等。

例 圖樣 ABCD 中，哪一個是由雛型摺合而成的

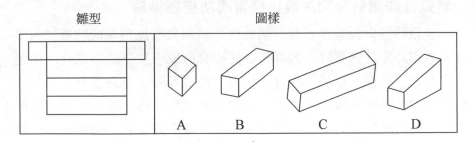

⑦語文運用測驗：在衡量學業及某些職業活動的基本能力，內容為錯字及文法測驗，錯字測驗係以一些普通的成語來要求受試者辨別其中錯誤的地方（錯別字），而文法測驗

則必須從文法或修辭的觀點來找出文法上的謬誤，某些行業，例如速記人員、新聞從業人員、打字員、或廣告業工作人員比較需要這種能力。

㈢測驗的實施

八種分測驗共需 5～6 個小時來實施，因此，測驗應分段實施，但間隔時間儘量勿超過 2 個星期，指導手冊記載了常模、側面圖等資料。

㈣信度與效度

複本信度平均為 0.85～0.93，間隔三週的信度介於 0.59 至 0.86 測驗標準誤之中數介於 2.4～3.7 之間，在效度的建構上發現對學科成就的預測效果良好，以職業團體表現為效標亦有良好的表現。

三、特殊性向測驗

特殊性向測驗僅針對單一能力而言，測量的題目必較深入，適合作個人是否具備特殊能力的鑑定與診斷之用，特殊性向測驗具有下述的特性：

㈠特殊性向測驗預測失敗比預測成功更為準確

多數的性向測驗都具有這個特色：預測失敗比預測成功更加的準確，原因是成功需要許多因素與條件綜合而成，除了能力之外，尚包含有努力、動機、環境、機會、毅力、健康等等，不是說具有高分的性向成績就可能會成功，然而若性向測驗表現不佳，可能表示缺乏能力，在此所謂的能力是指一般基本能力，造成要成功的機率較低，但是，興趣是可以培養的，有一些能力並非我們不具有，只不過未被發掘罷了，有時候當情境需要時，潛能才會被激發出來。

㈡對各種特殊性向測驗間分數之比較應該更為保守

　　即使是兩份名稱類似，功能相近的性向測驗，但其標準化的過程之中，很少是使用相同的受試者，更何況特殊性向測驗的內容往往不同。

㈢性向測驗在輔導上的應用有限

　　因為有些性向要待個體成長至 15、16 歲時才成熟，早期的性向不一定穩定，例如，小孩小時候喜歡集郵，長大之後卻不一定喜歡集郵，而且，許多性向測驗的預測能力還未得到證實，尚待評估當中。

㈣綜合美術性向測驗

　1.編訂者：綜合美術性向測驗係由我國的師大心理系與美術系教授聯合編寫，而其內容取材自美國的梅氏圖畫評鑑測驗（Meier Art Judgment Test）與格氏圖形評鑑測驗（Graves Design Judgment Test）。

　2.適用對象：國小中、高年級生以及國中生。

　3.測驗內容：本測驗的功能在評量對繪畫的審美能力而非創作能力，共有五個分測驗，需時 2 小時。

　①圖畫評鑑測驗：共有 60 對黑白的圖畫，在每一對圖畫中，其中一個是來自名家的作品，另一個是將名家作品加以局部的修改，使其不符合美學的原則，改變的地方包含有曲線的運用、透視法、佈局，或陰影等，在施測時要求受試者選出兩幅圖畫中比較好看的一幅。

　②圖形評鑑測驗：試題中的圖形有線條的、平面的、或立體的，在數個圖形中只有一個是合乎美學的原則，受試者必須找出它。

　③國畫審美測驗：共有 35 題，其中 31 題是黑白的，另外 4 題是彩色的，每一題都有一對國畫，兩幅形狀相似的國畫可能在線條、構圖、墨色或形狀上有所不同，其中一幅是經

過鑑定較好的，受試者必須將其找出來。

4. 色彩感覺測驗，目的在評量受試者對色與形，色與明度，色與面積，色與彩度關係以及色與和諧等情境的辨別能力。

5. 視覺記憶測驗，共有十個題目，在每一題目中都提示一個基本的圖形，例如△或□，並要求受試者依此基本圖形作畫，而且所畫的事務越多越好。

本測驗的重測信度（間隔一個半月）為 0.48～0.78 之間，以兩個極端組（美術實驗班與普通班）所建立的區別效度（discriminant validity）證明美術實驗班學生的表現明顯優於普通班學生。

在常模的建立上，有國小中年級，國小高年級以及國中三個年級的常模，而且男與女生分開建立。常模的類型有T分數與百分等級常模。

歷屆試題

一、某一職業訓練班招生時，最好使用：(A)投射測驗　(B)性向測驗　(C)成就測驗　　　　　　　　　　　　　　　【彰師84】

答☞：(B)

二、試說明心理測驗中「智力」、「性向」、「成就」三種構念的含意，並比較這三種測驗性質上的異同之處。

【高師大85】

答☞：

智力泛指一般的學習能力，是先天遺傳與後天環境交互作用的結果。

性向是指未來發展的潛在能力，受後天因素的影響較大，成就是指學習或訓練的結果。

事實上三者之間有重疊之處，智力測驗比較重視建構效度，性向測驗重視建構效度與預測效度，而成就測驗則重

視內容效度，一般智力測驗所測量的能力非常的廣泛，且偏向於基本的心智能力，而性向測驗可以很廣泛也可以是很特殊的，例如一般智力測驗並不包含創造力測驗，而性向測驗卻包含了創造力測驗，或其他專門的知識、技巧領域，成就測驗衡量的範圍多與學習的內容有關，範圍固定。

三、根據精熟學習的觀點，所謂性向是指：(A)能力　(B)創造力　(C)學習速度　(D)學習成就　　　　　　　　　　【花師 87】

答☞：(C)（學習是時間的函數）

四、名詞解釋：Aptitude Tests。　　　　　　　　　【高師大 88】

答☞：

性向測驗，性向是指未來發展的潛能，性向測驗可分為綜合性向與單科性向測驗，通常性向測驗是屬於典型表現測驗，比較重視預測效度。

五、下列何者不屬於創造力的主要特性？(A)批判性　(B)流暢性　(C)變通性　(D)獨創性

答☞：(A)

六、下列哪項敘述最接近心理學界對性向（aptitude）的界定：(A)個體的潛在能力　(B)個體的學習成就　(C)個體的人格特質　(D)個體的情緒表達方式　　　　　　　　　　【彰師 87】

答☞：(A)

七、創造力如何評量？如何進行創造思考教學？　【高師 88】

答☞：

㈠如何進行創造思考教學：

騰柏烈克（Timberlake, 1982）提出 15 項創造思考教學的原則（陳龍安，民 87）：

1. 教室氣氛應儘量保持平衡，既不太過份嚴肅，但也不過於輕鬆。
2. 容許學生有機會從事獨立學習的工作。
3. 教師應以耐心及彈性來處理教室內的突發事故。
4. 給予學生嘗試錯誤的機會。
5. 鼓勵學生提出不平凡或則重要性的問題。
6. 讓學生了解一般習慣性或一成不變的活動（例如點名）本身的必要性，以及是否浪費時間或則讓學生有充分表達的機會。
7. 讓孩子有遊戲的機會，而且儘量提供不同的材料讓孩子操作。
8. 在進行美術活動時，儘量讓學生使用多樣性的材料，鼓勵學生的原創力，而不要單純的複製。
9. 鼓勵學生多嘗試，從做中學。
10. 讓學生嚐試各種不同的方式來表達自己。
11. 教師與學生共同分享創造的結果。
12. 對學生的創造力加以保護，避免受其他學生的嘲笑或批評。
13. 充分的運用社會的資源，包括圖書館、工廠、家長、或有創造力的社會人士。
14. 與學生家長溝通，使家長能夠充分支持學生創造力的活動。
15. 教師本身也應該俱有創造力，勇於嚐試。

㈡創造思考的教育策略有：

腦力激盪術；分合法：使熟悉的事務變得新奇（由合而分），使新奇的事務變得熟悉（由分而合），包括狂想

類推（fantacy analgy）、直接類推（dircet analogy）與擬
人類推（personal analogy）、符號類推（symobolic anal-
ogy）；聯想技術（association techniques）；單字分歧聯
想訓練；夢想法（big dream approach）；敏覺活動
（awareness）；懷那創造思考策略等。

㈢創造力思考的評量：

依 Nunnally（1970）提出的標準為：⑴一般能力；⑵人
格特質；⑶不尋常運用；⑷特殊事件之獨特反應；⑸流
暢性；⑹創造性產品；⑺對問題之巧妙反應；⑻知覺測
驗。

創造思考的評量方式有：

1. 擴散思考測驗（tests to divergent thinking）。

2. 態度與興趣量表（attitude and interest inventory）。

3. 人格量表（personality inventories）。

4. 教師推薦（teacher nominations）。

5. 同伴提名（peer nominations）。

6. 傳記量表（biographical inventories）。

7. 視導者評定（supervisor ratings）。

8. 作品的評斷（judgement of products）。

9. 名人研究（eminence）。

10. 創造活動及成就之自我報告（selfreported creative acti-
vities and achievement）（陳龍安，民88）。

第二十三章

成就測驗

成就測驗（achievement test）在教學上使用非常的廣泛，其目的在衡量受試者經過學習以及訓練之後的成果，有時亦稱為「教育測驗」（educational test）或「學科測驗」或「學力測驗」，一般的成就測驗著重受試者獲取知識與技能的能力，但也有些成就測驗旨在衡量受試者從學習中所習得的態度與鑑賞的能力。智力測驗與成就測驗有許多重疊之處，兩者的相關頗高，但智力測驗是在衡量一般的心理能力，而成就測驗卻和特定的教學目標與教學內容有關。

　　成就測驗的類別，若以其功能來劃分有考量學習成效的總結性測驗，診斷特殊學習困難的診斷性測驗，可以做為分班分組參考的安置性測驗等，種類很多，其主要的功能有（黃元齡，民82）：

1. 可以作為教師教學評鑑的參考。
2. 可以診斷學生的特殊學習困難，做為補救教學的參考。
3. 可以作為教育研究或調查之用，比較各校、各班的成就水準，或則比較不同類型的學校、性別、區域的成就水準。
4. 評估教育計畫的實施成效，作為改進教學與教材的依據。
5. 可以鑑定通才與專才，作為人事甄選的依據。
6. 可以協助教師作為教學評量的標準之一。
7. 可以激發受試者的學習動機，以便促進教學。但，成就測驗亦有下述的缺點：
   ①標準化的成就測驗容易造成教學與評量的齊一化，而忽略了個別差異，並且壓抑了創造力。
   ②若過分強調比較與測驗分數的高、低，容易造成為考試而教學。
   ③有些成就測驗過度重視瑣碎知識的記憶，而不重視學生獨立思考與問題解決能力，容易造成填鴨式教學。

一、標準化成就測驗

成就測驗可以依其標準化的程度分為標準化成就測驗（standardized achievement tests）與教師自編測驗兩種，標準化成就測驗的特徵為：

1. 試題的品質較教師自編測驗為高，標準化測驗都是由專家所編製的，會考量到試題的信度、效度、難度與鑑別度等分題，通常有經過預試，若某些題目不符合測驗的目的則加以修改或刪除。

2. 有施測與計分的說明：為了達到客觀，其施測的程序都加以標準化，計分的標準亦有一定的規定以減少測驗的誤差。

3. 有常模可供分數解釋的參考：標準化測驗會建立依測驗目的而選取的常模，例如百分等級常模、標準分數常模，有時亦可依測量的需要而建立地區性常模或特殊團體常模，這些常模可以顯示受試者的相對地位。

4. 有指導手冊：標準化測驗的實施程序、計分標準、信度與效度資料都會記載於指導手冊之中。標準化測驗與教師自編測驗之比較如下（郭生玉，民88）：

比較內容	標準化測驗	教師自編測驗
使用目的	適用於測量範圍比較廣的課程目標，或用在評鑑目的上（班級間、學校間之比較）。	適用於教師所製訂的教學目標以及班級內同儕的相互比較。
內容取樣	目的在測量多數學校的共同學習內容，取樣的範圍是由測驗專家、教師以及課程的學者們共同決定的。	目的在測量特定的學習內容，取樣的範圍由教師自行決定。
試題的品質	試題都經過專家研議，因此品質很高。	通常試題的品質較低。
信度	標準化測驗的信度很高，一般在0.8以上。	一般沒有估計信度，因為取權以及時間上的限制。

| 實施與記分 | 實施與記分標準化，有一定的程序 | 實施與記分富有彈性，有時有主觀判斷的成份。 |
| 分數之解釋 | 依指導手冊所規定，有常模可供對照。 | 可以依班上的相對地位量數或精熟學習的標準。 |

二、成就測驗的實施程序（黃元齡，民 82）

　　成就測驗的實施程序一般分為三個步驟：(1)先實施綜合成就測驗（achievement test battery），以便了解學生在各科目上的一般能力；(2)再進行分科成就測驗，其目的在更深入的了解各科的學習結果；(3)如有必要再實施診斷性測驗，目的在找出持殊的學習困難，以便實施補救教學。

三、綜合成就測驗

　　綜合成就測驗在測量共同的學習目標與內容，在美國最負盛名的綜合成就測驗是史丹佛成就測驗（Stanford achievement test, 1953），簡介如下：

㈠編製者

　　史丹弗成就測驗的歷史很早，由凱莉等五人——Kelly. T. L. Madden. R. Gardner, E. F., Terman, L. M. 以及 Ruch, G. M. 所編定的。

㈡測驗內容

　　共有四個測驗組合（test batteries），適用於不同的年級：

　　1.幼級量表，適用於 1～2 年級，內容包含有段落大意測驗，字義、拼字、算術推理與計算。

　　2.初級量表，適用於3～4年級，內容包含段落大意測驗，字義、拼字、語言、算術推理與四則運算。

3. 中級量表適用於5～6年級，內容包含段落大意、字義、拼字、語言算術推理、四則運算、語言習慣、社會常識、科學常識與學習方法。

4. 高級量表，適用於7～9年級，其內容與中級量表相同。

其測驗的內容儘量避開鎖碎性的記憶問題，而重視概念的理解。

四、單科成就測驗

目的在衡量特定學科的成就水準，例如國語科成就測驗或社會科成就測驗，一般來講，單科成就測驗（specific subject test）的編製原理與綜合成就測驗類似，只不過單科成就測驗的範圍比較窄，但題目更為深入，單科成就測驗的優點有（郭生玉，民 88）：(1)更適合特定的學科或教學目標；(2)因為其測驗的題數（指相同概念）比綜合成就測驗為多，所以比較可靠，而且也更具有代表性，可以作為診斷之用；(3)比較能夠配合班級的教學，但是其缺點是各種單科成就測驗所使用的樣本都不一樣，因此無法進行不同單科測驗（或不同科目）之間相互的比較。單科成就測驗的適用時機有（郭生玉，民88）：

1. 若受試者在綜合成就測驗的某科表現不理想，可以接著實施單科成就測驗以獲得更為詳細的資料。

2. 有些綜合成就測驗並未包含特殊科目，例如：作文、書法、圖畫等，因此只能使用單科測驗來衡量其特定的能力。

3. 可以做為學生選課，或則人員甄試的參考，例如某學生對學醫感到興趣，可以實施單科成就測驗以了解其學習成功的可能性。

單科成就測驗亦可以分成三類：(1)知識測驗，目的在評量學生對某科的知識學到多少，例如，常識測驗；(2)能力測驗，目的在了解學生對文字與數學的使用能力，例如國語科測驗；(3)品定量表，目的在評定學生作業（品）的成績，例如作文量表。

研究所曾考過如何使一個主觀測驗（例如作文）變得更客觀的題

目，以下筆者針對作文評分來解說。作文的評分一般屬於主觀方法，要將其客觀化較為困難，原因是：(1)有時作文的好壞會受到內心情感或則情緒因素的影響而有所變動，有時靈感來時，寫得較好，因此只憑一兩次的表現來斷定學生的作文成就可能有失公允；(2)作文的好壞有許多的影響因素，包含文筆的生動，結構、通順、標點符號、創意、立論正確、觀點等，其間各因素所佔的比例各是多少，恐怕是見仁見智的，而且不同型態與目的的作文，所強調的重點亦不相同。

㈠作文能力的評量方法（黃元齡，民82）

為了提昇作文的評分客觀性，有下述方法可茲使用。

作文基本能力測驗法

其方法是將作文能力分析轉變為一些基本能力，例如造句、語句重組、選擇替代字、解釋、標點符號的運用等，然後依照這些概念來編製標準化的作文量表，其優點是評分客觀，而且可以診斷學生各能力的差異，但其缺點是，到底作文應具有那些基本能力，到目前為止，尚無定論，而且，也沒有實證資料指出在作文量表上得高分者，其作文能力傾向較佳。

多段短文寫評法

其方法是多出幾種不同類型的短文題目（例如抒情文、記敘文等），而且事先規定各短文的評分標準，各段短文的總和即是其作文的成績。其優點是：(1)題目的取樣範圍與類型較廣，可以比較學生的不同知識背景，以及不同文體的寫作能力；(2)各段都有一定的評分標準，可以減少主觀因素的影響；(3)評量結果可以作為診斷之用，可以知道學生作文能力的優點與限制，此種評量方式要比一次長篇作文的評量方式更具有信度，其信度高達 0.87。

作文量表

所謂作文量表是教師事先提供不同等級的作文範本，再以學生的作文與量表上的範本相互比較來決定作文成績。

作文評定量表法

依作文的特性事先決定數項有關作文品質的評分項目，放置在作文量表裏，最後再依作文的整體表現予以評分。例：林元明編之「多段短文寫作測驗」，其內容（量表甲）。舉例：

1. 書寫適當題目，給一篇短文，學生在看見短文之後，必須為短文想一個適當的題目，其評分標準是：

   0：未寫

   1：所寫的題目與文章內容不符

   2：所寫的題目與文章內容接近

   3：所寫的題目已把握住文章的重心

   4：所寫的題目正確完善

2. 請用完整的句子書寫作文綱要，題目是「運動的重要」其評分標準為：

   0：未寫

   1：分條列舉，語句完整

   2：分條列舉，切合題意

   3：有重心

   4：層次分明

3. 請你寫一段短文，記述「國民小學運動場上平常活動的情形」。

   給分標準：

   0：未寫或文不對題

   1：點出國小運動場

   2：寫出運動場上平常的活動

   3：記述清楚

   4：記述生動

其他尚有 7 題，限於篇幅，不再贅述。

五、診斷測驗（郭生玉，民88）

診斷測驗（diagnostic test）是針對學習困難的診斷，一般有三種功能：(1)診斷學生造成錯誤的類型；(2)提供教師回饋，以便了解學習過程中的困難與順序；(3)作為提供補救教學的依據。診斷測驗與綜合成就測驗不同的地方有：(1)診斷測驗有更多的分測驗與題目，可以詳細的分析，診斷知識的構成要素以及學生造成錯誤的共同原因；(2)診斷測驗是當學生有學習困難時再加以施測，故其難度較低，而且其難度有層次之分，但診斷測驗具有兩項缺點：(1)因為各分測驗（更為細小的知識與技能）的題目較少，故信度比較低；(2)各分測驗的分數彼此相關太高，不具有區辨效度。在使用診斷性測驗時應該注意：

1. 診斷性測驗是專門為低分的學生而設計的，可以幫助發掘學習困難所在，但是，卻無法了解學生的精熟度。
2. 診斷測驗可以找出學生的典型錯誤，但無法證明造成錯誤的原因，因為其因素可能相當複雜（能力、動機、生理因素〔聽力、視力〕等），所以教師在設計補救教學時應該考慮到學生的各種潛在因素，例如，家庭因素、智力、同儕關係、認知缺陷、生理缺陷、情緒因素、或文化不利的影響等。

例 數學能力診斷測驗

(a)編者：由吳武典、陳榮華所編製，其功能是雙重的，可以總分做為數學成就的指標，以分測驗做為分析診斷之用。

(b)適用對象：幼稚園至國小六年級生。

(c)測驗內容：共有 15 個分測驗，約需 1 小時來完成，可分為三種領域：

①領域一：概念：此部分的測驗旨在評量數學的基本知識與概念，包含有四個分測驗：整數、分數與小數、圖形

與空間、術語與符號。

②領域二：運算，旨在評量四則運算、心算與數字推理能力。

③領域三：應用，是指數學概念的使用，包括下列分測驗：情境推理、金錢、測量、時間與統計圖表。

(d)信度與效度

各分測驗的再測信度係數（間隔 10 天）介於 0.44～0.92 之間，全測驗的信度為 0.94；庫李信度係數，各分測驗介於 0.48 至 0.92，全測驗為 0.98。在效度的建立上，測驗分數與數學成績的相關為 0.54～0.88，各分測驗間之相關為 0.06 至 0.78，本測驗的各分測驗成績與總分都有隨年齡之增加而增加的趨勢（建構效度）。

歷屆試題

一、教師自編的成就測驗往往較重視內容效度（content validity），請敘述如何增進教師自編的成就測驗的內容效度。【成大88】

答☞：

㈠確立教學目標。

㈡依數學目標與教學內容發展雙向細目表。

㈢考慮教學目標、雙向細目表（邏輯判斷）選擇適當的題型以及試題取樣的範圍。

㈣依出題原則出題。

㈤避免無關因素的干擾，例如：作弊、反應心向、測驗的焦慮、練習因素、猜測因素、誤答、指導語說明不清楚等。

㈥避免測驗的偏差（biased），這些偏差可以包括：(1)對少數族群不利的文化、種族和語言的偏差；(2)對社經地位較低者不利的偏差或則性別上的偏見。

㈦使用三角測量法：亦即使用不同的方式來評量學生可以

提升測驗的效度，例如使用紙筆測驗與觀察法來同時評量學生的表現以及相互的印證。

(八)一般教科書會建議使用客觀式題目以增加效度，但是，客觀式題比較無法衡量高層次的思考，若教學的目標包含培養學生高層次思考的能力，則還是應以主觀式問題搭配客觀式問題。

第二十四章
人格測驗

人格測驗的重要性與智力測驗相當，亦為研究所的考試重點，尤其是心理或輔導研究所，人格的衡鑑方式亦相當的多元，而有趣、有關人格以及人格的衡鑑考題相當的多，層次亦即為複雜，可以參考筆者所出版的「普通心理學」。

一、人格的意義

　　人格的定義非常的複雜，範圍極廣，不同的學派對人格有不同的看法，顯現人類人格的複雜性，同時由於對人格的定義不同，基本上其研究評量取向亦不盡相同，以下介紹一些人格的定義：

1. E. Jerry Pharses：「『人格』是一組具有特徵的思想，感情和行為模式，它可以區分每個人和他人之不同，而且在不同的時間和情境中具有持久性。」（林淑梨、王若蘭、黃慧真，民83）

2. 佛洛依德觀點：人格的理論受佛洛依德的影響極大，其理論包含四個要素：(1)人格的結構是由本我（id）、自我（ego）以及超我（superego）三部分所組成的；(2)三個我之間彼此衝突、協調而產生動力，但多數的動力系來自潛意識；(3)人格發展觀點：佛洛依德由性的觀點來觀察兒童人格的發展，共分為五個時期：口腔期（oral stage， 0～1.5 歲）、肛門期（anal stage，1.5～3 歲）、性器期（phallic stage，3～6 歲）、潛伏期（latent stage，6歲至青春期）、兩性期（genital stage，青春期以後），佛洛依德重視性的欲力以及早期生活經驗的影響，認為成年人的動機與行為是受到這兩股動力的控制，故其對人格的看法是屬於背動的。

3. 行為學派的觀點：行為學派的代表人物如華森、史金納、桑代克等，他們認為行為習慣的養成是透過刺激與反應間的聯結，否認心智作用的存在，認為人格完全是由後天環境所塑造的，華森就曾說過，給他一打小孩，他可以培養他們成為律師或小

偷，這種觀點完全否認了人的自主性。

4. 人本學派的觀點：人本學派的代表人物有馬斯洛與羅吉斯，他們對人的本性持較為樂觀的看法，認為人基本上是自主的而且有自我實現的本能。

5. 認知學派觀點：代表人物有皮亞傑，蓋聶等，皮亞傑認為人格是由一些基模所組成，例如性別角色基模、工作的基模等，這些基模是我們從小到大不斷的演化而成，例如在我們的性別角色基模裏即規範了什麼是男生或女生應該的，什麼是男生或女生不應該的。

6. 生理心理學模式：屬於微觀的研究，目的在了解生理與心理（人格）間的關聯性，有越來越多的證據顯示兩者的關係密切，例如有些失眠是由心理因素產生的，更為極端的病例，例如，精神分裂症、強迫症、恐慌症、反社會人格異常等，這些人格上的變異可能多少與生理或心理的失衡有關。

其他很有許多不同的學派，例如新佛洛依德學派、社會學習論、戲劇分析、符號互動論或則從哲學、政治學等，林林總總看法不一。雖然如此，但多數學者認為人格具有下列的特性（黃元齡，民82）：

1. 整體性：人格是由個人與環境交互作用而產生的，具有許多的特質：思想、興趣、習慣、健康、語言、能力、經驗、面貌等，同時我們在形容一個人的人格時，也往往是有許多面向的，例如，我們可能形容某個人是友善的、誠摯的、重視外表的、小氣的、不準時的，亦即一個人的人格表現是多面向的，而這些因素綜合組成一個人的人格整體。

2. 獨特性（distinctiveness 或 individuality）俗話說人心不同，各如其面，每個人由於成長的背景不同，學、經歷不同，對事務的觀點也不一致，使得我們的人格互異。

3. 有機性：人格內的各特質間是一種互相關聯的整體，不同特質之間可以相輔相成，例如：某人是外向的、多言的、善交際

的，同時亦可以相互衝突而自我矛盾，例如某人可能既是善良的，但有時又是自私的（只對自己好，有私德而沒有公德），事實上，人格是同時具有和諧的一面與矛盾的一面。

4. 發展性：人格是動態動的，我們無時無刻不在變動中，我們的經驗，遭遇的事務、環境等不斷的影響我們的人格，在多數的時候人格的發展是漸進的，但也有些時候人格具有重大的變動（例如遭遇重大事故、頓悟），艾瑞克森就認為人格的發展是持續一生的。

5. 持久性：俗話說「江山易改，本性難移」，雖然人格具有變動性，但大體而言，多數人的人格是具有相當的隱定性與持久性，這樣我們才容易與人相處，知道彼此之間的互動模式。

由於人格的面向極為複雜，其評量的對象與內容亦即為廣泛，以下介紹各種人格的衡鑑方法。

二、自陳量表

所謂自陳量表（self-report inventories）是指提供一組刺激或題目，然後要求受試者依自己的感覺來做答，其先決條件是受試者必須是誠實的，而且願意將心中的感受表示出來，即使表達出來的觀點不符合社會的期待，多數標準化紙筆測驗的人格量表是採用自陳量表的型式。

自陳量表的效度建構有四種方式（郭生玉，民 88）：(1)內容效度法（content validation），例如邀請專家來決定人格測驗題目是否有效；(2)經驗效標記分法（empirical criterion keying），其方法是尋找效標，然後求人格測驗結果與效標間的關係，方法之一是使用對照組法，例如取得醫院精神科的病例與正常人做比較，看兩者在人格測驗的某（些）特質上有無明顯的差異；(3)因素分析法（factor analysis），因素分析法的目的是將許多複雜的人格特質予以分類，例如：榮格將人格分為內向與外向，如果我們可以使用因素分析將不同的人格特質

分為內向與外向兩類，則可以證明榮格的假設是正確的；(4)人格理論法（personality theory），不同的人格理論常需要發展不同的衝鑑方法來證明其理論的正確性，例如有名的投射測驗，若其測驗的結果在多數解釋上是正確的，則可以證明佛洛依德在自我防衛機轉中所提出的「投射」假設是正確的。此外，還有預測效度，目的在預測受試在某特定情境中的可能表現，此種效度對人事甄選及輔導上特別的重要。

(一)自陳量表的優點與限制（林淑梨、王若蘭、黃慧真，民83）

自陳量表的優點：

1. 自陳量表的施測簡便，且可適用於團體，較符合經濟效益。
2. 由於計分與解釋較容易，評量者不需要接受特別專門的訓練。
3. 由於評分較客觀，所以信度較高。
4. 自陳量表針對團體、一般的特殊目的比較有效，但對個人行為的預測力較差。

自陳量表的缺點：

1. 自陳量表是假設受試者能誠實作答，但是，卻很難防止受試者為了某些目的而控制答案，給予別人某種印象（例如應徵工作）。
2. 自陳量表要求受試者依照自己的感覺與想法來作答，但，有時受試者的自省能力不夠，或則對自己的看法不正確，會造成作答上的偏誤。
3. 自陳量表要求受試在選項中選擇一個適合自己的答案，有兩個缺點：第一是比較武斷，有可能選項中沒有合適的答案，但還是要選，另一個缺點是受試者無法針對問題與回答詳細的予以補充，使得選項傾向膚淺。
4. 有時受試者誤解題意或不甚了解題意而造成誤答。
5. 有些問題不同的人有不同的觀點，使對行為解釋的效度下降。
6. 有些量表的組成因素甚多，包含情緒、人格特質、認知、需求等，若單從總分來比較學生間的差異，是不精確的。

㈡自陳量表的實施（黃元齡，民80）

教師在選用與施測時，必須注意下列的事項：由於自陳量表的最大限制是受試者可能不據實回答，為了要促進其誠實回答，有下述的方法：

1. 以受試者的立場來建構問題，預防其答題時有自我防衛的心態。例如：不要問：你經常作弊嗎？而要改為：跟據調查的結果顯示，多數人都曾經作弊，請問您　□經常　□偶爾　□從不作弊？這種間接的測量方式，對有關道德或隱私的敏感性問題較有效。

2. 在施測之前必須與受試者溝通，測驗的目的並不是在考試，或則作記錄，而是在輔導學生、請學生安心作答。

3. 必須告訴受試者其人格測驗結果與成績的評量無關，請學生儘量誠實作答。

4. 向學生保證測驗的結果一定守密，相關人員如果要調閱資料，必先經過學生本人的同意。

5. 有些自陳量表可以記名，也可以不記名，研究發現不記名的信度比較高，可以適用在團體身上，作為研究、比較之用。但對於個案輔導則需加以記名。

6. 為了避免受試在答題時有「趨中效度」或偽裝（faking）可使用強迫選擇式的選項。

7. 有時評量者可以適度的隱藏測驗的目的，以避免受試者依測驗目的來作答，而扭曲了測驗本來的意義。

8. 在問卷中加入測謊分數來查證受試者是否自我防衛心太強，例如在明尼蘇答多項人格量表中即有測謊分數（lie scale）。

9. 若受試者不了解題意，教師可以鼓勵其發問，或則對於不懂的文字的小朋友或新近移民、文盲，亦可以唸題目的方式來協助。

10. 在登記完受試的分數之後，亦應將答案加以保存，可以由中判

斷受試的作答反應心向。

11.自陳量表只適合做為輔導的參考，不適合作為人事甄選的依據。

12.自陳量表有其先天的限制，在評量一個人的人格時應該要多方收集資料，相互驗證，以免以偏概全。

(三)明尼蘇答多項人格量表

明尼蘇答多項人格量表（Minnesota multiphasic personallty inventory）是使用最廣的問卷之一，共包含550個肯定的敘述句，受試者依本身的狀況回答「真實」、「不真實」或「不確定」，或則「是」、「否」、「不一定」等三類答案，施測的方式分為三種：(1)將題目印在卡片上，要求受試者分成三類，適合於程度較底的受試者；(2)將題目印在題本上，受試者依序做答，是目前最普遍的方式；(3)對於有身心障礙者尚有錄音帶的版本。

測驗內容

MMPI的測驗內容極為廣泛，包含有身體健康、神經失常、動作失調、身心疾病症狀、性、宗教、社會及政治態度、職業、教育、家庭以及婚姻問題，以及精神上的行為失常，例如強迫性觀念及行為、錯覺、幻覺、恐懼症以及虐待的傾向等；MMPI共有十個「臨床量表」：

1. H_s：憂鬱症（Hypochondriasis）。

2. D：沮喪（Depression）。

3. H_y：歇斯底里症（Hysteria）。

4. P_d：精神錯亂（Psychopathic Deviate）。

5. M_f：男性化—女性化（Masculinity-Feminility）。

6. P_a：妄想症（Paranoia）。

7. P_t：心理衰弱（Psychasthenia）。

8. S_c：精神分裂症（Schizophrenia）。

9. M_a：狂躁症（Hypomania）。

10. S_i：社會性內向（Social introversion）。

校正方法

除以上十個量表之外，MMPI尚包含有三個效度量表，這是研究所的熱門考題，這三個量表是用來校正自陳量表所可能犯的一些錯誤：裝病、偽裝、粗心、誤解題意等，他們是：

1. 說謊分數（Lie score）（L）：說謊分數由某些題目所組成，題目的特色是使受試者感到雖然他想表現出較好的一面，但是卻無法依其本身的意願來作答，例如：我不喜歡所有我所認識的人。

2. 效度分數（Validity score）（F）：這些題目包含一些不受歡迎的行為（但非變態的行為），多數人不太可能表現出類似症狀的所有症狀，因此，當F分數太高時，表示有記分錯誤、回答時粗心大意、違反常態、或則有故意裝病的現象。說謊分數以及效度分數是用來對測驗的整體進行評估，若其中任何一項的分數超過一個特定的值，則測驗的結果可能無效。

3. 校正分數（Correction Score）（K）：K分數在評量受試者應試的態度，與L分數及F分數均有關，K分數高時表示自我防衛心過強或企圖偽裝君子（fake good），但是當K分數低時，表示過分的坦白，自我批評或試圖「裝作壞人」（fake bad）偽裝成好人是一般人共有的傾向，與符合「社會期許性」的意義接近，但為何有人故意希望給自己創造出不好的形象？原因之一可能是為了要脫罪，因為某些人可能因為被證明有心智不正常的現象而得以減輕刑事責任。K分數一般被視為抑制變項（suppressor variable），評量者可以依照K分數來計算出一個校正因子，然後將分數與臨床量表上的分數相加而求得校正後的分數。

MMPI的信度介於0.46至0.90之間，但某些量表較缺乏信度，在解釋上則有T分數常模及側面圖，在以側面圖解釋時，應該同時考慮受試者之性別、年齡、教育程度、社經地位、種族以及心理與社會環

境等因素。

㈣加州心理問卷

加州心理問卷（California Psychological Inventory, CPI）主要是針對正常的成年人而設計的，有一半的題目是來自 MMPI 共有 462 個題目，20 個分量表；答題方式只有「是」與「否」兩種選項，CPI 也有三個「效度」量表，用來評估受試者的態度，他們分別是：⑴幸福感（sense of well-being, Wb），是以一般人「裝作壞人」時的反應為基礎而設計的；⑵好印象（good impression, Gi），則是以一般人裝作好人為基礎而設計的；與⑶自治（communality, Cm），是以一般最常有的反應的出現率為基礎而設計的。除此之外，尚有 17 個分量表，所衡量的人格特質包含有：支配性、社交性、自我接受、社會化、責任感、自我控制、順從成就（achievement-via-conformance）、獨立成就（achievement-via-independence）、同理心以及獨立性等。

CPI的解釋上可以轉化為平均數 50，標準差為 10 的標準分數，以及進行側面圖的分析，此外，在對 CPI 20 個量表進行因素分析之後發現可以歸納成三個主要的因素：⑴內向性與外向性；⑵遵循傳統道德與質疑或拒絕傳統道德；⑶自我理解與整合意識。

三、因素分析

有些心理學家主張使用因素分析（factor analysis）作為研究人格的工具，其中最著名者是卡泰爾，他也是認為人格是由許多不同的特質所組成的人格特質論者、早期心理學家阿波特與歐得伯統計有超過 3000 個以上的形容詞可以用來描述人格，證明了其實人格是非常複雜的組成，而一般的人格測驗可能有窄化了人格的傾向，卡泰爾反對以相關法來建立人格測驗的信、效度，因為兩組變項間有相關卻未必就有因果的關係，卡泰爾建議改採因素分析的方式。所謂因素分析是

採用一些獨立的相關來決定那些因素會一致性的增加，或那些因素會一致性的減少，具有一致性增加或一致性減少的相關因素，一定是彼此之間有一定的共同因素（common factor）在內，因此，我們可以找出這些共同的因素，而將許多複雜的因素加以簡化。

近年來由於統計的進步，學者們（Carson, 1989; Digman, 1990）發現人格可以歸納為五個因素：(1)內向—外向；(2)友善的依從—敵意的不順從；(3)意志（或良知）；(4)神經質（或情緒性）；(5)對經驗的開放（林淑梨、王若蘭、黃慧真，民 83）。但，因素分析也有其先天的限制：(1)資料來源複雜：要從事因素分析時，所給予的資料必須是確實的，但我們對人格的衡鑑方式相當多元，其信度與效度不一，若輸入的資料本身有問題，則分析的結果自然不確實；(2)因素分析本身並不如預期的客觀：在進行資料分析的過程，我們仍需有人為判斷的因素在內，例如，因素分析的程序有兩種：直交系統（orthogonal system）與斜交系統（obligue system），直交系統的規定是因素之間是不相關的，而斜交系統的規定是因素之間可以是相關的。卡泰爾使用斜交的方法，而基爾福特卻採用直交方法，可見即使是專家也持不同的看法；(3)行為本身的複雜性：人類的行為背後的動機是相當的複雜的，有時候，在某一個情境下某些行為會產生共變而有一致性的反映，但是在另一個情境中卻未必產生共變，而因素分析卻未必能解決人類行為的複雜性。

以因素分析方法所建構的人格測驗有：(1)考氏人格量表（Comrey Personality Scale）；(2)卡氏十六種人格因素測驗兩種。

㈠考氏人格量表

考氏人格量表係以因素分析方式建構八個人格量表，它們是：

1. T：信任與防禦（trust vs. defensiveness）。
2. O：規律與缺乏強迫性（orderliness vs. lack of compulsion）。
3. C：社會順從與反叛性（social conformity vs. rebelliousness）。

4. A：積極與缺少活力（activity vs. lack of energy）。

5. S：情緒穩定與神經過敏（emotional stability vs. neuroticism）。

6. E：外向與內向（extraversion vs. introversion）。

7. M：男性化與女性化（masculinity vs. femininity）。

8. P：同理心與自我中心（empathy vs. egocentrism）。

考氏人格量表的作答方式是屬於七點量表，由「總是如此」至「從不如此」，其折半信度介於.80至.90之間。

㈡卡氏十六種人格因素測驗

卡氏十六種人格因素測驗（Sixteen Personality factor Questionnaire, 16PF）係收集了字典、精神醫學以及心理學文獻中有關的人格特質加以分析而成（使用因素分析法），我國學者劉永和於民國 58 年加以修訂推廣，適用對象為高中以上的成人或學生，整個測驗需時 50 分鐘。本測驗共有 187 題分別測量十六種人格特質，它們是（郭生玉，民 88）：

1. 樂群性（warm, sociable）。

2. 聰慧性（bright, intelligent）。

3. 穩定性（mature, calm）。

4. 恃強性（dominant, aggresive）。

5. 興奮性（enthusiastic, talkative）。

6. 有恆性（conscientious, persistent）。

7. 敢為性（adventurous, thick-skinned）。

8. 敏感性（sensitive, effeminate）。

9. 懷疑性（suspecting, jealous）。

10. 幻想性（bohemian, unconcerned）。

11. 世故性（sophisticated, polished）。

12. 憂慮性（insecure, anxious）。

13. 實驗性（experimenting, critical）。

14.獨立性（self-sufficient, resourceful）。

15.自律性（controlled, exact）。

16.緊張性（tense, excitable）。

本測驗之再測信度（間隔一週）係數介於.61～.92 之間；而效度的建立係以建構效度為主，與效標間的相關係數介於.74～.92 之間，並且建立男生與女生的常模。

四、人格理論法

人格測驗亦可以人格理論為基礎而發展成功的，其試題的編寫與計分，完全是以人格理論為標準，其中以「愛德華斯個人興趣量表」較著名。「愛德華斯個人興趣量表」（Edwards Personal Perference Schedule, EPPS）係以心理學家墨瑞（Henry A. Murray, 1893～1988）的需求系統理論為基礎而發展的，墨瑞試圖以人類的需求來詮釋人格，認為我們可以經由人們對需求的滿足過程來瞭解一個人的人格，這包括個人企圖在思考上，情緒上與行為上組織起來以滿足需求，墨瑞將需求分為初級（primary）的需求偏向於生理方面的滿足，例如飲水與食物；以及次級（secondary）的需求例如：親和需求等。

㈠愛德華斯個人興趣量表之內容

本測驗共有225 對的敘述句，各對的敘述句之社會期許性接近，受試者必須從每對的敘述句中選擇一句較符合自己的陳述，但其中有15 題是重複的敘述句。本測驗適用於高中生或大學生，測驗的時間大約是 1 小時，共可以衡量15 種的需求：

1.成就性（Achievement, Ach）：是指盡個人最大的努力以解決困難並完成工作。

2.順從性（Deference, Def），指按照規定或習慣來作業，並且接受別人的建議與指示。

3. 秩序性（Order, Ord）：做事有計畫，按部就班。

4. 表現性（Exhibition, Exh）：喜歡引起別人的注意，方法是使用機智的言語或行為或談及自己的豐功偉業，或則問一些別人無法回答的問題。

5. 自主性（Autonomy, Aut）：嚮往自由，不喜歡受規則或習俗的約束。

6. 親和性（Affiliation, Aff）：喜歡與人交往，參加團體活動，並且對於朋友能夠忠實。

7. 省察性（Intraception, Int）：對自身的動機與情感能夠有所反省，並且具有同理心，常設身處地推論別人的想法。

8. 求援性（Succorance, Suc）：希望能從他人得到鼓勵、支持與協助，若遇困難時，希望能得到他人的同情與關心。

9. 支配性（Dominance, Dom）：具有領導的欲望，喜歡支配或影響他人，為他人所接受，有時會為自己的主張辯護。

10. 謙遜性（Abasement, Aba）：覺得自己不如別人，在長輩面前顯得畏縮不安，常感覺慚愧。

11. 慈愛性（Nurturance, Nur）：對人仁慈厚道，樂於助人。

12. 變異性（Change, Cha）：喜歡交新朋友，旅行或嚐試新的事務。

13. 堅毅性（Endurance, End）：做事情有始有終，雖遇困難，不輕易改變其決心。

14. 愛戀性（Hetero-sexuality, Het）：注意異性，喜歡結交異性。

15. 攻擊性（Aggression, Agg）：喜歡批評相反的意見，遇到別人攻擊時，一定予以報復，若有問題發生時，常責怪他人。

㈡本測驗的信度與效度

重測信度（間隔6個月）之係數介於 0.38 至 0.85 之間，各心理需求之信度則介於 .57～.86 之間，效度則是依墨瑞的需求理論而建構的，是屬於構念效度，已經建立大學男、女生的百分等級常模以及T分數

常模，並可以製作 15 種心理需求的側面圖。

五、投射技術

投射是心理的想法或感覺移轉至某事務身上，例如當我們看到天空裏的一朵雲彩，有人會說像一隻狗，另一個人說像其他東西，同樣的雲彩，卻會引發不同的聯想，主因是人們內在的心境不同所致，一般傳統的心理測驗，題目傾向結構化，有時會引發受試者之社會期許性行為而有偽裝的疑慮，解決之道，就是改用其他方式的人格評鑑，其中之一就是所謂的投射技術，依郭生玉（民 88）的定義，所謂投射技術是：提供一些意義模糊不清的刺激，讓受試者自由反應。在這種情況下，受試者常不知不覺將其內部的情感、態度、需要、價值、情緒、動機與人格特質等投射到其反應之中。如果刺激愈無結構和模糊不清，受試者愈能夠將其真正的反應所建立的，若受試者的反應在常模上找不到，則屬於「個別的反應」，在比較正常人與精神失常者兩組的差別之後，發現心智失常者有較多的「個別性反應」，但其缺點是，實微研究發現反應的次數與品質是會隨著受試者的年齡、社經地位、文化背景與創造力等因素之不同而變異，因此，若要正確的解釋，必須要建立各種的特殊團體（subgroup）常模。

林淑梨、王若蘭、黃慧真（民 83）指出，投射技術具有三個基本特性：(1)測驗的刺激通常是模糊不清的，例如沒有結構的圖片，或墨漬；(2)方法是間接的，受試者比較無法察覺測驗的真正目的，因此較不會偽裝；(3)反應具有更大的彈性，不僅只是五點量表或「是」、「否」的回答方式而已，但投射測驗也有其限制，最大的缺點是解釋上的困難——不具客觀性，有些研究指出投射測驗所引發的受試者反應常受到當時、暫時性的施測情境所影響，同時，評鑑者對反應的解釋也有主觀涉入的個別差異存在。總而言之，投射測驗的優點是可以探索受試者更深層的人格特質，而其缺點是缺乏客觀性。

(一)聯想技術

　　佛洛依德認為動機的根源在潛意識，因此，只要能開啟潛意識就可以知道人們行事的原因，而進入到潛意識的方法有自由聯想、夢的解析與催眠，而投射測驗中所使用的技術之一就是聯想技術（association technique），其方法是提供一些外在的刺激（圖片、單字、詞語、墨漬），要求受試者對刺激自我的聯想，並且表示出來，以下介紹一些著名的測驗：

羅夏墨漬測驗

　　羅夏墨漬測驗（Rorschach Inkblots Tests）係由瑞士精神科醫生Hermann Rorschach 所發展，最早於 1921 年提出，共有十張左右對稱的墨漬圖（見下圖）。在測驗時，主試者會詢問：「這張圖代表什麼？」或者「你看到的是什麼？」，除了記錄受試者對圖片的反應之外，尚需記錄受試者的反應時間、拿圖片的位置、情緒反應或則自發性意見等，其記分標準分類為四個部分：

1. 部位（location）：評估受試者對刺激的反應是注重整體或是大部分，小部分，背景或主題。
2. 決定因素（determinant）：評估受試者的反應是由圖片的那些特質所決定的，例如：顏色、形狀、明暗、或角度。
3. 內容（content）：評估受試者認為圖形是屬於何種事物：動

物、人、石塊、或其它物品。

4. 從眾（popularity），比較受試者的反應是與一般人相似或不一樣。

羅夏墨漬測驗在評分上比較困難，必須用受過專業訓練的人士來進行，有些研究者（L. B. Ames 與 Gesell）試圖建立兒童、青少年與老年人的常模。有些研究指出測驗的結果似乎與創意、年齡、智慧與教育程度相關。

文字聯想測驗

文字聯想測驗（word association test）的起源甚早，最早被命名為自由聯想測驗（free association test），高爾登（Galton）是最早有系統的整理者，之後的馮德（Wundt）與卡泰爾（Cattell）也曾經加以運用，在心理學家中對文字聯想技術貢獻最大的首推榮格（Jung），他選擇了一些刺激字來研究一般人的「情緒情結」（emotional complex），並記錄受試者對該字的反應時間、反應內容，以及外顯的情緒，此種測驗的功能之一是可以偵測出個人的內在衝突，例如，「家」這個字對多數人而言可能會聯想到安全、自在、關懷與溫暖並且伴隨著愉悅的表情，但是對某些從婚姻暴力中長大的人而言可能會聯想到驚恐、哀傷以及表現出負面的情緒。文字聯想技術亦可用來做為測謊的工具，研究發現，當人們有內在衝突時，會表現出反應阻滯（response disturbance）的現象，例如，說話停頓、加快、心跳與呼吸加快、說話結結巴巴、加強語氣等。

在文字聯想測驗中較有名的是肯－羅二氏自由聯想測驗（Kent-Rosanoff Free Association Test），其記分方式完全客觀化且有常模可供對照。此測驗一共含有100個普遍使用的中性字眼，一般人對這類的字詞，常有一致的聯想，例如：「桌子」含聯想到椅子，具計分方式，首先是觀察受試者的反應有沒有與一般的反應一致，稱為「共同性指標」（index of commonality），是由 1000 個正常成年人為樣本來

計算各種反應的次數，並且計算出 100 個刺激字的平均反應次數做為共同的指標。

㈡完成技術

完成技術（completion technique）使用在語文的投射測驗上，是提供一些不完全的敘述句要求受試者去完成它，當所提供的語句越短時，各種可能完成的句子的可能性越多。最早使用語句完成技術做為診斷性工具的是培尼（Payne），提供一些字根要求學童完成它。例如：

1. 我喜歡 _____
2. 最快樂的時候 _____
3. 我的母親 _____

受試者幾乎可以有任何型式的答案，目前使用較廣的為「羅德不完全語句測驗」（Rotter Incomplete Sentence Blank）與謝克句子完成測驗（Sacks Sentence Completion Test），羅氏測驗共有 40 個句根，比較簡單，故有較大的反應空間，但內容的變異較大，而謝氏的測驗句根比較長，意義更為確定，其評分的方式是分為 7 個等級，可以對照指導手冊的評分標準，由於評分上比較主觀，目前傾向於偏重回答的內容而不是分數，例如：若有一位學生回答我的母親對我很冷淡，則可能表示其親子關係不良。

㈢編造技術

編造技術是評分者提供一些刺激（例如圖片）之後要求受試者依據刺激來編造相關的故事，如果所提供的刺激是圖畫，則又稱為圖畫式投射技術：

主題統覺測驗

主題統覺測驗（Thematic Apperception Test, TAT）是由美國心理學家墨瑞（Murray）與其同事所發展的（1938），測驗的內容是 30 張主題曖昧的圖片（但比羅夏墨漬測驗明確）與一張空白的圖片卡，內容多為景物畫或人物，其結構性較語句完成技術為低，但較羅夏墨漬測

驗為高，主試者要求受試者依圖片的內容編造故事，基本上受試者必須具有語文的組織與表達的能力，其原理是基於個人在編造故事時會不知不覺的融入個人的情緒、生活經驗與被壓抑的潛意識。TAT的施測程序是評量者先閃示圖片卡，然後問受試者圖中發生了什麼事，為什麼會發生？如果繼續發生下去會造成什麼結果？而空白卡片的施測則是要求受試者想像卡片中有一幅畫，並依此編造事事，評量者並且鼓勵受試者儘量發揮想像力，TAT一般適用於成年人，近年來也針對兒童與老年人發展，有專門針對 3 歲至 10 歲兒童使用的「兒童主題統覺測驗」（Children's Apprecetpion Test, CAT），其測驗內容則以動物畫為關係、親子關係、大小便訓練、攻擊性及其他問題。另外也有適合老年人使用的「老人主題統覺測驗」（Gerontological Apperception Test）與年長者主題統覺測驗（Senior Apperception Techniques）可用來分析年長者之寂寞、依賴、無助感與家庭困難等問題。

逆境圖畫測驗

所謂逆境是指一種給予挫折的情境，是根據社會心理學上之挫折—攻擊假設說而設計的，早期達勒與密勒（Dollard, Doob; Miller, Mowrer）提出此理論，認為當我們遭遇挫折時，會產生攻擊行為，例如，有時我們挫折、生氣時會摔東西，有些實證研究也指出當經濟不景氣時，暴力事件會增加。但後來這個理論受到質疑，因為有時受挫折的人不一定產生攻擊的行為，而其反應亦多元，例如有人可以一笑置之，有人忍氣吞聲，有人越挫越勇，有人視為一種學習的機會，似乎有許多因素左右到底人是否會產生攻擊的行為，在 1944 年時，羅先維格（Rosenzweig）即對挫折攻擊假設說提出了修正，他認為並非對某些挫折的情境，人們的反應都是一致的，他提出一種「挫折——忍受度」（frustration-tolerance）的假設，也就是因為每個人的挫折容忍度不同，因此對攻擊的反應才有個別的差異、羅氏逆境圖畫測驗（Rosenzwig Picture-Frustration Study, P-F study），即是用來衡量人們對

挫折的反應態度，其測驗內容包括一些日常中的挫折情境，並要求受試者回答如果是受試者遭遇此情境時的反應，其圖形如下：

資料來源：林淑梨、王若蘭、黃慧真（民 83）。《人格心理學》。
　　　　　台北：心理，p.626.

　　本測驗分為三種類型，第一種適用於 18 歲以上的成年人，第二種是青年人適用（12 歲至 18 歲）；第三種則適用於 4 歲至 13 歲的兒童，測驗含有24張的圖畫，都是一些挫折的情境，再加上簡短的對話。

　　P-F 測驗的解釋分為三個向度：(1)攻擊的方向：攻擊的方向包括有：(a)外懲性，例如上圖路過的汽車濺濕了受試的衣服時，受試外懲性的反應是責罵對方；(b)內懲性：責怪自己，例如，怪自己不小心；(c)無懲性：例如一笑置之，衣服洗一洗就好了，罵對方無濟於事；(2)攻擊的類型：包括自我防衛型、強調障礙型（例如前一天感冒，所以考試成績不理想）與堅持需求型，例如，考試考不好時要求老師給予重考的機會，逆境圖畫測驗的結構性較高，計分更為客觀。

㈣表現技術

　　投射技術也包含了自我表達的方式，經由自我表達可以探討個人的心理狀況與情緒的發洩，此種表現技術（expression technique）的測

驗通常是以畫圖與玩玩具的方式來進行，亦包含有玩洋娃娃、塑造黏土或角色扮演（role playing）等。

畫人測驗

在實施畫人測驗（Draw-A-Person Test, D-A-P）時，首先主試者給受試者紙與筆要求其畫一個人，當受試者完成之後，再要求其畫另一個與前面不同性別的人。評分的方式以質性為主，分析的內涵包括了人像的大小，人像在紙上的相對位置、圖畫的品質、線條的品質、各部位圖畫的順序、手臂的位置、穿著的背景、身體各部位的比例、陰影，細節的數量與分佈，此外，也仔細討論身體重要部位（頭、臉、頭髮、頸、肩、胸部、臀部）之重要性，其評分的標準可以參考指導手冊，不過，其缺點是可能太主觀，例如，若人像具有較大的睫毛，則有歇斯底里的傾向，若衣著有許多細節則表示神經質，但亦有可能表示受試者比較細心，或則對衣著有興趣而較有心得，這些解釋都沒有科學的證據來支持。

玩玩具

對幼小的小朋友來說玩玩具也是一種觀察其心理與態度的良好方法，有時幼兒會將玩具擬人化，而表達其內在的恐懼、敵意、衝突或攻擊傾向，這種玩玩具的方式非常適用於那些尚缺乏語言表達能力的幼童，有時幼童在面對大人時會有壓迫感。另外，在針對幼兒的性傾害調查與輔導上，有時亦使用一些與幼兒同性別的傀儡，以供幼兒指認其被碰觸的部位。

六、語意區分技術

語意區分技術（semantic differential techniqes）最早為奧斯古德（Osgood, 1957）與其同事所發展的，目的在測量與比較個人對各種不同概念的看法，在此所謂的概念可以是測量與比較個人對各種不同概念的看法。概念可以是具體的，例如：學校、校長，也可以是抽象的，

例如九年一貫課程，課程統整，也可以是一些著名人物，例如孔子、語意區分技術有下列幾點基本的假設（王文科，民89）：

1. 人類的行為是由事件的意義決定的成分，大於由事件之內在屬性決定的成分（現象學觀點）。
2. 意義是多元的，且不同的人有不同的看法。
3. 多數的事物與觀念的特徵是由形容詞所描述的，因此意義也可以用形容詞來建構。

語意區分量表所要測量的是概念的內涵意義（cannotive meaning）而非外延意義（dennotative meaning），外延意義是一般人公認的（例如字典的定義），而內涵意義則帶有個人主觀上的認知與感覺，例如，家的外延意義可能包含父母、子女、安全與關懷，但對某些人而言，其內涵意義可能是單親家庭、疏離。語意區分量表通常以七點量尺來評量其概念的層次（對較小的學生可以改為五點量尺），在量尺的兩端有一對意義相反的形容詞，如下所示：

教　　師

		1	:	2	:	3	:	4	:	5	:	6	:	7	:	
(E)	好	___	:	___	:	___	:	___	:	___	:	___	:	___	:	壞
(A)	快	___	:	___	:	___	:	___	:	___	:	___	:	___	:	慢
(E)	無價值	___	:	___	:	___	:	___	:	___	:	___	:	___	:	有價值
(P)	大	___	:	___	:	___	:	___	:	___	:	___	:	___	:	小
(A)	主動	___	:	___	:	___	:	___	:	___	:	___	:	___	:	被動
(E)	晴	___	:	___	:	___	:	___	:	___	:	___	:	___	:	亮

奧斯古德以因素分析法來分析76對意義相反的形容詞，發現可以歸納成三個向度：

1. 評量向度（E）：例如好與壞、美與醜、乾淨與髒亂，位在量表一邊的正面的評價，例如：成功、希望、父母、音樂、和平；位在量表另一邊的是負面的評價，例如：戰爭、生病、失

敗等。

2. 效能向度（P）：例如：大與小；輕與重；強與弱等與力量有關的名詞，位於量表的一端是較有力量的，例如：法律、權力、部隊、勇敢、科學等，位在另一端是較無力量的，例如：嬰兒、仁慈、小狗等。

3. 行動向度（A）：例如：主動與被動，快與慢，吵與靜，年輕與老邁等，高行動的概念有：生氣、攻擊、戰爭、兒童、舞會等；低行動的概念有平靜、休息、蛋、睡覺等。

語意區分量表的計分方式如下（王文科，民88）：

1. 首先將量表內各選項加以量化：

例強　7　：　6　：　5　：　4　：　3　：　2　：　1
弱，可以1－7來加以量化，亦可以＋3,＋2,＋7,—1,—2,—3加以量化，但若以後者的量化方式將要處理負數較不方便，而且有時正、負會互相抵消。

2. 分析三種變異：(1)概念（comcepts）間的變異；(2)量尺（scales）間的變異；(3)以及受試者（subjects）間的變異。可以選用的統計方法有：

t檢定或中數考驗：例如：某受試者對學校的觀點如下：

	硬體設備	訓導	教學	學習	師生互動
1.快樂—不快樂	2	3	5	5	4
2.快—慢	2	3	4	3	5
3.年輕—老邁	1	2	6	6	6
4.強—弱	1	3	5	2	6
5.有益—無益	2	3	4	4	6
6.主動—被動	2	3	6	4	6
平均數	1.66	2.83	5.0	4.0	5.5

研究者可以兩兩相互比較，例如以教學（x̄＝ 5.0）與訓導（x ＝2.83）相互比較，或兩個子集相互比較（硬體設備＋訓導vs. 教學＋學習＋師生互動）。

3. 亦可以符號檢定（sign test）來執行側面圖的分析（profile analy-sis），亦即比較不同人反應組型的平均數或中數，其側面圖如下所示：

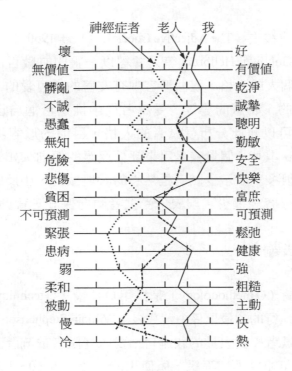

資料來源：王文科（民88）。《教育研究法》。台北：五南。P.196

語意區分量表有下述優點與限制（王文科，民88）：

1. 語意區分量表能以有效、彈性及簡單的方法來評量興趣或態度。

2. 籍由提供受試者第一印象的方式可以減少先入為主的影響。

3. 語意區分量表提供較多的選擇機會，可以避免刻板的回答。

4. 語意區分量表除了可以運用在教育領域上，也可以運用在心理
   治療、發展心理學及學習理論等領域的研究上，但語意區分量
   表亦有趨中現象，慷慨誤差或所選擇之概念量尺不符合研究目
   的，等多項的限制。

七、形容詞檢核表

　　形容詞檢核表（The Adjective Check List）為 1960 年代及 1980 年代
的 Gough 及 Gouth 與 Hellbrum 等人曾經以一張印有數百個形容詞的測
驗來衡量一個人的人格，這些形容詞有友善的、可愛的、合群的、自
私的、緊張的、聰慧的等等，受試者從中挑選合適自己人格的形容
詞，研究者可以藉此分析受試者的人格，目前的形容詞檢核表共有
37 個分量表，其中 4 個量表是用來評估反應的傾向，如果受試者所選
出的形容詞很多，表示受試者是熱心的，坦誠的，相反的，如果受試
者所選出的形容詞很少，則表示受試者傾向保守、背動。

八、Q 方法論

　　Q 方法論（Q methodology）是採用 Q 技術（Q technique）或 Q 分類
（Q sort）來執行的，最早係由蒂芬森（William Stephenson）所發展的，
其方法是評量者提供大量的敘述句，要求受試者依統計上的機率分佈
將這些敘述句加以排列等級，所使用的卡片多在 60～120 張之間，通
常依照比率分為 9～11 堆（等級），在量尺的兩端則有簡單的描述
詞，例如最喜歡與最不喜歡、最重要與最不重要、最自由與最不自
由、最欣賞與最不欣賞等，Q 分類的實施具有兩個特性（王文科，民
88）：(1)資料的對照係採用自比性（ipsative）而非規範性（normative），
所謂自比性是指依照自己的感覺來採列等級而非與一般人比較；(2)等
級的排列係採用準等級次序排列法（quasi rank-ordering），亦即在每

一等級上所放置的卡片數量都必須符合一定的規定，如果是分成九堆，則可以依照標準九的機率來分配，其分配的機率如下：

	最喜歡				最不喜歡				
等級	1	2	3	4	5	6	7	8	9
百分比	4	7	12	17	20	17	12	7	4
分數	8	7	6	5	4	3	2	1	0
卡片數（n＝60）	3	4	7	10	12	10	7	4	3
（n＝80）	4	6	9	13	16	13	9	6	4
（n＝90）	4	6	10	15	20	15	10	6	4

以上為九個等級的分類標準，以下則為十一個等級的分類標準。

	最贊成					最不贊成					
	1	2	3	4	5	6	7	8	9	10	11
分數	10	9	8	7	6	5	4	3	2	1	0
卡片數（n＝60）	2	3	4	7	9	10	9	7	4	3	2
（n＝70）	2	3	4	8	11	14	11	8	4	3	2
（n＝80）	2	4	6	9	12	14	12	9	6	4	2
（n＝90）	3	4	7	10	13	16	13	10	7	4	3

受試者作答時若選用 9 等級量表，60 張，則等級 1 只能放置 3 張不多不少，第級 2 放置 4 張，等級 3 放置 7 張，其餘以此類推。

㈠ Q 分類的解釋

Q 分類比較適合作理論的驗證或則團體態度的調查，當然也可用來作為個人在各因素上分佈的研究。

團體態度調查

假設有十個有關教育問題的態度調查，其卡片的分配數以及等級分數如下：

最贊成				最不贊成
1	2	4	2	1（卡片分配數）
4	3	2	1	0（等級分數）

甲、乙、丙、丁四位受試者在此十項教育敘述句上的得分分別為：

項目	甲	乙	丙	丁
1	3	1	3	0
2	2	0	2	0
3	1	0	4	2
4	3	1	4	0
5	3	0	4	1
6	2	1	4	0
7	4	2	4	0
8	3	1	4	0
9	4	3	4	1
10	4	2	3	0
	2.9	1.1	3.8	0.4

其所得出的相關矩陣如下：

	甲	乙	丙	丁
甲	1	0.79*	− 0.318	− 0.415
乙	0.79	1	− 0.212	− 0.223
丙	− 0.318	− 0.212	1	0.301
丁	− 0.415	− 0.223	0.301	1

說明：* $p = 0.06$

在分析時可以直接比較這四位受試者的平均數，之後再求四位受試者間的相關，由四位受試者的相關矩陣可以看出甲與乙的態度上比較接近（$r = 0.79$，$p = 0.06$）。

Q 分類亦可用來衡量個人對某些事務的觀感，例如在一組 60 個卡片中共有五個因素，某人在各因素的分佈為：因素一：5.6，因素二：7.4，因素三：4.2，因素四：5.5，因素五：2.1，我們可以大致知道此位受試者對各因素的態度，亦可以進行單因了變異數分析（F 檢定），觀查其間的差異是否達到顯著性。

㈡ Q 分類的優點與限制（王文科，民 88）

1. Q 分類可用來驗證理論。
2. Q 分類可用來研究單一受試者，但是為了客觀起見，因該進行多次的 Q 分類。
3. 使用結構性的 Q 分類易於統計處理（可使用變異數分析、或相關矩陣）。
4. Q 分類具有啟發性可用來作為探索性的研究。

但 Q 分類亦有下列的限制：

1. Q 分類不適合用來配合橫斷面的研究，同時，也不容易取得大量的樣本。
2. Q 分類是一種自比性的分類，而且使用強迫選擇的技術，使得選項間會互相的影響，其結果是不符合統計考驗的基本假定：選項間是獨立（互斥）的。
3. 強迫選擇的結果，使受試者不能順從其原來的希望，而必須機械化的遵守機率的分配，同時也使得平均數與標準差的比較喪失了意義。

九、角色構念集成測驗

　　角色構念集成測驗（Role Construct Repertory Test）係由 G. A Kelly 所發展的，該測驗是根據凱利的人格理論而建構的，他認為一個人的行為是受到其所知覺到的事務的影響的，在心理輔導的歷程中，若案

主能逐漸捨棄舊有的，不理性的構念，而以新的正向的構念取代之，則表示輔導是有效的。本測驗的目的在協助治療者了解案主對他人角色的看法，在施測時受試者必須依照一張角色列表，考慮個人經驗，再說出最適合這些角色的人物，包括案主的、父、母、兄弟姊妹、朋友等，以及一個與案主關係密切，但卻不喜歡的人。最後主試者選擇三個人，並且要求受試者比較兩位角色中相同之處，以及與第三個角色不一樣的地方。

在分析時可以由受試者的分類得到各種人物指數，由這些指數可以瞭解案主的認知複雜性（cognitive complexity），認知複雜性越高，表示個人使用越多的層面來理解人與人間的關係。此種測驗以質的分析為主，若以因素分析，則可以得到一些量化的資料。

十、客觀式實作測驗

客觀式實作測驗與前述，自陳量表的方式有很大的不同：(1)測驗的內容是作業導向的，而非自我報告導向的；(2)這類測驗的目的都被偽裝，受試者並不瞭解自己表現的那些部分是被記錄的；(3)這類測驗多數結構化很高；(4)測驗的答案從受試者的觀點而言，是有一定正確的答案，其中一些實作測驗是用來衡量受試者的認知型式的（cognitive style），所謂認知類型是指「個人在面對問題情境時，經由其知覺、記憶、思維等內在心理歷程，在外顯行為上所表現的習慣性特徵」（張春興，民88），最早研究認知類型者有美國心理學家魏特金（Herman A. Witkin, 1916～1979），他首先提出場獨立（field independent）與場依賴（field dependent）的概念，被譽為「認知類型之父」，場獨立是指個人在認知時，不會受到外在場地（環境）刺激變動的影響，而場依賴則會受到場地刺激變動的影響。除了此兩種認知類型以外，認知尚可以歸納成下列類別（張春興，民88）：

1.分析考量型（analytical conceptualizing style）對主題概念型（nonanalytical conceptualizing style）。

2. 冒險型（risk taking style）對謹慎型（cautious style）。

3. 掃描型（scanning style）對突顯型（sharpening style）。

4. 平抑型（leveling style）對突顯型（sharpening style）。

5. 拘泥型（constricted style）對變通型（flexible control style）。

6. 認知綜合型（cognitive complexity style）對認知簡約型（cognitive simplicity style）。

7. 概念型（conceptual style）對知覺型（perceptual style）。

8. 廣視分類型（broad category style）對狹視分類型（narrow category style）。

9. 聚斂思維型（convergent thinking style）對擴散思維型（divergent thinking style）。

研究所有時會考認知類型，若考名詞解釋的話只考何謂場獨立或場依賴。若考申謂題則是在考個別差異的問題，其原則是：⑴教師要知道學生的認知類型，並且在教學時儘量配合學生的認知類型；⑵教師應同時教導學生場獨立與場依賴的學習方式，因為在某些情境中場獨立有利於學習，然而在其他情境中則場依賴有利於學習。

魏特金及其同事發展隱圖測驗（embedded figure test）來測量場獨立與場依賴，其圖形如下，受試者必須在圖 I 與圖 II 中發現被隱藏起來的圖形（A, B, C, D, E）：

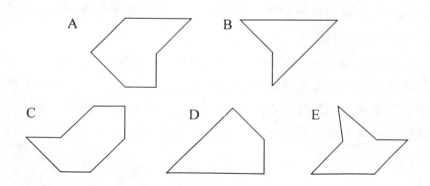

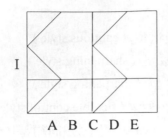 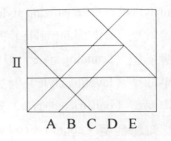

I   II

A B C D E   A B C D E

資料來源：張春興（民88）。《教育心理學》。台北：東華。p.411.

十一、情境測驗

　　情境測驗（situational test）是模擬日常生活中的問題而設計的，是屬於真實評量的一種，測量的方式很多，而且比較有趣，可以是高度結構化，也可以是非結構的。以下介紹幾種情境測驗。

㈠品格教育詢問測驗

　　品格教育詢問測驗（Test of The Character Education Inquiry）早期是由、梅二氏，Hartshorne & May（1928 － 1930）及其同事發展的，可以測量誠實、自我控制、及利他，但目前多用來測量兒童的誠實度。其方法是教師先給予學生一般的測驗，待測驗回收之後，教師先影印、保留，然後再將原測驗卷發回，並且告訴學生說教師由於沒有時間改考卷，請學生幫忙改，並且將標準答案公佈在黑板上，當學生改完後教師回收測驗並且對照原影印的試卷，檢查學生有無偷改答案。

㈡自我控制測驗

　　自我控制（self-control）測驗的目的在衡量兒童的毅力，方法是先讓兒童讀一篇有趣的文章（但沒有標點符號）或解決一個困惑的問題，並要求兒童發時間找出正確的標點符號，兒童願意在越長的時間來找出正確的標點符號則表示兒童越具有忍耐力。

㈢情境壓力測驗

通常情境壓力測驗（situational stress test）都是用來作人事的甄選的，目的是在了解受試在強大壓力下的應變力，挫折容忍力，問題解決能力或領導能力，早期美國戰略勤務處（Office of Strategic Service）曾採用這類型的情境測驗來甄選海外情報人員。其測驗的方法可以團體方式行之，例如測驗情境是有一組人在沙漠中墜機，有一些生還者，以極很少的物資，問這群人應如何在沙漠中求生存。另外，也可以個別施測，給予各種問題情境，要求受試者試圖解決。此類測驗由於與日常生活貼近，故其效度頗高，目前已廣為民間機構使用，包括主管人才、推銷員、教師、社會工作者、管理者等之甄選。

十二、角色扮演或即席表演

角色扮演（role playing）或即席表演（improvisation）也是一種方便及有效的人格評鑑方式，從高夫曼的觀點來看，人格是由許多角色所組合而成的，而我們無時無刻不在扮演各種角色，在進行人事甄選時，評量人員可以預先選擇一些與工作有關的問題情境，要求應徵者表演若遇到當時情境中的問題的解決方式，例如對應徵教職者要求其表演如何處理教學歷程中的突發狀況。角色扮演已廣泛的被使用在咨商的情境中，其功能包含自我探索、行為練習、改善人際關係、情緒的渲洩，以及新角色的嘗試等。張德聰（民 84）定義角色扮演為：「係以一種類似戲劇扮演的方式，於諮商師協助下，於個別或團體諮商中引導來談者將過去發生過、現在正要發生或未來可能發生的生活困擾情境行為，加以重新再演或預演，如同「親臨其境」，但可以不斷重新再演，以協助來談者由演出中得到渲洩、自我探索、領悟、心理的準備及接受新行為之預先練習」（p.189）

十三、觀察法與面談

　　人格的衡鑑也適合使用觀察的方式來進行，事實上自古許多學者即透過觀察來研究人性，觀察法（observation）如何進行，請參考觀察評量這章，面談（interview）則比觀察法更為直接，可以深入了解受試者內心的感受，澄清觀察者的疑慮，溝通觀點，讓受試者有表達的機會。

十四、提名技術

　　提名技術（nominating technique）是屬於同儕間相互評量的方式，比較有名者是「社會計量法」（sociometry）與猜人技術（Guess Who technique）。

㈠社會計量法

　　提名技術最早是由 J. L. Moreno（1953）所發展的，目的在衡量團體的動力（group dynamics），其方法很簡單，可以要求一群受試者列出最喜歡的三個人的名字，與最不喜歡的三個人的名字，之後再計算那些是較受歡迎人物（被選為最喜歡的次數最多），那些是較不受歡迎的人物，此種簡單的測量方式具有很大的彈性，適用對象可以從小學生至成人，從學校至工廠、公司或軍事單位等，例如可以問工廠作業員最喜歡和誰在一起工作或最不喜歡和誰在一起工作，社會計量分析可以分為兩個層次：

計算被選次數

　　例如若要求學生依序選出三位同學：最喜歡、第二喜歡、第三喜歡，則可以給予分數 3, 2, 1 分，若某同學被選最喜歡 2 次，第二喜歡 3 次，則這位同學的分數是 $3 \times 2 + 2 \times 3 = 12$ 分，最後可以比較班上同學間分數的差異，這種計算方式的優點是較為簡便，缺點是將最喜

歡、第二喜歡與第三喜歡間的程度上差距視為相等，但有時三者間程
度上的差距是不等的。

社交關係圖

社交關係（sociogram）的目的在呈現班上人際互動的團體動力，
通常是以圓圈表示女生，△表示男性，若單向的選擇以"→"表示，
雙向選擇（互選對方）則以"↔"表示，其選擇結果類似下圖：

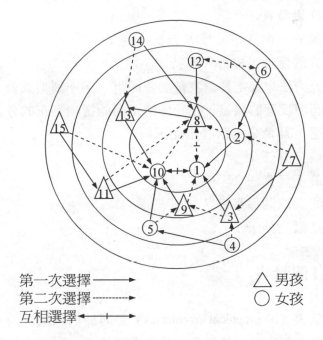

第一次選擇——→　　　　　△ 男孩
第二次選擇------→　　　　○ 女孩
互相選擇←——→

資料來源：王文科（民88）。《教育研究法》。台北：五南。P.219.

在此圖中1號,10號及8號被選次數較多，為明星；9,3,1,5,4,10 形
成一個小團體；15,14,6,7,4 比較孤立，教師應試圖幫助這些孤立的份子。

㈡猜人技術

此種技術最早是由哈特宋（Hugh Hartshorne）、梅伊（Mark A May）
與墨勒（J. B. Maller）所設計的，其程序是對兒童展示各種角色的敘

述句，之後要求兒童填上最符合該角色兒童的名字，發展至今，有兩種型式：

1. 把要測量的特性寫在一個問卷上，要求受試者把符合該敘述的人的名字填上，例：對青年領導能力的調查：

① 誰是最好的領導者？

② 誰的溝通能力最好？

③ 誰最負責任？

④ 誰的社會資源最豐富？

⑤ 誰的個性最冷靜、堅持？

其評分方法只要把被選次數加總即可。另一種型式是在問卷上同時呈現正面與反面的陳述，在計分時正面的選項是正的分數，負面的選項（被選）為負分，兩者相加，例：

1. 誰最負責任？

2. 誰最不負責任？

3. 誰的人際關係最好？

4. 誰是孤立分子？

十五、自傳量表

自傳量表（biographical inventories）是屬於自陳量表的一種方式，其內容類似坊間所賣的標準化求職的自傳表格，所要求填寫的內容比較容易去驗證，例如：教育程度、所讀的科系、過去的工作經驗、個人的專長、嗜好、交友情形，或過去的生活經驗等，研究者已針對一些職業進行實證研究，包括推銷員、業務員、職員、科學家等，發現具有很好的預測效果。自傳量表的編製可以參考三個原則（葉重新，民 81）：(1)由經驗豐富的主管列出工作表現優良者與工作不佳者的行為標準，做為對照的參考；(2)請應徵者寫出他過去的成功經驗，他是如何做到的？有誰能證明他的努力？(3)由心理學家針對該受試者所

列出的各項成功表現與所應徵的行業進行相關的評估。

十六、人格測驗的限制

㈠欺瞞與社會期許性

　　欺瞞與社會期許性（social desirability）此兩種作答的態度比較容易發生在自陳量表的身上，其發生的原因除了受試者懷抱著某種目的應試（例如應徵工作）之外，也有可能是受試者對自己缺乏領悟的能力，或不願意面對自己，改進之道，首先是評量者與受試者建立親善關係，降低受試自我防衛的心態，並且改進出題的技術，例如在MMPI中所用之效度量表，隱藏測驗的目的，以及使用多元評量，長期觀察等，以提升評量的效度。

㈡強迫選擇技術

　　有些人格測驗的選項含有模糊不清的字眼，例如是、否、不一定或贊成、不贊成、無意見，如果受試者傾向選擇「不一定」或「無意見」的選項，將造成人格評鑑上的困難，解決的方法是改採強迫選擇（forced-choice technique）的方式，沒有這些模糊不清的選項，例如在選項中只有「是」與「否」兩種選項，只有「贊成」「反對」兩種選項而沒有「無意見」的選項，這樣就可以對受試者的特質有較明確的分析，然而，這樣的控制有時過分武斷，因為有些事物可能不是只有是、否或贊成、反對兩種截然不同的態度。

㈢反應傾向與反應型態

　　這些包含有「趨中效應」、「嚴格誤差」、「寬大誤差」，若有這種現象，一方面反應受試者的人格特質，二方面評量者應該考慮是否予以校正。

㈣人與情境的交互作用

　　有時人的性格會在不同的情境中產生變異，一個人可能在陌生的

環境中表現內向，但是卻在熟悉的環境中表現自在，此外，測驗的情境亦會影響個人焦慮的程度而反映在作答上，因此在解釋時應該要小心。

㈤主觀的介入

有些人格測驗比較難客觀化，例如投射測驗、情境測驗，因此也影響到測驗的信度與效度，有時人為的解釋會犯「先入為主」或「以有色的眼鏡看人」的缺點，而造成分析上的謬誤，建議如果使用主觀的評分方式可以：⑴使用兩位或兩位以上的評分者；⑵輔以其他評鑑方式（例如觀察法）來增加研究的信度與效度。

歷屆試題

一、明尼蘇達多項人格測驗（MMPI）中的何種量表分數愈高、測驗愈無效？(A)L量表　(B)F量表　(C)C量表　(D)M量表。

【嘉師】

答☞：(A)

二、下列對人格測驗的描述何者為真？(A)因有理論構念，所以通常效度較高　(B)人格測驗的信度通常較智力測驗為高(C)人格測驗中受試者的回答相當可信的　(D)人格測驗較其他能力測驗遭遇更多的編製及測量的問題。　【彰師86】

答☞：

(D)。因為人格測驗是屬於建構效度，為一種假設或理論的驗證，一方面因為人格是一種抽象的特質不容易評量，二方面因為人格的內涵很廣，造成眾說紛云，都使得人格測驗的衡量不如一般的能力測驗容易（能力測驗比較容易從所教的內容中取樣）。

三、下列那一種測驗的穩定性度之重測時間間隔應較長：(A)成
　　就測驗　　(B)人格測驗　　(C)興趣測驗　　(D)態度測驗。

【嘉師86】

答☞：(B)（人格比較穩定，但成就、興趣與態度的變動性較大）。

四、假設一位研究者擬利用實驗組與控制組及研究工具「小學
　　人格測驗」探討「團體輔導對國小適應欠佳學童的輔導效
　　果」，請利用操作性定義擬出兩個適當之研究假設。

【嘉師85】

答☞：

　　㈠有參加團體輔導之受試者其人格測驗分數明顯優於沒有
　　　參加團體輔導之受試者。

　　㈡有參加團體輔導之受試者，其人格測驗後測成績明顯優
　　　於前測成績。

五、過分自責的人在明尼蘇達多項人格量表（MMPI）的得分中，
　　何種效度分數會偏低？(A)說謊分數（L）　　(B)效度分數（F）
　　(C)校正分數（K）　　(D)沮喪分數（D）。　　【嘉師84】

答☞：(C)

六、下列描述何者為非？(A)MMPI中的L與F量表在檢視偽裝答
　　案的反應　　(B)自陳量表的基本假設是個人願意且能夠正確
　　的報告自己感受　　(C)孟氏行為困擾調查表的編製強調內容
　　效度　　(D)在心向反應的控制上最常用的方式是隱藏測驗目
　　的。　　【彰師86】

答☞：(C)（應使用建構效度或效標關聯效度）

七、名詞解釋社會關係圖（sociogram） 【彰師88】

答☞：請參考內文。

八、下列何者屬於情意測驗（affective test）？(A)情境測驗 (B)診斷測驗 (C)智力測驗 (D)自我觀念測驗。

答☞：(D)

九、名詞解釋：Q技術。 【市北師】

答☞：

又稱為Q分類法（Q sort）為 W. Stephenson（1953）所發展的，在測驗時，先給受試者一堆附有敘述句的卡片（60張，90張或120張）之後，要求受試者依統計上的比例，將這堆的卡片分為九堆或十二堆，Q分類通常用在人格的衡量，亦可用來比較各人或團體對某事物看法上的差異。

十、一位輔導教師受縣教育局委託探究縣內小學生的生活適應。以小學人格測驗（路君約，民 72）為工具，試圖將研究問題的焦點概念「生活適應」加以量化。該縣共有42個小學，全計98,700多位的小學生（有些學生更是時來時不來，不易精確掌握學生總數），輔導教師在取得縣內全體小學生「生活適應」的量化資料上有相當的困難。於是在取得全體小學生的名冊之後，逐一編號，並採用亂數表進行隨機取樣，選144位學生為樣本，進行「小學人格測驗」的取樣施測，以得到學生樣本生活適應的量化資料。經計算後，得知這群學生樣本的平均數為 99.95，標準差為 8.90（變異數為79.2）。接下來應如何依據所得到的樣本學生的資料來推估縣內小學生的生涯適應呢？

【彰師86】

答☞：

(一)首先必須先檢查樣本是否具有代表性，以 144 位學生是否足夠代表近十萬名學生，是否足以代表不同的性別、社經地位、或族群的學生。

(二)若確定樣本具代表性，則可以進行假設檢定，其程序：

(1)撰寫虛無假設與對立假設：

H_0：$\mu = \mu_2$（樣本在人格測驗上的平均數等於母體的平均數）

H_1：$\mu_1 \neq \mu_2$

(2)進行 Z 檢定，若 Z 檢定之值 > ±1.96，則拒絕虛無假設表示母體與樣本的平均數有明顯的差異，此種程序是由母體推論至樣本的統計檢定程序。

(3)可以對照小學人格測驗的指導手冊上的常模表，大致了解樣本的相對地位量數。

(4)若樣本的數量足夠，且具有代表性，則可以再進行次層分析可以分別比較男生與女生，高年級與低年級，高社經與低社經受試在生活適應上是否有明顯的差異。

十一、請說明 Q 技術（Q technique）的意義及其實施步驟？

【彰師 88】

答☞：請參考內文。

十二、名詞解釋：主題統覺測驗（thematic apperception test）。

【彰師 88】

答☞：

是由 Murray, H. A. 及其同事於 1938 年發展的一種人格測驗，使用投射技術，內容為 19 張圖片，受試者必須對圖片中的人物編造故事，評量者則依受試者對卡片的反應特

徵、故事、人物色角、性格、情緒表現、反應速度與故事長度等加以計分。

十三、名詞解釋：場地獨立性（field independency）。【花師87】
答☞：請參考內文。

十四、總加量表法之態度測驗係由何人所創用？(A)柴夫　(B)吳偉士　(C)塞士通　(D)李克特。　　　　　　【嘉師】
答☞：(B)

參考書目

郭先玉（民87）。《心理與教育測驗》。台北：精華。

黃光雄（民76）。《教學目標與評鑑》。高雄：復文。

邱淵（譯者，民78）。《教學評量》。台北：五南。

許智偉（民67）。《美國的能力半位師範教育》。台北：中國視聽
　　教育學會印行。

張景媛、盧欽銘、范德鑫、陳李綢、何黃奇（民81）。《教學評量
　　研究》。台北：五南。

黃政傑（編者，民89）。《教學原理》。台北：師範。

陳龍安（民87）。《創造思考教學》。台北：師範。

葉重新（民81）。《心理測驗》。台北：三民。

陳李綢（民86）。《教育測驗與評量》。台北：五南。

郭俊賢，陳淑惠（譯者，民89）。《落實多元智慧教學評量》。台
　　北：遠流。

林淑梨、王若蘭、黃慧真（譯者，民83）。《人格心理學》。台北：
　　心理。

王文中、呂金燮、吳毓瑩、張郁雯、張淑慧（民88）。《教育測驗
　　與評量》。台北：五南。

陳英豪、吳裕益（民86）。《測驗與評量》。高雄：復文。

郭為藩（民87）。《特殊兒童心理與教育》。台北：文景。

林月娥、陳江松、吳廷光、吳望如、吳源戊、吳淑芳、劉安　　訓
　　（民89）。《多元評量》。台北：聯經。

李坤崇（民88）。《多元化教學評量》。台北：心理

鄧運林（民88）。《開放教育多元評量》。高雄：復文。

蔡崇建（民82）。《智力的評量與分析》。台北：心理。

歐用生（民75）。《課程發展的基本原理》。高雄：復文。

郭俊賢、陳淑惠（譯者，民88）。《多元智慧的教與學》。台北：遠流。

何華國（民88）。《特殊兒童心理與教育》。台北：五南。

張德聰、林香君、鄭玉英、陳清泉（民84）。《諮商技巧訓練手冊》。台北：天馬。

張春興（民85）。《現代心理學》。台北：東華。

黃元齡（民80）。《心理及教育測驗的理論與方法》。台北：大中國圖書公司。

廖鳳池、陳美芳、胡致芬、王淑敏、黃宜敏（民81）。《教育心理學》。台北：心理。

徐俊冕（民86）。《成人心理學—發展與老化》。台北：五南。

邵瑞珍、皮連生（民78）。《教育心理學》。台北：五南。

黃光雄（民76）。《教學目標與評鑑》。高雄：復文

許智偉（民67）。《美國的能力本位師範教育》。台北：中國視聽教育學會印行。

心理與教育測驗

編　　著／林重新

出 版 者／揚智文化事業股份有限公司

發 行 人／葉忠賢

責任編輯／賴筱彌

執行編輯／范維君

文字編輯／陶明潔

登 記 證／局版北市業字第 1117 號

地　　址／台北市新生南路三段 88 號 5 樓之 6

電　　話／886-2-23660309　886-2-23660313

傳　　真／886-2-23660310

E – mail ／tn605541@ms6.tisnet.net.tw

印　　刷／偉勵彩色印刷股份有限公司

法律顧問／北辰著作權事務所　蕭雄淋律師

初版一刷／2001 年 10 月

　I S B N ／957-818-309-7

定　　價／新台幣 600 元

郵政劃撥／14534976

帳　　戶／揚智文化事業股份有限公司

國家圖書館出版品預行編目資料

心理與教育測驗／林重新編著. -- 初版. – 臺北市：
揚智文化，2001〔民90〕
　　面；　公分
參考書目：面

　　ISBN　957-818-309-7（平裝）

　1. 教育測驗　　2. 心理測驗

521.3　　　　　　　　　　　　　90012702

考試用書

Ca001	社會學講義	唐詩 / 編著	360B / 平
Ca002	心理學得分秘笈	路珈 / 編著	400B / 平
Cb001	電子學題庫大全(上)	賀升、蔡曜光 / 編著	750B / 平
Cb002	電子學題庫大全(下)	賀升、蔡曜光 / 編著	700B / 平
Cb003	電子電路題庫大全(上)	賀升、蔡曜光 / 編著	750B / 平
Cb004	電子電路題庫大全(中)	賀升、蔡曜光 / 編著	750B / 平
Cb005	電子電路題庫大全(下)	賀升、蔡曜光 / 編著	650B / 平
Cb006	電子學研析精典(基礎篇)	洪仁政 / 編著	200B / 平
Cb007	電子電路(含實習)研析精典	洪仁政 / 編著	150B / 平
Cb008	數位邏輯電子學研析精典	洪仁政 / 編著	150B / 平
Cc001	教育心理學奪分寶典	路珈 / 編著	350B / 平
Cc002	心理與教育統計	林重新 / 編著	500B / 平
Cc003	教育學	林重新 / 編著	650B / 平
Cc004	心理與教育測驗	林重新 / 編著	600B / 平
Cc005	教育研究方法	林重新 / 編著	

Note

Note

Note